작은 불씨를 밀어 넣는 것 멈추지 않으니
생명의 불꽃은 전하여, 그 끝남을 알지 못한다.

[指窮於爲薪, 火傳也, 不知其盡也.] <養生主>

| 개정 |

장자 지음 | 조희균 편역

글로벌콘텐츠

◈ 십승지에 가 있는 사람

이 외 수(소설가)

얼마 전부터 달에 사는 현자(賢者)들과 이따금 한담을 나눌 수 있는 인연을 얻었다. 그 중에 호부(湖夫)라는 분이 계시는데 고요한 호수와 같은 성품에서 연유된 호칭으로 호수를 낚는 노부라는 의미를 내포하고 있다.

달에서는 철학자들을 가르치는 역할을 담당하고 있는데 연세는 지구 나이로 1500세 정도이며 나는 월선(月仙)의 경지에 달한 분으로 생각하고 있다. 대화는 내 쪽에서 주로 질문을 던지고 호부 선생 쪽에서 주로 대답해 주는 형식으로 진행된다.

한때 나는 십승지에 대해 관심을 가지고 있었는데 호부 선생의 가르침에 의하면 마음에 빛이 가득한 사람이 거하는 자리가 곧 십승지라 능히 열 가지 재앙을 막아낼 수 있다고 하였다. 그리고 조희균 선생은 마음의 빛이 가득하여 이미 십승지에 가 있는 경지라고 하였다.

하지만 마음에 가득한 그 빛을 많은 사람들에게 나누어 줄 수 없는 현실이 그의 심장을 다치게 하여 지금 그를 고통스럽게 만들고 있다는 말도 덧붙였다.

때마침 <장자의 길>이 출간된다는 소식을 들었다. 이것은 단순한 책이 아니다. 조희균 선생이 보다 많은 사람들에게 빛을 나누어주기 위해 오랜 각고를 거쳐 만들어 낸 불씨들의 모음집이다. 나는 이 모음집을 통해 나날이 사람과 세상이 보다 밝고 따듯해지기를 소망한다.

어느 날 호부 선생에게 간청해서 시(詩)한 수를 얻었다. 때마침 <장자의 길>과 어울리는 일면이 있어 출간을 축하드리는 의미로 덧붙인다.

> 어느 날 문득 하늘을 보았을 때
> 달 하나 떠 있거든
> 내가 친구의 가슴에서
> 호수를 꺼내
> 거기 걸어 둔 줄 아옵소서.
>
> － 호부(湖夫)

2006. 9. 7. 子時

◈ 머리말

이즈음, 이른 아침이면 1)안목安木 바다에 나가곤 한다.

수평선이 그립기 때문이다. 지금 내 눈길을 사로잡고 있는 것은 끝없는 허공과 아스라한 물결을 가르는 한 금 수평선이다.

파도는 세상의 온갖 열망과 좌절, 삶의 환희와 탄식을 함께 뒤섞으며 출렁이다 마침내 흰 포말로 스러진다. 하지만 파도는 다시금 일어선다. 그것은 지구의 호흡이며 우주의 파동이며 지금 이곳에서의 영원한 생명력이다.

수평선은 그것을 지켜보는 자의 시선과 꿈과 현실, 시공의 경계를 허문다. 그것은 눈에 보이기는 하나 실제로는 존재하지 않는 환상의 실선이다.

장자가 말했다. "하늘은 덮어주지 않음이 없고 대지는 실어주지 않음이 없다"고. 그리고 내 안의 누군가가 말한다. "바다는 받아주지 않음이 없다"고.

지금 이곳 안목 바닷가에서 내 눈길을 가로막는 것은 아무 것도 없다. 수평선을 바라보며 장자莊子라 이름전해 온 한 남자를 생각해 본다. 그는 내 인생의 위대한 스승이었고, 불변의 벗님이었다. 그는 세상의 온갖 시름과 번뇌를 날카로운 부리로 헤집다가 마침내 자유

---

1) 99년 11월 22일 안목 바닷가에서 씌어진 이 서문의 초고(草稿)가 없었더라면 <장자의 길>이란 서물(書物) 또한 존재하지 않았을 것이다.

의 하늘 못(天池)을 향해 비상하는 거대한 노랑부리 붕새였다.

그는 젊은 날의 내게 쓰임 없음(無用)의 쓰임(用)과 조건 없는 관용, 저 도道의 새가 사뿐히 내려앉는 텅 빈 빛의 둥지에 대해 일러주었다. 그리고 감(行)이 없이 이르게 되는 내밀하고 상서로운, 이미 멈춘 자의 자적自適을 일깨워 주었다. 그것은 잠들지 않는 명증한 의식으로 보다 느리게 걸어감이란 가르침이기도 했다. 또한 그것은 "태산의 정상에 오른 후 비로소 천하가 작음을 알았노라"고 한 위민충정爲民 忠情의 패기가 돋보이는 저 공자의 감회와 다른, 마을 근교의 작은 구릉에 올라 소요하며 "비록 태산이 높다하나 지구의 주름살에 불과하다"고 말한 이 땅의 한 은자의 술회와 같은 것이었다〈"비록 태산이⋯⋯불과하다"는 함석헌의 스승인 다석 류영모의 말임〉.

멀고도 아득한 장자의 길 위에서 나는 아직 느릿 걸어가는 행인의 한 사람일 뿐이다. 그런데 내 안에 들어앉은 장자는 오늘 호접몽을 꾸고 있는 것인가. 아니면 먼 옛날, 그 날처럼 호접胡蝶이 장자가 된 꿈을 꾸고 있는 것인가. 아니면 꿈속의 호접이 오늘은 갈매기가 되어 수평선 위를 저처럼 날아오르는 것인가.

장자는 영광의 승리자를 위해 노래하지 않는다. 그는 민초의 편에 서서 세상을 바라보고 글을 지었다. 그는 전란의 풍운이 휘몰아치는 시대의 한 복판에서 눈물겨운 삶을 살았던 천인들과 기인들—곱사등이, 절름발이, 소잡이, 언청이, 혹부리 남자, 매미잡이, 혁대고리 수리인, 뱃사공—을 노래했다. 그들은 비록 외모는 보잘 것 없고 삶 또한 곤궁하였으나 내면에 자연(天)의 덕성을 품은 하늘의 군자(天之君子)임을, 장자는 익히 알고 있었다. 그러나 세인들은 그들을 소인(人之小人)으로 여겨 멸시와 박해를 일삼았다.

장자莊子는 이름을 주周, 자字를 자휴子休라 했다.

唐의 西華法師 성현영의 <南華眞經疏序>에 의하면 '장자는 장상 공자長桑公子를 스승으로 배웠는데 그로부터 남화선인南華仙人이란 호를 받았다. 전국시대, 쇠약해가는 주나라 말엽에 이르러 백성의 생업이 각박함을 한탄하고 도덕이 점점 쇠퇴해가는 것을 가슴 아프게 생각하며 마침내 강개발분慷慨發憤하여 이 글(남화진경)을 지었다.'고 했다.

장자의 생졸년生卒年은 이설이 많지만 장만수 등 다수 학자들의 견해에 따르면 전국시대 중기(B.C. 370~300) 무렵으로 요약된다. 사마천에 의하면 장자는 몽蒙의 칠원漆園, 옻나무 단지에서 하급 관리인 노릇을 한 적이 있었고, 양梁 혜왕, 제齊의 선왕과 동시대인이라고 했다. 사마천은 장자의 학문이 노자에 근본을 두고 그의 술術을 밝히는데 목적이 있는 것이라 이해했다. 열전에서도 노자 다음으로 장자를 실었다. 중국의 제자학諸子學에 정통한 두국상 같은 이는 <선진제자사상개요>에서 사마천과는 달리 공자, 맹자, 묵자, 송견, 순자, 한비자, 장자 등을 논하면서 유독 노자에 대해서는 한 구절도 언급하지 않았다. 그는 금본 <노자 도덕경>에 의문을 품고 <장자>를 도가道家의 시원으로 보았던 것이다.

1973년 호남성에서 B.C. 168년 漢나라 때의 무덤에서 백서노자帛書老子가 발견되고, 또 다시 1993년 호북성 곽점촌에서 초나라 때의 무덤에서 백본帛本보다 300년 정도 더 오래된 초간노자楚簡老子가 출토되면서 현재의 금본 노자는 원문내용의 약 60% 정도가 바뀐 후대의 개작본임이 밝혀졌다. 초간楚簡본에는 반유가적인 내용은 한 구절도 없다. 노자가 말하지 않은 반유가적 내용 때문에 유가와 도가는 2천여 년 이상 불필요한 논쟁과 반목을 일삼고 있었던 것이다(양방웅 집해, 〈楚簡노자〉, 예경, 2003).

몽은 지금의 하남성 상구시 몽택으로 그 옛날 송宋의 수도 수양睢陽의 동북부에 위치하고 있었다. 그곳 소택지를 약간 벗어난 곳에은 왕조의 현신 2)기자箕子의 묘가 있고, 그 묘가 내려다보이는 완만한 능선에 장자가 살았던 오두막이 자리 잡고 있었다.

하남성은 대대로 중국의 은자들과 깊은 연관이 있던 지역이다. 일찍이 허유는 요堯가 천하를 자신에게 물려주려한다는 말을 듣고 영천에서 귀를 씻은 후 기산으로 몸을 숨겼다고 하는데, 이 일화에 등장하는 영천과 기산이 모두 하남성에 있다. 3세기 경, 세속을 등지고 청담淸談에 몰두했던 죽림칠현의 거처도, 완적이 쓴 <대인선생전>의 실제 인물이었던 손등孫登이 은거했던 소문산도 하남성에 있다. 사기에 따르면 노자는 초의 고현(지금의 하남성 녹읍현)사람이었다. 장자 또한 녹읍현에서 북으로 약 65Km 떨어진 하남성 상구시 출신이니, 하남성은 도가道家와 깊은 인연이 있던 지역임을 이로써 알 수 있겠다.

주周 무왕武王은 목야의 전투에서 은殷을 섬멸하고 은殷의 폭군 주왕紂王을 죽인다, 몇 년 뒤 무왕武王이 붕어하자 주공周公 단旦은 어린 성왕成王을 보필하여 2년 만에 관숙, 채숙, 무경 등이 일으킨 동방의 난亂을 정벌하고 은의 유민들을 모아서 강숙(무왕의 막내 동생)을 위衛에 봉하고 은殷의 제을帝乙의 장자이자 주왕紂王의 배다른 형인 3)미자계微子啓를 송宋에 봉하여 은의 제사를 받들게 했다. 장자가 태

---

2) 箕子는 은의 폭군 주왕(紂王)의 신하로 太師직에 있었다. 紂王을 여러 번 간했으나 듣지 않자, 관을 벗어 버리고 머리를 산발하고 미친 척 했다. 훗날 紂王에 의해 수감되었던 그는 周 武王에 의해 석방된다. 마침내 세상에서 숨어 버린 뒤 거문고를 뜯으며 슬픔을 달랬다고 한다. 이것을 전하여 세상에선 '기자의 곡조'라 했다. 箕子의 箕는 國名. 子는 子爵. 名이 胥餘다.

3) 미자계(微子啓)는 본시 인자하고 현명한 인물이었다. 미자계는 주왕(紂王)의 폭정에 자결로써 항의할 것인가, 망명할 것인가를 고민하다가 태사(太師: 三公의 하나), 기자(箕子)와 소사(少師: 三公의 보좌역), 비간(比干)에게 자문을 구한다. 이에 기자는 '신하는 군주에게 세 번 간해서 듣지 않으면 떠나야 한다.'고 망명을 권했다. 미자는 이에 따랐다. 그러나 주武王이 紂王을 쳤을 때 은의 백성에게 미칠 화를 염려하여 무경을 대신하여 웃통을 벗고 스스로 양팔을 뒤로 묶고 왼손엔 양을 이끌고 오른손엔 띠 풀을 잡고 무릎으로 걸어가 항복했다. 은의 유민들은 주왕의 아들 무경 대신 그를 추대하였다. 주武王은 무경이 죽은 뒤 그를 송(宋)에 봉했다. 微子의 微는 殷의 畿內땅 國名이고, 子는 子爵이고 名이 啓이다.

어난 송宋은, 주周 무왕武王에 의해 멸망당하였고 다시 주공周公 단므에 의해 겨우 그 명맥을 유지하게 된 비운의 소국이었다. 송 왕조는 정복자인 주周 왕조에 의해 망하였고 정복자인 주周 왕조에 의해 겨우 목숨을 부지한 은의 유민들이 사는 변방의 약소국으로 주변국의 멸시와 조롱을 견디며 통한의 역사를 지켜보아야 했다.

춘추시대(B.C. 770~453) 말기를 제외한 252년간에 망한 나라는 52국, 시해당한 군주는 36명이었다고 한다. 그러나 대부분 성읍城邑국가였던 춘추시기의 전쟁은 평소에 어御, 사술射術을 익힌 전사로서의 자부심과 특권 의식을 지닌 國人층에 의한 차전車戰 중심이었다. 보병전이 대두되는 전국시대 이전까지 군역으로 징발된 도졸徒卒 외에 야인은 전사가 될 수 없었다. 전쟁의 양상은 한 쪽의 차진車陣이 무너지면 바로 승패가 결정되는 고작 하루 이틀 간의 전투이기 십상이었다. 춘추시대 최대의 격전이었던 B.C. 631년의 성복전城濮戰에 동원된 진晉, 초楚 양국의 병력은 10만 미만이었다.

전국시대(B.C. 453~221)에 들어와 晉에서 분리된 한, 위, 조가 실권을 잡은 지 50년이 지나 마침내 제후국으로 승격하게 된다(B.C. 403). 이로써 韓, 魏, 趙, 齊의 신흥국과 秦, 楚, 燕의 전국 7웅이 성립하게 되었고 천하는 본격적인 각대국의 각축장으로 변하였다. 전쟁의 양상은 춘추시대와는 비교할 수 없을 만큼 규모도 커지고 기마전이 도입된 전국후기의 전쟁은 더욱 잔인하고 격렬해졌다. 무기도 청동제에서 철제무기로 바뀌었다.

특히 장자의 모국 송나라, 지금의 하남성 동부지역은 '4전의 땅(四戰之地)'이라 일컬어질 만큼 전란의 소용돌이 한 가운데 있었다. 당시 전쟁의 규모를 추정할 수 있는 역사의 기록(후꾸나가 미쓰지 저, 임현규·임정숙 옮김, 『난세의 철학』, 민족사, 1991)에 의하면 '송의 북방 위나라 군비는 일반전투부대 20만, 특수부대 20만, 돌격부대 20만, 병참부대 10만,

전차 600대, 기마 5천 필이었으며, 남쪽의 대국 초나라는 전투부대 1백만, 전차 1천대, 기마 1천 필이었다.'고 한다.

이러한 국가들 간의 대규모 전쟁은 수많은 전사자와 부상자, 포로들을 양산하였고 백성들은 남북으로 혹은 동서로 유랑하지 않을 수 없었다. 예컨대 B.C. 293년 진秦의 백기白起는 韓, 魏 연합군을 대파하고 24만 명을 참수斬首하였고 B.C. 260년 장평전長平戰에서 진秦은 항복한 조趙의 병졸 40만을 갱살坑殺하는 대참극을 벌이기도 하였다. 이때 진秦에서는 15세 이상의 남자는 모두 징집되었다고 한다. 전야田野와 성은 황폐화되고 패전국의 포로는 학살되거나 노예로 전락하기도 하였다. 전쟁기간 또한 수개월에서 3~4년이 걸리는 장기전이었다. 역설적이지만, 무자비한 전쟁의 참상으로 얼룩졌던 전국戰國이란 이름의 한 시대가 인류사에 일찍이 볼 수 없었던 '장자'라는 걸출한 사상가를 배출한 모체가 되었다고 할 수 있다.

초나라 위왕이 장자의 현명함을 듣고 대부 두 사람을 사신으로 보내 정사를 맡아주기를 청하였다. 장자는 마침 복수에서 낚시를 하고 있었는데 돌아보지도 않고 이렇게 물었다.

"내가 들으니 초나라에는 신구神龜가 있어, 죽은 지 삼천 년이 지났으나 초나라 왕은 그것을 건巾으로 싸고 상자에 넣어 묘당의 위에 보관해 두었다고 했소. 그런데 이 거북은 죽어서 뼈를 남겨 사람들의 귀함을 받으려 하겠소? 아니면 살아서 차라리 진흙 속에 꼬리를 끌기를 바라겠소?"

이에 두 대부가 말하였다.

"살아서 차라리 진흙 속에 꼬리를 끌기 바랄 것이오."

장자가 말했다.

"그만 돌아가시오! 나는 장차 진흙 속에 꼬리를 끌며 살겠소."

'열어구편'에 의하면, 장자는 곤궁하여 읍성邑城 외곽의 지저분한

촌락에 살면서 짚신을 삼아 생계를 이었다고 한다. 당시의 그의 모습은 몹시 수척하여 야윈 목에 얼굴마저 병색으로 누렇게 떠 있었다는 것이다.

또 감하후라는 한 권력자에게 곡식을 꾸러갔다가 퇴짜를 당하는 기록이 '외물편'에 보인다. 장자는 자신의 가난을 부끄러워하지 않았으며 가난 때문에 비굴하지도 않았다.

그는 귀천을 다르다 하지 않았고, 천하만물을 하나로 보고, "천지는 하나의 손가락이요, 만물은 한 필의 말"이라고 했다. 그는 한 시대의 기인이었고 야인이었으며 아웃사이더였지만, 진인眞人이었다. 영원한 자유를 노래했고 만물제동과 인간평등을 제창했다. 전란의 와중에서 끝없이 유랑하는 백성들의 참상을 보며 "무욕이어도 천하가 족하고 작위하지 않아도 만물이 교화되며 고요히 있어도 백성이 안정되었다(無欲而天下足, 無爲而萬物化, 淵靜而百姓定〈天地〉)"고 역설하며 고대의 이상향을 꿈꾸었다.

깊은 자책과 오랜 무의미가 있었다.

이제 머지않아 나에게도 노년의 시간이 다가오리라. 몸은 늙고 병든다고 해도 세상과 더불어 그러나 나는 홀로 길가는, 독행獨行하는 이가 되어 내안의 내가 없는 이 삶을 즐거워 할 것이다.

장자는 여전히 도가 우주의 본원인 동시에 만물에 내재하는 리듬임을 일깨운다. 도道를 신神이나 부모라 일컫지 않았다. 오직 "나의 스승이시여!, 나의 스승이시여!(吾師呼! 吾師呼!)"라고 거듭 찬탄하였을 뿐이다.

2천 3백여 년의 세월이 흘렀지만 오늘도 장자의 마을에는 무용無用의 나무들이 자라 무위無爲의 숲을 이루고 있다. 고단한 몸을 이끌고 마을입구에 다가서는 모든 사람들에게 휴식과 평온을 제공한다. 그것은 고요한 행운이다.

세상은 저만치 앞서 가는데 지금 나는 무엇을 듣고 무엇을 바라보는가. 혹시 부재의 나를 들여다보며 장자의 금언들을 좌판 위에 벌려놓고 혼자 "장자 사려!"를 외치고 있는 건 아닌가. 다만 장자를 그리워하며 이따금 그를 따라 "나의 스승이시여!, 나의 스승이시여 (吾師呼! 吾師呼!)"하고 가슴으로 불러볼 뿐이다.

2006. 11. 8
정선 숙암에서
趙熙均

◈ 덧붙이는 말

1. 이 글은 莊子의 ¹⁾앤솔러지(Anthology)이다.

<장자> 말 가운데 열의 아홉은 우언寓言이다. 우언은 이른바 '뜻은 이곳(내면의 道)에 있으나 저곳(바깥세상)에 기탁하여 말함.'의 의미이다. 우언은 외물을 빌려 道를 논論하는 것이라 한다. 우언 가운데 중언重言(古人의 말)은 열의 일곱이고, 치언巵言(무심의 말)은 날마다 나타난다. 했다.

莊子의 이 세 가지 표현방식은 곧 천예天倪(만물제동)로써 뭇 사람들의 시비를 잠재우고 天下를 화평케 함이라고 한다. 이에 莊子의 세 가지 방식의 말 중에서 추요樞要가 되는 구절들을 모아서 '앤솔러지(Anthology) 莊子'로 정리해 보았다. <장자>는 이른바 오리엔탈(Oriental) <經典>으로서 조금도 손색이 없다. <장자>는 오랫동안 오해되거나 왜곡되어 역사의 주류에서 소외되어 있었다.

특히 전한前漢의 무제武帝(B.C. 141~87 재위)가 동중서董仲舒의 건의를 받아들여 유학을 국학으로 수용함으로서 유학일존儒學一尊의 강한 정치색이 사상, 학문, 종교, 예술의 분야를 지배하게 되었다. 한당경학漢唐經學, 송명이학宋明理學으로 규정되는 <공자>존양의 역사가 지속되어 왔다. 중국 및 한국사상에서 '이단'관념은 오직 유가의 경우에만 있

---

1) Collection of poems or pieces of prose or of both, by difference writers, or a selection from the work of one writer. <The Advanced Learner's Dictionary of Current English(by A. S. HORNBY: OXFORD UNIVERSITY PRESS; 1964)>

었다. 서진西晉의 곽상郭象(A.D. 252?~312)이 <장자> 33편 본을 정리하고 註를 달았다. 최선崔譔의 27편 본, 상수向秀의 26편 본이 있었고, 동한 반고班固(A.D. 32~92)의 <한서 예문지: 한서 총 100권 중 제30권>의 '諸子略'에 의하면 道家 37家 993편으로 분류하고 <장자> 52편이라 했다. 곽상 이전에는 52편 본이 통용되고 있었다고 한다. 하지만 모두 일실逸失되었다. 곽상의 33편 본(내편 7편, 외편 15편, 잡편 11편)이 오늘날 전해오는 유일한 <莊子>다. 장자와는 600년이란 시간의 격차가 있다. 곽상의 <장자> 이후 또다시 400여 년이 지났을 때, 다시 <장자>가 각광脚光을 받게 된다. 당唐 현종玄宗이 장주莊周에게 '南華眞人'이란 호를 추서하고 그의 저서인 <莊子> 또한 <南華眞經>으로 존칭함으로써(天寶元年: A.D. 742) <莊子>는, 장주 사후 1,000년이란 시간이 흐른 뒤에 이른바 진경(眞經: 천하에 두루 통용되는 참된 경전)으로서 황제의 공인을 받게 된 것이다. 그것은 잊혀져가던 <莊子>의 진가를 다시 한 번 드높일 수 있는 계기를 마련해 준 드물고 이례적인 사건이었다.

이 땅에서는 새로운 유학의 집성이라 할 수 있는 朱子의 성리학이 통치이념으로 채택되어 조선朝鮮 왕조 500년 역사를 움직인 주요 동인動因이 되었다. 불행하게도 조선 유학은 교조적 배타성을 안고 발전 정착 되었다. 양명학을 비롯한 비정주적非程朱的 사상은 비판받았고 불교는 백안시 내지 배척되었으며 <장자> 또한 발붙일 곳이 없었다. 비록 유가의 입장에서 노장老莊을 이해(비판)하려고 한 저작 동기가 있었지만 서응명의 <道德指歸>, 홍석주의 <訂老>, 박세당의 <南華經註解刪補>, <新註道德經> 등 일련의 노장 관련 서적이 저술될 수 있었다는 것은 그나마 다행한 일이었다. 특히 '장자는 공자의 도를 회복한 사람이다.'라고 천명闡明한 박세당의 출현은 신선한 충격이 아닐 수 없다. 이율곡이 그의 저서 <醇言>에서 <노자>를 '수기치인'의 책으로 평가하고 있었다는 것도 경이로운 사실이다. 그는 <공자>의 '애민치국'과 같은 맥락에서 <노자>를 이해하고 있었던 것이다. <장자>이후 2300년이란 긴 시간이 흘러갔다. 이제 인간 의식은, 고금을 관통하고 동서양을 결합하는 새로운 문화관을 제창하기에 이르렀다.

일본 최초의 노벨 물리학 수상자인 유카와 히데끼(湯川秀樹: 1907~1981)는 "문명의 회춘"이라는 명제를 처음으로 제시하며 도가사상의 현대화를 주창하였다. 그는 특히 <장자>에서 많은 영감을 얻었다. 현대 신과학이 동양사상 특히 '신도가사상'으로 복귀하려는 특징이 있음을 일찍이 간파하고 20C세기 영국의 위대한 科學史家 조셉 니담(Joseph Needham: 1900~1995)은 스스로 자신을 "명예도가"로 자처하고 도가사상의 현대적 의미를 부여하고 도가사상의 새로운 형식을 추구하였다. 그는 『중국의 과학과 문명: Science & Civilization in China』이란 방대한 책을 썼다.

오랫동안 경시되어오던 고대의 지혜가 현대의 새로운 지혜의 원천으로 거듭나고 있다. 1975년을 기점으로 오스트리아 출신의 미국 물리학자 F.카프라(Fritjof Capra 1938~)는 니담의 사상을 이어받아 『현대물리학과 동양사상』, 『새로운 과학과 문명의 전환(The Turning Point)』, 『탁월한 지혜(Uncommon Wisdom)』, 『생명의 그물(The Web of Life)』 등 일련의 세계적인 베스트셀러를 저술했다.

그는 그의 저서 『탁월한 지혜』에서 다음과 같이 말하고 있다.

"내가 볼 때 모든 위대한 전통사상들 가운데 도가가 가장 완벽하고 중요한 생태학적 지혜를 우리에게 제공해주고 있다."

그는 도가의 주요개념중의 하나인 '무위'를 자연에 역행하는 활동을 삼가고 끊는 것이라고 정의할 만큼 도가사상에 대한 깊은 이해를 지닌 동양철학자이기도 하였다. 미국의 '주역학회' 이사장인 웅정성 應鼎成은 1990년 『도 철학과 인간의 문제』라는 책에서 현대 도가의 무위 사상을 한층 정밀하게 정의하고 있다. '무위는 평화의 진리이며, 아울러 자유평등의 뜻을 담고 있다. 무위하면 사사로움이 없고, 사사로움이 없으면 저절로 다툼이 없게 되며(無爭), 다툼이 없게 되면 곧 세계평화가 도래하게 된다.' 그는 도가사상을 현대의 '세계평화사상'으로 수용하고자 하였다.

지구촌이란 공동체 속에서 공존해야 하는 인간은 이제 수용과 관용을 통하여, 각기 다른 표현양식을 지닌 진리의 아름다움을 이해하기 시작하게 되었다. 이 글의 목적은 새로운 방식으로 <장자>에 좀 더 가까이, 보다 쉽게 접근해 보려는 하나의 힘겨운 시도試圖다. 아울러 일부 왜곡된 <장자>가 바르게 해석되는 작은 계기가 되길 바라며 먼 훗날 이 글이 <장자>의 '경구절經句節 모음'으로 세상에 조금이나마 보탬이 되었으면 한다.

2. <莊子>는 단순한 담론이나 우화가 아니다. <장자>의 글 중에는 진인眞人이 아니면 언급할 수 없는 비유와 상징, 역설과 풍자, 해학이 도처에 숨어있다. <莊子>의 말들이 길가는 사람들의 금언金言이 되어 가슴에서 가슴으로 조용히 타오르는 불씨가 되었으면 한다. 그것은 번역문만이 아닌 한자 원문으로 그 뜻을 음미하며 송독誦讀하기 쉽게, 보다 간략하게 추려져야 한다고 믿는다. 이에 <장자>33편 全篇을 8章으로 가르고 각 章의 주제에 따라 유사한 의미 단락을 한데 모으고 간추려서 '앤솔러지 莊子 218句'로 새롭게 엮어보았다. 감히 ≪莊子의 길≫이라고 이름 붙였다.

莊子는 말했다. '만약 만세 뒤에 우리가 이 삶이 꿈이라는 그 말들을 풀이해 주는 방법을 알고 있는 대 성현을 한 번 우연히 만난다면, 이는 우리가 예기치 않게 그를 아침저녁으로 만난 것과 같을 것이다.'(萬世之後, 而一遇大聖知其解者是旦暮之也〈齊物論〉)

위 구절은 해석이 분분하여 오랫동안 고민해오던 차에 20년간 옥스

퍼드에서 중국어문학과 석좌 교수로 재직한 'JAMES LEGGE'의 영역본 ≪The Text of Taoism: The Writings of Chuang Tzu≫에 실린 2) 구절을 정독한 후에 비로소 그 뜻이 자명해졌다. <장자>로부터 시작된 호접몽胡蝶夢이란3) Butterfly－Effect(나비 영향)는 시공을 넘어 고금을 관통하며 끊임없이 오늘도 인간 의식을 변혁시켜 주고 있다.

3. <장자원문>은 예문인 서관 宋刊 影印本, 곽상 註 <南華眞經>을 底本으로 성현영의 <南華眞經注疏>, 임희일의 <句解南華經>, 왕선겸의 <莊子集解> 등을 참고하였다. 구두점句讀點은 양류교의 <莊子譯詁>, 구양경·구양초의 <莊子釋譯>, 우현민 譯註 <莊子> 등을 비교 대조하였다.

원문의 '字句풀이'는 기존의 <장자>번역서를 참고하였으나 미심쩍은 구절은 다른 주석서와 대조하여 보다 평이하고 간략한 주註를 택했다. 어구語句의 주해는 가능한 원문과 함께 싣고 한글 역문은 직역에 가깝게, 불가피할 경우에는 의역을 택했다. 상단에는 원문과 독음讀音을, 자구字句 풀이는 하단에 <도움말>로 두었다. 필자의 무지에 의한 오역이 없을 수 없겠다. 잘못 번역한 부분은 독자讀者들의 도움을 받아 고쳐나갈 것이다. 애정 있는 질정叱正을 기대한다.

---

2) But if after ten thousand ages we once meet with a great sage who knows how to explain them, it will be as if we met him (unexpectedly) some morning or evening.

3) 나비 효과(The Butterfly Effect): 중국 북경에 있는 나비의 날개 짓이 미국 뉴욕에 허리케인을 일으킬 수도 있다는 이론. 미국의 기상학자 에드워드 로렌츠가 1961년 기상관측을 하다가 생각해 낸 이 원리는 카오스 이론으로 발전해 여러 학문 연구에 쓰이고 있다. 그러나 'The Butterfly－Effect'의 시원(始原)은 2천여 년 시간을 거슬러 올라간 장자의 호접몽(胡蝶夢, The Butterfly dreaming that it was Chou)에서 비롯되었다고 할 수 있을 것이다. 이곳에 쓰인 '나비효과'는 철학적 사유로서의 장자의 '호접몽'이 시공을 초월하며 끊임없이 인간 의식전환에 끼친 파급효과를 의미한다.

4. [指窮於爲薪, 火傳也, 不知其盡也.]4) - 養生主 -

이 책의 <장자> 초상肖像 下段에 붙인 이 句節은 난해한 구절의 하나로 여러 설이 있지만 아래 주해에 따라 약간의 의역을 더해 보았다.

* 王世舜·韓慕君 : / 손(손가락)으로 시화柴火(불쏘시개에 붙인 불)를 만드는 것을 다하니, 불은 전하여져서 그 끝을 알지 못한다. / 指: 手指. 窮: 窮盡(완결). 於: 在(在于, 決定于) 爲: 造. 薪: 柴火. (시화柴火: 작은 잡목에 붙인 불 ⇨ 불쏘시개에 붙인 불 ⇨ 작은 불씨) 火傳也, 不知其盡也.

* (손가락으로) 작은 불씨를 밀어 넣는 것 멈추지 않으니 생명의 불꽃은 전하여 그 끝남을 알지 못한다.

---

4) 'JAMES LEGGE'는 위 구절을 아래와 같이 英譯했다.
  "What we can point to are the faggots that have been consumed; but the fire is transmitted(elsewhere), and we know not that it is over and ended."

- 차 례 -

第一章 : 莊子의 슬픔 __ 29

第二章 : 莊子의 기인(畸人)들 _ 81

第三章 : 莊子의 道(도)__181

第四章 : 莊子의 덕(德)__223

第六章 : 수행(修行)의 길 __ 325

第七章 : 인간 장자(人間莊子)__401

第一章

莊子의 슬픔

제1장: 「莊子의 슬픔」

<장자> 내, 외, 잡편에 보이는 불역비호不亦悲乎!, 가불애호可不哀乎!, 가불위대애호可不謂大哀乎?, 비부悲夫!, 불비재不悲哉!, 불가불애여不可不哀歟!, 차호嗟乎! 등의 애처로움과 비탄조의 단락을 한 장章으로 모아 보았다. 장자의 울분과 탄식, 그 슬픔의 근원이 무엇인지를 밝은 햇빛아래 비추어 보고 싶었다.

장자의 비애는 불가의 자비심과 닮아 있다. 자비와 비애의 밑바닥에는 인간에 대한 깊은 연민이 숨어 있다. 인간은 연민을 통하여 관용과 사랑으로 다가가 마침내 만물제동萬物齊同이란 절대 평등과 자유를 얻고 천락天樂에 이르게 되는 것이 아닐까?

"[1]悲는 아픔이다. 고찰하건대 참(憯)이고 고통이 깊다는 뜻이다. 통(恫)은 고통이 전일(專一)하다는 것. 悲란 마음의 아픔이 위로 오르는 것인데, 각각 그 소리에 따라서 얻게 되는 슬픔이다. 표의부가 심(心)이고 표음부는 비(非) 성(聲)이다." 그 소리는 뜻을 잃고 상심하는 웅얼거림(呻吟)이거나 타인의 슬픔과 함께하는 가슴 저림(悲傷) 등의 표현이지만 결국 그것은 우리를 보다 높은 곳으로 이끌어 주는 인간의식 상승의 계기를 마련해준다. 슬픔의 수직적 상승이 장자의 슬픔(悲)에 숨겨진 뜻이 아닌가 한다.

"[2]哀는 민(閔), 마음 아파하다. 슬퍼하는(問終) 사람이 門에 있다.

---

1) <說文>:「悲. 痛也. 按憯者, 痛之深者也. 恫者, 痛之專者也. 悲者, 痛之上騰者也, 各從其聲而得之. 从心非聲」.
2) <說文>:「哀, 閔也. 弔者在門也. 引伸之凡哀皆曰閔. 从口. 衣聲」다시 <說文>에서 '閔'을 찾아보면「민(閔), 弔者在門也. 引伸凡痛惜之辭. 俗作憫」.

이 뜻을 인신(引伸)하면 무릇 '哀'는 모두 민(閔)이다. 표의부가 구(口)이고 표음부가 의(衣) 성(聲)이다." 민(閔)은 <說文>에 의하면 '痛惜之辭'로써 민(憫)이다. 민(憫)의 字典적 의미는 우휼(憂恤), '걱정하며 불쌍히 생각하다.'우(憂), '근심하다.'는 것이고 나아가 민(閔), '불쌍히 여기다.' 석(惜), 애(愛), '가련하다', '사랑하다'로 이어지게 된다. 그것은 일 개 범부의 슬픔에서 보편적인 인류의 슬픔으로 퍼져나가는 정서이다. 슬픔의 수평적 확대가 장자가 말하는 '哀'의 참의미가 아닐까? 장자의 悲와 哀는 불가의 慈悲心에 비해 좀더 야생적이고 보다 단순 질박한 연민(憐憫)의 그 무엇이다.

이곳에서의 비탄사悲歎辭들은 장주莊周 자신은 물론, 그의 제자와 후학, 때로는 일반인의 슬픔을 포함하는 이른바 장자류莊子流의 슬픔이다.

3)<장자> 全篇에 실린 悲와 哀는 약속이나 한 듯이 각각 25회에 이른다. 연사連詞로서의 '悲哀'는 단 한 차례 <漁父> 편에 처상즉비애處喪則悲哀라는 어구가 보인다. 노자老子 도덕경에는 '悲' 字는 살인지중, 이애비읍지殺人之衆, 以哀悲泣之.라는 구절이 <31장>에 1회 실린 것뿐이고 '哀' 字는 애자승의哀者勝矣.라는 어구가 <69장>에 1회 기재된 것이 전부이다.

도덕경 전체에서 '悲'는 단 한 글자, '哀'는 겨우 두 글자인 것이다. 이는 결국, 莊子는 老子보다 '인간의 슬픔'에 대해서 더 큰 연민을 느끼고 있었음을 말해주고 있다. 老子는 이미 인간의 비애를 초극하고 무심무욕의 경지에 있었을지 모른다.

---

3) 王世舜, 韓慕君編著, <老莊詞典>, 山東教育出版社.

第一章: 莊子의 슬픔

[앤솔러지 莊子: 1]

§Ⅰ-1. 참으로 슬픈 일이 아닌가!

한 번 생명을 받아서 이처럼 사람의 형체를 얻었다면,
함부로 훼손하지 않고 자연의 수명이 다함을 기다려야 한다.
그런데도 사람들은 세상 물사物事와 더불어 서로 거스르며 뒤따라
그 생을 소진시키는 것, 말의 질주처럼 재빠르기도 하다.
그럼에도 달리는 것 멈출 줄 모르니, 참으로 슬픈 일이 아닌가!

<table>
<tr><td>1)一受其成形, 2)不亡以待盡.</td><td>일수기성형, 불망이대진.</td></tr>
<tr><td>3)與物相刃相靡, 4)其行盡如馳.</td><td>여물상인상미, 기행진여치.</td></tr>
<tr><td>而莫之能止, 不亦悲乎!</td><td>이막지능지, 불역비호!</td></tr>
</table>

－〔齊物論〕－

[도움말]

1) 一受其成形－一, 一旦. 受, 稟受(품수). 생명을 主宰하는 '眞君'을 따름을 가리킴. 其는 乃와 同一하게 쓰인다. 形, 形體.
2) 不亡以待盡－亡은 중도에서 亡失함이고 '待盡은 待盡天年.'－成玄英. 곧 자연의 수명이 다하길 기다리는 것이다. 또한 신체를 훼손시키는 것을 亡이라 함.

以는 而(순접)임. 혹자는 亡을 忘, 化로 새기기도 한다. <田子方>편: '不亡, 作
不化'

3) 與物相刃相靡 — 物은 세상 만물과 일, 욕구와 사념의 대상. '刃, 거스르다. 靡
(미), 따르다.' (刃, 逆也; 靡, 順也.) — 成玄英. 또는 '刃은 상처를 입히는 것:
靡는 의지하고 기대는 것'(刃, 謂殘傷: 靡, 謂依附) — 李頤. 相은 互相(서로).
'靡(미)는 摩(마).'라 함. 가까이하다, 어루만지다. 말이란 '기쁘면 서로 목을
두르고 비벼댄다.' — 李頤. (<馬蹄>篇 '喜則交頸相靡' 語句의 注)

4) 其行盡如馳 — 其行盡은 그 行을 다하는 것, 그 생을 소진시키는 행위는 마치
달리는 것과 같다. 如(여)는 같다. 같게 하다. 馳(치)는 奔馬, 달리는 말이다.

[앤솔러지 莊子: 2]

§Ⅰ-2. 평생 동안 남의 부림을 받아 애쓰지만

평생 동안 남의 부림을 받아 애쓰지만,
끝내 그 성공을 보지 못하고,
일에 쫓기고 시달리어 멍하니 지쳐 있어도,
돌아가 그 쉴 곳을 모른다.
인생이란 얼마나 애처로운 것인가!

終身[1]役役, 而不見其成功,　　　종신역역, 이불견기성공,
[2]苶然疲役, 而不知其所歸.　　　날연피역, 이부지기소귀.
可不哀邪!　　　　　　　　　　가불애야!

　　　　— 〔齋物論〕—

1) 役役-골몰함, 마음이 피로한 것. 使役. 心力을 다해 애쓰는 모양이다. '役役은 '勞苦奔波'를 형용함이라 한다.'-歐陽超. 힘들여 수고하고 급히 애쓰는 모양을 형용한다는 것.
2) 茶然疲役-茶然(날연)은 忘貌(잊는 모습). 茶, 몹시 기진한 모양. (茶, 極貌也)-司馬彪., '지쳐 병들고 고단한 상태(疲病困之狀)-間文帝. 날은 엽, 녑이라고도 읽는다. 疲役(피역)은 疲困과 같다.

앤소로지 莊子 1, 2, 3은 '天籟문답'우화로 알려진 안성자유의 天籟(천뢰)는 무엇인가(敢問天籟)하는 질문에 대한 남곽자기의 화답 중의 일부분이다.

[앤솔러지 莊子: 3]

§Ⅰ-3. 어떤 사람들은 죽지 않음(不死)을 이야기 하나

어떤 사람들은 죽지 않음(不死)을 이야기하나,
그게 무슨 도움이 될까?
그 형상의 변화와 함께,
그 마음도 따라서 그렇게 되는 것이니,
이야말로 참으로 큰 비애가 아니랴?
사람의 삶이란,
정녕 이처럼 어둡고 분명하지 못한 것인가!
아니면 나만 홀로 흐리멍덩하고,
세상 사람들 중에는 밝고 분명한 자도 있는 걸까?

人謂之不死, [1]奚益? 　　　인위지불사, 해익?
[2]其形化, 其心與之然,　　기형화, 기심여지연,

可不謂大哀乎?　　　　　가불위대애호?

人之生也, ³⁾固若是芒乎!　　인지생야, 고약시망호!

⁴⁾其我獨芒, 而人亦有不芒者乎?　기아독망, 이인역유불망자호?

　　　　－〔齋物論〕－

[도움말]

1) 奚益－益은 利益, 보탬이다. 奚는 何(어찌)와 같다. 무슨 소용이 있는가.

2) 其形化, 其心與之然－其, 豈(反語의 助詞) 여기서는 힐문(詰問)하는 의미가
   있다. 然은 이와 같아짐(然, 猶如此也.)－成玄英. 형체가 변하면 마음도 따라
   서 그렇게 되는 것.

3) 固若是芒乎!－固: 진실로. 芒, 茫昧(망매): 어둡고 흐릿함이다.－陸德明

4) 其我獨芒, 而人亦有不芒者乎?－其는 連詞로서 선택을 나타내며 '아니면, 이
   든지 아니면'으로 풀이할 수 있다. 亦은 앞의 而에 호응하여……도, 또한. 人
   은 세상사람, 我가 아닌 타인.

* 南郭子綦(남곽자기)의 입을 빌려 지금 장자자신의 인간적 허망과 비애의 감정
  을 토로하고 있는 것이다. 장자는 비애의 감정을 드러내는데 주저하지 않는다.
  장자의 슬픔은 결국 내면의 성찰을 통한 '의식 상승'의 길로 이끈다. 이곳 '천뢰
  문답'의 끝 부분에는 天府之說이 있다. '그러므로 知는 알고 있지만 전혀 알지
  못하는 경지에서 머무는 것이 최상이다. 누가 말하지 않는 변론과 말하지 않는
  道를 알겠는가? 만약 알 수만 있다면 그는 하늘의 보고(天府)다.'라고 했다.

[앤솔러지 莊子: 4]

§Ⅰ-4. 좀스런 지혜로 큰 지혜를 헤아릴 수 없고

좀스런 지혜로 큰 지혜를 헤아릴 수 없고, 짧은 삶은 장구長久한
삶을 이해할 수 없다.

이런 걸 어떻게 알 수 있는가?

아침에 스러지는 버섯은 저녁과 새벽을 알지 못하고,

여름 한 철 사는 매미는 봄가을을 알 수 없다.

이것이 바로 짧은 삶이다.

초나라 남쪽에는 '신령스러운 거북' 명령明靈이 살고 있었는데,

봄 오백 년, 가을이 또 오백 년이었으며,

더 먼 옛날에는 '거대한 무궁화나무' 대춘大椿이 자라고 있었는데

봄 팔천 년, 가을이 또 팔천 년이었다.

그럼에도 불구하고 지금까지 팽조는 최고의 장수자로 홀로 이름이 드높았다.

뭇 사람들이 그를 사모하여 그처럼 되려고 하니

또한 비탄悲歎할 일이 아니랴?

1)小知不及大知, 少年不及大年.	소지불급대지, 소년불급대년.
2)奚以知其然也?	해이지기연야?
3)朝菌不知晦朔, 4)蟪蛄不知春秋.	조균부지회삭, 혜고부지춘추.
此少年也.	차소년야.
楚之南, 有5)冥靈者, 以五百歲爲春,	초지남, 유명령자, 이오백세위춘,
五百歲爲秋,	오백세위추,
上古有6)大椿者, 以八千歲爲春,	상고유대춘자, 이팔천세위춘,
八千歲爲秋.	팔천세위추.
7)而彭調乃今以久特聞. 衆人匹之,	이팽조내금이구특문. 중인필지,
不亦悲乎?	불역비호?

－〔齋物論〕－

[도움말]

1) 小知, 大知 少年, 大年－知는 智, 지혜. 年은 壽命이다.

36

2) 奚以知其然也? - 奚, 何. 然, 如此. 어찌하여 그것이 이처럼(위 두 句節처럼) 되는 걸 아는가?

3) 朝菌不知晦朔 - 朝菌은 大芝(큰 버섯). 舜英, 日及 혹은 犬芝(개 버섯)라 함. ' 司馬彪 이르되 '큰 버섯이다. 거름더미 위에 자연히 생겨나 해가 비치면 곧 죽는다. 一名은 日及, 때문에 한 달의 끝남과 시작을 모른다,'(司馬云, 大芝也. 天陰生糞上, 見日則死. 一名日及, 故不知月之終始也.) - 郭象. ' 晦는 달의 끝, 그믐, 朔은 달의 초하루를 말한다.' (月終謂之晦, 月旦謂之朔.) - 成玄英. 晦는 冥, 어둠이다. 朔은 旦, 아침이다.

4) 蟪蛄 - 惠蛄라 함. 寒蟬(한선), 山蟬(산선) 등의 이름이 있다. 쓰르라미, 매미. '惠蛄(혜고)는 한선이다. 봄에 나 여름에 죽고, 여름에 나 가을에 죽는다.' (蟪蛄寒蟬也. 春生夏死, 夏生秋死.) - 司馬彪

5) 冥靈(명령) - 나무 이름, 江南에 나는 나무다. 또는 靈龜(영귀)라고 했다. 거북이다.

6) 大椿(대춘) - 참죽나무, 또는 무궁화(인도에서는 聖人花라고도 함)나무. 江南에 나는 나무. 寓言으로 보고 깊이 따지지 않는다고 한다.

7) 而彭祖乃今以久特聞, 衆人匹之 - 그런데 팽조는 지금까지 최장수(壽)자 로서 홀로 이름이 전해져 衆人이 팽조를 뒤따라 그와 닮으려 하다. '久는 壽라 하고 成玄英은 特은 獨이라 함. 匹之의 '匹'은 사모하여 그(팽조)와 같아지려 하다. '(匹慕而求似之也) - 林希逸. 之는 팽조.' 彭祖(팽조)는 堯의 신하이고 姓(성)은 籛(전), 名(명)은 鏗(갱). 彭城에 봉해 졌고, 虞夏를 지나 商에 이르 기까지 7~8백 년을 살았다는 長壽의 仙人이다. - 李頤.

* 붕새의 飛翔과 圖南을 이해하지 못하는 二蟲(매미와 산비둘기)의 인식 범주 의 작고 좁음에 대한 장자의 自嘲적인 한탄이다. 之二蟲又何知(이 두 벌레가 어찌 알리요!) 다음에 계속되는 言說이다. 장수(壽)의 예로 수명 천 년의 冥靈(명령)이란 거북과 수령 일 천 육백년인 大椿(대춘)이란 나무를 들고 있다. 이에 비해 인간의 수명은 7~8백을 살았다고 하는 팽조가 최 장수자로 인식되 고 있다. 이와 같은 壽의 인식관을 통해 장자는 인간 또한 저 二蟲과 다르지 않다는 것을 말하고 있다. 冥靈(명령), 大椿(대춘)이 실재하였는지, 정말 그처 럼 장수하였는지는 論外로 한다. 때문에 寓言이라 했다. 오늘날 지구의 나이 는 46억 년이고 우주의 나이는 175억 년이라 한다. 아무도 의심하지 않는다. 과학을 신뢰하기 때문인가. 그런데 <박영효 역본>에 의하면 현대의 지구촌의 大椿(대춘) 나무는 호주 남부에 살아있는 킹스홀리(호랑가시나무) 나무로서 장자의 大椿(대춘) 나무 보다 수령이 2배 이상 길다. 무려 4만 3천년이라 한

다. 어쩌면 <장자>의 속의 冥靈(명령), 大椿(대춘) 이야기도 우언이 아닌 장자 당시의 실재 이야기일지도 모른다.

[앤솔러지 莊子: 5]

§Ⅰ-5. 눈으로 보아서 볼 수 있는 것은 형체와 빛

그러므로, 눈으로 보아서 볼 수 있는 것은 형체와 빛.
귀로 들어도 들을 수 있는 것은, 이름과 소리.
슬프구나!
세상 사람들이 형체와 빛, 이름과 소리로써 도道의 참 모습을 터득할 수 있다고 생각하다니!
무릇 형체와 빛, 이름과 소리만으로는 도의 참모습을 결코 터득할 수 없다.
곧 "참으로 아는 자는 말하지 않고, 말하는 자는 참으로 알지 못한다."
그런데 어찌 세상 사람들이 이런 말을 알 수 있으리오?

[1]故, 視而可見者, 形與色也.　　　고, 시이가견자, 형여색야.
聽而可聞者, 名與聲也.　　　청이가문자, 명여성야.
悲夫!　　　비부!
世人以形色, 名聲爲足以得彼之情!　　　세인이형색, 명성위족이득피지정!
夫形色, 名聲[2]果不足以得彼之情.　　　부형색, 명성과부족이득피지정.
則 [3]"知者不言, 言者不知."　　　즉 "지자불언, 언자부지."
而世豈識之哉?　　　이세기식지재?

－〔天 道〕－

1) 故, 視而可見者 — 故는 그런데, 본래, 도대체 등의 뜻을 나타내는 提起辭.
2) 果不足以得彼之情 — 道의 실정(참모습)을 체득하는 데는 과연(결국) 부족하다. '도의 참모습의 체득은 오직 말을 잊고 글을 버리는 것일 뿐이다.' (得彼情 唯忘言遺書者耳.) — 郭象. '果는 斷이다. 見聞은 도를 체득하는 수단으로써는 단연코 부족하다, 따라서 道를 아는 자는 반드시 (道에 대해) 말하지 않게 된다.'(果斷也. 見聞然不足以得之. 故知道者必不言.) — 林希逸
3) 知者不言 言者不知 — <地北遊편>에도 나오는 말로 노자 도덕경 56장에도 실려 있다. 보통 '아는 자는 말하지 않고 말하는 자는 알지 못 한다'로 풀이한다. 知者不言 言者不知의 '不言과 不知'의 뜻을 다른 방식으로 부연한다면, 아는 자, 즉 道(宇宙의 근원, 至高의 인식)의 체득 자는 言而不言하여 言說에서 자유롭고, 말하는 자, 언어의 세계에 메여있는 衆人은 知而不知. 곧 안다고 하지만 실상은 道를 모른다는 뜻으로 풀이할 수도 있다.

[앤솔러지 莊子: 6]

§Ⅰ-6. 슬프구나, 나라를 가진 자의 지혜롭지 못함이여!

슬프구나, 나라를 가진 자의 지혜롭지 못함이여!
무릇 나라를 가졌다는 건 대물大物을 가졌다는 것이다.
대물을 가진 자는, 물物을 자신의 물物로 여겨 마음대로 작위하면 안 된다.
불물不物은 무위자연이니 곧 하지 못함이 없음이라, 능히 물物을 물物되게 하는 것이다.
물物을 자연 그대로의 물物되게 하는 것이야말로 물物의 집착에서 벗어나는 것임을 맑고 밝게 알게 되면,
어찌 천하 백성만을 다스릴 수 있다 할 뿐이겠느냐!

천지사방을 마음대로 드나들고, 온 세상을 두루 노닐며,

홀로 가서 유유히 홀로 돌아오니, 이를 일러 '홀로 존재함'이라 한다.

'홀로 존재함의 인간'이야말로 지극히 고귀하다.

悲夫, ¹⁾有土者之不知也!　　　　비부, 유토자지부지야!

夫有土者, 有大物也.　　　　　　　부유토자, 유대물야.

²⁾有大物者, 不可以物物.　　　　유대물자, 불가이물물.

³⁾而不物, 故能物物.　　　　　　이불물, 고능물물.

⁴⁾明乎物物者之非物也,　　　　명호물물자지비물야,

豈獨治天下百姓而已哉!　　　　　기독치천하백성이이재!

出入⁵⁾六合, 遊乎九州,　　　　　출입육합, 유호구주,

⁶⁾獨往獨來, 是謂獨有.　　　　　독왕독래, 시위독유.

獨有之人, 是之謂至貴.　　　　　　독유지인, 시지위지귀.

　　　　　　　　　─〔在　宥〕─

[도움말]

1) 有土者之不知也─土는 國土, 國家(나라)를 말한다. 有土者는 국가를 다스리는 자. 當時의 諸侯를 지칭하여 말함이라 했다. (有土者有國也. 指當時諸侯而言也.)─林希逸

2) 有大物者, 不可以物物─大物은 국토와 백성. 林希逸은 '物物者有心有迹也'라 했다. 곧 '物物은 내 마음대로 作爲하여 자취를 남기는 것.'이다. 나라를 다스리는 자는 백성을 자기 마음대로 작위 해서는 안 된다는 말이다. 전국시대 제후들의 독선적인 治國爲民을 경계한 말일 것이다. 兪樾(유월)은 有大物者, 不可以物物을 '有大物者, 不可以物'로 끊고 '物而不物, 故能物物.'로 풀었다. 위 구절은 林希逸을 따랐다. 藝文印書館 <南華眞經>에도 不可以物物로 나온다.

3) 而不物, 故能物物─위 구절과 함께 여러 가지 해석이 紛紛한 句節이다. '不物은 無爲이고 自然에 따라 저절로 그렇게 되는 것이다. 無爲이니 곧 하지 못함이 없으므로 不物이라 그러므로 能物物이라 함'. (不物者, 無爲而爲自然

40

而然也. 無爲則無所不爲, 故曰不物故能物物.)－林希逸. '物에게 부림을 받지 않음이 곧 不物이다. 不物, 物(만물)의 집착에서 벗어나 억지로 함이 없으므로, 천하 만물은 제각기 자득하게 된다.'고 했다－郭象. '故能物物'의 앞의 物은 使動用法. 뜻은 곧 使爲物, 그러므로 능히 物을 物 되게 한다.'는 것이다.－歐陽超

4) 明乎物物者之非物也－明, 明曉. (명확히 알다.) 物을 자연그대로의 物되게 함이, 物(만물)의 집착에서 벗어나는 것임을 명확하게 알다. 明乎의 乎는 了.

5) 六合－天地 四方. 九州－中國 全土를 말한다. 禹임금이 정했다고 함.

6) 獨往獨來, 是謂獨有－이곳에서의 '獨有'는 大宗師編의 '朝徹而後能見獨, 見獨而後能無古今'－즉 '아침의 大悟觀徹 다음 見獨이 있고 見獨 다음에 古今을 초월하다.'의 '獨' 의미와 비슷하다. 佛家의 '唯我獨尊'과는 어떻게 다를까?

[앤솔러지 莊子: 7]

§I－7. 지금은 천하가 길을 잃고 있으니

세 사람이 길을 가다가 한 사람이 미혹하면,

아직 목적지에 도달할 수 있다. 미혹된 사람이 적기 때문이다.

두 사람이 미혹되면 아무리 수고해도 목적지에 도달할 수 없다.

미혹된 사람이 많아졌기 때문이다.

그런데 지금은 천하가 길을 잃고 있으니,

내 비록 가고자하는 길이 있어도 갈 수가 없다.

이 또한 처량凄凉한 일이 아니랴!

훌륭한 음악은 속된 귀에는 들리지 않지만,

절양折楊, 황과皇荂같은 속곡俗曲에는 크게 입 벌리고 웃는다.

이런 이유로 천고千古의 금언金言은 대중의 마음속에 스며들지 못하고

저 탁월한 지혜의 말씀도 이 세상 밖으로 나타나지 않음은,
세상 시류에 편승하는 속된 말들이 횡행하기 때문이다.
두 갈래 길의 발자취에 미혹되어도 곧 목적지에 도달할 수 없다.
그런데 이제 온 천하가 길을 잃고 있으니
내 비록 가고자하는 길의 목적지가 있다 해도,
내 어찌 그곳에 도달할 수 있으랴!
도달할 수 없음을 알면서도 억지로 행함은, 이 또한 하나의 미혹
이다.
그러므로 그대로 놓아두고 억지로 추구하지 않는 것만 못하다.
억지로 추구하지 않는다면, 어느 누가 우환에 이를 수 있겠는가!

三人行而一人惑,	삼인행이일인혹,
所適者猶可致也. 惑者少也.	소적자유가치야. 혹자소야.
二人惑則勞而不至. 1)惑者勝也.	이인혹즉노이부지. 혹자승야.
而今也而天下惑, 2)予雖有祈嚮,	이금야이천하혹, 여수유기향,
不可得也. 不亦悲乎!	불가득야. 불역비호!
3)大聲不入於里耳, 4)折楊皇荂,	대성불입어리이, 절양황과,
則5)嗑然而笑.	즉합연이소.
是故高言不止於衆人之心,	시고고언부지어중인지심,
至言不出, 俗言勝也.	지언불출, 속언승야.
6)以二缶鍾惑, 而所適不得矣.	이이부종혹, 이소적부득의.
而今也而天下惑, 予雖有祈嚮,	이금야이천하혹, 여수유기향,
其庸可得邪!	기용가득야!
知其不可得也而强之, 又一惑也.	지기불가득야이강지, 우일혹야.
故莫若釋之而不推.	고막약석지이불추.
7)不推, 誰其比憂!	불추, 수기비우!
－〔天　地〕－	

[도움말]

1) 惑者勝也-勝은 多(많다)라 함.

2) 予雖有祈嚮(여수유기향)-내 비록 바라는 바가 있어도, 가고자 하는 길이 있어도. 祈嚮은 趨向이다. 祈(기)는 (昕)흔의 借字라 함. <說文>에 昕(흔), 해가 막 뜨려고 하는 동틀 무렵의 밝음이다. 希와 같이 읽는다. (昕, 旦明, 日將出也. 讀若希.). 祈는 希(바라다), <集解>에는 祈, 求(구하다)라 함. 嚮(향)은 向의 뜻, 道를 추구하는 것이다.

3) 大聲不入於里耳-大聲은 咸池六英의 음악이라 함. (謂咸池六英之樂也,)-司馬彪. 요임금 때의 大咸이란 악곡, 훌륭한 음악을 일컫는다. 里耳(이이)-俗人의 귀, 俗耳. 俚耳다. 俚(이)는 '비속, 상스러울' 등의 뜻이 있다.

4) 折楊皇荂(절양황과)-둘 다 옛날 세상에 유행하던 小曲이라 함. (蓋古之俗中小曲也)-成玄英. 荂(과)는 본래 '華'라 했다-陸德明. 市井거리의 곡명(里巷之曲名也)이다.-林希逸

5) 嗑然-嗑(합)은 多言, 張口(장구: 입을 크게 벌림). 李頤는 '웃음소리'(嗑, 笑聲也.)라 함.

6) 以二缶鍾惑, 而所適不得矣-異說이 많고 난해한 구절중의 하나다. '鍾은 踵이 되어야 하고, 缶는 企의 잘못이라 함'. (鍾當作踵, 缶是企之誤)-俞樾(유월). '缶(부)는 垂(수)로, 鍾은 踵(종)으로 되어야 한다.'-陸德明. '以二缶鍾惑은 二垂에 의해 미혹이 증가되는 것이다.'-馬敍倫. 즉 二缶鍾은 二跂踵이고 二岐踵과 같다. 二岐踵은 양 갈래 길의 足迹. 이 구절은 馬敍倫의 說에 따랐다. '適은 至'라 함. 두 갈래의 발자취에 미혹되면, 이르러야 할 곳에 도달하지 못한다는 것. '缶'은 원래 고대의 물건 담는 그릇이다. 용량은 4斛. 1斛, 十斗(열 말). '而所適不得矣.'의 而는 則. 適은 往이고 倒다. 所適은 도달해야 할 목적지.

7) 不推, 誰其比憂!-'不推'는 '不必推究也.'다. 比는 '近'이다. 또 '致'라고도 함. 필경 추구하지 않는다면 누가 우환에 이르겠는가!-宣穎(선영)

[앤솔러지 莊子: 8]

§Ⅰ-8. 그 공(功)들이는 것, 외물(外物)에만 있으니

인지人知의 불공평한 잣대로 사물을 공평하게 한다면, 그 공평은
참된 공평함이 아니다.
인지의 감응으로 사물을 감응시킨다면, 그 감응은 참된 감응이 아
니다.
명지明知를 지닌 사람은 외물에 사역되지만, 신지神知를 지닌 사람
은 사물을 참되게 감응시킨다.
무릇, 인지의 명명이 자연의 명명인 신神을 이길 수 없다는 것은
오래된 불변의 진실인데도,
어리석은 자는 인지人知인 자신의 사견私見에 의지해, 인간 세상
사에 깊이 빠져 들기만 하고
그 공들이는 것 외물에만 있으니, 또한 측은한 일이 아니겠느냐!

1)以不平平, 其平也不平.
2)以不徵徵, 其徵也不徵.
3)明者唯爲之使, 4)神者徵之.
夫明之不勝神也久矣,
5)而愚者恃其所見入於人.
其功外也, 不亦悲乎!
　　　　　　　　－〔列御寇〕－

이불평평, 기평야불평.
이부징징, 기징야부징.
명자유위지사, 신자징지.
부명지불승신야구의,
이우자시기소견입어인.
기공외야, 불역비호!

[도움말]

1) 以不平平, 其平也不平 – '만물의 이치는 본래 공평하다. 내가 불공평한 마음으
로 구차하게 공평하게 하려는 그 공평은 역시 불공평한 것이다.'(萬物之理本

平. 我以不平之心而笥平其平則其平者亦不平矣.)－林希逸. 不平은 人知에 의
한 편견. 人知라는 불공평한 잣대로 사물을 공평하게 하려는 그 공평은 참된
공평이 아니라는 것.
2) 以不徵徵－郭象은 徵은 應. 感應이라 함. 不徵은 인지에 의한 부자연스런 감
응. 또 徵은 明이고 澂(맑을 징)의 假字로 명백하다, 公明이라 함. (朴一峰)
3) 明者－明知의 사람, 인위적인 知를 자랑하는 자.
4) 神者－人知를 버린 자연의 明을 지닌 자.
5) 而愚者恃其所見入於人－愚者는 자신의 私見에 의지하여 人爲에 빠져들어
매양(每每) 그 공을 밖으로 구하니 측은한 일이 아니겠느냐!(愚者恃其私見
而入於人爲每每求功於外不亦悲乎)－林希逸

[앤솔러지 莊子: 9]

§Ⅰ-9. 소인(小人)의 지식

소인小人의 지식이란,
청탁용 선물이나 서신을 주고받는 하잘 것 없는 일에서 떠나지
못하고,
천박한 일에 몰두하여 순수한 정精과 신神을 지치게 하면서도,
천하를 구제하고 群生을 인도하는 일을 함께 하여 저 태일 허무
의 경지에 이르려고 한다.
이런 자는 우주의 시공 속에 미혹되고 온갖 형태의 사물에도 마
음을 빼앗겨 태초의 그 묘리를 알지 못한다.
저 지극함에 이르는 자는,
정신을 태초의 시작도 없는 혼돈 상태로 되돌려 갈등도 번뇌도 없는
절대 무無의 공간(무하유지향無何有之鄕)에서 태고의 고요함에 잠긴다.

무위無爲에 따르고, 그 자연의 흘러감에 맡기고 있다.

슬프고 안타깝구나!

네 지식은 목전目前의 한 올 털끝에만 존재하고 무위 적정의 저토
록 큰 평온을 알지 못하다니!

1)小夫之知, 不離2)苞苴竿牘,　　　　소부지지, 불리포저간독,

3)敝精神乎蹇淺,　　　　　　　　　　폐정신호건천,

4)而欲兼濟道物5)太一形虛.　　　　이욕겸제도물태일형허.

若是者6)迷惑于宇宙,　　　　　　약시자미혹우우주,

形累不知太初.　　　　　　　　형루부지태초.

彼至人者,　　　　　　　　　　피지인자,

歸精神乎無始而7)　　　　　　귀정신호무시이

甘冥乎無何有之鄉.　　　　　감명호무하유지향.

8)水流乎無形, 發泄乎太清.　수유호무형, 발설호태청.

9)悲哉乎! 汝爲10)知在豪毛,　비재호! 여위지재호모,

而不知太寧!　　　　　　　　이부지태영!

－〔列禦寇〕－

[도움말]

1) 小夫－小夫, 匹夫와 같다(成玄英). 小人. 여기서의 小夫는 향리의 백성을 지
   칭하기보다는 오히려 세속에서는 군자然 하며(人之君子) 금력과 권력을 마
   음껏 누리고 있는 이른바 하늘의 소인(天之小人)을 가리키는 말이다.

2) 苞苴竿牘－속을 苞(포), 깔개를 苴(저)라 함. (裏曰苞, 藉曰苴)－宣穎. 苞(포)
   는 짚으로 물건을 싼 것. 苴(저)는 물건의 밑에 까는 짚. 곧 '선물을 보내다.'
   는 뜻이다. 苞苴(포저)는 속 꾸러미를 싸는 것이고, 竿牘(간독)은 竹簡에 글
   을 쓰는 것을 말한다. (苞苴有苞囊, 竿牘謂竹簡爲書)－司馬彪. 竿(간)은 簡
   (간)의 借字. 여기서는 일상의 인정에 따른 소박한 교유가 아닌 세속적인 권
   력이나 금력을 좇아 과도한 선물과 아첨이나 청탁의 서신이 왕래하는 당시
   의 위정자들의 세태를 말하고 있는 것이리라.

3) 敝精神乎蹇淺－蹇(건)은 다리를 절다, 힘들다. 의 뜻. 淺(천)은 淺薄. 敝(폐)는 勞弊, 지치는 것. 蹇淺, 은 얕고 비천한 일을 말하는데, '小夫之知'와 의미가 맞아떨어진다. 고 함(蹇淺, 謂淺鄙之事, 與'小夫之知'義合)－楊柳橋. 하찮은 일에 몰두하여 정신을 혼미하게 하였지만 얻는 것은 천박한 것이다. (昏於小務, 所得者淺)－郭象. 곧 천박한 일에 부산하여 본래의 순수한 정과 신기를 황폐하게 하는 것.

4) 而慾兼濟道物－兼濟道物을 '천하를 구제하고 群生을 인도하는 일을 함께 하는 것'이라 함. (兼濟天下補導群生)－林希逸. 道는 導. 도(道)와 物은 상대적 의미다. 道를 진리의 추구라 한다면 物은 세속 物事의 추구다. 진리와 物事를 함께 구제하여 다스리겠다는 욕망을 말한다.

5) 太一形虛－'太一'은 天地가 나누어지기 이전을 말하고, 혼돈속의 元氣다. (太一, 謂天地未分, 混沌之元氣)－林雲銘. 形은 物, 虛는 道. 곧 道와 物이 합일되는 것.

6) 迷惑于宇宙－宇宙란 상하의 공간적 무한성을 宇, 고금왕래의 시간적 무한성을 宙라 함. (上下之宇, 古今往來之宙.)－林希逸

7) 甘冥－沈寂(침적), 고요함에 잠기는 것이다. 甘冥은 달게 잠이다. (甘冥, 酣眠也.)－林雲銘. 冥은 본래 瞑이고 瞑의 古字는 眠(면)이라 함.－兪樾

8) 水流乎無形, 發泄乎太淸－'泊然 無爲하여 天行에 그것을 맡김'이다. (泊然無爲, 而任其天行也)－郭象. 水流, 發泄은 至人의 저절로 물처럼 흘러감을 비유한 것이라 한다. (喩至人之自然流行)－王先謙. 郭象의 說에 따른다. 泄(설)은 出이다. 太淸은 虛, 謂天.

9) 悲哉乎汝爲知在豪毛－爲는 之와 같다. (爲, 猶之也.)－楊柳橋. 汝爲知는 汝之知.

10) 知在豪毛而不知太寧！－'太寧(태영)은 至寂之道라 함.'－郭象

[앤솔러지 莊子: 10]

§Ⅰ-10. 천도(天道)가 있고 인도(人道)가 있다

자연(天)에 밝지 못한 자, 덕에 있어서도 순수함이 없다.
도道에 통달하지 못한 자, 무리 없이 저절로 되는 일이 없다.

천도에 밝지 못한 자, 참으로 애석哀惜하다 하지 않을 수 없구나!
무엇을 도라 하는가? 천도가 있고 인도가 있다.
아무것도 작위 함이 없지만 존엄한 것은 천도다.
무엇인가 작위 함이 있지만 비루한 것은 인도다.
주인으로 섬기는 건 천도고 아랫사람으로 부리는 건 인도다.
천도가 인도와 서로 멀리 떨어져 있음이 얼마나 오래된 일이었던가.
부디 이를 깊이 살펴 생각해 보지 않으면 안 된다.

1)不明於天者, 不純於德.   불명어천자, 불순어덕.

2)不通於道者, 無自而可.   불통어도자, 무자이가.

不明於道者, 悲夫!   불명어도자, 비부!

何謂道? 有天道, 有人道.   하위도? 유천도, 유인도.

3)無爲而尊者, 天道也.   무위이존자, 천도야.

4)有爲而累者, 人道也.   유위이누자, 인도야.

主者天道也. 臣者人道也.   주자천도야. 신자인도야.

天道之與人道也, 相去遠矣.   천도지여인도야, 상거원의.

不可不察也.   불가불찰야.

−〔在　有〕−

[도움말]

1) 不明於天者, 不純於德−成玄英은 '自然의 이치가 어두워지면, 엷은 德도 곧 순수하지 못하게 된다고 했다.' 天, 자연을 지칭한다. '자연에 밝지 못한 즉 유위이고, 유위이니 덕이 순수하지 못하다.'(不明自然則有爲, 有爲而德不純也.)−郭象.

2) 不通於道者, 無自而可−자신을 텅 비울 수 없기 때문에 만나는 일마다 사사건건 적절함을 잃게 된다는 것. (不能虛己 以待物則事事失會)−郭象 '會'는 '適'이다. '無自而可'−감이 없으니 막히고 거리낌이 없음을 말함이다.' (言無往而不窒礙也.)−林希逸. 무리 없이 자연스럽게 되는 일이 없다.

3) 無爲而尊者, 天道也−아무것도 작위 함이 없지만, 尊儼(존엄: 높고 의젓함)

한 건 天道다. '無事無爲하여 위에 있는 것은 尊高한 것이니, 自然天道에 어긋남이 없다.'-成玄英

4) 有爲而累者, 人道也-무엇인가 작위 함이 있지만, 卑累(비루: 낮고 얽매임) 한 건 人道다. '司職有爲하니, 묶이고 엮이고 어지러운 일이니, 人倫의 길이 다.'-成玄英

[앤솔러지 莊子: 11]

§Ⅰ-11. 짙푸른 산림이여! 늪가의 풍광이여!

짙푸른 산림이여! 늪가의 풍광이여!
내 마음 기쁨과 즐거움으로 갈마드네!
즐거움이 사라지기도 전에 슬픔은 뒤를 따르는구나!
슬픔과 즐거움이, 이 가슴을 저미어도 막을 수 없고,
불현듯 사라진다 해도 잡을 수 없네.
슬픔이어라!
세상 사람들의 삶이란 것이 온갖 물사物事가 나그네처럼
잠시 머물다가 떠나게 되는 한갓 여사旅舍에 불과할 뿐이다.

山林與! 1)皐壤與!　　　　산림여! 고양여!
使我欣欣然而樂與!　　　사아흔흔연이락여!
2)樂未畢也, 哀又繼之!　　낙미필야, 애우계지!
哀樂之來, 吾不能禦,　　　애락지래, 오불능어,
其去弗能止. 悲夫!　　　　기거불능지. 비부!
3)世人直謂物逆旅耳.　　　세인직위물역려의.
　　　－〔知北遊〕－

[도움말]
1) 皐壤與─皐壤(고양)은 물가에 있는 高地. 皐壤(고양)은 高原과 같은 말이다. (皐, 水邊的高地. 皐壤猶言高原.)─歐陽超. 與(여)는 餘情(여정)을 더하기 위한 助字(조자)
2) 樂未畢也, 哀又繼之─즐거움이 채 끝나기도 전에 비애가 연이어 닥치는 것. '무릇 까닭(뜻)없이 즐거워하는 것은 까닭(뜻)없이 슬퍼진다. 대개 즐거움의 대상이 즐거움 자체가 되기에는 부족하고, 비애의 대상이 비애 자체가 되기에는 부족하다'는 것이다. (夫無故而樂亦無故而哀也. 凡所樂不足樂, 凡所哀不足哀也)─郭象. 즐거움과 슬픔의 주관적 대상이 있다는 것은 아직 본질적인 즐거움이나 슬픔에 이르지 않았기 때문이라는 것.
3) 世人直謂物逆旅耳─直, 特, 不過. 直은 여기서는 '다만, 불과,' 의 뜻. 逆旅(역려)는 旅舍(여사), 旅館, 주막. 旅: 나그네. '좌망 자득을 할 수 없기에 애락이 붙게 된다.'(不能坐忘自得而爲哀樂所寄也.)─郭象. 物(물)은 哀樂(애락)의 감정과 그 정을 일으키는 산림, 皐壤(고양)을 나타내지만 實은 세속의 物事(물사)라 한다. 인간의 삶이란 '哀樂'이란 나그네가 잠시 머물렀다가 가버리는 旅舍에 불과할 뿐이라는 것.

[앤솔러지 莊子: 12]

§Ⅰ-12. 지언(至言)은 무언(無言)이다

대저 자신의 이해력이 미치는 것은 알지만,
이해력이 미치지 못하는 것은 알 수 없고,
자신의 능력이 미치는 그것은 잘 할 수 있지만,
자신의 능력이 미치지 못하는 것은 잘 할 수 없다.
이해력이 미치지 못하고 능력이 미치지 못하는 것은,
진실로 사람인 이상 누구나 면할 수가 없다.

무릇 사람이면 누구나 면할 수 없는 것을 면하려고
지력을 다해 애쓰고 있으니,
이 어찌 애달픈 일이 아니겠는가!
지언至言은 무언無言의 말,
지행至行은 무위無爲의 행이다.
자신의 작은 알음알이로써
불가지不可知의 그것을 한 가지로 가지런히 밝히려는 것은,
실은 즉, 소견이 좁고 얕은 것이다.

¹⁾夫知遇, 而不知所不遇,　　　부지우, 이부지소불우,

²⁾知能能, 而不能所不能.　　　지능능, 이불능소불능.

無知無能者, 固人之所不免也.　무지무능자, 고인지소불면야.

夫務免乎人之所不免者,　　　부무면호인지소불면자,

豈不亦悲哉!　　　　　　　　기불역비재!

³⁾至言去言, 至爲無爲.　　　지언거언, 지위무위.

⁴⁾齊知之所知, 則淺矣.　　　재지지소지, 즉천의.

　　　　　－〔知北遊〕－

[도움말]

1) 夫知遇, 而不知所不遇 – 知遇는 '知之所遇者知之'의 뜻이다. 앎(이해력)이 맞
  아떨어지는 것은 안다. 반대로 앎이 미치지 못하면 모른다고 했다. 遇, 遇見
  이다 '遇'에는 '뜻이 합치다.' 란 의미가 있다.

2) 知能能, 而不能所不能 – "郭象: 주(注)하길, '知與不知, 能與不能'은 對文이
  다." "知能能의 '知'는 衍字(연자)로 잘못 끼어 든 글자다." – 馬其昶. 2, 3,
  4번째의 能은 모두 動詞로 쓰였고, 뜻은 할 수 있다(能作) 첫 번째 能은 '잘
  할 수 있는 것' 능력이 미치는 事物을 가리킨다. 여기서도 知는 해석하지 않
  는다.

3) 至言去言, 至爲無爲 – '至言은 무언이다. 고로 지극한 말은 언어에서 떠나 있

다고 한다. 至爲는 無爲다. 고로 지극한 행위는 작위를 버린다.'고 한다. (至言則無言矣. 故曰至言去言. 至爲則無爲矣. 故曰至爲去爲.)—林希逸

<장자>의 무위無爲 사상에 대하여 역대로 두 가지 오해가 있었다.

하나는 무위無爲를 '아무런 행위도 하지 않는 소극적인 행위'로 받아들여 위정자의 우민愚民 주의, 혹은 무위도식하는 하는 者의 자기변명을 위한 사상으로 곡해한 것이고, 다른 하나는 '하지 않으면서도 하지 않음이 없다.'는 무위이무불위無爲而無不爲(장자: 則陽)를 이면의 '권모술수'로 폄하하여 금기시 한 것이다. 그러나 오늘날 이러한 오해는 여러 학자들의 연구로 바로잡혔으며, 나아가 이 사상이 지닌 역사적, 현대적 의의를 천명하기에 이르렀다. 진영첩의 <중국철학 자료집>에는 '무위는 자연에 어긋나는 행위를 하지 않음, 자연에 따름.'이라고 기술되어 있다. 1987년에 출간된 <중국대백과사전>에는 "'무위이무불위'無爲無爲而無不爲而無不爲: 우주 본체로서의 도는 저절로 그러하게 만물을 생성하다.'의 뜻이다. 무위는 自然而然(저절로 그러하다)의 뜻이고 '만물을 생성하다.'가 無不爲이라 했다." 無爲而無不爲란 개념은 백성의 고통은 잊은 채 제멋대로의 작위 정치(人爲)로 天下大亂을 야기한 당시의 위정자를 일깨우기 위해 제시된 개념이다. 현대에 들어서서는 지구의 자원고갈, 급속한 기후의 온난화, 인간의 진정한 평등, 국가간의 전쟁 등의 화급한 인류의 화두가 대두되자 무위사상은 새로운 대안으로 떠올라 먼저 자연 생태학적인 접근을 시도하고 있다.

4) 齋知之所知, 則淺矣.—知之所知는 이해력이 미치는 범위 안에서의 지식. 좁은 사견으로서의 앎이다. '齋, 同이고 之 다음에 於가 생략되었다.'고 한다. —歐陽超. 齋知之所知를 宣穎(선영)은 以知之所知齋之로 풀었다. '자신이 알고 있는 알음알이로 (不可知의) 그것을 반드시 알고자 하면 (결국) 모든 사람이 모르는 것(不知)이 없게 되고 만다. 어찌 道를 보는 자가 그런 행위를 하겠는가!' (必欲以知之所知, 齋之使皆無不知, 豈見道者之爲哉?)—宣穎. '知(자신의 小知)에 의존한 후에 알아차린 것은 임시(가짜)로 배운 것일 뿐이다. 따라서 얕고 좁은 것이다.'(夫由知而後得者假學者耳故淺也.)—郭象

§Ⅰ-13. 슬프도다! 제자들이여 기억하라

만나면 떠나가고, 공을 이루면 비방을 부르고
모가 나면 깎이고, 높아지면 비평을 받으며
애써 작위하면 허물어지게 된다.
어질면 모함을 받으며, 어리석으면 속게 되니,
어찌 세간의 누累를 벗어날 수 있겠느냐!
슬프도다! 제자들이여 기억하라, 우리에겐
오직 도道와 덕德의 고향이 있을 뿐이다!

合則離, 成則毁,　　　　　　합즉리, 성즉훼,
1)廉則挫, 尊則議,　　　　　　염즉좌, 존즉의,
2)有爲則虧.　　　　　　　　　유위즉휴.
賢則謀, 不肖則欺,　　　　　　현즉모, 불초즉기,
3)胡可得而必乎哉!　　　　　　호가득이필호재!
4)悲夫! 弟子志之,　　　　　　비부! 제자지지,
5)其唯道德之鄕乎!　　　　　　기유도덕지향호!

－〔山　木〕－

[도움말]

1) 廉則挫, 尊則議 － 청렴하면 곧 剉傷(좌상)을 입게 되고 지위와 신분이 높은
   자는 여론의 의혹을 받게 된다. (淸廉則被剉傷, 尊貴者又遭議疑.) － 成玄英.
   挫는 깎을 剉(좌), 모난 곳을 깎아 없앰. '瑞玉의 뿔이 드러나면 반드시 꺾이
   고 깎이게 된다.'고 함. (露圭角者必至於推挫) － 林希逸
2) 有爲則虧 － 虧, 損(손)이다. 감소하다, 잃다. 老子의 '爲者敗之, 無爲則無敗'
   와 유사한 뜻이다.

3) 胡可得而必乎哉 — 세간의 累를 벗어날 수 없다. (不能免累.) — 成玄英. 다시 말하길 '현명함과 어리석음 등의 일을 말하고 있는데, 어찌 꼭 그래야 하는가?'(言上賢與不肖等事, 何必爲也.) — 成玄英. 유용, 무용이든 간에 인간 세상의 실정이 이와 같으니 어찌 累를 꼭 면할 수 있으랴. 累는 禍와 같다. 必, 期必이다.

4) 悲夫! 弟子志之 — 悲夫, 歎聲이다. 志는 記(기록하다, 기억하다.). 세상풍속이 아름답지 못하고 인간사가 無常하며 세상 돌아가는 危機들이 두려워할 정도에 이르렀음을 嘆息하는 것이다.

5) 其唯道德之鄉乎! — 제자들에게 (세상은 비록 그렇더라도) 우리는 오직 自然을 따른다는 것을 잊지 말라, 마음에 새겨두라고 당부하는 것이다. (囑其弟子識之勿忘唯順乎自然.) — 林希逸. 自然을 따른다는 것을 황금률로 간직하라는 것이다. 그렇게 하면 곧 세간의 累(구속)를 저절로 면하게 됨으로 오직 道와 德의 고향을 말한 것이라고 한다. 其는 語氣詞로서 구 첫머리에서 의논하려함을 나타내고 우리는 반드시 알아야 한다. '주지하는바'의 의미를 갖는다. 唯는 '오직……있다.' 道德之鄉은 無何有之鄉과 거의 같은 표현이다.

莊子가 제자들에게 쓸모와 쓸모없음, 그리고 그 중간의 경계에서도 벗어나 마음을 만물의 근원인 道와 德의 본향에서 소요케 하라는 莊子 자신의 肉聲이다.

[앤솔러지 莊子: 14]

§Ⅰ-14. 무릇 마음이 죽는 것 보다 더 큰 비애는 없다

아! 잘 살펴볼지어다.
무릇 사람의 슬픔은 마음이 죽는 것보다 더 큰 슬픔은 없고,
육체가 죽는 것은 그 다음의 일이다.
해는 동방에서 나와 서쪽 끝으로 사라지는데,
만물은 모두 해님의 이 길을 따르고,
눈 있고 발 있는 인간은, 해님에게 의지하여 삶을 영위하나니,

해가 뜨면 세상살이가 시작되고, 해가 지면 세상살이도 쉬게 된다.
만물이 역시 그러하니, 자연의 조화에 따라 죽고,
자연의 조화에 따라 태어난다.

惡! 不可察歟.　　　　　　　　　오! 불가찰여.
1)夫哀莫大於心死, 2)而人死亦次之.　부애막대어심사, 이인사역차지.
日出東方而入西極 3)萬物莫不比方,　일출동방이입서극, 만물막불비방,
4)有目有趾者, 待是而後成功,　　　유목유지자, 대시이후성공,
5)是出則存, 是入則亡.　　　　　　시출즉존, 시입즉망.
萬物亦然, 6)有待也而死,　　　　　만물역연, 유대야이사,
有待也而生.　　　　　　　　　　유대야이생.

　　　　　-〔田子方〕-

[도움말]

1) 夫哀莫大於心死-"心死는 곧 <齊物論>의 이른바 '그 形 죽음으로 化하면 그 心그렇게 되나니 큰 悲哀라 하지 않을 수 있겠는가.'하는 말이다."(心死, 卽 <齊物論> 所謂 '其形化, 其心與之然, 可不爲大哀'之說也.)-林雲銘. 마음이 죽는다는 것은 소견이 없다는 것이다. 살아있으면서도 소견이 없다는 것은 죽음보다 심한 것이다. 그러므로 슬픔 중에 마음의 죽음보다 더 큰 것은 없다고 말하는 것이다. (心死者無所見也. 生而無所見猶甚於死也. 故曰哀莫大於心死)-林希逸.

2) 而人死亦次之-而는 若과 같다. 亦은 猶와 같다. 古에는 身體之身이라는 身이 없었으므로 人이 곧 '身'이라 한다.

3) 萬物莫不比方-<說文>: '比, 密也.' <廣雅>: '比, 近也.'라 했다. 馬敍倫은 比方은 곁을 따르는 것 (比方, 則比傍.)이라 함. '比는 順, 方은 道(길),'-馬其昶. 比方은 태양을 따라 길을 잡는다는 것. (從日爲向)-宣穎

4) 有目有趾者-'目'은 <天地篇>에 의거하면 응당 '首'가 되어야 한다.-馬其昶

5) 是出則存, 是入則亡-是는 태양이다. 해뜨면 세상살이가 있게 되고 (시작되고), 해지면 세상살이도 멈추게 (쉬게) 된다. (日出則有世事, 日入則無世事.)-王先謙

6) 有待也而死, 有待也而生-(自然의 造化를) 기다려서 안으로 숨는 것을 死라

하고 기다려서 밖으로 드러나는 것을 生이라 하는데 필경 死生은 없다. 고
함. (待隱謂之死待顯謂之生竟無死生也.)-郭象. '待'를 '遇'우연히 만나다.
로 새기는 이도 있다.

공자의 입을 빌려 자연의 조화에 따라야한다는 것을 말하고 있다. '스승님은
지위나 명예가 없어도 사람들이 귀의하여 모여드는데 그 까닭을 알지 못하겠
다.' 는 안회의 물음에 답하고 있는 공자의 말이다.

[앤솔러지 莊子: 15]

§Ⅰ-15. 오는 생명 막지 못하고 가는 생명 잡지 못한다

오는 생명 막지 못하고, 가는 생명 잡지 못한다.
애처로운 일이구나!
세속 사람들은 몸을 잘 기르기만 하면 생명을 오래 보존할 수 있
다고 생각한다.
몸을 잘 보양하는 것으로는 진실로 생명 보존이 불가능한 것인데도,
세인들은 어찌하여 몸을 보양하는 행위에 그토록 진력할 수 있으랴!
비록 그들의 행위가 부족하지만 그치지 못하고 그 행을 멈출 수
없는 것은, 아직 몸을 보양한다는 세속의 행습을 버리지 못 했기
때문이다.
대저 몸을 보양하기 위한 수고에서 벗어나고자 한다면,
세속적인 잡다한 일을 버리는 것보다 좋은 건 없다.
세속적인 일을 버리면 마음의 번거로움이 없게 되고,
마음의 번거로움이 없어지면 마음이 바르고 평안해진다.
마음이 바르고 평안해지면 자연의 도와 더불어 생명이 되살아난다.

생명이 되살아난다는 것은, 즉 자연의 도에 가까워지고 있다는 것이다.

세속적인 일은 어째서 버려야만하고 생명의 집착은 어째서 잊어야만 하는가 ?

세속적인 일을 버리면 몸은 지치지 않게 되고, 생명의 집착을 버리면 정신은 손상되지 않기 때문이다.

대저 몸이 본래대로 온전해지고 정신이 본래대로 회복되었다면, 그것은 자연의 도道와 더불어 하나가 된 것이다.

1)生之來不能却, 其去不能止.	생지래불능각, 기거불능지.
悲夫 !	비부 !
2)世之人以爲養形足以存生.	세지인이위양형족이존생.
而養形果不足以存生,	이양형과부족이존생,
則3)世奚足爲哉 !	즉세해족위재 !
雖不足爲而不可不爲者,	수부족위이불가불위자,
其爲不免矣.	기위불면의.
4)夫欲免爲形者, 莫如棄世.	부욕면위형자, 막여기세.
棄世則無累, 無累則正平,	기세즉무루, 무루즉정평,
正平則與彼更生, 5)更生則幾矣.	정평즉여피갱생, 갱생즉기의.
事奚足棄而生奚足遺 ?	사해족기이생해족유 ?
棄事則形不勞, 遺生則精不虧.	기사즉형불로, 유생즉정불휴.
夫形全精復, 與天爲一.	부형전정복, 여천위일.

－〔達　生〕－

[도움말]

1) 生之來不能却, 其去不能止. － 生死의 오고 감을 어찌할 수 없다는 것이다. <養生主>篇의 '適來夫子之時也, 適去夫子之順也. 安時而處順, 哀樂不能入

也.'와 같은 맥락의 語句이다. 생사의 오고 감을 초탈하여 지금, 이곳에서 時에 편안하고 順에 머무는 것. 그 존재함 속에 哀樂이 끼어 들 수 없다는 것이다.

2) 世之人以爲養形足以存生 — 養形은 육신을 기르기 위해 애쓰는 것, 나아가 육신의 안락을 도모하기 위해 경제적 물질적 풍요로움을 끝없이 추구하는 것을 의미한다. '그래서 세인들은 온갖 수단으로 육신을 기르면 기를수록 (온갖 폐해로) 그걸 더욱 잃게 된다.'고 했다. (故彌養之彌失之.) — 郭象. 彌: 충만할 미. 여기서는 '……하면 할수록'임. 足以; 가능. 以爲;. ~라고 생각하다

3) 世奚足爲哉! — 世는 '以爲養形'하는 세속 사람들이다. 足爲는 그 행위에 盡力함을 말한다. 힘을 다하는 것.

4) 夫欲免爲形者, 莫如棄世 — 棄世는 세상을 버리는 것이 아니고 無心으로 세상에 머물러 있는 것이다. (棄世者非避世也, 處世以無心) — 林希逸. 養形存生을 위해 세상 物事에 집착하는 잡다한 행위를 버리는 것이다.

5) 更生則幾矣 — '更生(갱생)이란 날로 새로워지는 것을 말한다. 날로 새로워짐에 붙이니 곧 性과 命은 그 원래의 품성을 다 할 수 있게 된다.'(更生日新之謂也. 付之日新則性命盡矣.) — 郭象. '幾, 盡이다.' — 成玄英. '幾, 近(가깝다). 幾 는 上文 의 '免爲形'(몸을 보양하기 위한 수고에서 벗어남)을 이어 받는다.'고 함. — 歐陽超 이곳에서는 歐陽超에 따른다.

[앤솔러지 莊子: 16]

§Ⅰ-16. 나는 평생 동안 너와 가까이 교유(交遊)하였으나

나는 평생 동안 너와 가까이 교유였으나 너는 아직 이 도를 얻지 못하고 있다. 어찌 안타까운 일이 아니겠느냐!
너는 겉으로 드러나는 내 행위만을 따르고 있다.
그것은 이미 사라지고 없지만, 너는 있는 것으로 여겨 추구하고 있으니,
이는 마치 장場이 파한 텅 빈 마시장馬市場에서 말을 사려는 것과

같은 짓이다.

내가 널 생각하는 것도 이미 흘러갔고, 네가 날 따르는 것도 벌써 사라졌다.

그렇다고 하지만, 어찌 괴로워할 것까지야 있겠느냐!

비록 지난날의 나는 이미 잊혀지고 없을지라도,

내게는 아직도 날마다 새로워지는 불변의 존재가 있다.

1)吾終身與汝交一臂而失之,	오종신여여교일비이실지.
2)可不哀與!	가불애여!
3)汝殆著乎吾所以著也.	여태저호오소이저야.
4)彼已盡矣, 而汝求之以爲有,	피이진의, 이여구지이위유,
是求馬於5)唐肆也.	시구마어당사야.
吾服汝也甚忘,	오복여야심망,
6)汝服吾也亦甚忘.	여복오야역심망.
雖然, 汝奚患焉!	수연, 여해환언!
7)雖忘乎故吾, 吾有不忘者存.	수망호고오, 오유불망자존.

－〔田子方〕－

[도움말]

1) 吾終身與汝交一臂而失之 － 失之의 주어를 吾(공자)라고 보면 失之의 之는 공자가 가르치려던 교육 내용인 참된 道일 것이다. 交一臂를 '팔을 잡는 사이'라 함(把臂之間)－成玄英. '交一臂란 곁에 나란히 서 있는 것'(交一臂者 竝立也.)－林希逸. '나는 평생 동안 너와 함께 주유하였건만 너는 아직 이 道를 얻지 못했다. 따라서 '交一臂而失之'라 말한다.'(終身與汝周旋而汝未得 此道故曰交一臂而失之)－林希逸. 공자의 道를 전수하는데 실패했음을 자조하는 탄식이다. 그러나 이 구절 또한 공자의 말을 빌린 장자 자신의 '비애'일 것이다. 失之의 之를 오랫동안 함께 교유한 그것이 세월과 함께 곧 사라지리라는 무상감으로 해석하기도 한다.

2) 可不哀歟! － 哀, 悲傷. 歟! 歎聲이다. 어조사 여, 그런가 여

3) 汝殆著乎吾所以著也 – 著(저)는 보이는 것이다 (著, 見也.) – 成玄英. 殆(태)는 가까이하다. 따르다. '너는 다만 내가 겉으로 드러내는 것만을 보고 드러낼 수 없는 것이 있음을 알지 못한다.'(汝但見吾所可見者, 而不知有所不可見者.) – 林希逸.

4) 彼已盡矣, 而汝求之以爲有 – 彼는 '吾所可見者.' 盡은 無다. 道는 반드시 無에 도달한다는 것. (盡, 無也. 道必至於無.) 그것은 이미 사라지고 없다. 그런데도 너는 있는 것으로 생각하여 애써 추구하고 있다는 것이다.

5) 唐肆 – 唐(당)은 空(공), 벽 없는 가옥(無壁之屋也) – 林希逸. 肆(사)는 貨馬之地也. 말을 사고파는 곳이다. 成玄英은 市라 함. 시장. 唐肆는 '장이 罷한 텅 빈 馬市場이다.' 춘추시대 이후 특정지역에서 일정한 장소와 시간에 정기적인 상거래가 형성되었던 '肆'라는 市場이 생겼다고 한다.

6) 汝服吾也亦甚忘 – 服은 思存, 마음에 두고 잊지 않음을 말한다. (服者, 思存之謂也.) – 郭象. 또 服은 行이고 習(습)이다. 배우다, 닦다. 혹은 따르는 것이라 한다. 服 다음에 於가 빠졌다고 한다. 甚忘(심망)의 忘(망)은 茫(망)으로 아득하다, 빠르다. 甚忘이란 지나간 것(過去)의 빠름을 말한다고 함. (甚忘謂過去之速也) – 郭象. 甚(심)은 몹시, 정도가 심한 것.

7) 雖忘乎故吾, 吾有不忘者存 – 不忘者存을 연이어서 날마다 새로워지는 것을 말한다고 함. (謂繼之以日新也) – 郭象

[앤솔러지 莊子: 17]

§Ⅰ–17. 하늘 땅 사이에 인간의 삶의 시간이란

하늘 땅 사이에 인간의 삶의 시간이란,
마치 준마駿馬 벽 틈 사이를 지나가듯이, 홀연히 사라지고 만다.
샘물이 솟아나듯 생명이 태어나는 것, 막을 수 없고,
구름이 흩어지듯 허무로 돌아가는 것, 피할 수 없다.
이미 자연의 조화에 따라 生을 받았으니,

이제 자연의 조화에 따라 死를 얻으리라.

생물生物은 애통해 하고, 사람들은 슬픔에 젖는다.

죽음이란 잠시 맡겨 두었던

하늘의 활 주머니를 풀어놓은 것이고,

하늘의 칼 주머니를 헤쳐 놓은 것이다.

천지간 기운이 얽히고설킨 혼백은 이제 떠나려고 한다.

우리들 몸뚱이도 혼백을 좇아 고향 길 찾아드니,

아아 ! 마침내 본향으로의 대귀향大歸鄕이 이루어졌다 !

人生天地之間,　　　　　인생천지지간,

若¹⁾白駒之過郤, 忽然而已.　약백구지과극, 홀연이이.

²⁾注然勃然, 莫不出焉.　　주연발연, 막불출언.

³⁾油然漻然, 莫不入焉.　　유연료연, 막불입언.

已化而生, 又化而死.　　이화이생, 우화이사.

生物哀之, 人類悲之.　　생물애지, 인류비지.

解其⁴⁾天弢, 墮其⁵⁾天袟,　해기천도, 타기천질,

⁶⁾紛乎宛乎, 魂魄將往.　　분호완호, 혼백장왕.

乃身從之, 乃大歸乎 !　　내신종지, 내대귀호 !

　　　　　　－〔知北遊〕－

[도움말]

1) 白駒之過郤 －駒는 망아지, 흰 망아지는 준마다(白駒, 駿馬也.)－成玄英. 惑云 日也라 했다. 日光. 郤(극)은 틈이고, 壁孔(벽공)을 말한다.

2) 注然勃然 －注然勃然(주연발연)은 興起貌－成玄英. 注然은 물이 솟아나는 모양. 勃然(발연)은 힘차게 일어나는 모양.

3) 油然漻然 －油然漻然(유연료연)은 歸虛貌－成玄英. 油(유), 陸德明은 漻의 音을 流(류)라 함. 漻然, 허무로 돌아가는 모양. 油: 기름, 구름이 피어오르는 모양. 漻: 깊다, 아득하다. 漻(깊을 료, 맑을 류)

4) 天弢－弢(도)는 '臟弓之物也.' 활을 보관하는 물건이다.－成玄英. '弢, 弓衣也'라 함－陸德明. 弓衣는 곧 弓囊(궁낭)이니 활집이다.

5) 天袟－袟(질)은 劍囊(검낭)이니 칼집이다. 墮(타)는 音을 '휴'라고도 한다. 무너지다.

6) 紛乎宛乎－紛綸(분륜) 宛轉(완전)을 말하며 완연히 풀어 흩어짐, '紛乎宛乎, 變化煙縕(변화인온)이라 함.'－郭象. 煙縕(인온)은 천지의 氣(기)이니 서로 합하여 자유자재로 노는 모양이다. 宛(완): 완연할 완, 紛(분); 어지러울 분. 煙(인)은 기운 인, 연기 연. 縕(온): 천지기운 온.

[앤솔러지 莊子: 18]

§Ⅰ-18. 그대는 본성을 잃어버린 방랑자라

남영추, 양식을 지고 칠일칠야 만에 노자의 처소에 당도했다.

노자가 물었다. "그대는 경상초가 있는 곳에서 왔는가?"

남영추 말하길, "그렇습니다."

노자가 물었다. "그대는 어찌하여 함께 온 사람이 그처럼 많은가?"

남영추는 멈칫 놀라 뒤를 돌아보았다.

노자가 묻는다. "그대는 내 말 뜻을 모르겠느냐?"

남영추는 고개를 숙이고 부끄러워하다가, 얼굴을 들어 탄식하여 말하되,

"이제 저는 답할 말을 잊었고, 하여 제가 여쭙고자 하는 말도 잊었습니다."

노자가 물었다. "무슨 뜻인가?"

남영추가 대답했다.

"세상 물정을 모르면 사람들은 나를 바보 멍청이라 합니다. 세상

물정을 알게 되면 도리어 내 몸을 근심하게 됩니다. 어질지 못하면 남을 해치게 되고, 어질면 도리어 내 몸을 걱정하게 됩니다. 내가 올바르지 못하면 남을 해치게 되고, 내가 올바르면 도리어 내 몸을 구속하게 됩니다. 나는 어디로 도망쳐야 이러한 고민에서 빠져 나올 수 있는지요? 말씀드린 이 세 가지가 저의 괴로움의 원인입니다. 경상초께 간청하여 이렇게 선생님께 여쭙게 되었습니다."

노자가 말했다.

"조금 전에 나는 그대의 양쪽 미간을 보고 그것으로 나는 그대의 괴로움을 알고 있었다. 이제 또 그대의 말을 듣고 보니 더욱 분명해졌다. 그대가 어찌할 줄 모르고 두리번거리는 모습은 마치 부모를 잃고 장대를 높이 들고, 바다에서 돌아가신 부모의 영靈을 찾아 헤매는 것과 같다. 그대는 본성을 잃어버린 방랑자라, 멍하니 실의에 빠져있구나! 그대 본래의 정신과 본성으로 돌아가고자 하여도 돌아갈 길이 없으니, 참으로 가련한 일이다!"

南榮趎贏糧,
七日七夜至老子之所.
老子曰. "子¹⁾自楚之所來乎?"
南榮趎曰, "唯."
老子曰.
"子²⁾何與人偕來之衆也?"
南榮趎懼然顧其後.
老子曰. "³⁾子不知吾所謂乎?"
南榮趎俯而慙, 仰而歎曰,
"今者吾忘吾答, 因失吾問."
老子曰. "何謂也?"
⁴⁾南榮趎曰.

남영추영량,
칠일칠야지노자지처소.
노자왈. "자초지소래호?"
남영추왈, "유."
노자왈.
"자하여인해래지중야?"
남영추구연고기후.
노자왈. "자부지오소위호?"
남영추부이참, 앙이탄왈,
"금자오망오답, 인실오문."
노자왈. "하위야?"
남영추왈.

"不知乎, 人謂我[5]朱愚.

[6]知乎, 反愁我軀.

不仁則害人, 仁則反愁我身.

不義則傷彼, 義則反愁我己.

我安逃此而可? 此三言者,

趎之所患也, 願[7]因楚而問之."

老子曰,

[8]"向, 吾見若眉睫之間,

[9]吾因以得汝矣,

今汝又言而信之.

若[10]規規然若喪父母,

[11]揭竿而求諸海也.

[12]汝亡人哉, [13]悶悶乎!

汝欲反汝情性而無由入,

[14]可憐哉!"

－〔庚桑楚〕－

"부지호, 인위아주우.

지호, 반수아구.

불인즉해인, 인즉반수아신.

불의즉상피, 의즉반수아기.

아안도차이가? 차삼언자,

추지소환야, 원인초이문지."

노자왈.

"향, 오견약미첩지간,

오인이득여의,

금여우언이신지.

약규규연약상부모,

게간이구제해야.

여망인재, 망망호!

여욕반여정성이무유입,

가련재!"

[도움말]

1) 南榮趎.－南榮이 姓, 趎가 名. 庚桑楚의 제자다. 남영추는 경상초의 소개로 양식을 메고 七日七夜를 걸어서 노자의 처소에 당도하여 '知, 仁, 義'에 대한 자신의 괴로움을 말하며 가르침을 청하고 있다.

2) 子何與人偕來之衆也－'많은 생각을 가지고 왔다는 것을 말한다.'(謂挾衆念而來也.)－劉鴻典. 偕, 함께할 해.

3) 子不知吾所謂乎?－謂는 뜻을 말한다. (謂者, 言意也.)－成玄英.

4) 自楚之所來乎?－自, 從也. 楚之所, 楚는 庚桑楚. 경상초의 거소로부터 왔는가?

5) 朱愚－愚鈍 어리석다. 멍텅구리. 朱愚는 專愚(전우)와 같고 無知한 모양이라 함. (朱愚, 猶專愚. 無知之貌也.)－成玄英. 銖(수)와 통하고 鈍(둔)과 같다고 함. '완고하고 어리석을 둔'이다.

6) 知乎, 反愁我軀－愁, 使……愁苦. 使動用法이다. 시름과 괴로움을 겪게 하다.

‘用智에 마음을 두면 도리어 내 몸이 얽매이게 된다.’ (有心乎用智則反爲我身之累.)－林希逸

7) 因楚－因, 憑藉. 즉 庚桑楚(경상초)의 소개로.

8) 向吾見若眉睫之間－向은 嚮(향)과 같다. 접때. 若은 汝로 너다. 眉(미)는 눈썹, 睫(첩)은 目毛로 속눈썹. 眉睫之間은 눈길, 눈매, 혹은 眉間. 眉睫은 身色表情을 대신하는 말이라고도 한다.

9) 吾因以得汝矣－得汝는 이미 네 마음을 파악하고 있었다. (得汝, 已得汝心.)－成玄英. 나는 네 눈매를 보고 이미 네가 道를 알지 못하고 있음을 알고 있었다는 것이다. (吾見汝眉睫已知汝爲未知道)－林希逸

10) 規規然－李頤는 失神貌라 함. 얼빠진 모양. 어찌할 줄 모르고 주위를 두리번거리는 것이라고도 함. 또 細小貌라 했다.

11) 揭竿而求諸海也－짧고 작은 물체로써 깊고 장대한 영역을 측량하고자 함을 말하는 것이다. (言以短小之物欲測深大之域也.)－向秀. 竿(간)은 장대. 諸(제)는 之於. 여기서 之는 부모가 아니라 부모의 靈이다.

12) 汝亡人哉－본래의 性情을 잃어버린 사람(喪亡性情之人也.)－崔譔. 방황하는 사람, 방랑자. 亡人은 참 됨을 잊고 길을 잃어버린 사람이라 함.(亡人, 亡眞, 失道之人)－成玄英.

13) 惘惘乎－無知한 모양, 멍할 망. 어리둥절 하는 것. 李善, <文選>注; ‘惘, 猶失志之貌’ 뜻을 잃은 모습이라 함. 멍할 망. 어리둥절 하는 것.

14) 可憐哉－憐(련)은 가엾게 여김, 불쌍하게 생각하는 것, 어여삐 여기는 것. 窮人이 돌아갈 곳이 없음과 같음을 말하는 것이다.

[앤솔러지 莊子: 19]

§Ⅰ-19. 평생 동안 자신의 본성으로 돌아오지 않으니

돈과 재물이 쌓이지 않으면 탐욕스런 사람은 근심하고,
권세가 왕성하지 않으면 자기자랑에 차 있는 사람은 슬퍼하고
권세와 재물을 따르는 사람은 변란을 즐거워한다.

언제든지 유용할 만한 때를 만나기만 하면,

무슨 행위이든 하지 않고서는 견디지 못한다.

이들은 모두 시세의 변화에 차례대로 따르고,

외물에 의해 자신을 변역시키는 사람들이다.

몸과 정신을 달리게 하고, 세상 물사物事에 푹 빠져들어

평생 동안 자신의 본성으로 돌아오지 않으니, 참으로 서글픈 일이다!

錢財不積則貪者憂,

¹⁾權勢不尤則夸者悲

²⁾勢物之徒樂變.

遭時有所用, 不能無爲也.

³⁾此皆順比於歲, ⁴⁾不物於易者也.

馳其形性, ⁵⁾潛之萬物,

終身不反, 悲夫!

　　　　　－〔徐無鬼〕－

전재부적즉탐자우,

권세불우즉과자비

세물지도락변.

조시유소용, 불능무위야.

차개순비어세, 불물어역자야.

치기형성, 잠지만물,

종신불반, 비부!

[도움말]

1) 權勢不尤則夸者悲－尤(우)는 甚이라 함. 衆人과는 심히 다름(尤, 甚也. 尤異
於衆)－歐陽景賢. 尤, 優(우)의 假字라 함－成玄英. 尤(우)는 남보다 월등히
뛰어남이다. 不尤(불우)는 왕성(盛)하지 않음이다. (夸者, 矜夸(긍과) 之士라
함.)－成玄英. 夸者, 자기자랑과 자만에 가득 찬 선비.

2) 勢物之徒－勢는 권세. 物은 물욕이다. 권세와 물욕을 따르는 무리. 王先謙은
物은 事라 함.

3) 此皆順比於歲－順比(순비)는 따라서 좇는 것. (比, 次第.)－成玄英. 차례. 이
들은 모두 시세의 변화에 순응하여 따른다는 것이다.

4) 不物於易者也－不은 而로, '物과 易은 서로 뒤바뀌어야 한다.'고 함. 筆寫時
의 誤寫로 봄. 즉 '而易於物者也'로 고침이 옳다고 한다.－馬敍倫. 物에 의
해 자기 자신을 변역 시키는 사람이란 의미가 된다. 이곳에서는 馬敍倫說에
따름. 物은 識이라는 說이 있다. 不物於易은 謂不識變易之理也라 함. 變易

의 이치를 알지 못함을 말한다는 것이다.

5) 潛之萬物−潛은 沒. 之는 於와 같음, 몸은 世上物事의 중심에 빠지다. (身陷於物之中)−王夫之. 정신과 신체를 外物에 몰입하는 것.

[앤솔러지 莊子: 20]

§Ⅰ-20. 나는 또한 남을 슬퍼하는 사람의 슬픔까지도 슬퍼한다

남백자기南伯子綦가 말했다.

내가 예전에 산의 굴속에 산 일이 있었다.

그때에, 전화典禾가 한번 나를 찾아와서 만난 일이 있었는데,

제나라의 백성들이 세 번이나 그에게 하례를 드렸다고 한다.

내 이름이 먼저 드러났기에, 그가 그것을 알게 되었고,

내가 이름을 팔았기에, 그가 그것을 산 것이다.

내가 만약 이름 없음을 숭상하였다면, 그가 어찌 내 이름을 알 수 있었겠느냐?

내가 만약 이름을 팔지 않았다면, 그가 어찌 내 이름을 살 수 있었겠느냐?

아아!

나는 외물을 추구하다 그 자신의 본성을 잃는 사람을 슬퍼한다.

나는 또한 남을 슬퍼하는 그 사람을 슬퍼한다.

나는 또한 남을 슬퍼하는 그 사람의 슬픔까지 슬퍼한다.

그런 후에야, 나는 날마다 세상의 슬픔에서 멀어지게 되었다.

1) 南伯子綦, 曰.　　　　　　　　　남백자기, 왈.

吾嘗居²⁾山穴之中矣.   오상거산혈지중의.

當是時也, ³⁾田禾一覩我,   당시시야, 전화일도아,

而齊國之衆三賀之.   이제국지중삼하지.

⁴⁾我必先之, ⁵⁾彼故知之,   아필선지, 피고지지,

我必賣之, 彼故⁶⁾鬻之.   아필매지, 피고육지.

⁷⁾若我而不有之, 彼惡得而知之?   약아이불유지, 피오득이지지?

若我而不賣之, 彼惡得而鬻之?   약아이불매지, 피오득이육지?

嗟乎!   차호!

⁸⁾我悲人之自喪者.   아비인지자상자.

⁹⁾吾又悲夫悲人者.   오우비부비인자.

¹⁰⁾吾又悲夫悲人之悲者.   오우비부비인지비자.

¹¹⁾其後, 而日遠矣.   기후, 이일원의.

-〔徐無鬼〕-

[도움말]

1) 南伯子綦(남백자기), 어느 날 탁자에 기대어 하늘을 우러러 길게 숨을 내쉬었다. 이때 제자, 顏成子(안성자)가 들어와 '선생님은 덕이 충만하신 분입니다. 몸은 정말 이처럼 마른나무가지처럼, 마음은 불 꺼진 재처럼 되는 것입니까?'하고 묻는다. 이 글은 이에 대한 남백자기의 답언이다.

2) 山穴之中-齊의 南山이며, 話者인 南伯子綦(남백자기)가 山穴에 살았다고 한다.

3) 田禾一覩我, 而齊國之衆三賀之.-田禾는 呂씨의 齊나라를 빼앗아 全씨의 齊나라를 세운 太公, '和'라고 한다. 覩는 睹(도)의 古字로 來見(와서 보다.) '田禾, 齊나라 君主다. 덕을 드높였으므로 나라 백성들이 賀禮한 것이다.'(田禾, 齊君也. 尊德, 故國人賀之)-陸德明. 衆은 民이고 三은 多(많다). 賀之, 祝賀他得賢人. '田禾(他)가 賢人을 얻었음을 축하함이다.'

4) 我必先之-내 이름이 먼저 드러나다. (我名先著.)-王先謙. 先, 享有. 누리다. 之, 名聲이다. 下文의 '若我而不有之'를 예증으로 들어 '先'은 '有'여야 한다고 함. 我必有之라는 것.(先, 當作有. 下文'若我而不有之'可證.)-奚侗(해통). 傳寫者가 잘못 써넣은 것이라 한다. 여기서는 王先謙을 따랐다.

5) 彼故知之 - 故는 固와 通한다. 固는 '猶乃也.'라 함.

6) 鬻之 - 鬻(육, 륙)은 賣買(매매) 팔다. 사다. 粥: 죽. (묽은 죽, '육'으로도 읽는다.)이 원래 字라 함.

7) 若我而不有之 - '而, 能이다. 而와 能은 古聲이 서로 비슷했다고 한다. 有는 取得이다.' - 歐陽超. '而, 猶尙也'라 함. 若我尙不有之 - 만약 내가 이름 없음을 숭상하였다면. 이 구절에서는 歐陽超의 풀이를 따랐다.

8) 我悲人之自喪者 - 나는 외물을 추구하다 그 본성을 잃는 사람을 슬퍼한다. '自喪이란 외물을 좇다가 참된 본성을 잃다.'(自喪, 逐外喪眞) - 宣穎.

9) 吾又悲夫悲人者 - 夫悲人者, 무릇 남을 슬퍼하는 자, 또한 본성을 잃는 자라 한다. (悲人者, 亦自喪也.) - 宣穎. 또는 '본성을 잃는 사람을 슬퍼할 줄 알면서도 그 자신에 대하여서는 깨닫지 못한 즉 남을 슬퍼하는 사람을 또한 슬퍼한다.'고 함. (能悲人之自喪而不能自覺其身則其悲人者又可悲也.) - 林希逸

10) 吾又悲夫悲人之悲者 - 위 문장에서 한 걸음 더 나아간 것이다. 나는 또한 남을 슬퍼하는 사람의 슬픔까지도 슬퍼한다는 것이다.

11) 其後, 而日遠矣 - 그 후로는, 날로 비탄에서 멀어져 갔다. 나는 날마다 세상 번거로움에서 멀어져 갔다는 것이다. '遠이란 것은 道가 더욱 높이 멀리 나아간 것이다.'(遠者道愈高遠也.) - 林希逸. 모든 마음의 찌꺼기들이 남김없이 사라지니, 이것이 바로 몸은 마른나무, 마음은 불 꺼진 재의 象이다. (衆心盡遺, 乃有此槁木死灰之象.) - 宣穎

[앤솔러지 莊子: 21]

§I-21. 마음이 지나치게 사려(思慮)를 추구하면

그러므로, 지나치게 눈 밝음(明)을 추구하면 위태롭고,
귀가 지나친 귀 밝음(聰)을 추구하면 위태롭고,
마음이 지나치게 사려思慮를 추구하면 위태롭다.
무릇 눈, 귀, 마음의 그 재능을 내면에 쌓아두는 것은 위태롭다.

일단 위태로움이 자라고 나면 고치려고 해도 쉽게 고쳐지지 않는다.
화禍는 자라 더욱 무성하게 되고, 본성을 회복하려면 공功을 들여
야 하며, 성과를 얻으려면 또 오랜 세월을 기다려야 한다.
그럼에도 사람들은 그 재능을 자기의 보화로 생각하고 있으니,
이 역시 가슴 아픈 일이 아니겠느냐?
그 때문에 나라를 망치고 백성을 죽이는 일이 그치지 않아도
사람들은 화禍의 근본 원인을 밝혀 물을 줄 모른다.

[1]故, 目之於明也殆,	고, 목지어명야태,
耳之於聰也殆,	이지어총야태,
[2]心之於殉也殆.	심지어순야태.
[3]凡能其於府也殆.	범능기어부야태.
殆之成也[4]不給改,	태지성야불급개,
禍之長也[5]兹萃,	화지장야자췌,
[6]其反也緣功, 其果也待久.	기반야연공, 기과야대구.
而人以爲己寶, 不亦悲乎?	이인이위기보, 불역비호?
故有亡國戮民無已,	고유망국륙민무이,
[7]不知問是也.	부지문시야.

－〔徐無鬼〕－

[도움말]

1) 目之於明也殆－'目之於明'은 '明之於目'의 倒置라 한다. 밝음이 눈에 있으면
   위태하다. 눈이 밝음을 지나치게 추구하면 위태로워진다는 것이다. 殆는 危
   殆, 危害. 본성을 떠나 外物에 사로잡히기 쉽기에 위태(殆)하다고 함. (殆,
   危也)－林希逸

2) 心之於殉也殆－殉은 從으로 좇는 것, '殉을 思深(깊이 생각하는 것), 探明
   (밝음을 탐구함)이라 함.'－馬敍倫. 智를 좇아 마음에 지나치게 思慮가 많으
   면 위태하다는 것이다.

70

3) 凡能其於府也殆 — 其於의 其는 在. 府라는 것은 능히 감추는 것이다. (府, 府者, 能之所藏也.) — 王夫之 能(능)은 위의 目, 耳, 心의 才能임. 府는 그 능력을 간직한 곳간. 내면의 臟府. '흉부(마음)에서 나온 智(꾀)를 이처럼 무릇 자신의 재능으로 여기는 것은 모두 위태롭다.' (智出於胸腑, 自以爲能凡如此者皆危) — 林希逸

4) 不給改 — 不及改이고 '不疾改'다.

5) 玆萃 — '玆萃(자췌)는 점점 많아짐이다.' — 林希逸. 玆와 滋는 同이라 했다. '滋, 多也.' — 成玄英. 많다. '萃, 聚也.' — 郭象. 모으다.

6) 其反也緣功, 其果也待久 — 反은 자연(天)으로 돌아감. 功은 잊지 않으려고 애씀이다. 果(과)는 일의 成果(성과)다. 待(대)는 기다리는 것. 緣, 捐(바치다)

7) 不知問是也 — 이 같은 일의 원인을 밝혀 물을 줄 모른다. 問은 밝히다, 명확히 하다.

[앤솔러지 莊子: 22]

§Ⅰ-22. 천지사이(天地之間)에 소요(逍遙)하다

순舜은 천하를 선권善卷에게 물려주려고 했다.

선권이 말하기를,

"나는 이 넓은 우주의 중심에서 살고 있는데, 겨울에는 털가죽 옷을 입고, 여름에는 갈포葛布 옷을 입으며, 봄에는 밭을 갈고 씨 뿌려서, 몸은 움직여 일할 만 하고, 가을에는 곡식 거둬들였으니, 심신은 휴식하기에 충분하다. 해 나면 나가 일하고, 해 지면 들어와 쉬면서, 천지사이에 소요하며 마음은 저절로 자득하여 흡족한데, 내가 천하를 받아 뭘 어찌 하겠다는 것인가? 애석한 일이다, 그대가 나를 이처럼 모르고 있다니!"

그는 끝내 받지 않았다. 이후 그곳을 떠나 깊은 산으로 들어갔는데, 아무도 그가 사는 곳을 알 수 없었다.

舜以天下讓善卷.　　　　　　　순이천하양선권.

[1]善卷曰,　　　　　　　　　　선권왈,

"[2]余立於宇宙之中,　　　　　　"여립어우주지중,

冬日衣皮毛,　　　　　　　　　동일의피모,

夏日衣[3]葛絺, 春耕種,　　　　　하일의갈치, 춘경종,

形足以勞動, 秋收斂,　　　　　형족이노동, 추수렴,

身足以休息.　　　　　　　　　신족이휴식.

日出而作, 日入而息,　　　　　일출이작, 일입이식,

逍遙於天地之間,　　　　　　　소요어천지지간,

而心意自得,　　　　　　　　　이심의자득,

[4]吾何以天下爲哉?　　　　　　오하이천하위재?

悲夫, 子之不知余也!"　　　　　비부, 자지부지여야!"

遂不受. 於是去而入深山,　　　수불수. 어시거이입심산,

莫知其處.　　　　　　　　　　막지기처.

－〔讓　王〕－

[도움말]

1) 善卷－姓이 善. 名이 卷이고, 隱者. 라 함,－成玄英

2) 余立於宇宙之中－余(여)는 予(여), 나는 善卷이다. 立(립), 住, 살다. '나, 善
卷은 우주의 중심에 살고 있다.' 어쩌면 이 말은 시공을 벗어난 우주의식을
지닌 대 자유인으로서의 당당한 선언이기도 하다. 하여 천지간을 소요 자적
하게 되는 것이리라.

3) 葛絺(갈치)－칡으로 짠 베나 옷, 葛布다. <說文>:絺(치), 細葛也. 여름에 입는
베옷. 舜은 이에 앞서 子州支伯에게 천하를 양위하려하자 '저는 마침 우울병
에 걸려 치료하고 있으니, 천하를 다스릴 여가가 없소.'하고 子州支伯은 사
양했다. 선권에게 양위하려는 이 대목에서 특이하게도 林希逸은 단 한 줄의
주(註)도 달고 있지 않다.

4) 吾何以天下爲哉!－爲, 감탄을 나타내는 句末語氣詞－歐陽超. 爲哉! ‘爲’자
   아래 ‘哉’자를 더하여 반문의 語氣를 더함이다.

[앤솔러지 莊子: 23]

§I－23. 몸을 위태롭게 하며 일생을 다 바쳐
외물(外物)을 좇고 있으니

이런 말이 있다.

"도의 진수眞髓로 몸을 다스리고, 그 나머지로 나라와 집을 돌보며, 그 찌꺼기로는 천하를 다스린다."

이 말로 미루어 본다면, 제왕의 공적은, 성인의 나머지 일로서, 나 자신을 완전하게 하고 생명을 기르는 것이 아니다.

지금 세속의 군자들은, 대부분 몸을 위태롭게 하며 일생을 다 바쳐 외물을 좇고 있으니, 어찌 슬픈 삶이 아닐까!

故曰.	고왈.
"道之眞以治身,	"도지진이치신,
其1)緖餘以爲國家,	기서여이위국가,
其2)土苴以治天下."	기토자이치천하."
由此觀之, 帝王之功,	유차관지, 제왕지공,
聖人之餘事也,	성인지여사야,
非所以完身養生也.	비소이완신양생야.
今世俗之君子,	금세속지군자,
多危身其生以3)殉物,	다위신기생이순물,

其不悲哉!   기불비재!

　　−〔讓　王〕−

[도움말]

1) 緖餘−緖(서)는 殘, 緖餘는 '殘餘'를 말한다. 남은 찌꺼기.−司馬彪

2) 土苴−糟粕(조박)이다. 재강, 찌꺼기.−李頤. 토자(土苴)는 거름풀과 같다. (土
　　苴如糞草也)−司馬彪. 어떤 이는 無心之貌라 함. 苴의 音은 '자', '차'.

3) 殉物−殉(순)은 逐(축)이다, 뒤쫓아 가다. 物은 外物. 富貴功名을 지나치게
　　추구해 나가는 것.

[앤솔러지 莊子: 24]

§Ⅰ−24. 세상의 모든 학설은 끝없이 펼쳐져 나가
　　　　　근본으로 돌아오지 않으니

이런 까닭으로 무릇 성덕을 안에 간직하고 왕도를 밖으로 실천하
는 도는, 어두워서 뚜렷하지 못한 것 같고, 막힌 채 드러나지 않
는 것 같다.

세상 사람들은, 저마다 자기가 좋아하는 것을, 스스로 최고의 도
술이라 한다. 안타깝게도, 세상의 모든 학설은 끝없이 펼쳐져 나
가 근본으로 돌아오지 않으니, 더불어 하나의 도로 합쳐지는 일은
기필코 없으리라는 것이다! 후세의 학자들은, 불행하게도 천지의
순수한 자연의 모습이나, 옛 사람의 크나 큰 참 모습을 볼 수가
없을 것이다.

천하 학자들의 도술은 이제 곧 세상을 산산조각 낼 것이다.

¹⁾是故内聖外王之道,	시고내성외왕지도,
²⁾闇而不明, 鬱而不發.	암이불명, 울이불발.
天下之人,	천하지인,
各爲其所慾焉, ³⁾以自爲方.	각위기소욕언, 이자위방.
悲夫,	비부,
百家⁴⁾往而不反, 必不合矣!	백가왕이불반, 필불합의!
後世之學者,	후세지학자,
不幸不見天地之純,	불행불견천지지순,
⁵⁾古人之大體.	고인지대체.
道術將爲天下裂.	도술장위천하렬.
－〔天　下〕－	

[도움말]

1) 故内聖外王之道－故, 猶夫也. 提示之詞也. 故는 夫와 같고 提示詞. 内聖은 체(體), 外王은 용(用)이라 함. <天道編>의 '靜而聖, 動而王' 과 같은 표현이다. 내성외왕의 道가 곧 道術의 완전함이다. (内聖外王之道, 則道術之全也.) －譚戒甫

2) 闇而不明, 鬱而不發－鬱(울)은 滯不通이라 함. 막혀 통하지 않다. 闇而, 鬱而의 而는 모두 如로 읽어야 한다고 함.－譚戒甫(담계보)

3) 以自爲方－方은 道術을 지칭한다.－王先謙

4) 往而不反－곧장 앞으로 나가서 근본으로 돌아오지 않음. 즉 자기가 좋다 하는 것을 是 라하며 나갈 뿐 근본인 道로 돌아오지 않음. <庚桑楚> 편에는 '故出而不反, 見其鬼'라 했다. 그러므로 나가 돌아오지 않으니 鬼를 만나게 된다. 鬼는 본체가 아닌 허상, 道의 對.

5) 古人之大體－古人之全體. 무위자연의 도에 따르면 大體, 大人이고 耳目의 욕망에만 따르면 小體, 小人이다.

§I -25. 혜시(惠施)의 재능(才能)

혜시는 날마다 그 총명으로써 사람들과 변론하며 홀로 천하의 변자辯者들과 기괴한 주장을 만들어 내니, 이것이 그 학설의 대강이며 근본이다. 그럼에도, 혜시의 입담은 스스로 자기야말로 천하의 가장 현명한 인물이라고 여기며, '천지만이 어찌 장대한 것이랴!' 한다. 혜시에게는 세상을 향한 의기는 왕성하지만 내면의 도술이 없는 것이다.

남쪽 땅에 기인이 있으니, 이름은 황료黃繚다. 그가 혜시에게 하늘이 추락하지 않고 땅이 함몰하지 않는 까닭과 풍우와 뇌성이 일어나는 까닭을 묻자, 혜시는 사양하지 않고 생각하지 않고 바로 응대하여 두루 천하 만물에 대하여 설명하는데 쉬지도 않았다. 많은 말을 하면서도 그칠 줄 몰랐고 그것도 부족하게 여겨, 괴이한 설명을 더했다.

남들과 반反하는 것을 진실이라 하며 남들에게 이겨서 명성을 높이려고 했다. 이 같은 방법은 세상 사람들에게 들어맞지가 않는 것이다. 그는 스스로의 덕을 기르는 데는 약하고 외물에 대한 욕망은 강하였기에 혜시의 그 길은 좁고 휘어지게 된 것이다.

천지 대도의 경지에서 혜시의 재능을 살펴본다면 그것은 마치 한 마리의 모기나 등에가 공연히 애를 쓰고 있는 것과 같다.

물物에 대한 그 논변이 실질적 가치로서 무슨 쓸모가 있으랴!

대저 혜시의 논변이 하나의 식견으로 자족하는 것이라면 보아 줄 만하지만, 혜시의 논변이 도를 소중히 하는 것보다 더 낫다고 말하는 것은 위태로운 짓이다! 혜시는 이렇게 하여 스스로 도에 평

안할 수 없었고, 만물을 논변하며 정신을 흐트러지게 하고도 싫어
할 줄 몰랐다. 끝내는 말 잘하는 자로서 이름을 얻게 되었으니,
정말 안타까운 일이다! 혜시의 재능은, 제멋대로 펼쳐나가 그침이
없었고, 세상만물로 달려 나가 돌아옴이 없었으니, 이는 소리로써
메아리를 그치게 하고 형체가 그림자와 더불어 경주하는 것과 같
으니 공연한 짓이다. 정말 애석한 일이다!

1)惠施日以其知與人之辯,

2)特與天下之辯者爲怪.

3)此其祗也. 然惠施之口談,

自以爲最賢, 曰,

"4)天地其壯乎!"

"施存雄而無術. 5)南方有倚人焉,

曰黃繚, 問天地所以不墜不陷,

風雨雷霆之故, 惠施不辭而應,

不慮而對, 遍爲萬物說.

說而不休, 多而無已.

猶以爲寡, 益之以怪.

以反人爲實, 而欲以勝人爲名.

是以與衆不適也.

弱於德, 强於物, 6)其途隩矣.

由天地之道, 觀惠施之能,

其猶7)一蚊一蝱之勞者也.

其於物也何庸?

8)夫充一尚可, 9)曰愈貴道, 幾矣!

10)惠施不能以此自寧,

散於萬物而不厭,

혜시일이기지여인지변,

특여천하지변자위괴.

차기저야. 연혜시지구담,

자이위최현, 왈,

"천지기장호!"

시존웅이무술. 남방유기인언,

왈황료, 문천지소이불추불함,

풍우뇌정지고, 혜시불사이응,

불려이대, 편위만물설.

설이불휴, 다이무이,

유이위과, 익지이괴.

이반인위실, 이욕이승인위명.

시이여중부적야.

약어덕, 강어물, 기도오의.

유천지지도, 관혜시지능,

기유일문일맹지로자야.

기어물야하용!

부충일상가, 왈유귀도, 기의!

혜시불능이차자녕,

산어만물이불염,

卒以善辯爲名. 惜乎!

惠施之才, 11)駘蕩而不得,

逐萬物而不反,

12)是窮響以聲, 13)形與影競走也.

悲夫!

　　　－〔天　下〕－

졸이선변위명. 석호!

혜시지재, 태탕이부득,

축만물이불반,

시궁향이성, 형여영경주야.

비부!

[도움말]

1) 惠施日以其知與人之辯－之는 ‘爲’와 같다. ‘知, 聰明.’－宣穎.

2) 特與天下之辯者爲怪－特은 獨이다.－成玄英. 홀로 천하의 변론 자들과 더불어 괴이한 說을 만들어낸다.

3) 此其柢也－柢(저)는 氐(저)와 같고, 略. 이라 함.－兪樾. 대강, 근본. 나무뿌리라 하기도 함.

4) 天地其壯乎! 施存雄而無術－其는 反問을 나타내는 語氣詞, 豈와 같다. 혜시는 자기의 논변을 과시하여 천하의 장대함에 비유한 것이다. 혜시의 그 의기는 뛰어나나(雄), 술(術), 즉 道術이 없다는 것이다.

5) 南方有倚人焉－陸德明은 ‘倚는 본래 畸.’라 했다. 李頤는 ‘異’라 함.

6) 其塗隩矣－隩(오, 욱)는 澳(깊을 오)와 같고 陝의 잘못이라 함. 혹은 曲, 굽다. 隩(오) 深이다, 그 道가 깊음을 말한다. (謂其道深)－李頤. 澳塗의 途는 길이다.

7) 一蚊一蝱之勞－蚊(문)은 모기. 蝱(맹)은 등에. 俗音은 망. 하잘 것 없는 수고. 공연한 애씀이다.

8) 夫充一尙可－内聖外王이 모두 하나에서 비롯되었으니, 하나에 충실하면 될 터인데 어찌 외물을 추구하리오!(内聖外王皆原於一充之而可何須逐物邪!)－宣穎. 充(충)은 충실히 하다. 尙可는 그런 대로 높이 봐줄 만하다. 尙은 높이다. 바라건대, 오히려, 등의 뜻이 있다. ‘充은 足이다. 다만 一人의 사견으로서 自足하는 것이라면 그런 대로 괜찮다.’(充足也. 若但以一人之私見而自足猶可)－林希逸

9) 曰愈貴道, 幾矣!－道를 소중히 하는 것보다 훨씬 낫다고 말하는 것은 위태로운 짓이다. (若以此爲勝於貴道者則殆矣. 愈勝也. 幾殆也)－林希逸. 愈(유)는 勝이고 幾(기)는 殆(태: 위태롭다)

'자신을 귀중히 하면 할수록 모름지기 많은 말이 필요 ⌐   ⌐ 道에 있어서도 마찬가지다. 혜시는 이 때문에 스스로 편안할 수 없고 스스로 그 마음을 안정시킬 수 없었다.'(言愈自貴重不須多言於道亦庶幾矣, 惠施不能以此自寧自安定其心)－王先謙

10) 惠施不能以此自寧－此는 윗 구절의 道를 이어 받는다. 혜시는 스스로 道에 편안할 수 없음을 말한다. (謂不能自安於道.)－譚戒甫(담계보)

11) 駘蕩而不得－駘蕩은 放散과 같다.－司馬彪. 駘(태)는 放. 제멋대로 自由奔放. 끝없이 퍼져 나감이다. 得은 碍(애)의 誤寫라 한다. 不得은 장애가 없다. 곧 그침이 없다는 것이다. '不得, 얻는 바가 없다.'(不得無所得)－宣穎(선영)

12) 是窮響以聲－響(메아리)은 소리에서 나온 것, 聲이 本體고 響(향)은 末(지엽, 끝)이다. 소리가 아니라 메아리를 그치게 하려는 것은 본체를 모르는 것이다. 공연한 행위라는 것이다.

13) 形與影競走也, 悲夫！－형체(몸)가 그림자와 서로 앞을 다투어 달리는 것이다. 그림자를 멈추게 하려면 형체를 멈추면 되겠지만, 그러한 사실을 알지 못하고, 앞으로 달아나는 그림자를 잡으려고 끝없이 달려 나간다는 것이다. 공연한 수고를 말한다. 슬픈 일이다! 古今을 막론하고 우리 인간의 삶이란 본질은 망각한 채 부질없이 허상을 좇아 앞으로 달리기만 하는 徒勞의 삶이 아닐까? <莊子>는 <逍遙遊>편의 北冥有魚에서 출발하여 이제 <天下>편의 悲夫！로써 끝난다.

第二章

莊子의 기인(畸人)들

제2장: 「장자의 기인(畸人)들」

장자 전편全篇에 걸쳐 인간세상의 지위의 고하, 신분의 귀천, 혹은 신체적 장애를 넘어선 일단—團의, 매력적이고 특이한 모습의 인간들을 찾아보았다. 그들은 한 시대의 그늘 속에서 피어난 숨은 꽃이며 우리들이 놓치고 있는 달빛정신의 구현具現자들이다. 당시에 그들은 대부분 서인庶人이라 부르는 평민이하의 비천한 신분이었다. 인간세상에서는 개인의 존엄성과 자유를 잃어버린 人之小人이며 기인畸人들이었다. 그러나 그들은 도의 품안에서 겸허하고 당당한 자유인이었으며 자연의 본성을 잃지 않은 삶의 예술가들이었다.

이 장에는 소 잡이, 수레바퀴 수리공, 양 도수장이, 곱사등이, 외발이, 언청이, 국경지기, 뱃사공, 추남 애태타 혹부리사나이 등의 피지배 계층인 가련한 기인들이 등장한다. 장자는 공자의 입을 빌려 기인에 대하여 이렇게 말한다. "기인이란 인간세계에서는 기이하지만 하늘의 道와는 일체가 된 사람이다. 그러므로 이르되 하늘의 소인이 인간세상의 군자요, 인간세상의 군자는 하늘의 소인이다."(畸人者, 畸於人而侔於天. 故曰, '天之小人, 人之君子. 人之君子, 天之小人也.-〈大宗師〉'畸於人, 侔於天'의 於는 比較(비교). 侔(모)는 等, 齊의 뜻임) "곧 기인이란 외양이나 삶의 방식은 세상 사람들과는 다르지만 하늘을 닮은 자연 그대로의 인간이라는 것이다. 또한 故曰, 이하의 문장을 해통(奚侗)의 설(說)따라 달리 말한다면 '그러므로 하늘의 소인이 인간세상의 군자요, 하늘의 군자는 인간세상의 소인이라는 것이다.' (天之小人, 人之君子. 天地君子, 人之小人.〈奚侗〉)

畸人의 '畸' 字의 자전字典적 뜻은 뙈기밭, 곧 정전井田으로 구성하고 남은 귀퉁이 땅이다. 설문說文에도 "畸, 殘田也. 殘(잔)은 본래 잔殘이고 적賊이다. 殘(잔)은 짐승이 먹고 남은 찌끼(禽獸所食餘也)이다. 잔전殘田이란 경작 되지 않은 나머지 땅이다(餘田不整齊者也)" 했다. 주례周禮에는 '九夫를 井으로 하고 四井을 邑으로 하며 四邑을 丘로 한다.'고 했다. 이로 미루어 보면 기인畸人이란 서인庶人, 혹은 농노農奴 아홉 집이 함께 경작하던 정전井田에도 참여할 수 없는 계층의 사람이었다. 후대에 내려오면서 기인畸人은 세속과 다른 기행奇行을 하는 사람, 기인奇人. 혹은 신체적 불구자를 일컫는 말이 되었다. 때로는 위정자의 폭정을 질타하는 양광佯狂의 인사人士, 탈속脫俗의 기품이 몸에 베인 난세亂世의 현인, 은자를 지칭하기도 했다.

춘추시대 이래 위로는 주왕周王, 그 아래 제후諸侯, 경卿, 대부大夫, 사士의 차서로 지배계층이 있었고 그 직은 세습되었다. 서인庶人이라 불리던 평민 아래 노비가 있었는데 '소신小臣, 비婢, 첩妾, 복僕, 수竪' 등으로 불렀다. 제후, 경, 대부들이 노비들을 소유하고 있었다. 노비는 대부분 전쟁포로였다. 제사祭祀에 희생되는 소수 이외에는 주인을 위해 의복, 병기, 제기, 악기 등의 생산을 위한 가내노역에 동원되었고 일부는 시역侍役, 첩(婢妾), 양마養馬 거가車駕 등의 천한 일에 종사하고 농경에 사역되기도 하였다.

상고上古로부터 전하여 오는 중국 봉건제도의 상하관계는 <좌전左傳>에도 잘 나타나 있다. "[1]하늘에는 10간干이 있고 사람에게는 10등급이 있어 아랫사람은 윗사람을 섬기고 윗사람은 신에게 제사 지낸다. 그러므로 왕은 공公(卿)을 다스리고 공은 대부를 다스리고 대부는 사士를 다스리고 사는 예隷를 다스리고 예隷는 료僚를 다스리고 료는 대臺를 다스리고 어圉는 말을 키우고 목牧은 소를 친다." [2]춘추

1) 풍우란, 박성규 옮김.『중국철학사』上, 까치글방, 2004.
2) 朴元熇 編,『중국의 역사와 문화』, 고려대학교 출판부, 1992.

시대에도 僕, 臺, 牧, 圉의 기록이 나타나고 있다. 전국시대까지 사士이상의 귀족이어야 노예를 소유할 수 있었다. 고 한다. 제2장 '장자의 기인들의 장'속에 때로는 임공자, 안합, 원헌, 범왕, 원군 같은 사士 이상의 인물들이 나타나기도 하지만 그들은 당시의 지배계층과는 달리, 주周의 治生家(사업가)인 백규白圭의 말처럼 '부리는 동복僮僕과 고락苦樂을 함께'이었거나 혹은 그 이상의 인간 평등을 실현하고 있었던 ─ 이를테면 眞人의 해학과 품성을 지닌 하늘의 덕(天德)과 조화를 이룬 기인들이었다.

第二章: 莊子의 기인(畸人)들

§Ⅱ-1. 소 잡이 포정(庖丁)

포정庖丁이 문혜군을 위해 소를 잡았다.

손을 대고 어깨로 받치고 발을 디디고 한 무릎 굽혀 누르는 곳마다 좌 아악 좌 악, 칼이 나갈 때마다 휘이익 휘익, 음률에 잘 맞았다. '상림桑林의 춤곡'에 따라 춤추는 것 같고 심지어 '경수經首의 악절'과도 맞아 떨어졌다.

문혜군이 감탄하며 말했다.

"아아 잘도 한다! 기술이 이런 경지에도 이를 수 있단 말인가?"

소 잡이 정丁은 칼을 내려놓고 대답했다.

"제가 좋다고 여기는 것은 도입니다. 기술을 넘어선 것입니다. 제가 처음 소를 잡았을 때는 보이는 게 모두 소뿐이었습니다. 삼 년 후에는 통째인 소가 보이지 않았습니다. 이제는 신神으로 대할 뿐 눈으로는 보지 않으며 감각기관의 작용은 멈추고 대신 내 몸의 얼인 신이 원하는 대로 움직여 나갑니다. 자연이 낸 결을 따라 큰 틈 속으로 칼을 밀어 넣고 생긴 본래의 그 모습 그대로 따라가기만 할 뿐입니다. 아직까지 저는 질긴 힘줄로 얽히고설킨 근육덩이를 칼날을 무디게까

第二章 莊子의 기인(畸人)들　85

지 하며 베어 본 적이 없었으니 하물며 큰 뼈는 더욱 말할 필요도 없겠지요. 훌륭한 요리사가 해마다 칼을 바꾸는 건 살덩이를 힘들여 베기 때문이고 보통의 요리사가 달마다 칼을 바꾸는 건 억지로 뼈를 자르기 때문입니다. 지금 이 칼은 19년이나 됩니다. 잡은 소는 수 천 마리지만, 칼날은 방금 숫돌에 갈려 나온 것 같습니다. 뼈마디에는 빈틈이 있고 칼날에는 두께가 없으니 두께 없는 칼날로 빈 틈새를 들어가는 것이라, 넓고 넉넉하여 칼을 마음대로 놀릴 수 있는 여지가 반드시 있게 됩니다. 이로써 19년이 지났지만 칼날은 방금 숫돌에 갈려 나온 것 같습니다. 비록 그렇긴 하나, 살과 뼈가 서로 엉킨 부분에 이를 때마다 저 역시 이건 다루기 어렵다 싶어져 두렵고 조심스럽기만 하고 눈길은 한 곳에서 정지되고, 움직이는 손놀림은 더욱 더디게 됩니다. 칼날의 움직임이 더욱 미묘해질 순간 좌-악! 하는 소리와 함께 소는 이미 해체되어 흙덩이가 무너지듯이 땅에 떨어져 쌓입니다. 그제야 칼을 내려놓고 사방을 휘 둘러보곤 잠시 머뭇거리다가 흡족한 마음으로 칼을 잘 닦아 보관해 둡니다."

문혜군文惠君이 말했다.

"정말 기이하고도 훌륭하다! 나는 포정의 말을 듣고 양생의 비결을 깨닫게 되었노라."

[1]庖丁爲[2]文惠君解牛.　　　　포정위문혜군해우.

手之所觸, 肩之所倚,　　　　수지소촉, 견지소의,

足之所履, [3]膝之所踦,　　　　족지소리, 슬지소기,

[4]砉然嚮然, [5]奏刀騞然,　　　　획연향연, 주도획연,

莫不中音. 合於[6]桑林之舞,　　　막불중음. 합어상림지무,

[7]乃中經首之會.　　　　내중경수지회.

文惠君曰.　　　　문혜군왈.

[8]"譆, 善哉! 技蓋至此乎?"　　　"희, 선재! 기개지차호?"

庖丁釋刀對曰.

"臣之所好者道也. 進乎技矣.

始臣之解牛之時,

所見無非牛者.

三年之後, 未嘗見全牛也.

方今之時,

臣以神遇而不以目視,

[9]官知止而神欲行.

依乎天理, [10]批大郤,

導[11]大窾, [12]因其固然.

[13]技經肯綮之未嘗,

而況大軱乎.良庖歲更刀, 割也,

[14]族庖月更, 折也.

今臣之刀十九年矣.

所解數千牛矣,

而刀刃若新發於硎.

彼節者有間, 而刀刃者無厚,

以無厚入有間,

恢恢乎其於遊刃必有餘地矣.

是以十九年而刀刃若新發於硎.

雖然[15]每至於族,

吾見其難爲,

[16]怵然爲戒, 視爲止, 行爲遲.

動刀甚微,[17]謋然已解,

如土委地. 提刀而立,

爲之四顧, 爲之[18]躊躇滿志,

善刀而藏之."

포정석도대왈.

"신지소호자도야. 진호기의.

시신지해우지시,

소견무비우자.

삼년지후, 미상견전우야.

방금지시,

신이신우불이목시,

관지지이신욕행.

의호천리, 비대극,

도대관, 인기고연.

기경긍경지미상,

이황대고호. 양포세경도, 할야,

족포월경, 절야.

금신지도십구년의.

소해수천우의,

이도인약신발어형.

피절자유간, 이도인자무후,

이무후입유간,

회회호기어유인필유여지의.

시이십구년이도인약신발어형.

수연매지어족,

오견기난위,

출연위계, 시위지, 행위지.

동도심미, 획연이해,

여토위지. 제도이립,

위지사고, 위지주저만지,

선도이장지."

文惠君曰.

"善哉! 吾聞庖丁之言,

得養生焉."

－〔養生主〕－

문혜군왈.

"선재! 오문포정지언,

득양생언."

[도움말]

1) 庖丁－소 잡이, 丁(정). '庖'는 부엌. 庖丁(포정)을 '요리사'라 하기도 함.

2) 文惠君－梁(양), 魏(위) 惠王(혜왕). 一說에는 國君(국군)보다 하위의 영주라 한다.

3) 膝之所踦－踦(기)는 한 발로 서는 것. 한 무릎 굽혀 소를 누르는 동작.

4) 砉然嚮然－획연은 가죽과 뼈가 떨어져 나가는 소리. (皮骨相離聲)－司馬彪. 嚮然(향연)은 획연보다 큰소리. 嚮아래 '然'字가 없는 판본도 있다고 한다. －陸德明

5) 奏刀騞然－奏刀(주도)는 進刀다. 칼을 사용하여 앞으로 나감을 奏라 함. (奏刀進刀也. 進用其刀曰奏)－林希逸. 騞然(획연)은 의성어. 音은 獲에 가깝고 聲은 앞의 砉然(획연)보다 크다. (騞, 音近'獲', 聲大於砉也)－崔譔

6) 桑林之舞－桑林은 湯王 때의 樂名.

7) 乃中經首之會－乃(내)는 且와 같다. '그 위에, 더 나아가'의 의미. 經首(경수)는 '咸池(함지)' 속의 樂章 이름이라 한다. 會는 음악의 節이다. 經首는 본래 貍首(리수)인데 제후가 '貍首'로써 樂節로 삼았다고 함－奚侗(해통). 侗 클 통

8) 譆, 善哉! 技蓋至此乎－蓋(개)는 어찌 曷(갈)의 借字. 技蓋至此란 기술의 묘함이 이와 같은가? 하는 말이다. (技蓋至此言如此其妙也)－林希逸. 譆(희)는 탄성. 아아!

9) 官知止而神欲行－官知는 感官의 작용. 外的이다. 神欲은 心神의 활동, 內的이다.

10) 批大郤－批(비)는 칼을 밀어 넣음, 大郤(대극)은 骨肉이 만나는 곳. 극은 間, 隙(극)과 같다. 틈.

11) 大窾(대관)－窾(관)은 空이다. 큰 구멍. 뼈마디의 빈 곳.

12) 因其固然－因(인)은 의지해 따르는 것. 固然(고연)은 소에 있는 본래의 틈.

13) 技經肯綮之未嘗－經은 涉(지날 섭), 건드리다. 肯(긍)은 골육이 붙은 곳, 뼈 사이의 살, 綮(경)은 근육이 얽힌 곳. 사물의 가장 중요한 곳이란 뜻인 '肯

緊(궁경)'이란 말이 여기서 나왔다. 未嘗(미상)은 아직 베어 본 일이 없다는 것. 또는 '기경궁경지미상'을 '技未嘗經肯緊'의 도치로 보고 經(경)을 固然에 따르지 않고 멋대로 칼질하는 것이라 함. 기술은 아직 궁경을 멋대로 베어 본 적이 없다는 것이다. 大軱(대고)는 大骨(큰 뼈)다.

14) 族庖－族, 衆이다. 보통 庖丁.
15) 每至於族－서로 어긋나고 엉키고 맺힌 것을 族이라 함. (交錯聚結爲族)－郭象
16) 怵然爲戒－怵(출)은 恐이다. 두려워하면서 긴장하고 조심하는 것.
17) 謋然已解, 如土委地－謋然은 뼈와 살이 떨어지는 소리라 함. (謋然, 骨肉離之聲也)－成玄英. 謋然(획연)은 지체를 가를 때의 소리. '좌 아악'하고 바로 해체되는 것이, 흙덩이가 무너지듯이 살덩이가 떨어져 쌓이는 것이다.
18) 躊躇滿志－잠시 머뭇거리다가 스스로 흐뭇해하는 것.

[앤솔러지 莊子: 27]

§II－2. 외발이 우사(右師)

공문헌이 전에 우사였던 자를 보고 깜짝 놀라 묻기를
"이게 어찌된 일이오? 어이하여 외발이가 되었소?
그게 하늘의 운명이오, 아니면 인간의 탓이오?"
외발이 우사가 대답했다.
"하늘의 명입니다. 인간의 탓이 아닙니다. 하늘이 저에게 생명을 줄 때 이미, 저의 발이 하나가 되도록 한 것입니다. 사람의 모습은 모두 주어지는 것입니다. 이같이 생각해보면 외발이 된 건 하늘의 명命이지 인간의 탓이 아님을 알 수 있습니다. 저 연못가의 꿩은 열 걸음에 한 번 쪼아 먹고 백 걸음에 한 번 목을 축이지만, 채롱 속에서 사육되기를 바라지 않습니다. 몸은 비록 왕성할지라도 마음은 종래 즐겁지 않기 때문입니다."

¹⁾公文軒見²⁾右師而驚曰,
"是河人也?³⁾惡乎介也?⁴⁾天與,
其人與?" 曰.
"天也. 非人也. ⁵⁾天之生是使獨也.
⁶⁾人之貌有與也. 以是知其天也,
非人也. 澤雉十步一啄,
百步一飮. ⁷⁾不蘄畜乎樊中.
⁸⁾神雖王, 不善也."
　　　　-〔養生主〕-

공문헌견우사이경왈,
"시하인야? 오호개야? 천여,
기인여?" 왈.
"천야. 비인야. 천지생시사독야.
인지모유여야. 이시지기천야,
비인야. 택치십보일탁,
백보일음, 불기휵호번중.
신수왕, 불선야."

[도움말]

1) 公文軒 - 姓은 公文, 複姓이다. 이름은 헌. (公文姓, 軒名也) - 林希逸. 文軒
   (문헌)은 아름답게 장식한 수레. 그런 수레를 타고 다니는 신분의 公文이다.

2) 右師 - 春秋(춘추) 시대 宋나라의 官名. 六卿가운데 最高位이다. 現職人인지
   前職이였던 사람인지는 확실치 않으나 여기서는 후자를 취한다. 右師는 이
   미 刖刑(월형)을 받은 사람인데 右師란 관직에 있었다. (右師者己刖之人, 爲
   右師之官) - 林希逸.

3) 惡乎介也 - 惡는 何와 같다. 乎, 同於. 也는 語氣助詞, 同邪, (耶). 介는 郭象
   注에 偏刖(편월)이라 했다. 兀(올)과 같다. 고대 중국의 형벌로 '跀(월): 발을
   베어 끊음. 刖(월): 발꿈치를 벰.'이 있었다.

4) 天與, 其人與 - 天(천)은 天生, 自然(자연)이고, 人(인)은 人爲(인위)에 의한
   것. 與, 疑問語氣詞. 歟와 같다. 其, 選擇連詞. 抑, 그렇지 아니면.

5) 天之生是使獨也 - 是, 右師의 脚을 가리킨다. '使獨'은 '使之獨'이다. 之는 右師.

6) 人之貌有與也 - 貌(모)는 形貌. 與(여)는 天賦(천부)의 뜻이다. '외발이'가 된
   것도 天命(천명)이란 뜻이다.

7) 不蘄畜乎樊中 - 蘄(기)는 願, 求, 祈. 모두 희망하다. 畜은 養이고 기를 '휵'
   이다. 樊(번)은 籠(롱), 그물로 사방을 둘러진 새장, 혹은 宮園의 울타리. '저
   천지사이에서 俯仰하고 自得의 땅에서 逍遙하는 것은 진실로 養生의 妙處
   이다.' - 郭象

8) 神雖王, 不善也. - 예로부터 난해한 句節로 異說이 많다. '새장 속에는 먹을
   것과 마실 것이 많아 精神은 비록 暢旺한 것 같으나 종래 즐겁지는 않다.'

－林希逸. 王, 旺(기운이 왕성할 왕). 不善, 不樂이다. －林希逸.
'비록 心神이 長王하고 志氣는 충만하지만 스스로 淸曠한 들판에 내 놓였을 때는 갑자기 지금껏 즐겁다고 여기던 것이 즐거운 것이라는 걸 느끼지 못하게 되는 것이다.' －郭象.

[앤솔러지 莊子: 28]

§Ⅱ－3. 곱사등이 지리소(支離疏)

지리소라는 사내는 턱은 내려앉아 배꼽을 감추고 어깨는 위로 솟아 정수리보다 높고 묶은 상투는 하늘을 향하니, 오장이 머리 위에 있게 되고 양 넓적다리는 옆구리에 닿아 있었다. 남의 옷을 깁거나 빨래를 하면 밥은 얻어먹을 수 있었고 곡물을 주워 키질을 하고 쌀을 고르면 식솔 열 명은 넉넉히 먹여 살릴 수 있었다. 위에서 무사武士를 징집하면 꼽추 지리소는 두 팔을 걷어붙이고 사람들 사이를 휘젓고 다닐 수 있었고, 위에서 큰 역사를 벌여도 지리소는 늘 장애자이기에 일을 맡지 않았다. 위에서 병자들에게 곡식을 내릴 때는 3종種의 곡식과 열 단의 장작을 받았다.
저 꼽추 지리소 같이 몸이 불구인 자도 오히려 몸을 보존하고 천수를 다하는데, 하물며 그 마음의 덕德(天棄)이 불구인 자에게서야 말할 나위가 있겠는가!

1)支離疏者, 2)頤隱於齊,　　　　지리소자, 이은어제,
肩高於頂, 3)會撮指天,　　　　견고어정, 괴촬지천,
4)五官在上, 兩5)髀爲脅.　　　　오관재상, 양비위협.
6)挫鍼治繲, 足以7)餬口,　　　　좌침치해, 족이호구,

⁸⁾鼓筴播精, 足以食十人.　　　　고협파정, 족이사십인.

上徵武士, 則支離攘臂於其間,　　상징무사, 즉지리양비어기간,

上有大役,　　　　　　　　　　상유대역,

則支離以有常疾不受功.　　　　즉지리이유상질불수공.

上與病者粟,　　　　　　　　　상여병자속,

則受⁹⁾三鍾與十束薪.　　　　즉수삼종여십속신.

夫支離其形者, 猶足已養其身,　부지리기형자, 유족이양기신,

終其天年, ¹⁰⁾又況支離其德者乎!　종기천년, 우황지리기덕자호!

－〔人間世〕－

[도움말]

1) 支離疏－支離(지리)는 형체가 온전하지 못한 것. 疏는 그 이름이다. (形體支離不全貌. 疏, 其名也)－司馬彪. 疏(소)는 엉성하다, 성기다. 支離(지리)는 畸形이다.

2) 頤隱於齊, 肩高於頂－頤(이)는 아래턱, 턱이다. 혹은 面部(면부). 齊는 臍(제): 배꼽의 假字. '於齊'의 於, 處所. '於頂'의 於, 比較다.

3) 會撮指天－會는 괴, 괄, 로 발음한다. 髻의 借字, 髻(괄): 머리를 묶다, 상투. 撮(촬)은 繼(촬), 묶은 머리가 꼿꼿하게 선 것. 會撮指天(괴촬지천): 상투가 하늘을 가리킨다. 혹은 목 뒤에 난 혹이라 한다.

4) 五官在上－官, 脊官이고, 오관은 脊椎骨 다섯 마디이다. 五官在上이라 함은 '등이 곱사등이가 되어 척추골 다섯 마디가 등위로 높게 돌출 된 것.'이라 함. 五官을 五臟으로 풀이하기도 한다.

5) 髀(비)－腿骨(퇴골), 넓적다리. 脅(협): 肋骨(늑골), 갈비뼈.

6) 挫鍼治繲－옷을 깁거나 빨래를 하는 것. 挫(좌)는 누를 按(안)과 같고, 鍼(침)은 針(침): 바늘. 繲(해)는 빨다. 세탁이다.

7) 餬口－입에 풀칠 함. 餬(호): 남의 집에 식객으로 붙어살 호. 糊(호): 풀, 풀칠하다와 통한다. 근근이 살아가는 것을 말함.

8) 鼓筴播精, 足以食十人. －鼓筴(고협), 키질하는 것이고, 筴(협)은 箕(기): 키. 播精(파정), 뿌려 헤쳐서 精米를 고르는 것. 食(사), 飼(먹인다). 혹은 길흉을 점쳐주고 돈을 받고 살아감을 말한다(鼓筴播精, 卜卦占兆也, 言賣卜.)－崔譔.

9) 三鐘(삼종)−鍾(종)은 6斛(곡) 4斗(두)라 한다. −司馬彪. 斛(곡)은 10두, 斗 (두)는 말이다. 약 124 리터.

10) 又況支離其德者乎−그 마음의 德이 불구인 자, 더 말해 무엇 하랴! 세상에 서 말하는 立身(입신), 榮達(영달)을 위한 僞善의 德을 支離(지리멸렬하여 忘却)하는 者는 더 더욱 자유롭고 진실 된 삶을 살고 천수를 다할 수 있지 않겠는가! '至人(지인)의 덕 또한 이와 같음을 말한다. 僞善의 德을 支離한 者(至人)는 쓰임이 없는 까닭으로 大用이 된다.'(言至人之德亦如此. 支人者 以無用爲大用也)−林希逸

[앤솔러지 莊子: 29]

§Ⅱ−4. 미치광이 접여(狂接輿)

공자가 초나라에 갔을 때 초나라의 유명한 미치광이 접여가 그 문 앞에서 이리저리 거닐며 노래하기를,
"봉황새야, 봉황새야, 어찌하여 덕행은 이토록 무너지고 있느냐!
오는 세상 기대할 수 없고 지난 세상 따를 수 없네.
천하에 바른 도가 행해지면 성인은 자신의 포부를 펴겠지만
천하에 무도가 횡행하면 성인은 그저 생명이나 보존할 뿐이다.
지금 같은 이 세상, 겨우 형벌 면하기 힘 들어라.
복은 깃털보다 가벼우나 실을 줄 모르고
재앙은 땅보다 무거우나 피할 줄 모른다.
그만, 그만 두게나, 자신의 덕행으로 세상사람 내려다보는 일!
위태, 위태하구나, 땅 가르고 종종 걸음 치는 것!
세상 길 가시덤불 내 가는 길 막지 못하네.
나의 길 구불구불 나의 두 발 해칠 수 없네."

산山 나무는 저절로 베어지고 기름불은 스스로 태워진다.
계수나무는 먹을 수 있어 잘리고 옻나무는 쓰임새 있어 베인다.
사람들 모두 '유용有用의 쓰임'은 알아도, '무용無用의 쓰임'은 모르고 있구나.

孔子適楚, ¹⁾楚狂接與遊其門曰,	공자적초, 초광접여유기문왈,
²⁾鳳兮鳳兮, 何如德之衰也!	"봉혜봉혜, 하여덕지쇠야!
³⁾來世不可待, 往世不可追也.	래세불가대, 왕세불가추야.
天下有道, 聖人成焉,	천하유도, 성인성언,
⁴⁾天下無道, 聖人生焉.	천하무도, 성인생언.
方今之時, 僅免刑焉.	방금지시, 근면형언.
⁵⁾福輕乎羽, 莫之知載,	복경호우, 막지지재,
禍重乎地, 莫之知避.	화중호지, 막지지피.
⁶⁾已乎已乎, 臨人以德!	이호이호, 임인이덕!
殆乎殆乎, ⁷⁾劃地而趨!	태호태호, 획지이추!
⁸⁾迷陽迷陽, 無傷吾行.	미양미양, 무상오행.
⁹⁾吾行郤曲, 無傷吾足."	오행극곡, 무상오족."
¹⁰⁾山林自寇也, 膏火自煎也.	산림자구야, 고화자전야.
桂可食, 故伐之.	계가식, 고벌지.
漆可用, 故割之.	칠가용, 고할지.
人皆知有用之用,	인개지유용지용,
而莫知無用之用也.	이막지무용지용야.

− 〔人間世〕 −

[도움말]

1) 楚狂接與−論語 <微子>篇에 楚나라의 狂接與가 노래를 부르면서 공자 곁을
   지나갔다. (楚狂接與歌而過孔子)고 했다. 史記, '孔子世家'의 기록에도 공자

나이 63세 때 楚나라의 초빙을 받아 간 적이 있다 한다. 그때 狂接輿를 만났으리라. 狂은 미치광이. 奇人. 接輿는 초나라의 隱士다. '高士傳'에는 姓은 陸, 名은 通이고, '接輿'는 그의 字라고 한다.

2) 鳳兮鳳兮, 何如德之衰也 - 鳳은 鳳凰, 聖王의 世에 나타난다는 瑞鳥. 이 새는 道가 있으면 나타나고 道가 없으면 숨는다 했다. 孔子를 鳳에 비유하고 있다. 之, 이같이, 衰. 衰敗. 何如는 如何: 어찌. 덕은 어찌다 이렇게까지 약해지고 무너지고 있는가!

3) 來世不可待 - 오는 세상 기대할 수 없다. 待: 막다, 대비함의 뜻을 취했다.

4) 天下無道, 聖人生焉 - 生, 保存生命. 천하에 無道가 횡행하면 성인은 오로지 자신의 생명을 온전히 할 뿐이다. (天下無道則聖人全其生而已) - 林希逸

5) 福輕乎羽, 莫之知載. - 乎, 어(於) 비교를 나타낸다. 보다. 之, 福이다. 載, 그것을 받아 이어가다.

6) 已乎已乎, 臨人以德 - 已, 止. '已乎已乎'는 '멈추고 쉬어라'와 같은 말이다. 臨人以德, 자기의 덕행으로 타인을 깔보며 분별하는 것. '자신의 덕으로 스스로는 높이고 타인을 비하하여 대하는 것은 화를 얻는 일이다.' 라고 함. - 林希逸.

7) 劃地而趨 - 뜻대로 땅 가르고(劃定地域), 禮度(예도)에 맞게 허리 굽혀 종종 걸음 치는 것, 허둥지둥하는 것. 자신의 뜻대로 道를 한정시켜 자신을 바쁘게 하는 것이다.

8) 迷陽迷陽 - '迷陽은 荊棘(형극)을 말하고 가시나무. 山野에 나며 밟으면 발을 상한다.' - 王先謙. 초나라에는 가시나무가 많았다. '迷陽(미양)을 伏陽이라 하고 미치광이인 척하는 것'. - 司馬彪. 陽은 動, 迷陽은 움직이지 말라. 苦楚가 많은 세상을 가시나무에 빗댄 것. 혹은 陽, 明(명)이라 함. - 成玄英.

9) 吾行郤曲 - 郤(극): 郤行, 曲(곡): 紆行(우행), 둘 다 굽은 길가는 것. 세상 가시밭길을 이리 저리 비껴 돌아가는 것. '郤(극)은 迟(曲行)이다.' - 陸德明. 郤을 '각'이라 읽기도 한다. 이때는 '사양하다. 물리치다'는 의미.

10) 山林自寇也, 膏火自煎也. - '나무는 도끼자루를 생산하기에 도리어 베이고 기름(膏)은 불을 일으키기에 스스로 태워지지 않을 수 없다.'(木生斧柄, 還自伐, 膏起火, 不自消) - 司馬彪

[앤솔러지 莊子: 30]

§Ⅱ-5. 발 잘린 사나이 왕태(王駘)

노나라에 발 잘린 사나이 왕태가 있었다.

그를 따라 배우는 자는 공자와 같을 정도였다.

상계가 공자에게 묻기를,

"왕태는 절름발이 병신입니다만 그를 따라 배우는 자가 스승님과 노나라를 양분할 지경입니다. 그는 서서 가르치지 않고 앉아서도 의논함이 없는데, 빈 마음으로 간 자가 충만한 마음으로 돌아온다 합니다. 그는 정말 말없는 가르침을 펴고 특정한 견해(所見)를 드러내지 않고도 참된 심화心化가 완성된 자일까요? 그는 과연 어떤 사람입니까?"

공자가 대답하길,

"그 분은 성인이다. 나는 다만 늦어서 아직 가 뵙지를 못하고 있다. 나도 장차 스승으로 삼으려는데 하물며 나만 못한 자들에게 있어서는 말할 것도 없겠지! 어찌 노나라뿐이겠느냐! 나는 천하 사람들을 이끌고 더불어 그 분을 따르려고 한다."

상계가 말했다.

"그는 형벌을 받아 발이 잘린 병신인데도 선생님보다 더 훌륭하다고 하니, 그는 보통 사람보다야 훨씬 뛰어날 것입니다. 그런 자는, 대체 그 마음 씀씀이는 어떤 것일까요?"

공자가 말했다.

"생사는 역시 큰일이지만, 그런 큰일도 그를 변하게 할 수는 없으며 하늘과 땅이 뒤집혀 무너진다 하더라도 장차 그를 무너지게 할 수는 없을 것이다. 그는, 현상을 넘어선 불변의 진리를 잘 살펴 깨닫고 있어서 덧없는 사물의 변화에 따라 참된 자신을 바꾸는 일이 없다. 일체 만물의 변화를 천명에 의한 것이라고 여기고 그 변화의 근본이 되는 참된 도를 지키며 거기에서 떠나지 않는 것이다."

상계가 말했다.

"무슨 말씀인지요 ? "

공자가 말했다.

"다르다는 관점에서 보면, 한 몸 안에 있는 간과 쓸개도 초나라와 월나라처럼 멀리 떨어져 있는 것과 같고 같다는 관점에서 보면, 만물은 모두 하나이다. 무릇 이와 같은 자는 귀와 눈이 좋아하는 것 따위를 알지 못하며 마음을 덕의 조화로운 경지에서 노닐게 하여 만물에 대해서도 그 한가지인 것만을 보고 외형상의 망실은 보지 않는다. 그 발을 잃은 것을 마치 한 줌의 흙을 잃어버린 정도로 여기는 것이다."

魯有¹⁾兀者王駘. 從之遊者	노유올자왕태. 종지유자
與仲尼相若.	여중니상약.
²⁾常季問於仲尼曰,	상계문어중니왈,
"王駘兀者也,	"왕태올자야,
從之遊者與夫子中分魯.	종지유자여부자중분노.
³⁾立不敎, 座不議,	입불교, 좌불의,
虛而往, 實而歸.	허이왕, 실이귀.
固有不言之敎,	고유불언지교,
⁴⁾無形而心成者邪 ?	무형이심성자야 ?
是何人也 ? "	시하인야 ? "
仲尼曰,	중니왈,
"夫子聖人也.	"부자성인야.

丘也直後而未往耳.　　　　　　　　구야직후이미왕이.

丘將以爲師,　　　　　　　　　　　구장이위사,

而況不若丘者乎! ⁵⁾奚假魯國!　　이황불약구자호! 해가노국!

丘將引天下而與從之."　　　　　　구장인천하이여종지."

常季曰.　　　　　　　　　　　　　상계왈.

"彼兀者也, ⁶⁾而王先生,　　　　　"피올자야, 이왕선생,

其與庸亦遠矣. 若然者,　　　　　기여용역원의. 약연자,

其用心也獨若之何?"　　　　　　기용심야독약지하?"

仲尼曰.　　　　　　　　　　　　　중니왈.

"死生亦大矣, 而不得與之變,　　"사생역대의, 이부득여지변,

雖天地⁷⁾覆墜, ⁸⁾亦將不與之遺.　수천지복추, 역장불여지유.

⁹⁾審乎無假而不與物遷,　　　　　심호무가이불여물천,

命物之化而守其宗也."　　　　　명물지화이수기종야."

常季曰.　　　　　　　　　　　　　상계왈.

"何謂也?"　　　　　　　　　　　　"하위야?"

仲尼曰.　　　　　　　　　　　　　중니왈.

"自其異者視之,　　　　　　　　　"자기이자시지,

肝膽楚越也. 自其同者視之,　　간담초월야, 자기동자시지,

萬物皆一也. 夫若然者,　　　　만물개일야. 부약연자,

且不知耳目之所宜,　　　　　　차부지이목지소의,

而¹⁰⁾遊心乎德之和,　　　　　　이유심호덕지화,

物視其所一而不見其所喪.　　물시기소일이불견기소상.

視喪其足猶遺土也."　　　　　시상기족유유토야."

　　　　　　－〔德充符〕－

[도움말]

1) 兀者王駘－ 刖足을 兀이라 함. (刖足曰兀)－李頤. 刖;발꿈치 벨 월. 죄를 짓

98

고 한쪽 발을 잘리는 것. 介와도 통함. 왕태, 魯人.

2) 常季 - 공자의 제자(弟子)라 하는 이도 있다. (常季, 或云孔子弟子) - 陸德明

3) 立不敎, 坐不議 - 立, 住(居處). 坐, 安(편안). '立不敎란 제자와 더불어 거처에 있어도 가르치는 바가 없음이고, 坐不議는 제자와 더불어 편안히 있어도 말하는 바가 없음이다. 그런데도 가서 그를 따르는 자는 모두 마음이 공허해져서 어떠한 견해도 일어나지 않았다.'(立不敎, 與弟子立而無所敎. 坐不議, 與弟子坐而無所言. 而往從之者皆空虛未有所見) - 林希逸

4) 無形而心成者 - 無形은 특정한 所見을 말함이 없다는 것. 心成은 마음이 감응하여 저절로 변화가 이루어지는 것이다. (無形, 無所見也. 心成, 心感之而自化成也.) - 林希逸.

5) 奚假魯國 - 奚는 何와 같다. 假(가)는 己, 止(그치다). '奚假'를 '奚但'으로 풀었다. '어찌 노국뿐 만이겠는가!' - 郭象.

6) 而王先生, 其與庸亦遠矣 - 王은 勝(낫다. 뛰어나다)이다. - 李頤. 庸은 일반사람. 遠은 멀리 떨어지다. 즉 보통 사람보다는 훨씬 덕이 뛰어나다. 亦(역)은 어조를 고르며 강조하는 말이다.

7) 覆墜 - 覆(복)은 엎어지는 것, 墜(추)는 떨어지는 것. 奚는 何와 같다.

8) 亦將不與之遺 - 遺(유)는 失(실), 잃어버리는 것.

9) 審乎無假 - 無假는 거짓 없는 것. 현상을 넘어선 불변의 진리, 혹은 道에 근거한 덕. 審(심)은 잘 살펴 아는 것.

10) 遊心乎德之和 - 和는 沖和(충화)의 경지. 텅 비움의 和이다. 德이 최고로 조화로운 경지라 한다.

[앤솔러지 莊子: 31]

§Ⅱ-6. 외발 현자 신도가(申徒嘉)

신도가는 형벌로 발 잘린 자다.

그런데, 정나라 재상인 자산과 함께 백혼무인伯昏無人을 스승으로 하여 배우고 있었다. 자산이 신도가에게 이르기를,

"내가 먼저 나가면 자네는 남고 자네가 먼저 나가면 내가 남겠네."

다음날, 두 사람은 또 같은 자리에 동석하게 되었다. 자산이 신도가에게 이르기를,

"내가 먼저 나가면 자네는 남고 자네가 먼저 나가면 내가 남겠네. 지금 나는 나가려고 하네. 자네는 남겠는가? 그렇게 하지 않겠다는 것인가? 그대는 집정執政인 나를 보고도 오히려 자리를 피하지도 않고 그대로 있으니 자네는 집정인 나와 동등하다는 말인가?"

신도가가 대답했다.

"우리 선생님의 문하에 본래 이 같은 집정이란 신분의 차별 따위가 있었단 말인가? 그대는 자신의 집정 자리를 으쓱하여 남을 멸시하려는 자인가? 이런 말을 들었네, '거울 밝으면 먼지 앉지 못하고, 먼지 앉으면 거울 흐려지고, 오랫동안 현인과 함께 있으면 잘못이 없어진다.'고. 지금 그대가 크게 소중히 여겨야 할 것은 선생님의 가르침일 텐데 그 같은 말을 하다니, 잘못이 아닌가?"

그러자 자산이 말했다.

"자네는 이미 형벌을 받아 이처럼 외발인 데도 요堯 임금과 덕을 다투어 보려는 것 같다. 자네의 오늘의 모습(德)을 헤아려 보아도 아직 스스로 반성하기에는 부족하단 말인가?"

신도가가 대답하기를,

"스스로 잘못을 변명하며 발이 잘린 것은 부당하다고 하는 자는 많아도, 자신의 잘못을 변명하지 않고 발이 멀쩡한 것이 부당하다고 여기는 자는 거의 없네. 어쩔 수 없음을 알고 자신의 명命에 평안한 것은 오직 덕德있는 자만이 능히 그럴 수 있다네. 활의 명인 예羿의 사정거리 안에서 노닐고 있다면 한가운데는 화살이 명중하는 곳이다. 그런데도 맞지 않음은 명命이다. 세상 사람들 중에는 두 발로 내 한 발을 비웃는 이는 많다. 나도 발끈 노하지만 선생님 처소에 가면 곧 모두 잊고 돌아오게 된다네.

선생님께서 선덕先德으로 나를 씻어 주셨는지도 모르지 않는가?
선생님을 따라 도道 안에서 소요 자적하는 삶을 배운지가 19년이
지났지만 내가 한 발뿐인 병신이라는 걸 아직도 아는 채 하지 않
으셨네. 지금 그대와 나는 내면의 인식인 도의 즐거움으로 사귀고
있을 터인데, 그대는 외면의 이목으로 나의 허물을 찾고 있으니
또한 잘못이 아닌가?"

자산은 부끄러움으로 낯빛을 고치며 말했다.

"자네, 이제 그만 말해주시게나!"

¹⁾申徒嘉兀者也.　　　　　　　　신도가올자야.

而與²⁾鄭子産同師於³⁾伯昏無人　이여정자산동사어백혼무인.

子産謂申徒嘉曰,　　　　　　　　자산위신도가왈,

"我先出則子止, 子先出則我止."　"아선출즉자지, 자선출즉아지."

其明日又與合堂⁴⁾同席而座.　　기명일우여합당동석이좌.

子産謂申徒嘉曰,　　　　　　　　자산위신도가왈,

"我先出則子止.　　　　　　　　　"아선출즉자지,

子先出則我止. 今我將出.　　　　자선출즉아지. 금아장출.

子可以止乎, ⁵⁾其未邪?　　　 자가이지호? 기미야?

且⁶⁾子見執政而不違,　　　　　　차자견집정이불위,

子齊執政乎?　　　　　　　　　　 자제집정호?"

申徒嘉曰.　　　　　　　　　　　 신도가왈.

"先生之門,　　　　　　　　　　　 "선생지문,

固有執政焉如此哉?　　　　　　　고유집정언여차재?

⁷⁾子而說子之執政而後人者也?　자이열자지집정이후인자야?

聞之曰, '鑑明則塵垢不止,　　　　문지왈, '감명즉진구부지,

止則不明也, 久與賢人　　　　　　지즉불명야, 구여현인

處則無過.' 今子之所取大者,　　　인처즉무과.' 금자지소취대자,

先生也,　　　　　　　　　　　선생야,

而猶出言若是, 不亦過乎?"　　이유출언약시, 불역과호?"

子産曰.　　　　　　　　　　　자산왈.

"子既若是矣, 猶與堯爭善.　　"자기약시의, 유여요쟁선.

計子之德不足以自反邪?"　　　계자지덕부족이자반야?"

申徒嘉曰,　　　　　　　　　　신도가왈,

"8)自狀其過以不當亡者衆,　　"자상기과이부당망자중,

不狀其過以不當存者寡.　　　불상기과이부당존자과.

知不可奈何而安之若命,　　　지불가내하이안지약명,

唯有德者能之.　　　　　　　　유유덕자능지.

遊於羿之彀中,　　　　　　　　유어예지구중,

中央者, 中地也.　　　　　　　중앙자, 중지야.

然而不中者, 命也.　　　　　　연이부중자, 명야.

人以其全足笑吾不全足者衆矣.　인이기전족소오부전족자중의.

我9)怫然而怒,　　　　　　　　아불연이노,

而適先生之所,　　　　　　　　이적선생지소,

則10)廢然而反.　　　　　　　즉폐연이반.

不知先生之洗我以善邪?　　　부지선생지세아이선야?

吾與夫子遊十九年矣,　　　　　오여부자유십구년의,

而未嘗知吾兀者也.　　　　　　이미상지오올자야.

今子與我11)遊於形骸之內,　　금자여아유어형해지내,

而子索我於形骸之外,　　　　　이자색아어형해지외,

不亦過乎!"　　　　　　　　　　불역과호!"

子産12)蹵然改容更貌曰,　　　자산축연개용경모왈,

"子無乃稱!"　　　　　　　　　"자무내칭!"

　　　　－〔德充符〕－

102

[도움말]

1) 申徒嘉-申徒는 姓, 嘉는 名. 鄭나라의 賢者.

2) 鄭子産-姓은 公孫, 名은 僑, 字는 子産, 鄭나라의 賢者로 名 宰相 이라 한다.

3) 伯昏無人-伯은 우두머리, 昏은 해질 무렵, 無人은 物我의 구별을 잊은 이. 북미 인디언 식 이름으로 부르자면, <저녁노을 풍경 속에서 삼라만상과 자신을 잊은 이들의 우두머리 촌장> 즉 道의 'Master'다. 楚나라 隱者. <장자>가 창조한 가공의 인물이라고도 한다. 陸德明은 伯昏無人은 <잡편>에 나오는 伯昏瞀人이라 함.

4) 同席-한자리. 席(석)은 폭이 3자, 길이가 9자로 4명이 함께 앉을 수 있는 좁은 자리다.

5) 其未邪? -其, 抑, 아니면, 그렇게 하지 않겠다는 것인가?

6) 子見執政而不違, 子齊執政乎? -成玄英이 違를 避라 함. 남에게 경의를 표하며 자리나 길을 비키는 것. 而, '尙'이다. 齊, '同'이다.

7) 子而說子之執政而後人者也? -而는 乃. 說은 悅(열). 여기에서 '子'는 선생이 아니라 그대, 자네, 정도의 호칭임. 그대는 그대의 집정(재상) 자리를 좋아해서 남을 뒤로(경멸)하는가?

8) 自狀其過以不當亡者衆-狀은 述과 같음. 변명하다. 以는 생각하다. 亡은 失, 발을 잘린 것. 제 잘못을 변명하며 발을 베인 것은 마땅하지 않다고 생각하는 자는 많다.

9) 怫然-怫然(불연), 발끈 화를 내는 모양

10) 廢然而反-깨끗이 잊고, 돌아오다.

11) 遊於形骸之内-내면의 인식인 道에 노닐다. 林希逸은 이 句節에서 감탄하여 말하길, '形骸内外 이 한 句는 최상의 좋은 글귀다. 이것은 모두 앞글에서는 볼 수 없었던 것.'이라고 했다. (形骸内外一句最好. 此皆前書所未有者)

12) 蹙然改容-蹙然(축연), 놀라고 부끄러워하는 모습이다. (蹙然, 驚慚貌也)-成玄英. 부끄러워하며 낯빛을 고치는 것.

§Ⅱ-7. 자라잡이 공열휴(公閱休)

팽양이 왕과를 만나 말하기를,

"선생께서는 어찌하여 초 왕에게 나를 추천해 주지 않는지요?"

왕과, 거절하며 말한다.

"나보다는 공열휴에게 부탁함이 낫겠소."

팽양이 다시 묻는다.

"공열휴라는 사람은 어떤 사람입니까?"

왕과 대답하기를,

"그는 겨울에는 강에서 자라를 잡고, 여름이면 산울타리 속에서 한가롭게 휴식하는 사람이오. 지나가는 사람이 왜 이런 곳에서 사느냐고 물으면, '이 산이 내 집이요!' 했다 하오."

1)彭陽見王果曰,　　　　　　　팽양견왕과왈,

"夫子2)何不譚我於王?"　　　　"부자하부담아어왕?"

王果曰. "我不若3)公閱休."　　왕과왈. "아불약공열휴."

彭陽曰. "公閱休奚爲者邪?"　　팽양왈. "공열휴해위자야?"

曰, "冬則4)擉鼈於江,　　　　　왈, "동즉착별어강,

夏則5)休乎山樊. 有過而問者,　하즉휴호산번. 유과이문자,

曰, 6)'此予宅也.'"　　　　　　　왈, '차여택야.'"

　　　　　　-〔則　陽〕-

[도움말]

1) 彭陽見王果 - 名이 則陽, 姓은 彭. 字는 彭陽이라 하고, 周나라 초기의 사람이라 하며, 王果는 초나라의 賢人이라 했다. -司馬彪. 見: 만나다. 뵙다.

2) 何不譚我於王？ －譚(담)은 談(담). 말해줌 천거해 줌 어째서 나를 왕에게 천거해 주지 않는가?

3) 公閱休 －隱士라 함(陸德明). 공열휴'라는 이름의 뜻은 '공평무사하고 기분 좋게 휴식하는 이'라 한다.

4) 擉鼈於江 －擉(착)은 刺(자), 찌르다 －司馬彪. 擉, 音을 捉(잡을 착)이라 했다. －陸德明. 작살, 찌르다. 鼈(별), 자라.

5) 休乎山樊 －山樊(산번)은 山陰(산음), 산그늘이다. 山邊, 산의 傍(방), 邊(변). 樊(번)의 본래 뜻은 울타리, 새장이다.

6) 此予宅也 －일정한 거처가 없는 것. (其無定居也) 팽양이 벼슬길에 나아감을 좋아하므로 隱者의 말을 들어서 팽양이 스스로 깨우치게 하고자 함이라 한다. (彭陽好進故以隱者語之欲其自悟也) －林希逸

[앤솔러지 莊子: 33]

§Ⅱ-8. 대범한 범 나라 임금(凡君)

대국인 초나라 왕이 소국인 범 나라 임금과 마주 앉아 있었다.

잠시 후, 초 왕의 좌우 시자가 세 번이나 '범凡 나라가 멸망했소.' 하고 알렸다.

범 나라 임금이 말했다.

"범 나라가 망했다고 해도 나 자신의 존재를 사라지게 할 수는 없소. '무릇 범 나라의 멸망이 나 자신의 존재를 사라지게 할 수 없는 것'이라면 또한 초나라가 존재한다고 해도 나 자신의 존재를 존재하게 할 수는 없는 것이오. 이 같은 관점으로 생각해보면, 범 나라는 처음부터 멸망한 일이 없었소. 초나라 역시 처음부터 존재한 일이 없다고 할 수 있소."

楚王與[1]凡君座.   초왕여범군좌.

少焉, [2]楚王左右曰'凡亡者三'.   소언, 초왕좌우왈'범망자삼'.

凡君曰.   범군왈.

"凡之亡也, 不足以喪吾存.   "범지망야, 부족이상오존.

'夫凡之亡, 不足以喪吾存'   '부범지망, 부족이상오존'

[3]則楚之存, 不足以存存.   즉초지존, 부족이존존.

由是觀之, 則凡未始亡.   유시관지, 즉범미시망.

而楚未始存也."   이초미시존야."

—〔田子方〕—

[도움말]

1) 凡-周公의 후손의 나라. 楚의 屬國, 후에 楚에게 멸망되었다.

2) 楚王左右曰凡亡者三-'言有三亡徵也.' -郭象. 세 사람이나 망할 徵候가 있다. 고 말하다. 여기서는 '세 번 알렸다.'고 풀었다.

3) 則楚之存, 不足以存存-存楚, 不足以存存의 句文에서 楚를 강조하고 있다. '以存存'에서 以存을 凡君의 존재로 보느냐, 楚王의 존재로 보느냐에 따라서 해석이 달라진다. '초나라가 멸망하지 않고 존재하더라도, 나 자신(범군)의 존재를 존재하게 할 수 없다'는 풀이를 택했다. 大國 앞에서 무너져 가는 나라의 흥망을 초극하는 人間 實存의 외침이 아닐까? '범 나라는 망하지 않았고, 초나라는 존재하지 않았다.'는 것은, 곧 세속에서 말하는 득실화복이고 모두 외물이다.'(凡不爲亡, 楚不爲存, 則世之得喪禍福, 皆外物矣.)-林希逸.

[앤솔러지 莊子: 34]

§II-9. 추남 애태타(哀駘它)

노나라 애공이 중니에게 물었다.

"위나라에 추남이 있는데 이름을 '애태타'라 하오. 그와 함께 지낸 남자들은 그를 흠모하여 떠나지를 못하고 여자들이 그를 보면 자기 부모에게 간청하기를, '다른 이의 아내가 되느니 차라리 그 분의 첩이 되겠다.'고 하는 이가 열 명을 헤아리지만 더 늘어나고 있다하오. 그가 자기주장을 내세우는걸 아직 아무도 들은 적이 없고 언제나 남에게 순응할 뿐이라오. 군주의 지위에 앉아 사람들을 죽음에서 구해 준 일도 없고 쌓아 둔 쌀가마로 사람들의 배고픔을 해결해 준 일도 없었다 하오.

게다가 그 추한 몰골이란 세상을 놀라게 할 만하고 남의 의견을 따르고 남보다 앞서 주장함도 없으며 그의 지식은 일상사 바깥의 먼 곳까지는 미치지도 못하오. 그런데도 남·여가 그에게로 몰려드는 것은 필경 그에겐 보통사람과 다른 점이 있어서일 것이오. 과인이 불러 그를 만나 보았더니 과연 그 추한 모습이란 세상을 놀라게 할 만 하였소. 과인의 처소에서 함께 살았는데, 몇 개월이 지나지 않아서 나는 그의 사람 됨됨이에 마음이 이끌리게 되었고 일 년도 지나지 않아서 그를 신임하게 되었소. 마침 나라에 태재 자리가 비었기에 그에게 나라를 맡기려고 했더니 그는 말없이 있다가, 아무런 관심도 보이지 않고 거절하였소. 과인은 부끄러워졌지만, 억지로 그에게 나라를 떠맡기고 말았소. 그랬더니 얼마 안 있어 그는 나를 떠나가 버렸는데 마음이 우울해지고 마치 소중한 그 무엇을 잃어버린 것 같았소. 이제 이 나라에는 나라를 다스리며 함께 즐거워할 사람이 없어진 것만 같소. 그 사람은 도대체 어떤 사람이오?"

魯[1]哀公問於仲尼曰.

"[2]衛有惡人焉, 曰[3]哀駘它.

丈夫與之處者,

노애공문어중니왈.

"위유악인언, 왈애태타.

장부여지처자,

思而不能去也, 婦人見之,　　　　사이불능거야, 부인견지,
請於父母曰,　　　　　　　　　　청어부모왈,
4)'與爲人妻寧爲夫子　　　　　　'여위인처영위부자
妾'者, 十數而未止也.　　　　　　첩'자, 십수이미지야.
5)未嘗有聞其唱者也,　　　　　　미상유문기창자야,
常和人而已矣.　　　　　　　　　상화인이이의.
無君人之位以齊乎人之死,　　　무군인지위이제호인지사,
6)無聚祿以望人之腹.　　　　　　무취록이망인지복.
7)又以惡駭天下, 和而不唱,　　　우이악해천하, 화이불창,
知8)不出乎四域.　　　　　　　　지불출호사역.
且而雌雄合乎前,　　　　　　　차이자웅합호전,
9)是必有異乎人者也.　　　　　　시필유이호인자야.
寡人召而觀之, 果以惡駭天下.　과인소이관지, 과이악해천하.
與寡人處, 不止以月數,　　　　여과인처, 부지이월수,
而寡人有意乎其爲人也,　　　　이과인유의호기위인야,
不至乎期年, 而寡人信之.　　　부지호기년, 이과인신지.
10)國無宰, 11)寡人傳國焉,　　　국무재, 과인전국언,
12)悶然而後應, 13)氾而若辭.　　민연이후응, 범이약사.
寡人醜乎, 卒授之國.　　　　　과인추호, 졸수지국.
無幾何也, 去寡人而行,　　　　무기하야, 거과인이행,
寡人14)卹焉若有亡也.　　　　　과인술언약유망야.
若無與樂是國也,　　　　　　　약무여락시국야.
是何人者也?"　　　　　　　　시하인자야?"
　　　　　　　-〔德充符〕-

[도움말]

1) 哀公-春秋시대 말기의 魯나라 군주. 공자는 애공 11년에 諸國 遍歷에서 돌

아와 애공 16년에 죽었다고 한다.

2) 衛有惡人焉-惡은 형체가 추함이다. (惡, 形醜也)-林希逸

3) 哀駘它. 丈夫與之-哀는 성이고, 駘它는 이름이다. 또 '哀駘'는 추한 모습, '它'가 이름이라고도 함. -李頤. 它에는 어리석다, 낙타 등의 뜻이 있다. 가엾은 불구자라는 의미의 이름을 지닌 인물이다. 丈夫는 성년남자. 之, 哀駘它.

4) 與人爲妻寧爲夫子妾者-與는 如. <說文>에 寧은 願詞다. '與……寧……'은, '如其……寧(不如)……'과 같다고 함. 다른 사람의 처가 되느니 夫子(애태타)의 첩이 되겠다고 바라는 것이다.

5) 未嘗有聞其唱者也, 常和人而已矣-唱은 先唱, 남보다 앞서 주장(先唱)하여 이끌지 않았다는 것. (唱, 未嘗誘引先唱)-成玄英. '和'는 그렇다 하고 맞장구치는 것. 그가 남 보다 앞서 뭘 주장하는 걸 일찍이 들은 바가 없고, 늘 남의 의견에 따라 순응 할 뿐이라는 것이다.

6) 無聚祿以望人之腹-祿은 祿米, 봉급으로 받는 쌀. 聚祿은 앞의 '君人之位'에 대해 '大夫'의 신분을 가리킨다. 望은 채우다, 만족시키다. 成玄英은 望腹을 飽腹이라 함.

7) 又以惡駭天下-추함으로써 천하를 놀라게 하다. 駭(해)-놀라게 하다. 놀라다.

8) 不出乎四域-지식은 사방 먼 곳까지 미치지 않는다. 그의 아는 바가 세상 바깥까지 미치지는 않았다는 말이다. (言其所知非出於世外也)-林希逸. 지식 또한 일상적이고 평범했다는 것이다.

9) 是必有異乎人者也-是, 則과 같다. 異乎人, 普通人과 다르다.

10) 國無宰-宰, 太宰. 국정을 總理하는 직위.

11) 寡人-德이 부족한 사람이란 뜻으로 군주의 自稱이다.

12) 悶然而後應-悶然은 상황을 깨닫지 못한 모습이고, 이 또한 아무 말 없는 모습이다. (不覺之容, 亦是虛談之貌)-成玄英. 뜻 없이 대답하다. 마음에 두지 않는 것이다. 應(응)에는 當也, 承諾, 答하다 등의 의미가 있다. 또 (悶然, 不覺貌.)라 함-李頤

13) 氾而若辭 寡人醜乎-氾然히 마음에 얽매임 없이, 아무런 관심 없이 사양하는 것만 같았다. (氾然不繫於心, 而若辭焉.)-王先謙. 氾(범), 떠다닐 범, 물 넘칠 범. 또한 '未定之辭'의 뜻이 있다. 辭, 拒絕. '醜, 愧(부끄러워하다)' -崔譔

14) 卹焉-卹(술), 憂貌-宣穎. 근심하는 모양, 박탈감으로 허전해 함. 恤(휼)과 도 같고, 훌, 술(망실)로도 읽는다.

§Ⅱ-10. '하늘의 즐거움'을 노래한 유염씨(有焱氏).

황제가 말했다.

"진정 성스러움으로 가득한 자는 만물의 참모습에 통달하고 있어
그 자연의 명을 따른다.

자연 그대로의 마음이 바깥으로 드러나지는 않지만 내면의 감각
기관인 오장은 자연의 리듬으로 파동 치며 완벽하다. 이를 일러
하늘의 즐거움이라 하니, 무언의 세계 안에서 마음은 고요한 기쁨
에 젖어든다."

이에, 유염씨가 찬양의 노래를 지어 읊었으니

하늘의 즐거움(天樂)

"들고자 하여도 그 소리 들리지 않네.
보려고 하여도 그 모습 보이지 않네.
아하, 하늘과 땅 사이에 가득 차 있고
시공을 넘나들며 우주를 감싸 안고 있네."

黃帝曰. "聖也者,
1)達於情而遂於命者也.
2)天機不張而五官皆備.
此之謂3)天樂, 無言而心說."
故4)有焱氏爲之頌曰,
"聽之不聞其聲.

황제왈. "성야자,
달어정이수어명자야.
천기부장이오관개비.
차지위천락, 무언이심열."
고유염씨위지송왈,
"청지불문기성.

視之不見其形.　　　　　　　　시지불견기형.

充滿天地, 苞裹$^{5)}$六極."　　　충만천지, 포과육극."

　　　　-〔天　運〕-

[도움말]

1) 達於情而遂於命也-達於情은 實理(참 이치)에 통달하다. (達於情者, 達於實理也)-林希逸. 命은 저절로 그러함에(自然)에 따름을 지극히 함이다.

2) 天機不張而五官皆備-천기는 자연의 樞機, 하늘이 부여한 참 마음의 작용. 그것을 굳이 나타내지 않음. 오관은 耳, 目, 口, 鼻, 形, 혹은 五臟이다.

3) 天樂-자연의 즐거움을 얻은 것이다. 그래서 천락이라 한다. (得其自然之樂故曰天樂)-林希逸

4) 有焱氏爲之頌-유염씨: 혹은 神農氏라하고, 고대 無爲제왕의 名이다. -陸德明. 頌은 讚歌다.

5) 六極-成玄英이 六極은 六合. 天地四方, 무한한 공간이다.

[앤솔러지 莊子: 36]

§Ⅱ-11. 회계산의 낚시꾼 임 나라 공자(壬公子)

임 나라의 공자는 큰 낚시 바늘과 굵고 검은 낚싯줄을 만들어 오십 마리의 살찐 소를 미끼로 하여 회계 산에 쪼그리고 앉아 낚싯대를 동해에 드리우고 날마다 낚시질을 했으나 1년이 지나도록 고기를 낚지 못했다. 마침내 대어가 미끼를 물어 큰 낚시 바늘을 끌고 바다 속 깊이 들어갔다가 좌우로 요동치며 솟구쳐 올라 등지느러미를 떨치니, 흰 파도가 산더미 같고 바닷물은 격랑으로 출렁이어 그 소리는 귀신같아 천리안의 사람들까지 두려움으로 떨게

하였다. 임 나라의 공자는 '약'이라는 이름의 이 거대한 고기를 잡
아 배를 가르고 생강 계피를 섞어 포를 떠서 나누니 절강의 동쪽
으로부터 창오산 이북의 사람들까지 이 고기를 배불리 먹지 않은
사람이 없다. 그 후로 후세에 와서 자질구레한 재주로 비평과 풍
자를 일삼는 무리들이, 모두 놀라서 서로 이 이야기를 전했다.

[1]任公子爲[2]大鉤巨緇,	임공자위대구거치,
五十[3]犗以爲餌,	오십개이위이,
[4]蹲乎會稽投竿東海,	준호회계투간동해,
[5]旦旦而釣, 期年不得魚.	단단이조, 기년부득어.
已而大魚食之牽巨鉤,	이이대어식지견거구,
[6]錎沒而下, [7]騖揚而奮鬐,	함몰이하, 무양이분기,
白波若山, 海水震蕩,	백파약산, 해수진탕,
聲[8]侔鬼神, [9]憚赫千里.	성모귀신, 탄혁천리.
壬公子得[10]若魚, [11]離而腊之,	임공자득약어, 이이석지,
自[12]淛河以東,	자제하이동,
蒼梧已北, 莫不厭若魚者.	창오이북, 막불염약어자.
已而後世[13]輇才諷說之徒,	이이후세전재풍설지도,
皆驚而相告也.	개경이상고야.

−〔外 物〕−

[도움말]

1) 任公子−李頤는 任, 國名. 이라 함. 春秋時代 山東省에 있던 작은 나라. 그
나라의 公子다.

2) 大鉤巨緇−鉤는 釣. 낚시 바늘. '巨緇(거치)는 大黑繩, 즉 검은 밧줄, 굵은
낚싯줄이다.' −司馬彪 '대구거치는 마땅히 거구대치라 해야 한다. 아래 문의
견거구'가 증거가 된다.'(大鉤巨緇'當作'巨鉤大緇'下文曰'牽巨鉤'可證也)−馬
敍倫.

112

3) 犧以爲餌－陸德明은 犧(개), 犍牛(건우). 불 깐 소. 불 깐 소는 살이 찐다고 한다. 즉 살찐 소다. 餌(이)는 미끼, 먹이. '犧의 音을 界(계)라 함.'－林希逸.

4) 蹲乎會稽－蹲(준), 무릎을 세우고 앉는 것, 쭈그리고 앉다. '회계'는 會稽山이다. 浙江省(절강성)에 있으며 杭州灣(항주만)을 내려다보고 있다고 한다.

5) 旦旦－旦(단)은 아침, '단단'은 매일, 매일 아침.

6) 銘沒－銘과 陷(함)은 같다. (銘與陷同)－林希逸. 陷沒(함몰), 깊이 가라앉다. 빠지다.

7) 騖揚而奮鬐－騖(무)는 말이 종횡으로 치달림. 鬐(기)는 말갈기, 여기서는 물고기의 등지느러미이다. 또 '鬐(기)는 音을 須(수)'라 함. －李頤

8) 侔(모)－비등한 것. 비슷하다.

9) 憚赫(탄혁)－憚赫, 驚恐也. 놀랍고 두려운 것이다. 憚赫千里란 천리안의 사람들이 모두 그 소리를 듣고 두려워했다. (憚赫千里, 言千里皆懼)－陸德明

10) 若魚－大漁名, 若, 海神也. 큰 물고기 이름. '若'은 또 '바다 신'라 했다. －林希逸. 혹은 若魚를 此魚, 이 물고기와 같다고 함.

11) 離而腊之－離(이), 자르는 것, 腊(석)은 乾肉으로 脯, 동사로 포를 뜨다. 생강 계피를 섞어 넣는다. '갈라서 건육, 포로 만듦'이다. (分爲脯腊)－成玄英.

12) 淛河－제하의 淛(제)는 浙(절)로 읽고 浙河(절하)로 써야 한다고 함. 浙江(절강)은 회계산 부근에 있다.

13) 輇才－李頤는 輇(전), 量人.이라 함. 人物을 달아 봄, 오늘날의 批評家. 또, 輇(전)은 小. 작다는 뜻이다. 林希逸은 '揣量淺見之士'라 했다. 제멋대로 추량하여 식견이 좁고 얕은 士(지식인).

[앤솔러지 莊子: 37]

§Ⅱ－12. 노나라의 절름발이 숙산무지(叔山無趾)

노나라에 형벌을 받아 한 쪽 발을 잘려 절름발이가 된 '숙산무지'라는 자가 발뒤꿈치를 끌면서 따라와 공자를 만나 뵙기를 청했다. 중니仲尼가 말했다.

"그대는 전에 삼가지 않아서 이미 죄를 짓고 이 모양이 되었소. 이제 내게 온다 해도 무슨 소용이 있겠소!"

무지가 대답했다.

"저는 오직 힘써 배울 줄 모르고 몸을 가벼이 처신하여 이처럼 한쪽 발을 잃었습니다. 이제 제가 온 것은 발보다 귀한 것이 존재하기 때문입니다. 저는 이런 까닭으로 발보다 귀한 그것을 기필코 힘을 다해 온전하게 하고자 합니다. 대저 하늘은 만물을 덮어 주지 않음이 없고 땅은 만물을 실어 주지 않음이 없다고 합니다. 저는 선생님을 하늘같이, 땅같이 여겨 왔는데 선생님께서 이런 말씀을 하실 줄을 어찌 알았겠습니까?"

이에 공자가 말하기를,

"구丘가 진실로 식견이 좁고 어리석었소. 선생은 어찌하여 안으로 들어오지 않으시오? 부디 안으로 들어, 아는 바에 대하여 한 말씀 해 주시기 바랍니다."

무지는 그 자리를 떠났다.

공자는 제자들에게 말했다.

"너희 제자들도 애써 배워라! 저 무지는 한 발 잘리는 형벌을 받아 절름발이가 되었지만, 오히려 배움에 힘써 기필코 지난날의 행동의 잘못을 보상하려고 한다. 하물며 아무 탈 없이 온전한 몸(德)을 지닌 자가 배움에 힘쓰지 않을 수가 있겠느냐!"

魯兀者[1]叔山無趾, [2]踵見仲尼.

仲尼曰.

"子不謹前, 旣犯患若是矣.

雖今來, 何及矣!"

無趾曰.

"吾唯不知務而輕用吾身,

노올자숙산무지, 종현중니.

중니왈.

"자불근전, 기범환약시의.

수금래, 하급의!"

무지왈.

"오유부지무이경용오신,

吾是以亡足. 今吾來也,
3)猶有尊足者存,
4)吾是以務全之也. 5)夫天無不覆,
地無不載. 吾以夫子爲天地,
6)安知夫子之猶若是也?"

孔子曰,

"7)丘則陋矣. 8)夫子胡不入乎?
請講以所聞."

無趾出. 公子曰.

"弟子勉之! 夫無趾, 兀者也,
猶務學以復補前行之惡.
而況全德之人乎!"

－〔德充符〕－

오시이망족. 금오래야,
유유존족자존.
오시이무전지야. 부천무불복,
지무부재. 오이부자위천지,
안지부자지유약시야?"

공자왈,

"구즉루의. 부자호불입호?
청강이소문."

무지출. 공자왈.

"제자면지! 부무지, 올자야,
유무학이복보전행지악.
이황전덕지인호!"

[도움말]

1) 叔山無趾－叔山은 字, 작은 山 이라는 地名. '無趾'는 발이 없는 것. 趾는
   복사뼈 아래 부분이라 함. 한쪽 발의 발자국이 없다. 세속의 形迹에 구애받
   지 않는 體道者라는 의미가 아닐까?

2) 踵見－踵'은 발뒤꿈치로 가다. 복사뼈 아래가 없으므로 발뒤꿈치로 가는 것
   이라 함. (無跟, 故踵行)－崔譔. 林希逸은 '踵見'을 '繼見'이라 함. 자주頻
   (빈)의 뜻으로 빈번하게. 혹은 뒤좇다. 사모하다. 見은 謁의 뜻으로 뵙는다.
   謁見(알현).

3) 猶有尊足者存－'尊足者 는 '尊於足者'로 '於'자가 생략되었다. 오히려 발보
   다 귀한 것이 있다는 것. 尊足者는 性이다. 특별히 귀히 여길만한 것은 바깥
   으로 드러난 형체에는 존재하지 않는다.

4) 吾是以務全之也. －是以, 因此. 이런 이유로. 務全之, 발보다 귀한 그것을
   온전히 하는데 온 힘을 다하다. 之는 德性, 務, 務必. (반드시 힘써) 副詞.
   全, 使動. 온전하게 하다.

5) 夫天無不覆, 地無不載－天無不覆, '天無物不覆'이고 地無不載은 '地無物不
   載'다. 곧 '天不覆無物, 地不載無物'의 倒置(도치).

6) 安知夫子之猶若是也？ −安은 어찌, 也는 耶와 같다. 공자께서 이 같이 말씀
   하실 줄 어찌 알았겠습니까 ?
7) 丘則陋矣. −則, 固. 나 丘는 진실로 식견이 좁고 어리석었다는 것.
8) 夫子胡不入乎−請講以所聞. '胡不'은 '何不'과 같으며, 여기서는 정중하게
   권하는 반어적 표현이다. 왜 안 들어오시는가, 들은 바를 강론 해주길 청함
   이다.

[앤솔러지 莊子: 38]

§II−13. 천금의 옥을 버리고 어린 아기를 업고 달아난 임회(林回)

임회는 천금의 옥을 버리고 어린 아기를 업고 도망쳤다.

어떤 사람이 물었다.

"어린 아기가 재물이 되겠소? 어린 아기로 인한 금전적 가치는 거
의 없소. 천금의 옥을 짐이라 할 수 있겠소? 어린 아기로 인한 부
담은 여러 가지요. 그럼에도 천금의 옥을 버리고 어린 아기를 업
고 도망친 건 대체 무슨 까닭이오?"

임회가 말하기를,

"벽옥은 이익으로 합해 맺어진 것이지만 어린 아기는 자연으로 이
어 맺어진 것이오. 대개 이익으로 맺어진 것은 고난과 시련이 닥쳐
오면 서로 버리게 마련이고 자연으로 이어 맺어진 것은 고난과 시
련이 닥쳐도 서로 거두어 주고 감싸 안게 되는 것이오."

이처럼 서로 거두어 주고 감싸 안는 것과 서로 버리게 마련인 것
은 실로 대단한 차이인 것이다.

그러기에 또한 군자의 사귐은 담박하기가 물 같으나 소인의 사귐
은 달기가 단술과 같다. 군자는 맑음으로써 가까워지지만 소인은

달콤함으로써 멀리 떨어지고 만다. 결국 까닭 없이 맺어진 것은 까닭 없이 떠나가게 마련인 것이다.

¹⁾林回棄千金之璧, 負赤子而趨.	임회기천금지벽, 부적자이추.
或曰.	혹왈.
"²⁾爲其布與? ³⁾赤子之布寡矣.	"위기포여? 적자지포과의.
⁴⁾爲其累與? 赤子之累多矣.	위기누여? 적자지누다의.
棄千金之璧, 負赤子而趨,	기천금지벽, 부적자이추,
何也?"	하야?"
林回曰,	임회왈,
"⁵⁾彼以利合, 此以天屬也.	"피이이합, 차이천속야.
夫以利合者,	부이리합자,
⁶⁾迫窮禍患害相棄也,	박궁화환해상기야,
以天屬者, 迫窮禍患害相收也."	이천속자, 박궁화환해상수야."
夫⁷⁾相收之與相棄亦遠矣.	부상수지여상기역원의.
且君子之交淡若水,	차군자지교담약수,
小人之交甘若⁸⁾醴. 君子淡以親,	소인지교감약례. 군자담이친,
小人甘以絶.	소인감이절.
彼無故以合者, 則無故以離.	피무고이합자, 즉무고이리.
─〔山 木〕─	

[도움말]

1) 林回─姓이 林, 名은 回, 殷의 賢人임. 殷에서 逃亡온 백성의 성명이다. (殷之逃民之姓名)─司馬彪. 殷은 곧 宋이니, 당시, 宋 偃王(언왕)의 학정을 피해 도망가는 백성이 많았다고 한다. 趨, 出走. 도망쳐 나오다.

2) 爲其布與?─爲, 爲了, 因爲. 其, 赤子(적자). 어린 아기가 무슨 재물이 되겠는가? 布, 錢財, 경제적 가치. 郭象은 布, 謂財帛也. 라 함. 布를 재물의 가치를 지닌 비단으로 본 것이다. <釋文>: 爲貨財也. 顔師古 <注>: 布, 亦錢

耳. 布, 또한 돈이다. 璧―둥근 瑞玉이다.

3) 赤子―嬰兒(영아), 어린 아기. 林希逸은 '瑞玉還을 버리고 자식을 등에 업는
다는 이 비유는 가장 좋다.'고 했다. (棄璧負子此喩最佳)

4) 爲其累與?―爲其累, 千金之璧을 지칭하여 말하는 것. 其, 곧 千金之璧이다.
천금의 벽옥이 무슨 累가 되겠는가? 累, 負累. 묶인 짐이 되다.

5) 彼以利合, 此以天屬也―以利合, 因利益而結合. 벽옥은 이익 때문에 결합된
것이고, 以天屬, 出於天性的連繫. 어린 아기는 자연의 연결(맺어짐)에서부터
생긴 것. 天屬者는 天合者다. 자연으로 합쳐진 자는 반드시 서로 거두어 받
아 주지만, 이익으로 합쳐진 자는 반드시 서로 버리고 배반하게 된다고 함.

6) 迫窮禍患害相棄―迫은 急迫해지는 것. 困窮, 禍患, 災害, 경제적이나 신체적
고난과 시련이다. 고난과 시련이 닥치면 서로 나 몰라라 하고 버린다는 뜻이다.

7) 相收―서로 거두어 주고 감싸 안는 것.

8) 醴(례)―단 술이다.

공자가 송나라의 隱者(은자) 자상호에게 묻는다. "나는 두 번 이나 노나라에
서 쫓겨나고 송나라에서는 나무 밑에 깔릴 뻔했으며 위나라에서는 군주인 靈
公에 위협을 받았고 진·채 사이에서는 포위당했소. 나는 이처럼 여러 가지
고난을 만나 절친한 사람은 멀어지고 제자와 벗들도 흩어져 버립니다. 왜 이
렇습니까?" 자상호가 대답했다. "선생은 저 은나라 사람의 도망 이야기를
듣지 못했소?" 이후 계속되는 자상호의 답변이 곧 이 구절(Ⅱ-13)이다.

[앤솔러지 莊子: 39]

§Ⅱ-14. 원군의 벌거숭이 화공(畵工)

송나라의 원군이 그림을 그리게 하려고 화공을 모았는데 많은 화
공들이 모두 몰려들었고 명을 받자 '읍揖'하고 차례를 기다리며
서 있었다.

화실 안에서는 저마다 입에 붓을 물고 짧기도 하고 농도를 고르게 조절하며 먹을 갈고 있었는데, 아직 밖에서 기다리는 자가 반이나 되었다.

한 화공이 뒤늦게 도착했으나 머뭇머뭇하며 빨리 걷지도 않더니 명을 받자 '읍'하고는 줄을 서지도 않고 곧장 숙사로 돌아가 버렸다.

원군이 사람을 시켜 살펴보게 하였더니 그는 옷을 벗고 두 다리를 내 뻗은 채 벌거숭이로 휴식을 즐기고 있었다.

원군이 감탄하며 말했다.

"옳다. 이야말로 진정한 화공이다."

1)宋元君將畵圖,　　　　　　　　송원군장화도,

2)衆史皆至, 3)受揖而立.　　　　　중사개지, 수읍이립.

4)舐筆和墨, 在外者半.　　　　　　지필화묵, 재외자반.

有一史後至者,　　　　　　　　　유일사후지자,

5)儃儃然不趨,　　　　　　　　　　탄탄연불추,

受揖不立, 6)因之舍.　　　　　　　수읍불립, 인지사.

公使人視之,　　　　　　　　　　공사인시지,

則7)解衣槃礡贏　　　　　　　　　즉해의반박라.

君曰. "可矣. 是眞畵者也."　　　　군왈. "가의. 시진화자야."

　　　　　　－〔田子方〕－

[도움말]

1) 宋元君－'宋'은 莊周의 祖國. 河南省 商邱市에 있었다. 원군은 춘추 시대 후기 송의 군주로 平公의 아들인 元公. 재위기간은 B.C. 531－517년. 나라 안의 山川地土를 그리게 하려 함이다.

2) 衆史－몰려온 畵工들을 가리킨다.

3) 受揖而立－'명을 받고 읍하여 서있는 것.'이다. (受命揖而立也)－司馬彪. 揖(읍)은 拱手(공수)다. 손을 얼굴까지 들고 허리를 공손히 굽혔다가 허리를 펴

면서 손을 내리는 것.

4) 舐筆和墨－舐筆(지필)은 혀로 붓을 핥음이다. 和墨－물을 가해 먹의 농도를 맞춤.

5) 儃儃然－'탄탄연'은 서두르지 않는 모양, 또는 한가한 모양. 音(음)을 '단'으로 읽고 또 '천'으로도 읽는다. 천은 머뭇거리는 것. 儃儃은 儃漫과 같다. 마음이 풀려 느릿느릿하고 自得한 정취라 함. (儃儃猶儃漫也. 舍遲自得之意) －林希逸

6) 因之舍－因, 바로 그대로. 또는 而와 같다. 之, 가다. 舍(사)는 宿舍, 또는 畵室이라 함.

7) 解衣槃礴贏－槃礴(반박)은 '謂箕坐也'－司馬彪. 箕踞之狀－林希逸. 箕坐(기좌), 箕踞(기거)는 허리를 무너뜨리고 키 모양으로 양다리를 길게 쭉 뻗고 앉는 것. 贏(라)는 알몸이 드러나는 벌거숭이다. (倮露赤身)－成玄英

[앤솔러지 莊子: 40]

§Ⅱ-15. 다시 경(卿)에 임명되자 부복하여 몸을 숨기듯 담장에 붙어 다닌 정고보(正考父)

정고보는,
사士에 임명되자 등을 굽혔고 또 대부에 임명되자 허리를 굽혔는데
다시 경에 임명되자 부복하여 몸을 숨기듯 담장에 붙어 다녔으니
어느 누가 본받지 않겠느냐!
요즘 세상 사람들은,
사士에 임명되면 교만해지고 대부에 임명되면 수레 위에서 춤추며
경卿에 임명되면 백부와 숙부의 이름까지 함부로 부르니
어느 누가 요堯임금이나 허유許由의 겸양을 따를 수 있겠느냐?

$^{1)}$正考父,

$^{2)}$一命而傴, 再命而僂,

三命而俯, $^{3)}$循牆而走,

孰敢$^{4)}$不軌! $^{5)}$如而夫者,

一命而$^{6)}$呂鉅, 再命而於車上儛,

三命而名諸父,

$^{7)}$孰協唐許?

－〔列御寇〕－

정고보

일명이구, 재명이루,

삼명이부, 순장이주,

숙감불궤! 여이부자,

일명이려거, 재명이어거상무,

삼명이명제부,

숙협당허?

[도움말]

1) 正考父－宋, 湣公의 玄孫, 弗父何의 曾孫. (陸德明). 宋의 大夫로 孔子의 十代 祖라 한다. 考는 成, 父는 大. 考成大德이 있어서 正道의 德을 밟는다는 뜻. 父의 音은 甫(사내 보). 이곳에서도 <장자>는 공자를 폄훼한다는 오해는 잘못임이 드러난다.

2) 一命而傴－'一命'은 公士에 임명됨이다. 再命은 大夫, 三命은 卿(경)에 任命됨이다－陸德明. 傴(구)는 등을 굽힘(背曲), 僂(루)는 허리를 굽힘(腰曲)이다. '작위가 높아질수록 몸을 더욱 낮추는 것을 말함이다.' －林希逸. 僂는 傴보다 더욱 굽히는 것이다. 곧 俯伏. 구부리다. '俯는 신체가 땅에 닿을 정도로 몸을 굽히는 것이다. 작위가 높아질수록 몸을 더욱 낮추는 것을 말함이다.'(俯身伏於地也言爵愈高而身愈下也)－林希逸. 모두 겸손한 태도를 나타낸다.

3) 循牆而走－牆(장)은 담장, 循(순)은 좇는다. 길 한가운데로 濶步(활보)하지 않고 공손하게 지나다니는 것이다. (不敢當正路而行謙也.)－林希逸

4) 不軌－궤는 軌範, 모범으로 삼는 것.

5) 如而夫者－郭象은 而夫를 凡夫라 했고, 林希逸은 彼丈夫라 함. 章炳麟은 而女, 즉 女(汝)夫라 함. 卑下하는 말이다.

6) 呂鉅－呂鉅(려거)는 矯貌. 驕矜之貌라 함. －陸德明. 자랑에 차 있고 교만한 모습이다. 呂, 등마루 뼈 '려'

7) 孰協唐許!－協(협)은 同, 일치하다. －陸德明. 唐許의 唐(당)은 堯, 許(허)는 許由라 함.－郭象. 누가 요와 허유의 謙讓(겸양)의 風과 같아질 수 있으랴!

§II-16. 안짱다리 꼽추에 언청이 장애인 인기지리무신(闉跂支離無脤)

안짱다리 꼽추에 언청이 장애인인 '인기지리무신'이라는 이름의 추한 용모의 사내가, 위나라 영공을 만나 위로하는 이야기를 했다. 영공은 그 이야기를 듣고 기뻐했다.

그 후로는 신체가 멀쩡한 온전한 사람을 보면 그 사람의 목이 오히려 야위어 가냘프게만 보이게 되었다.

¹⁾闉跂支離無脤²⁾說爲靈公.　　　　인기지리무신세위영공.

靈公³⁾說之.　　　　　　　　　영공열지.

而視全人, ⁴⁾其脰肩肩.　　　　이시전인, 기두견견.

　　　　　-〔德充符〕-

[도움말]

1) 闉跂支離無脤 - 闉(인)은 曲, 跂(기)는 企(발돋움할 기)라 함. -司馬彪. 발이 굽어 있어 발끝으로 걷는 것. 또 '闉跂(인기)는 등이 굽은 것, 支離(지리)는 곱사등이의 모습, 꼽추다.'(闉跂曲背也, 支離偏之貌也)-林希逸. '無脤(무신)은 無脣이라 함.'-簡文帝. 즉 언청이. 몹시 형체가 추한 것.

2) 說爲靈公 - 說, 달랠(위로할)세. 유세하다. 의견을 말하다, 告할 說(설)로 읽고 '영공을 위하여 道(진리)를 깨우치다, 말하다.'로 새길 수 있다.

3) 說之 - 說(열), 喜歡(기쁘고 즐거워 함). 之, 他. 闉跂支離無脤, 혹은 그의 말이다.

4) 其脰肩肩 - 脰(두)는 頸(경)으로 목이다-陸德明. 肩肩(견견)은 羸小(이소), 파리하고 작은 것. 肩(견)은 音(음)을 현 또는 '혼.' 사람의 好惡의 감정은 실상은 바깥으로 드러난 형체에 있지 않음을 말하고 있다.

§Ⅱ-17. 혹부리 사나이 옹앙대영(甕盎大癭)

항아리 같은 큰 혹을 달고 다니는 옹앙대영이란 이름의 사내가
제나라 환공을 만나 위로하는 이야기를 했다.
환공은 그 이야기를 듣고 기뻐했다.
그 후로는 신체가 멀쩡한 온전한 사람을 보면 그 사람의 목이 오
히려 야위어 가냘프게만 보였다.
그러므로 내면의 덕이 뛰어나면 외면의 형체는 잊게 된다.
세상 사람들은 잊어야 할 것은 잊지 않고 잊지 말아야 할 것은
잊고 있다. 이것이야말로 진짜 망각이라 한다.

[1)]甕盎大癭說[2)]齊桓公.	옹앙대영세제환공.
桓公說之. 而視全人,	환공열지. 이시전인,
[3)]其脰肩肩. [4)]故德有所長,	기두견견. 고덕유소장,
而形有所忘. [5)]人不忘其所忘,	이형유소망. 인불망기소망,
而忘其所不忘. 此之謂[6)]誠忘.	이망기소불망. 차지위성망.

－〔德充符〕－

[도움말]

1) 甕盎大癭－'甕盎'은 大癭貌. (李頤, 崔選). '癭(영)'은 瘤(류), 목에 나는 큰
   혹이라 한다. 甕(옹), 汲水. 물 항아리 盎(앙), 술을 담아 두는 陶器. 둘 다
   항아리이다.
2) 齊桓公－춘추시대의 覇者(패자). 춘추오패: 여러 설이 있지만 제 환공을 첫
   째로 두는 점은 같다. 제환공, 진문공, 초장왕, 오왕합려, 월왕구천(묵자,순자
   설)이다.
3) 其脰肩肩－肩肩은 가늘고 긴 모양이다. (細長之貌也)－林希逸

4) 故德有所長, 而形有所忘－그의 덕을 사랑하게 되면 그의 형체는 잊게 된다
   는 말이다. (言愛其德而忘其形)－林希逸
5) 人不忘其所忘－세상 사람들은 잊어야할 것(외형)은 잊지 않는다. 잊어야 할
   것은 형체고, 잊지 말아야 할 것은 덕이다. (所可忘者形也, 所不可忘者德也)
   －林希逸
6) 誠忘－참으로 잊는 것이다. (眞忘也)

[앤솔러지 莊子: 43]

§II-18. 혁대 고리 장인 추구자(捶鉤者)

초나라 대사마의 집에 혁대 고리를 손으로 두들겨 만드는 장인이
있었다. 나이가 이미 여든이 되었는데 터럭이나 보리 까끄라기만
한 실수도 없었다. 대사마가 감탄하여 물었다.
"이처럼 뛰어난 솜씨는 그대의 기교에서 나오는가? 혹은 뭔가 특
별한 도가 있는가?"
혁대 고리 장인이 대답했다.
"저에게는 마음속에 늘 간직하고 있는 것이 있을 뿐입니다. 저는
나이 스무 살 때부터 혁대 고리 만드는 일을 좋아하여, 세상의 다
른 일에는 눈길이 가지 않았고, 혁대 고리가 아닌 것은 자세히 살
펴보는 일도 없게 되었습니다."
이것은 혁대 고리 만드는 일이, 도의 자연성(不用)에 이르게 됨을
도운 것인데, 그 때문에 오히려 오래도록 자신의 기교(才能)를 쓸
수가 있었던 것이다. 하물며 아무것도 작위 함이 없는 자에게는
더욱 그러할 것이다! 세상사람 중 그 누가 이것에 의지하지 않겠
는가?

¹⁾大馬之捶鉤者. 年八十矣,　　　　대마지추구자. 년팔십의,

而²⁾不失豪芒.　　　　　　　　　　이부실호망.

大馬曰. "子巧與？ 有道與？"　　　대마왈. "자교여？ 유도여？"

曰. "臣³⁾有守也.　　　　　　　　왈. "신유수야.

臣之年二十而好捶鉤,　　　　　　　신지년이십이호추구,

於物無視也, 非鉤無察也."　　　　어물무시야, 비구무찰야."

⁴⁾是用之者, 假不用者也,　　　　시용지자, 가불용자야,

以長得其用,　　　　　　　　　　　이장득기용,

⁵⁾而況乎無不用者乎！　　　　　이황호무불용자호！

⁶⁾物孰不資焉？　　　　　　　　물숙불자언？

　　　　　　　－〔知北遊〕－

[도움말]

1) 大馬之捶鉤者－大馬는 官名, 楚나라의 大司馬로 軍政을 맡은 벼슬이다.
   '江東, 三魏之間의 사람들은 모두 鍛(단)을 捶(추)라 한다.' －陸德明. 捶는
   音을 '단', 타' 라고하며 두드려 단련하는 것. 鉤는 腰帶(요대), 革帶의 장식
   고리. 또는 戈戟屬, (戈, 戟은 '두 갈래, 혹은 세 갈래 창'의 붙임 쇠)이라는
   說도 있다. 捶鉤者는 노비 신분으로 大司馬의 工人이었을 것이다.

2) 不失豪芒－'양쪽 무게의 가볍고 무거움을 잘 알아서 가는 털이나 보리 까끄
   라기만한 어긋남이나 잘못도 없다.'는 것(知斤兩之輕重, 無毫芒之差失也.)－
   成玄英. 毫(호)는 털, 芒(망)은 벼나 보리의 까끄라기수염. 가늘고 작은 것.

3) 有守－有守는 간직하여 지키는 바가 있음이다. (有守, 有所守持)－成玄英.
   守는 곧 道. 古代에는 守를 道(도)와 같이 읽었다.

4) 是用之者, 假不用者也 以長得其用－之, 捶鉤. 假, 助의 借字다. 不用, 指不用
   外視. 보는 것을 도외시하여 쓰지 않음을 가리킨다. 以, 因而와 같은 말이다.
   者也, 也와 동일하게 쓰임. 語氣를 강조함이고, 판단은 긍정이다. －歐陽超
   '用이란 기교다. 不用은 道의 속성인 스스로 그러함이다.'(用者巧也. 不用者道
   之自然者也)－林希逸. 이것은 '기교가 도의 자연성에 이르게 되었다'는 것.

5) 而況乎無不用者乎！ －不用, 有所不用. '無不用이란 道가 無爲이지만 하지
   않음이 없다는 것이다.'(無不用者道之無爲而無不爲者也.)－林希逸. 이는 道

의 자연성에 의한 행위는 억지나 강제가 없는 행위로 결국 하지 못하는 일이 없다는 말이다. '하물며 道가 쓰이는바가 없음에 이른 者야 더 말할 것이 있으랴!'(而況乎道固無不用者乎?)—林雲銘

6) 物孰不資焉—'資'는 取, 憑 이다. 의지한다. 붙다. 만물이 모두 의지한다. 焉, 於是.

[앤솔러지 莊子: 44]

§Ⅱ-19. 싸움닭 키우는 사람 기성자(紀渻子)

기성자는 왕을 위해 싸움닭을 키우고 있었다. 열흘이 되어 왕이 물었다.

"이제 싸울 만한 닭이 되었는가?"

기성자가 말했다.

"아직 멀었습니다. 지금은 공연히 허세를 부리며 제 기운만 믿고 있습니다."

열흘이 지나 다시 왕이 묻자,

기성자가 말했다.

"아직 멀었습니다. 다른 닭의 울음소리를 듣거나 그림자를 보면 금방 덤벼들려고 합니다."

열흘이 지나 다시 왕이 묻자,

기성자가 말했다.

"아직 안 됩니다. 상대를 노려보며 기운을 뽐내고 있습니다."

열흘이 지나 다시금 왕이 물었다.

기성자가 말했다.

"이제 거의 되었습니다. 상대가 울음소리를 내며 겁을 주어도 이미 기색조차 변함이 없게 되었고, 상대를 바라보는 모습이 마치 나무 닭 같습니다. 그 덕이 온전해진 겁니다. 다른 닭이 감히 덤비지 못하고 뒤돌아 달아나 버립니다."

1)紀渻子2)爲王養鬪鷄. 十日而問,

3)"鷄已乎?"

曰. "未也. 方4)虛憍而恃氣."

十日又問,

曰. "未也. 5)猶應嚮景."

十日又問,

曰. "未也. 6)猶疾視而盛氣."

十日又問.

曰.

"7)幾矣. 鷄雖有鳴者, 已無變矣,

8)望之似木鷄矣. 其德全矣.

異鷄無敢應者, 反走矣."

—〔達 生〕—

기성자위왕양투계. 십일이문,

"계이호?"

왈. "미야. 방허교이시기."

십일우문,

왈. "미야. 유응향경."

십일우문,

왈. "미야. 유질시이성기."

십일우문.

왈.

"기의. 계수유명자, 이무변의,

망지사목계의. 기덕전의.

이계무감응자, 반주의."

[도움말]

1) 紀渻子 – 사람의 姓名. 紀가 姓, 渻子가 이름이다.
   渻의 音은 성, 생. 이라 했다. 紀는 또 國名이라는 說이 있다. 山東省 남쪽에 있던 나라로 춘추시대 B.C. 693년에 齊나라에 의해 멸망당했다고 한다.

2) 爲王養鬪鷄 – 周의 宣王, 혹은 齊王. 왕을 위해 싸움닭을 기르다.

3) 鷄已乎 – 已는 成이라 함. (已, 成也) – 馬其昶

4) 虛憍而恃氣 – 憍는 '高也' 머리를 높이 드는 것. (憍, 高仰頭也.) – 司馬彪. '是無實而自矜者' 즉 내면의 充實함이 없는데 스스로 자랑하는 것이다. – 張湛(장담). 恃(시)는 믿다, 의지하다. 상대에게 지지 않으려고 기세를 부리는 것.

5) 有應嚮景─應(응)은 대응. 嚮(향)은 본래 響(향)이라 함. 景(경)은 고대에는 影(영)字다. 그림자. 즉, 울음소리에 대응하고 그림자의 움직임에 고개를 돌리는 것이다. (應響鳴, 顧景行)─李頤. 아직 마음이 외물에 의해 動하는 바가 있음이다. (是此心有爲外物所動也)─林希逸

6) 疾視而盛氣─노려보며 기운이 넘침. '노려보며 氣가 旺盛하다는 것은 즉, 내면에 鬪氣가 있다는 것이다. 疾'字는 성난 뜻을 품고 똑바로 노려보는 것이다.'(疾視而盛氣則氣在內矣. 疾字有怒之意卽直視也)─林希逸

7) 幾矣─幾는 近(가깝다)이다.

8) 望之似木鷄矣─상대를 바라보는 모습이 마치 나무 닭 같다는 것은 이제 내면의 神氣가 온전하게 갖추어 졌다는 것이다. (望之似木鷄則神氣俱全矣)─林希逸. 여기 이 구절은 나무 닭을 빌려서 氣를 지키는 공부 방법(守氣之學)을 일깨우는 것이라 한다.

[앤솔러지 莊子: 45]

§Ⅱ-20. 상심연(觴深淵)의 나루지기(津人)

안연이 공자에게 물었다.

"저는 전에 상심觴深의 깊은 물을 건넌 일이 있었는데 나루지기의 배 젓는 솜씨가 신기와도 같았습니다. '배 젓는 것도 배울 수 있는 것인가?'

하고 내가 그에게 물으니 그가 대답했습니다. '배울 수 있지요. 헤엄을 잘 치는 자는 거듭 되풀이하면 곧 익히게 됩니다. 무릇 잠수를 잘 하는 자는 배를 본 일이 없어도 이내 배를 잘 저을 수 있게 됩니다.' 나는 그 이유를 물었지만 그는 나에게 더 이상 말하지 않았습니다. 감히 여쭙겠는데 이것은 무슨 까닭입니까?"

공자가 대답했다.

"헤엄을 잘 치는 자는 거듭 되풀이하면 곧 익히게 된다고 하는 것은, 그는 이미 물을 잊고 있기 때문이다. 또 잠수를 잘 하는 자는 배를 본 일이 없어도 이내 배를 잘 저을 수 있게 된다고 하는 것은, 깊은 물을 육지의 언덕과 같이 보며 또한 배가 뒤집혀짐을 수레가 언덕길에서 뒤로 밀려나는 것 정도로 보기 때문이다. 뒤집혀지거나 뒷걸음치게 되는 온갖 세상일들이 눈앞에서 펼쳐져도 그런 사람의 마음을 흔들지는 못한다. 그러니 어디에 간들 태연하고 여유롭지 않을 수가 있겠느냐?"

顔淵問於仲尼曰.	안연문어중니왈.
"吾嘗[1]濟乎觴深之淵,	"오상제호상심지연,
[2]津人操舟若神.	진인조주약신.
吾問焉, 曰, '操舟可學邪?'	오문언, 왈, '조주가학야?'
曰. '可, [3]善游者數能.	왈. '가, 선유자삭능.
[4]若乃夫沒人,	약내부몰인,
則未嘗見舟而便操之也.'	즉미상견주이변조지야.'
吾問焉而不吾告.	오문언이불오고.
敢問何謂也?"	감문하위야?"
仲尼曰. "善游者數能, 忘水也.	중니왈. "선유자삭능, 망수야.
若乃夫沒人之未嘗見舟而	약내부몰인지미상견주이
[5]便操之也, 彼視淵若陵,	변조지야, 피시연약릉,
視舟之覆猶其車却也.	시주지복유기거각야.
[6]覆却萬方陳乎前,	복각만방진호전,
而[7]不得入其舍.	이부득입기사.
惡往而不暇?"	오왕이불가?"

－〔達 生〕－

1) 濟乎觴深之淵－濟(제)는 渡(도, 물 건널 도)다. 觴深(상심)은 술잔모양의 못 이름, '상심은 물길이 길고 깊음을 말한다.'(觴深, 謂水長而深也)－楊柳橋. 宋나라에 있다. 淵은 깊은 물.

2) 津人은 나루지기, 나룻배를 부리는 뱃사공.

3) 善游者數能－헤엄을 잘 치는 자는 빈번히 익히면 능해진다. 數, 자주 삭.

4) 若乃夫沒人－若은 乃와 같음. 若乃夫는 若夫. 沒人은 오리(鶩: 집오리, 목) 처럼 물밑으로 잘 잠겨 들어가는 사람을 일컫는다. (沒人, 謂能鶩沒於水底) －郭象. 游者와 대조시킨 말이다.

5) 便操之也－便(변)은 곧, 문득. 操之의 之는 舟, 操는 조종, 잘 부리는 것이다.

6) 覆却萬方－方은 類. 뒤집히고 뒤로 물러나게 되는 온갖 종류의 일들(사건). 宋刊 藝文印書館 影印本에는 '却'으로 나온다. '卻'으로 된 판본도 있다.

7) 不得入其舍－舍는 心中과 같다(舍, 猶心中也.)－成玄英

[앤솔러지 莊子: 46]

§Ⅱ-21. 수레바퀴 수리인 윤편(輪扁)

환공桓公이 당상에서 책을 읽고 있었다.

윤편輪扁은 당하에서 수레바퀴를 깎고 있다가 잡고 있던 망치와 끌을 내려놓고 당상으로 올라가서 환공에게 물었다.

"감히 여쭈옵건대, 전하께서 읽고 계시는 책은 누구의 말씀입니까?"

"성인의 말씀이다."

"그 성인이 아직 살아 계시는지요?"

"이미 돌아가셨다."

"그러면 전하께서 읽고 계시는 것은 옛사람이 남긴 술지게미군요!"

환공은 노하여 말했다.

"과인이 책을 읽고 있는데 수레바퀴 고치는 자가 어찌 이러니저러니 참견할 수 있단 말인가! 마땅한 이유가 있다면 용서하겠지만 그렇지 못하면 죽이리라."

윤편은 말했다.

"신臣은, 신臣의 일에 비추어 살펴보건대, 수레바퀴를 깎을 때 천천히 하면 헐거워서 단단하지 못하고 급히 깎으면 빡빡하여 들이밀지 못합니다. 느리지도 빠르지도 않게 하는 것은 손의 촉각으로 터득하여 마음으로 감응해 오지만, 입으로 말할 수는 없습니다. 수레 깎기 기술이란 손과 마음 사이에 있는 것이지만 신은 신의 아들에게도 깨우쳐 줄 수가 없고 신의 아들 역시 저로부터 전해 받을 수가 없습니다. 때문에 일흔인, 이 나이의 늙은 몸으로도 수레바퀴를 깎고 있는 것입니다. 옛 사람도 말로 전해줄 수 없는 그 무엇과 함께 죽어 버렸습니다. 이런 까닭으로 전하께서 읽고 계신 것은 옛 사람이 남긴 술지게미일 뿐인 것입니다!"

1) 桓公讀書於堂上.   환공독서어당상.

2) 輪扁斲輪於堂下,   윤편착윤어당하,

3) 釋椎鑿而上, 問桓公曰.   석추착이상, 문환공왈.

"敢問公之所讀爲何言邪？"   "감문공지소독위하언야？"

公曰, "聖人之言也."   공왈, "성인지언야."

曰, "聖人在乎？"   왈, "성인재호？"

公曰, "已死矣."   공왈, "이사의."

曰,   왈,

"然則君之所讀者,   "연즉군지소독자,

古人之糟魄已夫!"   고인지조박이부!"

桓公曰.   환공왈.

"寡人讀書, 輪人安得議乎!   "과인독서, 윤인안득의호!

有說則可, 無說則死."　　　　　　　유설즉가, 무설즉사."

輪扁曰.　　　　　　　　　　　　　　윤편왈.

"臣也以臣之事觀之, 斲輪,　　　　　"신야이신지사관지, 착윤,

徐則4)甘而不固,　　　　　　　　　　서즉감이불고,

疾則5)苦而不入.　　　　　　　　　　질즉고이불입.

6)不徐不疾, 得之於手而應於心,　　　불서부질, 득지어수이응어심,

口不能言.　　　　　　　　　　　　　구불능언.

7)有數存焉於其間.　　　　　　　　　유수존언어기간.

臣8)不能以喩臣之子,　　　　　　　　신불능이유신지자,

臣之子亦不能受之於臣.　　　　　　　신지자역불능수지어신.

是以行年七十而老斲輪.　　　　　　　시이행년칠십이노착윤.

古之人與其不可傳也死矣.　　　　　　고지인여기불가전야사의.

然則君之所讀者,　　　　　　　　　　연즉군지소독자,

古人之9)糟魄已夫 !"　　　　　　　　고인지조박이부 !"

　　　　　　-〔天　道〕-

[도움말]

1) 桓公-春秋時代, 管仲을 재상으로 삼아 첫 覇者가 된 齊나라 군주, 이름은
   小白.

2) 輪扁斲輪-司馬彪는 輪扁, 斲輪人이다, 이름이 '扁'이라 함. 斲輪(착륜)은 수
   레바퀴를 깎는 것. 輪扁(윤편)은 요즈음 시대로 말하면, 자동차 정비공이다.
   타이어를 교체하며 펑크를 때우는 수리공 정도일 것이다. 환공이 아직 覇者
   가 되기 전의 일이다. 역사의 초점은 언제나 관중이나 군주인 환공에게 맞추
   어져 왔다. 그러나 그들의 뒤에는 윤편과 같은 인물들의 수많은 일화들이 숨
   겨져 있었다. 하찮은 다수의 조연들이 있었기에 그들은 역사의 면전에 주역
   으로서 등장할 수 있었던 것이 아닌가?
   윤편의 조상 또한 어쩌면 桓公의 선조였던 태공망(太公望) 시대부터 姜氏一
   家에 종속되었던 노비 신분의 하찮은 賤民이었을 것이다. 그러나 환공이 사
   망한 후 전씨(田氏)가 권력을 장악하여 기원전 386년, 강공(康公)을 폐위시

132

킴으로써 강씨(姜氏)의 제나라는 28대로 끝나고 전씨(田氏)의 제나라가 시작
되었다. 전씨의 제나라는 후에 전국7웅의 하나로 세력을 떨치게 된다.

<장자>속에는 多數의, 대대로 멸시와 천대 속에 살고 있는 비천한 신분의
인물들이 곳곳에 등장하고 있다. 장자는 그들 또한, 홀대받아야 할 몸뚱이가
아니라 영혼을 지닌 한 인간이라는 것을 당시의 지배층의 사람들에게 은연
중에 일깨워주고 싶었던 것은 아닐까?

3) 釋椎鑿－釋(석)은 내려놓다. 椎(추)는 망치, 鑿(착)은 끌이다.
4) 甘而不固－느슨해져서 단단하지 못하는 것. '甘, 滑(미끄러울 골). 苦, 澀(껄
끄러울 삽)이라 했다.' －林希逸
5) 苦而不入－빡빡해져서 밀어 넣지 못하는 것. '甘而不固, 苦而不入'는 道는
언어로 전할 수 없음을 이르는 것이라 함. (道不可以言傳)－林希逸
6) 不徐不疾－徐는 寬(넓을 관). 疾은 聚(좁게 모아들일 취)다.
7) 有數－數는 術이다. －李頤.
8) 臣不能以喩－喩(유)는 曉(일깨우다). －成玄英
9) 糟魄－糟魄(조박)은 粕(박)이다. －成玄英. 술을 거르고 남은 찌끼, 술지게미.
魄(박)을 백으로 읽고 혼백으로 새긴다.

[앤솔러지 莊子: 47]

§Ⅱ-22. 소치는 사람 백리해(百里奚)

백리해는, 천성이 벼슬이나 녹봉이니 하는 것에는 마음이 없었다.
그래서 소치는 일에 진력하였는데, 키우는 소들이 모두 살이 통통
해졌다. 그가 현자임을 알고 진나라 목공은 그의 천한 신분을 개
의치 않고 백리해에게 정사를 맡겼다.

유우씨는 사생을 마음에 두지 않았다. 그 때문에 사람들을 감동시
킬 수 있었다. 순임금이 두 딸(아황娥皇과 여영女英)을 시집보내고, 나
라를 맡겼다.

¹⁾百里奚,

爵祿不入於心.

故²⁾飯牛而牛肥.

使³⁾秦穆公忘其賤與之政也.

⁴⁾有虞氏死生不入於心.

故足以動人.

－〔田子方〕－

백리해,

작록불입어심.

고반우이우비.

사진목공망기천여지정야.

유우씨사생불입어심.

고족이동인.

[도움말]

1) 百里奚－姓은 孟, 字가 '백리해'다. 秦의 현인. 본시 虞人이었으나 虞가 秦에 의해 망하자 秦나라에 들어와 살았다. －成玄英. 그때 나이 70 餘 세 이었는데 나중에 秦을 융성하게 한 어진 宰相이 되었다. 소를 키워 살찌우는데 만족하고 부귀나 작록을 잊었다고 한다. 목공이 그가 현자임을 알고 정사를 맡기되 조금도 의심치 않았다.

2) 飯牛而牛肥－飯(반)은 飼, 사육하다. 肥(비)는 살찌다. '이제 소 키우는 일에 진력하고 있는 때에, 어찌 작록을 구하는 마음이 있겠는가? 오직 구하지 않는 그것이 목공의 눈에 띄어 등용되는 까닭이 되었다.'(方飯牛之時, 豈有求爵祿之心. 唯其不求所以見用於穆公)－林希逸

3) 秦穆公－春秋時代, 秦나라의 明君. 春秋五覇중 一君. '尙書' <秦誓>篇에 그의 특이한 인재 등용의 이념이 서술되어 있다고 한다.

4) 有虞氏－舜임금이다. 舜임금의 왕조 이름이 虞. 순 임금은 계모와 동생의 미움을 받아 죽을 뻔했으나, 孝를 잊지 않았다. 堯임금이 소문을 듣고 두 딸(아황娥皇과 여영女英)을 시집보내고, 나라를 맡겼다. (成玄英)

§Ⅱ-23. 도면 설계사 공수(工倕)

유명한 장인, 수倕가 손으로 선을 빙 돌려 도면을 그리면 그림쇠
나 곡척에 들어맞았다. 그의 손이 공구와 함께 저절로 변화해 나
가지만 마음으로는 생각하는 것이 없었다. 그러므로 그 정신은 순
일하고 막힘이 없었다. 발을 잊고 있는 것은 신발이 꼭 맞기 때문
이고, 허리를 잊고 있는 것은 허리띠가 꼭 맞기 때문이다.

앎이 시비의 차별을 잊어버림은 마음이 스스로 자적하기 때문이
다. 안으로 흔들림 없고 밖으로 외물을 따르지 않으면, 만나는 일
마다 조화를 이루어 쾌적하다. 스스로 자적하는데서 시작하여 늘
자적하지 않음이 없는 것은 그 자적함도 잊어버린 참된 자적自適
이다.

1)工倕旋而蓋規矩, 2)指與物化.
而不以心稽.
故其3)靈臺一而4)不桎.
忘足, 5)屨之適也. 忘腰,
帶之適也. 知忘是非,
心之適也.
不內變, 6)不外從,
7)事會之適也.
始乎適而8)未嘗不適者,
忘適之適也.

　　　　－〔達　生〕－

공수선이개규구. 지여물화,
이불이심계.
고기영대일이부질.
망족, 구지적야, 망요,
대지적야. 지망시비,
심지적야.
불내변, 불외종,
사회지적야.
시호적이미상불적자,
망적지적야.

[도움말]

1) 工倕旋而蓋規矩-工倕, 堯帝때의 工人. 巧人이다. -司馬彪. 인간생활에 필
요한 여러 도구를 발명했다고 한다. 旋(선)은 도면을 그음. 旋은 轉. 宣穎은
蓋, 猶過也라 함. 蓋(개)는 盍(덮을 합)의 假借이며 合이라 한다. 손으로 그
린 것과 규구로 그린 것이 딱 들어맞음이다. 規矩(규구)는 그림쇠와 곡척.

2) 指與物化, 而不以心稽-稽(머문다, 헤아려 생각하다.) 손이 공구와 함께 저절
로 변화해 나가지만 마음으로는 생각하는 것이 없었다.
"指는 手指다. 손가락과 物의 변화는 마치 '山谷'이 書法을 論하는 것과 같
다, 이르되 '손은 붓을 알지 못하고 붓은 손을 알지 못한다.'는 바로 이것이
다. 손과 더불어 物을 잊고(兩忘) 전혀 마음에 남겨두는 바를 없앤다면 곧
이른바 '官知止神欲行'인 것이다."(指手指也. 指與物化猶山谷論書法曰, '手
不知筆筆不知手'是也. 手與物兩忘. 而略不留心卽所謂'官知止神欲行'也.)-
林希逸

3) 靈臺-'靈臺者, 心也' -郭象. 靈臺는 마음이다. 즉 마음에 靈智가 있다하여
영대라 하는 것. '靈臺는 신이 깃드는 집이다. 神이 엉기면 世事에 구속받는
苦楚가 없다' (靈臺, 神舍. 神凝, 而無拘束之苦.)-宣穎

4) 不桎-不桎은 不拘礙(불구애). 桎(질)은 室(막힐 질), 司馬彪는 桎은 閡(문
잠글 애)라 함.

5) 屨之適-屨(구)는 麻鞋(마혜)로 삼신이다. 適(적)은 安이고 快適(쾌적)이다.

6) 不外從-郭象은 만나는 곳마다 자적하여 편안함으로 새삼 변하거나 좇아야
할 사업이 없는 것이라 함.

7) 事會之適-만나는 일마다 쾌적함.

8) 未嘗不適者-때와 곳을 선택함이 없이 지금, 여기에서 늘 자적하는 것. 일찍
이 자적하지 않음이 없다는 것이다

[앤솔러지 莊子: 49]

§Ⅱ-24. 등 굽은 매미 잡이 노인(病僂者)

중니仲尼는 초나라로 가는 도중, 숲을 지나 가다가 등 굽은 노인이

장대로 매미를 잡고 있는 걸 보았는데 그는 마치 매미를 줍고 있
는 것 같았다.

중니가 물었다.

"어르신, 재주가 훌륭하십니다! 무슨 비결이라도 있습니까?"

매미 잡이 노인이 말했다.

"내게 방법이 있지요. 대여섯 달 동안 장대 끝에 탄환을 두 개 겹
쳐 놓고 떨어지지 않게 되면 실수하는 일이 적어지지요. 탄환 세
개를 겹쳐 놓고 떨어지지 않게 되면 실수는 열 번에 한 번 정도
요. 다시 다섯 개를 겹쳐놓고 떨어지지 않게 되면 마치 줍듯이 잡
게 되지요. 몸은 마치 나무 등걸처럼 웅크려 꼼짝하지 않고 막대
를 잡은 팔은 마른 나뭇가지처럼 미동도 하지 않게 되지요. 비록
천지가 광대하고 만물이 다양할지라도 나는 오직 매미 날개만을
알고 있소. 나는 뒤돌아보거나 곁눈질도 하지 않고, 매미 날개 외
의 세상 그 어떤 것에도 마음을 바꿀 수 없소. 그러니 어찌 잡지
못할 수 있겠소?"

공자는 돌아보며 제자들에게 말했다.

"뜻을 하나로 모아 분열되지 않으면 머지않아 뜻은 엉겨 신神과
같아 진다하더니, 바로 저 등 굽은 노인을 두고 하는 말이구나!"

仲尼適楚, 出於林中,
1) 見痀僂者承蜩,
猶 2) 掇之也. 仲尼曰.
"子, 巧乎! 有道邪?"
曰.
"我有道也.
五六月累丸二而不墜,
則失者 3) 錙銖. 累三而不墜,

중니적초, 출어임중,
견구루자승조,
유철지야. 중니왈.
"자, 교호! 유도야?"
왈.
"아유도야.
오유월누환이이불추,
즉실자치수. 누삼이불추,

則失者十一.
累五而不墜, 則猶掇之也.
吾處身也, ⁴⁾若厥株拘.
吾執臂也, 若槁木之枝.
雖天地之大, 萬物之多,
而唯蜩翼之知. ⁵⁾吾不反不側,
不以萬物易蜩之翼,
何爲而不得?"
孔子顧謂弟子曰.
"其志不分, 乃凝於神,
其痀僂⁶⁾丈人之謂乎!"
　　　　　－〔達　生〕－

즉실자십일.
누오이불추, 즉유철지야.
오처신야, 약궐주구,
오집비야, 약고목지지.
수천지지대, 만물지다,
이유조익지지. 오불반불측,
불이만물역조지익,
하위이부득?"
공자고위제자왈.
"기지불분, 내응어신,
기구루장인지위호!"

[도움말]

1) 見痀僂者承蜩－痀僂는 老人이 허리가 굽은 모습이라 함.－成玄英. 痀(구), 僂(루)는 둘 다 꼽추, 등이 굽은 자. 蜩(조)는 蟬(선)과 같다. 承은 拯(들어올릴 증)의 本字라 한다. '承蟬은 竿(장대)를 쥐고 매미를 착 달라 붙이듯 잡는 것이다.'(承蟬, 持竿而黏蟬也)－林希逸. 黏(점)은 찰지다. 떡이나 풀처럼 착 붙는 것.

2) 掇之－掇(철)은 줍는 것, 拾(습)이다. '拾取也' 즉 주워서 취하다. －陸德明.

3) 錙銖－錙銖(치수), 量을 재는 아주 작은 수치라 함. －成玄英. <說文>: 一錙(치)는 六銖(수). 24銖, 4錙, 모두 1兩. 錙銖는 모두 微秒한 것을 말한다고 함.

4) 若厥株拘－厥株(궐주)는 그루터기. 厥(궐) 또한 橛(나무등걸 궐)이다. －陸德明. 拘(구)는 佝(꼽추 구)의 假字라 한다. 나무 그루터기처럼 몸을 웅크리고 움직이지 않는 것. 또 橛(궐)을 杙(말뚝 익), 株(주)를 그루터기, 拘(거리낄 구)는 止(지)로 풀기도 함. 말뚝이나 나무 등걸처럼 꼼짝 않는 것.

5) 吾不反不側－反側(반측)하지 않음. 뒤돌아보거나 곁눈 팔지 않는 것이다. '反側은 變動과 같다.' －成玄英.

6) 丈人－杖人(장인)과 같다. 老人에 대한 敬稱이다.

138

§Ⅱ-25. 국경지기 봉인(封人)

장오의 국경지기가 자뢰에게 말했다.

"그대가 정사를 맡게 되면 조잡하게 하면 안 되고 백성을 다스림에도 아무렇게나 해서는 안 되오. 전에 내가 벼농사를 지었을 때, 밭을 얕게 갈고 씨를 성글게 뿌렸더니 나는 그 결실도 듬성듬성 거두게 되었소. 김을 매고 북돋우는 것을 되는대로 아무렇게나 하였더니, 나는 그 결실도 지리멸렬 아무렇게나 거두게 되었소. 그 다음 해에는 농사 방법을 바꾸어 땅을 깊이 갈고 공을 들여 김을 매었더니, 벼가 잘 되어 그 결실도 풍성하여 일 년 내내 싫도록 먹을 수 있었소."

1)長梧封人問 2)子牢曰.　　　　　장오봉인문자뢰왈.

"君 3)爲政焉勿鹵莽,　　　　　"군위정언물노무,

治民焉勿滅裂. 昔予爲禾,　　치민언물멸렬. 석여위화,

耕而鹵莽之,　　　　　　　　경이노무지,

則其實亦鹵莽而報予.　　　　즉기실역노무이보여.

4)芸而滅裂之,　　　　　　　운이멸렬지,

其實滅裂而報予.　　　　　　기실멸렬이보여.

予來年 5)變齊,　　　　　　　여래년변제,

沈其耕而 6)熟耰之,　　　　　심기경이숙우지,

其禾 7)繁以滋, 予終年 8)厭飱."　기화번이자, 여종년염손."

　　　　ー〔則　陽〕ー

1) 長梧封人—長梧는 地名, 封人은 守封彊之人, 國境(국경)을 지키는 사람이다.
   —陸德明.

2) 子牢—子牢는 곧 琴牢(금뢰), 孔子弟子다—司馬彪. 琴이 姓이다. 問은 여기
   서는 謂, 또는 告하다.

3) 爲政焉勿鹵莽—焉(언)은 卽과 같다. 鹵莽, 마음을 쓰지 않는 것이다. (鹵莽
   (노무), 不用心也)—成玄英. 鹵莽(노무)는 淺耕, 稀種이니 곧 얕게 갈고 드물
   게 씨를 뿌리는 거친 營農法이다. 粗率鹵莽(조솔노무)하여 조잡하게 경작하
   는 것처럼 정치를 하지 말라는 것이다. 鹵(노둔할 노, 염전 노), 莽는 '거칠
   풀 우거질 망', '묵은 풀 모'로 도 읽는다.

4) 芸而滅裂—芸(운)은 김매는 것, 耘과 통함. 멸렬은 蔑의 緩言으로 되는 대로
   아무렇게나 하는 것. '滅裂, 輕薄也' —成玄英

5) 變齊—農事 방법을 바꾸는 것이다. (變易其法也).

6) 熟耰—熟(숙)은 공을 들임, 김을 공들여 맴. '耰(갈 우)는 鋤(김맬 서)'다.—司
   馬彪.

7) 繁以滋—繁(번)은 蕃(우거질 번)의 假字, 滋(자)는 玆의 假字. 무성하다는 뜻.

8) 厭飱—'厭은 足이다.'—成玄英. 싫증나도록 먹는 것(飽食也)—林希逸. 飱은
   飧(손)으로 먹다, 혹은 저녁밥이다

[앤솔러지 莊子: 51]

§Ⅱ-26. 목공인 자경(梓慶)

목공인 자경이 나무를 깎아 북 틀인 거鐻를 만들고 있었다.
북 틀이 완성되자, 보는 자마다 놀라길 귀신솜씨 같다 한다. 노나
라 제후가 북틀을 보고 자경에게 물었다.
"그대는 무슨 비술이 있어 이런 경지에 이르렀는가?"
자경이 대답했다.

"신은 목공에 지나지 않으니 어디 비술이라 할 만한 것이야 있겠습니까?

그러하오나 굳이 말씀 드려야 한다면 한 가지가 있긴 있습니다. 신이 '거'를 만들려고 할 때는 감히 잡다한 일로 기氣를 축낸 적이 없었고, 반드시 재계하여 마음을 고요히 가라앉힙니다. 재계하길 사흘이면 상을 받거나 벼슬을 얻는다는 생각을 감히 품지 않게 되며 재계하길 닷새가 되면 세상의 비난이나 칭찬, 재능의 우월과 열등에 대한 생각을 감히 품지 않게 되며 재계 이레면 문득 내게 팔다리와 몸뚱이가 있다는 것조차 잊어버리게 됩니다. 이때에 이르면 이미 조정의 권세도 마음에 없고 오로지 '거'를 만드는 그 일에만 전념하여 외부로부터의 심려는 모두 소멸되어 버립니다. 그런 뒤에야 산림 속으로 들어가 나무 본래의 성질과 모양이 가장 빼어난 것을 찾아냅니다. 나무속에 감추어져 있는 거鐻의 모양이 확연히 드러나면 그제야 손을 댑니다. 이런 과정이 어긋나면 아예 처음부터 그만두고 맙니다. 이는 곧 본성의 자연으로써 본래의 자연에 딱 맞아떨어지게 하는 것이니, 제가 만든 기물이 귀신솜씨 같다 하는 까닭이란 바로 이와 같은 연유에 의한 것이겠지요!"

1)梓慶削木爲2)鐻. 鐻成,
見者驚猶鬼神.
魯侯見而問焉曰.
"子何術以爲焉?"
對曰.
"臣工人, 何術之有?
雖然, 有一焉. 臣將爲鐻,
未嘗敢以3)耗氣也,
必齋以靜心. 齋三日,

자경삭목위거. 거성,
견자경유귀신.
노후견이문언왈.
"자하술이위언?"
대왈.
"신공인, 하술지유?
수연, 유일언. 신장위거,
미상감이모기야,
필재이정심. 재삼일,

而不敢懷慶賞爵祿, 齋五日,

이불감회경상작록, 재오일,

不敢懷非譽巧拙, 齋七日,

불감회비예교졸, 재칠일,

[4]輒然忘吾有四枝形體也.

첩연망오유사지형체야.

當是時也, [5]無公朝,

당시시야, 무공조,

其巧專而[6]外骨消. 然後入山林,

기교전이외골소. 연후입산림,

觀天性形軀至矣.

관천성형구지의.

然後[7]成見鐻, 然後加手焉.

연후성현거, 연후가수언.

[8]不然則已. [9]則以天合天,

불연즉이. 즉이천합천,

器之所以疑神者, 其是與!"

기지소이의신자, 기시여!"

－〔達　生〕－

[도움말]

1) 梓慶－李頤는 魯의 木匠이라 함. 梓는 官名, 慶은 名이다. 梓는 木工 '자', 우러러 볼 '자.' 노 나무 '자.'

2) 鐻(거)－악기 이름, 혹은 북이나 鐘磬(종경)을 다는 틀이라 함. 夾鐘(협종)과 비슷한 악기라는 說이 있다.

3) 耗氣－耗(모)는 損(손), 축낸다. 氣(기)가 축나면 마음이 동하고, 마음이 동한 즉 神(신)이 오롯하지 못함(氣耗則心動, 心動則神不專也.)－李頤. 耗氣(모기)란 氣부족이다. (耗氣者氣不足也)－林希逸

4) 輒然忘－문득 잊음. 輒(첩)은 '갑자기 첩'이다. '輒然, 不動貌.' 움직이지 않는 모습이다. －陸德明.

5) 無公朝－公朝란 公家(공가), 朝廷公家(조정공가) 등의 권세욕이 없다는 것.

6) 外滑消－骨(골)은 滑(골)이고 亂이다. 밖에서 마음을 어지럽히는 것이 모두 없어짐이다.

7) 成見鐻－見은 드러날 현, 온 형태가 드러남이 이루어지면 즉 '확연히 드러남'이다.

8) 不然則已－不然이란 앞의 과정대로 아니 되면, 已는 止(지), 말다. 그치다.

9) 則以天合天－곧 내 속의 자연성으로써 物(물)의 그 자연성과 맞아떨어지는 까닭으로 天(천)으로써 天(천)에 맞아떨어진다고 했다. (以我之自然合其物之自然 故曰以天合天)－林希逸.

§Ⅱ-27. 부귀를 싫어한 안합(顔闔)

노나라 군주는 안합이 도를 체득한 인물이라는 말을 듣고 사람을 시켜 예물을 가지고 가 먼저 청하게 했다.

안합은 누추한 마을에서 살고, 굵고 거친 베옷을 입고 자신이 소를 키우고 있었다. 노군의 사자가 도착하자 안합이 몸소 그를 응대했다. 사자가 물었다.

"이곳이 안합의 집입니까?"

안합이 대답했다.

"여기가 안합의 집이오."

사자가 예물을 바치자 안합이 말했다.

"들은 것이 잘못되어 사자의 죄임이 밝혀지게 될까 두려우니, 다시 자세히 알아보고 오는 것이 좋을 것 같소."

사자는 돌아가, 자세히 알아보고 다시 와 안합을 찾았지만 그는 이미 행적을 감춘 뒤라 만날 수가 없었다.

그러므로 안합과 같은 인물이야말로 정말 부귀를 싫어한 사람인 것이다.

1)魯君聞2)顔闔得道之人也,	노군문안합득도지인야,
使人以幣先焉.	사인이폐선언.
顔闔3)守陋閭,	안합수누려,
4)苴布之衣而自5)飯牛.	저포지의이자반우.
魯君之使者至,	노군지사자지,
顔闔自對之.	안합자대지.
使者曰. "此顔闔之家與?"	사자왈. "차안합지가여?"

顔闔對曰, "此闔之家也."　　　안합대왈. "차합지가야."
⁶⁾使者致幣, 顔闔對曰.　　　　사자치폐, 안합대왈.
"⁷⁾恐聽者謬而遺使者罪,　　　"공청자류이유사자죄,
不若審之." 使者還反, 審之,　　불약심지." 사자환반, 심지,
復來求之, 則不得已.　　　　　부래구지, 즉부득이.
故若顔闔者, 眞惡富貴也.　　　고약안합자, 진오부귀야.
　　　　-〔讓　王〕-

[도움말]

1) 魯君-魯侯이며, 哀公이라 함. 공자가 돌아간 때가 노나라 哀公 16년(B.C. 497)이다. 공자의 나이 73세였다.<사기> 공자 생시엔 등용하지 않았던 애공은 공자가 죽은 지 1년 후 공자가 살던 3칸의 집을 개축하여 묘당(廟堂)을 만들고 세시 봉사케 하였다

2) 顔闔-姓은 顔, 名은 闔. 魯人, 隱者라 한다. -陸德明. 一說에는 顔回라 함.

3) 守陋間-守는 있다, 살고 있다의 뜻. 陋는 좁고 더러운 곳, 間는 閭巷으로, 마을이다. 지저분한 동네에서 빈천한 사람들과 함께 살고 있다는 것.

4) 苴布-粗布(조포), 有子麻, 올이 굵고 거친 베옷. 苴(꾸러미 저, 암삼 저). '苴는 거칠고 험한 베옷이다. 苴가 완성되면 본래 粗가 된다.'(苴粗惡之衣, 是成本作粗.)-馬敍倫.

5) 飯牛-飯(반)은 飼(사), 먹인다. 친다.

6) 使者致幣-致는 바치는 것. 幣는 禮物인 帛(비단 백)이다. 먼저 그 뜻을 통고함이라 한다.-成玄英.

7) 恐聽者謬而遺使者罪-者는 之와 같다. 들은 것이 잘못되어 사자의 죄임이 밝혀지는 걸 두려워한다는 것. 謬(류)는 誤(오), 그릇되다. '聽者謬는 잘못 들은 것을 말한다.'(言誤聽也)-林希逸. 恐은 두려워하다, 의심하다. '遺, 照也.'-成玄英. 遺, 밝게 드러나다. 幣帛을 받기 싫어하여 이 같은 矯詞로써 使者를 속여 넘긴 것이다.

144

§Ⅱ-28. 손도끼 술의 명인 장석(匠石)

영郢 사람이 백토를 자기 코끝에 파리 날개처럼 얇게 바르고, 장석에게 그걸 깎아내게 했다. 장석은 손도끼를 힘차게 휘둘러 바람을 일으켜 획 하는 소리가 들리는 듯했는데 어느새 코끝의 백토는 깎여 날아갔다. 백토만 말끔히 깎이고 코는 말짱했다.

영郢 사람은 꿈쩍없이 서서 얼굴빛 하나 고치지 않았다. 송나라 원군이 이 이야기를 듣고 장석을 불러들여 말했다.

"시험 삼아 과인을 위해 자네의 손도끼 술을 보여 주시게나."

이에 장석은,

"전에는 코끝의 백토를 깎아낼 수 있었습니다. 그렇지만, 이제는 제 기술의 밑받침이었던 상대역 영郢 사람이 죽은 지 오래되었습니다."라고 말하며 사양하였다.

1)郢人堊漫其鼻端若2)蠅翼,　　영인악만기비단약승익,
使匠石斲之. 3)匠石運斤成風,　　사장석착지. 장석운근성풍,
4)聽而斲之. 盡堊而鼻不傷.　　청이착지. 진악이비불상.
郢人立不失容.　　영인립부실용.
宋元君聞之, 召匠石曰.　　송원군문지, 소장석왈.
"嘗試爲寡人爲之."　　"상시위과인위지."
匠石曰,　　장석왈,
"臣則嘗能斲之. 雖然,　　"신즉상능착지. 수연,
5)臣之質死久矣."　　신지질사구의."
　　　　－〔徐無鬼〕－

[도움말]

1) 郢人堊漫 — 陸德明은 '郢人은 <漢書音義>에 '玃人'으로 되었다고. 玃의 音은 '溫(온)'이고, '미장이'다. 郢(영)은 春秋時代 楚의 도읍지. '堊(악)은 白善土'라 함. — 成玄英. 堊의 俗音은 '아.' 漫은 塗(도)와 같다.' 바른다. — 李頤.

2) 蠅翼 — 파리의 날개.

3) 匠石運斤成風 — 匠石의 匠은 木手. 石은 이름이다. 斤은 손도끼. 장석이 손도끼를 휘둘러 바람을 일으키다.

4) 聽而斲之 — 聽(청)은 從(좇는다), 順(맡긴다). '暝目恣手 (명목자수)', 눈을 감고 손에 맡기는 것이라 했다. — 郭象. 斲之 — 착은 깎는다. 之는 파리 날개처럼 얇게 바른 白土를 뜻한다.

5) 臣之質 — 成玄英은 '質(질)은 對'라 했다. 순진한 상대, 郢人을 뜻한다. '質은 묘기를 쓰는 바탕 못이다.'(質是用巧之池也.) — 林希逸

[앤솔러지 莊子: 54]

§Ⅱ-29. 초 소왕의 상(賞)을 거절한 양 도수장이 열(說)

초의 소왕이 나라를 잃었을 때, 양 도수장이 '열'이라는 사나이도 달려가 소왕을 뒤따르게 되었다. 마침내 소왕이 나라를 찾고 되돌아오게 되자 그를 따라갔던 사람들에게 상을 주게 되었는데 양 도수장이 '열'도 받게 되었다. 양 도수장이 '열'이 말했다.

"왕께서 나라를 잃었을 때 저는 양 잡는 일을 잃었습니다. 왕께서 나라로 다시 돌아오시자 저도 양 잡는 일로 돌아왔습니다. 신의 작록은 이미 회복되었으니, 또 무슨 상을 주신다 하십니까?"

왕이 명령하길,

"강제라도 주도록 하라!"

양 도수장이 '열'이 대답했다.

"대왕께서 나라를 잃으신 것은 신의 죄가 아니므로, 저는 감히 주벌誅罰을 받지 않았습니다. 대왕께서 나라로 돌아오신 것은 신의 공이 아니므로 저는 감히 그 상을 받을 수 없습니다."

왕이 말하기를,

"내가 그를 만나 보겠다."

양 도수장이 '열'이 말했다.

"초나라의 법은 반드시 중상 대공大功이 있은 후에야 왕을 알현謁見할 수 있습니다. 그런데 지금 저에게는 나라를 보존할 만한 재지도 없고, 게다가 적과 싸워 죽을 만한 용기도 없었습니다. 오나라 군사가 수도 영郢에 쳐들어 왔을 때 저는 전란이 두려워 적을 피해 도망쳤을 뿐입니다. 대왕을 지켜 드리고자 뒤를 따랐던 것이 아닙니다. 이제 대왕께서는 법을 폐하고 규약을 깨뜨려 저를 만나고자 하시니, 이는 제가 세상으로부터 비난을 듣게 만드는 일입니다."

왕은 군정장관인 자기子綦에게

"양 도수장이 '열'은 비록 미천한 신분에 있으나 말하는 의리는 매우 높다. 그대는 나를 위해 그를 맞이하여 삼공의 지위를 맡겨 보라."

양 도수장이 '열'이 말했다.

"무릇 삼공의 지위라는 그것은 양을 잡는 가게보다 고귀하다는 것을 저는 압니다. 만종의 작록은 양을 잡는 이익보다 훨씬 크다는 것도 저는 알고 있습니다. 그러나 어찌 제가 작록을 탐하여 우리 대군께 함부로 상을 베푼다고 하는 오명을 씌울 수야 있겠습니까? 저는 삼공의 지위를 감당할만한 인물이 아닙니다. 원하옵건대 저를 다시 양 잡는 가게로 돌아가게 해 주십시오."

끝내 그는 상을 받지 않았다.

楚[1]昭王失國,

[2]屠羊說走而從於昭王. 昭王反國,

將賞從者, 及屠羊說 屠羊說曰.

"大王[3]失國, 說失屠羊.

[4]大王反國, 說亦反屠羊.

臣之爵祿已復矣, 又何賞

之有?"

王曰, "强之!"

屠羊說曰.

"大王失國, 非臣之罪,

故不敢伏其誅.

大王反國, 非臣之功,

故不敢當其賞."

王曰, "見之!"

屠羊說曰.

"楚國之法,

必有重賞大功而後得見.

今臣之知不足以存國而勇不足以

死寇. 吳軍入郢,

說畏難而避寇, 非故隨大王也.

今大王欲廢法毀約而見說,

此非臣之所以聞於天下也."

王謂司馬子綦曰,

"屠羊說居處卑賤而陳義甚高.

[5]子其爲我[6]延之以三旌之位."

屠羊說曰. "夫三旌之位,

吾知其貴於屠羊之肆也.

초소왕실국,

도양열주이종어소왕. 소왕반국,

장상종자, 급도양열. 도양열왈.

"대왕실국, 열실도양.

대왕반국, 열역반도양.

신지작록이복의, 우하상

지유?"

왕왈, "강지!"

도양열왈.

"대왕실국, 비신지죄,

고불감복기주.

대왕반국, 비신지공,

고불감당기상."

왕왈, "견지!"

도양열왈.

"초국지법,

필유중상대공이후득현.

금신지지부족이존국이용부족이

사구. 오군입영,

열외난이피구. 비고수대왕야.

금대왕욕폐법훼약이견열,

차비신지소이문어천하야."

왕위사마자기왈,

"도양열거처비천이진의심고.

자기위아연지이삼정지위."

도양열왈. "부삼정지위,

오지기귀어도양지사야.

148

萬鍾之祿,　　　　　　　　만종지록,

吾知其富於屠羊之利也.　　오지기부어도양지리야.

然豈可以貪爵祿而使吾君有　연개가이탐작록이사오군유

妄施之名乎?　　　　　　　망시지명호?

說不敢當, 願復反吾[7]屠羊之肆."　열불감당, 원복반오도양지사."

遂不受也.　　　　　　　　수불수야.

－〔讓　王〕－

[도움말]

1) 昭王－楚昭王, 名을 軫이라 하고 平王의 아들이다. －陸德明. 吳王 闔閭(합려)의 침략으로 망명길에 올랐으나 다음 해에 수도인 郢(영)에 입성하였다고 한다.

2) 屠羊說－'屠羊說'은 '羊' 屠殺을 업으로 하는 賤人. 說은 音이 悅(열)이다. －成玄英.

3) 失國－국외로 도망가는 것. 國都를 잃음.

4) 大王反國, 說亦反屠羊－대왕이 나라를 찾으시자 '열' 또한 羊 屠殺 업을 도로 찾았다는 것은 兩者가 각각 그 본분의 일을 찾았다는 말이다. (大王反國說反屠羊言各得其本分事也)－林希逸

5) 子其爲我－我는 昭王이다. 원래는 '子綦'라 한다. 郭象注 <예문인서관>本에는 '子其'. 兪樾은 '楚昭王 자신이 司馬子綦에게 하는 말이니, 마땅히 子(그대)라 함이 옳다. 子綦(이름)라고 부르는 것은 맞지 않는다. 그러니 綦는 衍文이다.'라고 했다. (此昭王自與子綦言, 當稱子, 不當稱子綦'綦'字衍文.)" 여기서는 유월의 說을 따른다.

6) 延之以三旌之位－延은 맞이하다, 끌어들이다. 之는 양 도수장이 '열'이다. 陸德明은 '三旌, 三公位也.' 司馬本에는 三珪라 함. 三珪는, 諸侯의 三卿이 모두 珪(홀)를 지니고 있었던 것을 말한다고 했다. (三珪, 謂諸侯之三卿皆執珪者.)－司馬彪. 三卿(삼경)은 公, 侯, 伯이다. 楚나라의 최고 爵位인 公은 桓圭를, 侯는 信圭, 伯은 躬圭를 지니고 있었다고 한다.

7) 屠羊之肆－肆(사)는 가게. 양을 도살하는 가게.

§Ⅱ-30. 잡초 지붕 한 칸 방의 원헌(原憲)

원헌은 노나라에 살았는데 그의 집은 사방 한 칸이고 지붕에는
잡초가 무성하였다. 쑥대로 엮은 출입문은 망가져 뽕나무를 문의
지도리로 쓰고 있었고 밑 빠진 항아리로 들창을 낸 방이 둘 있으
나 낡은 누더기 베옷으로 들창을 막고 있었다. 천장은 비가 새고
바닥은 습기로 눅눅하건만, 원헌은 단정히 앉아 거문고를 뜯으며
노래하고 있었다.

자공이 큰말이 끄는 수레를 타고 안감은 보라색 겉은 하얀 비단
옷을 입고 나타났는데, 그가 탄 높은 고관의 수레는 골목에 들어
설 수도 없어, 자공은 수레에서 내려 걸어 들어가 원헌을 만났다.
원헌은 나무껍질로 만든 관을 쓰고 뒤축이 닳아 없어진 신을 신
은 채, 명아주 지팡이를 앞세우고 문에 나와 그를 맞이했다.

자공이 말했다.

"아아! 선생은 무슨 병이라도 나신 거요?"

원헌이 대답했다.

"내가 듣기에, 재물이 없는 것을 가난이라 하고 배우고도 행하지
못함을 병들었다 한다고 들었소. 지금 나는 가난은 하지만 병든
것은 아니요."

자공은 멈칫하여 뒤로 물러났으나 얼굴에는 부끄러운 빛이 역력하
였다.

원헌은 웃으면서 말을 이었다.

"무릇 세상의 좋은 평판을 바라며 행동하고 편파적인 무리를 지어
붕당을 짓고 사람을 다스리기 위한 수단으로 학문을 하며, 자신의

이익을 좇아 가르침을 펴며 인의를 내건 채 간악한 일을 일삼으며, 자신이 타는 수레나 말 따위를 화려하게 장식하는 따위의 행위를 나는 도저히 견딜 수 없다는 것이오."

1)原憲居魯, 2)環堵之室,	원헌거노, 환도지실,
3)茨以生草. 蓬戶不完,	자이생초. 봉호불완,
桑以爲樞. 而4)甕牖二室,	상이위추. 이옹유이실,
5)褐以爲塞. 上漏下濕,	갈이위색. 상루하습,
6)匡坐而弦. 子貢乘大馬,	광좌이현. 자공승대마,
7)中紺而表素, 8)軒車不	중감이표소, 헌거불
容巷, 往見原憲.	용항, 왕견원헌.
原憲9)華冠縰履, 10)杖藜而應門.	원헌화관사리, 장려이응문.
子貢曰. "嘻! 先生何病?"	자공왈. "희! 선생하병?"
原憲應之曰.	원헌응지왈.
"憲聞之, 無財謂之貧,	"헌문지, 무재위지빈,
學而不能行謂之病.	학이불능행위지병.
今憲貧也, 非病也."	금헌빈야, 비병야."
子貢11)逡巡而有愧色.	자공준순이유괴색.
原憲笑曰.	원헌소왈.
"夫12)希世而行, 13)比周而友,	"부희세이행, 비주이우,
學以爲人, 敎以爲己,	학이위인, 교이위기,
仁義之慝, 輿馬之飾,	인의지특, 여마지식,
憲不忍爲也."	헌불인위야."

ㅡ〔讓 王〕ㅡ

[도움말]

1) 原憲ㅡ孔子弟子, 姓은 原, 名은 思, 字가 憲이다.ㅡ成玄英. <논어> 헌문(憲

問):에 등장하는 제자가 原憲이다.

2) 環堵之室－環堵는 사방 一丈 정도의 좁은 室. 堵(도)는 원래 담으로 環堵는 집을 둘러 싼 담장이다. 一丈은 약 2. 25 미터.

3) 茨以生草－'茨(자), 蓋屋也.' 라 했다－李頤. 지붕 덮기, 마치 생풀로 지붕을 이은 것 같이 지붕에는 잡초가 무성하다는 것.

4) 甕牖二室－牖(유)는 벽을 뚫어서 만든 들창이다. 甕(옹)은 항아리, 깨진 항아리로 들창을 삼음. '二室은 夫妻 각 一室이지만 낡은 베(褐)로 칸막이를 한 것이다. 그 베옷(褐衣)으로 창구멍을 막아 둔 것이다.' －司馬彪. 또 夫妻 二室 모두 깨진 독으로 들창을 만들었다. 그래서 甕牖二室이라 한다. (夫妻二室皆以甕爲牖故曰甕牖二室.)－林希逸.

5) 褐以爲塞－褐(갈)은 粗衣, 낡은 베옷으로 창구멍을 틀어막아 비바람을 막는 다는 것이다. (以舊衣而塞其牖於風雨)－林希逸.

6) 匡坐而弦－匡(광)은 正이다. 弦(현)은 絃, 絃歌이다. 거문고를 타며 노래하는 것. 弦은 '弦歌'로 나온 판본이 있다. 宋刊 藝文印書館 影印本에는 '弦'이다.

7) 中紺而表素－李頤는 '紺爲中衣, 加素爲表.'라 했다. 속옷은 보라 빛(靑赤色)이고 그 위에 흰빛의 겉옷을 걸쳤다는 것.

8) 軒車－軒車(헌거)는 고관이 타는 높은 수레

9) 華冠縰履－陸德明은 華冠(화관)은 華, 樺木(벗나무) 껍질로 만든 관. 縰履(사리)는 뒤축이 없는 신. 縰는 뒤꿈치 '쇄', 머리털 감출 '쇄'. 縰의 古音은 '사'라 함.

10) 杖藜而應門－杖藜(장려)는 명아주 줄기로 만든 지팡이. '應門은 부릴 노복이 없는 가난함이기에 자신이 문으로 나가 응대하는 것이다.'－成玄英.

11) 逡巡－逡巡(준순)은 망설이며 뒤로 물러나는 모양.

12) 希世而行－세상의 좋은 평판을 바라며 거동함. 곧 세속의 흐름에 아첨하여 행동함이다. (言其所以行媚世也)－林希逸. 希(희)는 望이다.－司馬彪.

13) 比周而友－比周는 아부하여 교제하는 것. 小人比而不周, 소인은 편당적이고 두루 통하지 못한다. 여기서 比는 무리를 짓는 것. 親比한 자 만을 주선하여 붕당을 맺는 것이라 함. (周旋親比, 以結朋黨.)－成玄英.

§Ⅱ-31. 곡식 받기를 사양한 자열자(子列子)

열자는 궁핍하여 얼굴에 굶주린 빛이 있었다.

손님으로 잠시 머물고 있던 어떤 사람이 이를 정 나라 재상인 자양子陽에게 말했다.

"열어구列禦寇는 바로 도를 체득한 인물인데 그대의 나라에 살면서 몹시 곤궁하게 지냅니다. 재상인 그대는 곧 훌륭한 인물을 별로 좋아하지 않는다는 것인가요?"

정자양은 즉시 곡창을 맡은 관원을 시켜 열자에게 곡식을 보내게 했다. 열자는 사자를 만나보고는 호의에 감사하는 절을 한 후 보내 온 곡식을 사양했다.

사자가 돌아가자 열자가 들어오니 그의 아내가 그를 원망하며 가슴을 치며 말했다.

"저는 도를 체득한 사람의 처자가 되면 모두 평안과 즐거움을 얻는다고 들었습니다. 그런데 지금 우리가 굶주린 기색이 역력 하자, 자양군 자신이 크게 잘못된 일이라 여기어 당신에게 양식을 보내 왔는데도 당신은 받지 않으시니 우리의 가난이 어찌 타고난 불운이 아니라고 하실 수 있겠는지요?"

열자가 웃으며 말했다.

"자양군 스스로 나를 알아 준 것이 아니요. 다른 사람의 말을 듣고 비로소 나에게 곡식을 보낸 것이니, 내게 죄를 내릴 때도 또다시 다른 사람의 말을 듣고 내릴 것이오. 이것이 바로 내가 곡식을 받지 않은 까닭이오."

나중에는 과연 백성들이 난을 일으켜 정자양鄭子陽을 죽이고 말았다.

¹⁾子列子窮, 容貌有飢色.　　　　자열자궁, 용모유기색.

客有言之於²⁾鄭子陽者曰.　　　객유언지어정자양자왈.

"列禦寇, ³⁾蓋有道之士也,　　　"열어구, 개유도지사야,

居君之國而窮.　　　　　　　　　거군지국이궁.

君⁴⁾無乃爲不好士乎?"　　　　군무내위불호사호?"

鄭子陽卽⁵⁾令官遺之粟.　　　정자양즉령관유지속.

子列子見使者,　　　　　　　　　자열자견사자,

再拜而辭. 使者去,　　　　　　　재배이사. 사자거,

子列子入, 其妻⁶⁾望之而拊心曰.　자열자입, 기처망지이부심왈.

"妻聞爲有道者之妻子,　　　　　"처문위유도자지처자,

皆得佚樂. 今有飢色,　　　　　　개득일락. 금유기색,

君過而遺先生食,　　　　　　　　군과이유선생식,

先生不受, ⁷⁾豈不命邪?"　　　선생불수, 기불명야?"

子列子笑謂之曰.　　　　　　　　자열자소위지왈.

"君非自知我也.　　　　　　　　　"군비자지아야.

⁸⁾以人之言而遺我粟,　　　　　이인지언이유아속,

至其罪我也, 又且以人之言.　　지기죄아야, 우차이인지언.

此吾所以不受也."　　　　　　　차오소이불수야."

其卒, ⁹⁾民果作難而¹⁰⁾殺子陽.　기졸, 민과작난이살자양.

　　　　－〔讓　王〕－

[도움말]

1) 子列子－列於寇, 열자다. 위에 子가 붙은 것은 제자가 스승을 부를 때의 敬稱
　이다. 列子는 鄭나라 사람이다. (列子鄭人也)－林希逸

2) 鄭子陽－鄭나라의 相, 재상이다(陸德明). 매우 엄격하였는데 그 때문에 죽음
　을 당했다.

3) 蓋有道之士也－蓋, 乃와 같다. 곧 道를 체득하고 있는 인물이다.

4) 無乃爲不好士乎? －無乃, 得無, 猶今言'莫非'之意

5) 令官遺之粟. ─官, 창고를 지키는 관리. (官, 主倉之官.)─成玄英

6) 望之而拊心─원망하여 자신의 가슴을 치다, 望(망)은 怨이고 拊(부)는 擊(격), 치다. 어루만지다.

7) 豈不命邪─豈는 反語法으로 쓰이는 助辭. 不命은 不運과 같다.

8) 以人之言而遺我粟─'다른 사람의 말을 듣고서 내게 곡식을 보냈다.'는 것은 정말 나를 알아서가 아니라는 걸 말한다. 人, 타인이다.

9) 民果作難─백성들이 과연(정말) 난을 일으키다.

10) 殺子陽─'자양은 죄 지은 者에게 嚴酷하여 용서함이 없었다고 한다. 집의 시종 한 사람이 실수로 자양의 활을 부러뜨리게 되자 자양의 진노와 책망을 두려워하여 성중의 모든 사람이 미친개를 뒤쫓는 틈을 타서 자양을 죽였다' (子陽嚴酷罪者無赦, 舍人切弓畏子陽怒責, 因國人逐猘狗而殺子陽.)─郭象. 子陽에 대한 일은 <呂氏春秋, 適威篇>에 보인다고 했다. ─俞樾. 猘狗(제구), 미친 개.

[앤솔러지 莊子: 57]

§Ⅱ-32. 여량 폭포수의 한 장부(一丈夫)

공자가 여량에 놀러갔는데 폭포가 서른 길이나 걸려 있고, 흐르는 물이 물보라를 날리며 사십 리를 뻗쳤으므로, 큰 자라, 악어, 물고기, 작은 자라들까지도 놀 수 없는 곳이었다. 그런데 그곳에서 한 남자가 헤엄치고 있는 것이 보였다. 공자는 무슨 괴로운 일이 있어 죽으려는 것이라 생각하여 제자를 시켜 물길을 따라가 구해주게 했다. 그 사람은 수 백보나 흘러가 물위로 나오더니 머리를 풀어헤치고 노래를 부르며 물가에서 쉬고 있었다. 이에 공자는 그에게로 가서 물었다.

"나는 그대가 귀신인 줄 알았더니 자세히 보니 사람이군요. 그런데 하나 물어 보겠소만, 저 급류를 건너는 데 무슨 도가 있는 것입니까?"
한 남자가 말했다.

"아니오, 제게는 아무런 도가 없습니다. 저는 고故에서 시작했고 그것이 나의 성性으로 자라나 이제는 명命으로 굳어져 버렸을 뿐입니다. 물의 소용돌이와 함께 잠겨 들어가고 물의 용솟음과 더불어 물위에 나와서 물길만 따라가며 결코 내 맘대로 힘은 쓰지 않습니다. 이것이 내가 격류를 건너는 방법입니다."

공자가 다시 물었다.

"고故에서 시작하여, 성性으로 자라나, 명命으로 굳어졌다는 것은 어떤 의미입니까?"

여랑 폭포수의 그 남자가 대답했다.

"저는 물가의 땅에 태어나 그 땅에서 마음 편안하니 그것이 태어날 때부터의 고故로 시작한 것이오. 물에서 자라면서 물에서 마음 편안하니 그것이 곧 나의 자연스런 성性으로 자라났다는 것입니다. 내가 헤엄을 잘 치는 이유를 모르는 채 헤엄을 잘 치게 되는 것을 명命으로 굳어졌다고 하는 것입니다."

孔子觀於¹⁾呂梁,
²⁾縣水三十仞, 流沫四十里,
³⁾黿鼉魚鼈之所不能遊也.
見一丈夫遊之,
以爲有苦而欲死也.
使弟子⁴⁾並流而拯之.
數百步而出,
被髮行歌而遊於⁵⁾塘下.
孔子從而問焉, 曰.
"吾以子爲鬼, 察子則人也.

공자관어여량,
현수삼십인, 유말사십리,
원타어별지소불능유야.
견일장부유지,
이위유고이욕사야.
사제자병류이증지.
수백보이출,
피발행가이유어당하.
공자종이문언, 왈.
"오이자위귀, 찰자즉인야.

請問, 蹈水有道乎?"　　　　　　　청문, 도수유도호?"

曰,　　　　　　　　　　　　　　왈,

"亡, 吾無道.　　　　　　　　　　"망, 오무도.

吾始乎故, 長乎性, 成乎命.　　　오시호고, 장호성, 성호명.

6)與齊俱入, 7)與汨偕出,　　　　여제구입, 여골해출,

從水之道而8)不爲私焉.　　　　종수지도이불위사언.

此吾所以蹈之也."　　　　　　　차오소이도지야."

孔子曰.　　　　　　　　　　　　공자왈.

"何謂9)始乎故,　　　　　　　　"하위시호고,

10)長乎性, 成乎命?"　　　　　　장호성, 성호명?"

曰.　　　　　　　　　　　　　　왈.

"11)吾生於陵而安於陵, 故也.　"오생어릉이안어릉, 고야.

長於水而安於水, 性也.　　　　장어수이안어수, 성야.

不知吾所以然而然, 命也."　　　부지오소이연이연, 명야."

　　　　　－〔達　生〕－

[도움말]

1) 呂梁 － 呂梁은 '河水이며 깎아지른 바위가 있는 곳'이다. － 司馬彪. 혹은 龍門이라고도 한다. 呂梁은 水名이고 梁은 징검다리.

2) 縣水 － 縣은 懸으로 瀑布

3) 黿鼉魚鼈 － '黿(원)은 자라와 닮았으나 형체가 크다. 큰 자라. 鼉(타)는 魚類이나 다리가 있다.' － 成玄英. 곧 큰 자라와 악어. 鼈(별)은 자라.

4) 竝流而拯之 － 竝流, 흐름을 따라 함께 내려가는 것, 拯(증)은 건지는 것, 救濟해 주는 것.

5) 塘下 － 塘은 岸이다. － 成玄英. 防築, 물가의 堤防.

6) 與齊俱入 － 司馬彪는 齊(제)는 맷돌과 같은 回水라 함. 齊(제)는 배꼽(臍)와 통함. 빙빙 도는 물은 배꼽 모양으로 보임. 齊란 물이 빙빙 도는 맷돌 구멍과 같은 곳이라 함. － 林希逸. 俱(구)는 함께, 더불어. 소용돌이와 더불어 물속으로 들어가다.

7) 與汨偕出 – 汨(골)은 '涌波也'. –司馬彪. 湧(용), 용솟음이다. 音을 (홀)이라고도 한다. 偕出(해출)은 함께 나오다.

8) 不爲私焉 – '물길을 따르고 물의 흐름에 거역하지 않는다'(順而不逆之意)

9) 始乎故 – 故(고)는 古, 본래. 性은 여기서는 習性, 命은 天命, 運命이다. 乎, 於와 같다.

10) 長乎性, 成乎命 – 性命은 저절로 그렇게 되는 도리라 함.(性命, 自然之理也.) –林希逸

11) 吾生於陵 – 陵은 언덕, 땅이다. 여기서는 물가의 육지다. 나는 물가의 땅에서 태어났다는 것.

[앤솔러지 莊子: 58]

§Ⅱ-33. 영공이란 시호를 받은 영공(靈公)

공자가 태사인 대도, 백상건, 희위, 이 세 사람에게 물었다.

"저 위魏의 영공은 술 마시기를 좋아했고 음락에 빠져 나라의 정사는 돌보지 않았으며 사냥이나 그물질, 주살이나 쏘고 제후의 회맹에는 응하지도 않았습니다. 그런데도 '영공'이란 시호를 받았으니 어찌된 일이오?"

대도가 말했다.

"그가 영靈이라는 시호를 얻은 것은. 그가 생전에 무도하였기 때문이오."

백상건이 말했다.

"저 영공에게는 아내가 셋 있었는데, 어느 날 한 목욕통에 들어가 함께 목욕하고 있었소. 현신 사추史鰌가 예물을 받쳐 들고 그 목욕하는 장소에 들어가 뵈오니 영공은 측근을 불러 예물을 받게 하고 사추를 정중히 부축하게 하였소. 그토록 심히 방자하였으나 현인을 보게 되면 이처럼 공경하며 조심스럽게 행동하였던 것이오. 이런 까닭으로 그가 '영공'이라 불리게 된 것이오."

시위는 이렇게 말했다.

"저 영공이 죽었을 때 선조들이 묻힌 묘지 아래에 묻으려고 점을 치니 불길不吉하고 모래 언덕에 묻으려고 점을 치니 길吉하다고 나왔소. 몇 길을 파 들어가니 돌로 된 석곽이 나왔소. 씻어서 보니 묘지 명銘이 있고, 거기에는 '이 자손에게 의지할 수 없으니 영공이 네게서 빼앗아 묘소로 삼는다.'라고 새겨져 있었소. 저 영공이 영공이란 시호를 받게 된 것은 오래 전에 이미 정해져 있었던 일이오. 그러니 대도와 백상건, 이 두 사람이 어찌 그 일을 알 수 있겠소!"

仲尼問於[1]太史大弢,　　　중니문어태사대도,

伯常騫, 狶韋曰.　　　　　백상건, 희위왈.

"夫衛[2]靈公飮酒湛樂,　　　"부위영공음주담락,

不聽國家之政,　　　　　불청국가지정,

[3]田獵畢弋, 不應[4]諸侯之際.　전렵필익, 불응제후지제.

其所以爲 '靈公'者何邪?"　기소이위 '영공'자하야?"

大弢曰. "[5]是因是也."　　대도왈. "시인시야."

伯常騫曰.　　　　　　　백상건왈.

"夫靈公有妻三人, 同[6]濫而浴.　"부영공유처삼인, 동람이욕.

[7]史鰌奉御而進所,　　　　사추봉어이진소,

[8]搏幣而扶翼. 其慢若彼之甚也,　박폐이부익. 기만약피지심야,

見賢人若此其肅也.　　　　견현인약차기숙야.

是其所以爲'靈公'也."　　시기소이위'영공'야."

狶韋曰.　　　　　　　　시위왈.

"夫靈公也死,

卜葬於故墓不吉,

卜葬於[9]沙丘而吉. 掘之數仞,

得石槨焉, 洗而視之,

有銘焉, 曰.

'[10]不憑其子, [11]靈公奪而埋之.

夫靈公之爲 '靈' 也久矣.

之二人何足以識之!"

－〔則 陽〕－

"부영공야사,

복장어고묘불길복,

복장어사구이길. 굴지수인,

득석곽언, 세이시지,

유명언, 왈.

'불빙기자, 영공탈이매지.

부영공지위 '영' 야구의.

지이인하족이식지!"

[도움말]

1) 太史大弢, 伯常騫, 狶韋－太史는 官號, 아래 三人(大弢, 伯常騫, 狶韋)은 모두 史官의 이름이다.－成玄英. 史官; 문서의 제작 보관, 기록을 맡은 史의 長官. 모두 춘추시대 周나라의 史官의 이름이다. 弢,(활집도). 騫(발 절 건), 狶(상고의 황제 이름 시, 돼지 부르는 소리 희.)

2) 靈公飮酒湛樂－영공, 위헌공의 賤妾의 子로 태어났다. 태어날 때 선조인 康叔이 現夢하여 그를 君位에 앉힐 것을 告하였다. 蘧伯玉, 史鰌등의 賢臣이 그를 잘 보좌하였다고 한다. '湛, 樂之甚也.'－成玄英. 湛樂(담락)은 耽樂과 같음, 즐거움에 빠져 있음이다. 淫樂(음락)에 빠져 있음.

3) 田獵畢弋－田은 畋(밭갈 전, 봄 사냥 전)과 같으며 봄철의 사냥. 獵은 사냥감을 쫓는 것. 畢弋은 짐승이나 새를 잡는데 쓰는 용구다(畢弋取鳥獸之用也.)－林希逸. 弋(익)은 화살에 밧줄을 매고 쏘는 기구.

4) 諸侯之際－際는 交際. '諸侯之際, 會盟之事.'라 함.－司馬彪.

5) 是因是也－앞의 是는 영공이란 시호를 받은 것, 뒤의 是는 공자가 말한 영공의 생전의 행위를 의미한다. '男女同浴, 此無禮.'－郭象.

6) 同濫(동람)－郭象은 '男女同浴, 此無禮.' 陸德明은 濫, 浴器. 목욕통. 大盆(대합), '큰 물동이'이다.

7) 史鰌奉御 (사추봉어)－史鰌, 史가 姓이고 字는 魚, 衛의 賢大夫. 奉御－손으로 文物을 바치는 것.

8) 搏幣而扶翼－搏(박)은 捕(포), 잡는 것. 幣(폐)는 예물. 翼(익)은 扶, 扶翼(부

익)은 양쪽에서 부축하여 보행을 도움.

9) 沙丘－陸德明은 地名이라 하나, 여기서는 '모래언덕'이라 새김.

10) 不憑其子－빙은 憑으로 기대다, 의지하다. 그 자식에게 의지할 수 없다.

11) 靈公奪而埋之－而는 汝(여)로 너. (宋刊 <南華眞經> 郭象註, 陸德明音義)
    에는 '奪而埋之'이지만 '奪而里之'로 되어 있는 판본도 있다. 이때 里는 蒿
    里(호리), 옛날 사람들은 墓穴을 '호리'라 했다. 또한 里는 埋(매), 매장, 묻
    는다. 居處의 뜻도 있다.

[앤솔러지 莊子: 59]

§Ⅱ－34. 세 번 재상의 자리를 얻고 물러난 손숙오(孫叔敖)

은자 견오肩吾가 초나라의 현인 손숙오에게 물었다.

"그대는 세 번씩이나 영윤이 되었는데도 그것을 영화라 여기지 않
았고 세 번이나 그 자리를 물러났어도 그것을 근심하는 빛이 없
었소. 나는 처음에 그대를 의심하였지만 지금 그대 얼굴의 코언저
리를 보니 아주 즐겁고 평온한 모습 그대로요. 선생께선 마음을
어떻게 다스렸기에 혼자만의 그런 경지에 이를 수 있는지요?"

손숙오가 대답했다.

"내가 어찌 남보다 낫다고 하겠소! 나는 저절로 찾아오는 것을
물리칠 수 없었고 떠나가는 걸 잡을 수가 없었던 것이오. 영윤이
란 벼슬을 얻고 잃음이 본래의 나 자신은 아니라고 생각했기에, 근
심하는 빛이 없었을 뿐이지요. 그러니 내가 어찌 남보다 낫겠소!
또 그 영화가 영윤이라는 재상의 지위에 있는 것인지 그것이 내
자신에게 있는 건지를 알 수가 없었소. 만약 그것이 영윤의 지위
에 있다면 나 자신에게는 없는 것이니 벼슬을 얻었다고 내가 기

뻐할 이유가 없는 것이오. 만약 나 자신에게 있다면 영윤이란 벼슬에는 없는 것이니 그걸 잃었다고 내가 슬퍼할 이유가 없는 것이오. 나는 이제 막 유유자적 하면서 천지 사방을 돌아다니며 즐거워하고 있는데, 남들이 나를 귀히 여기거나 천하게 여긴다는 것까지 생각할 겨를이 어찌 있겠소?"

[1]肩吾問於[2]孫叔敖曰.
"子三爲[3]令尹而不榮華,
三去之而無憂色. 吾始也疑子,
今視子之[4]鼻間[5]栩栩然.
子之用心獨奈何?"
孫叔敖曰. "吾何以過人哉!
吾以其來不可却也,
其去不可止也.
吾以爲得失之非我也,
而無憂色而已矣.
我何以過人哉!
且不知其在彼乎,
其在我乎. [6]其在彼邪,
亡乎我. [7]在我邪, 亡乎彼.
方將[8]躊躇, 方將四顧.
何暇至乎人貴人賤哉!"
―〔田子方〕―

견오문어손숙오왈.
"자삼위영윤이불영화,
삼거지이무우색. 오시야의자,
금시자지비간허허연.
자지용심독내하?"
손숙오왈. "오하이과인재!
오이기래불가각야,
기거불가지야.
오이위득실지비아야,
이무우색이이의.
아하이과인재!
차부지기재피호,
기재아호. 기재피야,
망호아. 재아야, 망호피.
방장주저, 방장사고,
하가지호인귀인천재!"

[도움말]

1) 肩吾―虛와 같고 원래 神의 이름이라 함―司馬彪. 여기서는 楚나라의 隱者. 賢人, 성인 이라고도 한다.―郭象.

2) 孫叔敖 - 楚 莊王(B.C. 613-531) 때의 名宰相. 논어 <公冶長>篇의 令尹 子
   文이라 함. 姓은 蔿(위), 名(명)이 敖(오)다. 孫叔은 그의 字(자)다. 비천한 신
   분에서 입신하여 영윤이 되었다.

3) 令尹 - 令尹은 楚나라의 上卿, 宰相. 令은 善, 尹은 正이다.

4) 鼻間 - 코언저리, 코와 眉間의 부위. '코언저리 미간이 혼쾌하다는 것은 호흡
   (내면의식)이 바깥에 있지 않으며 안으로는 스스로 양생하는 뜻이 있다.'는
   것이다. (鼻間相栩然息不在外而內有自養之意也) - 林希逸.

5) 栩栩 - 栩栩(허허, 후후)는 欣暢貌, 즐겁고 신나는 모양. '歡暢之貌' - 成玄
   英. <齊物論>篇의 胡蝶夢에는 '栩栩然胡蝶也'라고 나온다. 너울너울 춤추는
   모습이다. 鼻間(비간)이 '허허연하다'는 것은 '코와 발꿈치로 숨을 쉬되 거칠
   지 않음. 곧 養生의 도를 터득하고 있다는 뜻'이라 했다. - 宣穎

6) 其在彼邪, 亡乎我 - '其在彼'의 彼는 令尹의 지위를 말한다. '영윤의 지위에
   있다면, 나에게는 없는 것이다.'(若在令尹與我無與.) - 宣穎. '其'는 남으로부
   터의 존경과 貴人 대우를 받는 것 등의 榮華이다. 영화가 영윤의 지위에 있
   다면 자기에게는 없는 것이므로 내가 영화롭게 여길 것이 없다는 것이다.

7) 在我邪, 亡乎彼 - 만약 나에게 있는 것이라면, 영윤의 지위에는 없다. (若在
   我, 與令尹無與) - 宣穎.

8) 躊躇, 四顧 - 郭象은 한일하고 느긋하여, 천지 4방을 둘러보아도, 옳고 그름
   의 편견이 일어나지 않음을 말한다.(躊躇, 四顧, 謂無可無不可.)고 함. 成玄
   英은 躊躇는 '逸豫自得'하는 모양, 四顧는 八方을 高視함이라 했다. 躊(주),
   조용하고 느긋함. 躇(저), 머뭇거리는 것.

[앤솔러지 莊子: 60]

§Ⅱ-35. 한 번의 만남으로 공자를 침묵하게 한
        온백설자(溫伯雪子)

공자는 온백설자를 만난 후에 아무 말이 없었다.
자로가 물었다.

"선생님께서는 오랫동안 온백설자를 만나려 하셨는데,
그를 만나고 나서 아무 말씀이 없으시니 무슨 까닭입니까?"
공자가 대답했다.

"무릇 그와 같은 사람은, 한 번 가까이 보기만 해도 도道가 갖추
어진 것을 알겠으니 굳이 말을 사용할 필요가 없었던 것이다."

[1]仲尼見之而不言.	중니견지이불언.
子路曰.	자로왈.
"吾子欲見[2]溫伯雪子久矣,	"오자욕견온백설자구의,
見之而不言, 何邪?"	견지이불언, 하야?"
仲尼曰.	중니왈.
"若夫人者,	"약부인자,
[3]目擊而道存矣,	목격이도존의,
亦不可以容聲矣."	역불가이용성의."

　　　　　　－〔田子方〕－

[도움말]

1) 仲尼見之 － 見之의 之는 온백설자.
2) 溫伯雪子 － 楚나라 隱人이다. 姓은 溫, 名은 伯, 字가 雪子임.
3) 目擊而道存矣, 亦不可以容聲矣. － 擊은 動이고, 及이고 觸이라 한다. 목격은
가까이 보는 것이다. 容은 用이다. 容聲은 말, 언어를 사용하는 것이다. (容
聲容言也) － 林希逸. 온백설자 같은 이는 精神이 충실하여 밖으로 내비치고
있음을 가까이 보기만 해도 알아 볼 수 있다는 것. 그래서 언어를 쓸 필요가
없다는 뜻이다. 이 二句를 '눈빛이 닿기만 해도 大道가 (몸에) 스스로 존재
함을 알겠으니, 굳이 언설을 사용할 필요가 있는가?'(目觸之而知道在其身復
何所容其言說邪) － 宣穎. 또한 '곧 얼굴을 正色(정색)하는 것으로써 道를 깨
닫게 하여 다른 사람들의 마음(욕망)을 사라지게 하다.'(卽正容以悟使人之意
消也.) － 林希逸.

164

§Ⅱ-36. 나이 육십에 육십 번 변한 거백옥(蘧伯玉)

위나라 현인 거백옥은 나이 육십에 육십 번이나 생각을 바꾸었다.
처음에 옳다고 생각했던 일도 나중에는 잘못이어서 물리쳤다.
육십 세가 된 지금 옳다고 생각하는 것도 실은 오십구 세까지는
잘못된 것이라 생각했던 것처럼, 옳지 않은 것인지도 모른다.
만물은 생겨나 생존하지만 생겨난 그 근원을 볼 수는 없다.
만물은 나타나 존재하지만 나타난 그 문을 볼 수는 없다.
사람들은 모두가 자신의 지智로써 알고 있는 것은 소중히 여기지
만, 자신의 지智가 알지 못하는 것을 신뢰하고 그런 뒤에 참으로
알게 되는 지智는 알지 못한다. 이것이야말로 참으로 큰 미혹이
아닐 수 없다!
자신의 작은 지혜만을 소중히 하는 일은 이제는 그만 두어야 하
리라. 그만 두어야 하리! 아무리 자신의 지력으로 애를 쓴다 할지
라도 큰 미혹에서 도망칠 수는 거의 없다.
나의 이 같은 앎도 내 자신의 작은 알음알이로 그렇다고 말한 바
를 그렇다고 판단하는 미혹이 아닌가?

$^{1)}$蘧伯玉$^{2)}$行年六十而六十化.　　거백옥행년육십이육십화.

未嘗不始於是之而$^{3)}$卒詘之以非也.　　미상불시어시지이졸출지이비야.

未知$^{4)}$今之所謂是之非五十九非也.　　미지금지소위시지비오십구비야.

萬物$^{5)}$有乎生而莫見其根.　　만물유호생이막견기근.

有乎出而莫見其門.　　유호출이막견기문.

人皆尊其知之所知,　　인개존기지지소지,

而$^{6)}$莫知恃其知之所不知而後知.　　이막지시기지지소부지이후지.

可不謂⁷⁾大疑乎！   가불위대의호！

已乎已乎！⁸⁾且無所逃.   이호이호！차무소도.

此所謂⁹⁾然與然乎？   차소위연여연호？

－〔則　陽〕－

[도움말]

1) 蘧伯玉－姓은 蘧, 名은 瑗, 字가 伯玉. 衛나라의 賢大夫라 함. －成玄英.

2) 行年－行은 歷의 뜻이다. 현재의 나이

3) 卒詘之以非也－卒은 終. 마지막, 끝. 詘은 黜(출)로 물리친다. 혹은 '굴'로 읽고 曲, 굽히다. 나중에는 잘못이어서 버리다. <說文>; 黜, 貶下也.

4) 今之所謂是之非五十九非也－'또한 60세에 이른바 옳다고(是)한 것이 곧 지난 59년 동안 틀렸다고 한 것이 아닌 줄 어찌 알 수 있으리오?,'(又安知六十之所謂是者非卽五十九年之非邪?)－林雲銘. 또 '物情(도)의 변화는 처음부터 끝이 없다.'(物情之變未始有極)－郭象. 아마도 일생을 통하여 끊임없이 도(眞知)를 탐구해야 된다는 말일 것이다.

5) 有乎生, 有乎出－鄭玄은 '出, 猶生也.'라 함. 有乎生은 만물이 생장하여 '有'를 이루는 것. <說文>; '生, 進也. 象草木生出土上. 出, 進也.' (生은 進, 초목이 형체를 이뤄 땅 밖으로 나오는 것이다. 出이 進이다.) 곧 生과 出은 모두 進으로 같은 의미다.

6) 莫知恃其知之所不知而後知－莫知는 알지 못하는 것. '恃其知之所不知'는 모르는 것에 바탕을 둔 앎을 믿는 것(의지하는 것)이다. 그런 연후에 비로소 알게 되는 앎은 모른다는 것이다. 宇宙, 生命 등의 現狀이나 死生의 문제 앞에서 인간은 겸손해야 할 것이다. 인간의 작은 두뇌 안에서의 소위 앎이란 것은, 얼마나 작고 미세한 인식에 불과한 것일까？

7) 大疑－疑(의)는 惑, 迷惑이다. 큰 미혹.

8) 且無所逃. －且, 幾乎. 거의 도망칠 곳이 없다. '彼를 쓸 수 없은즉 몸을 기탁할 땅이 없다.'(不能用彼且則寄身無地.)－郭象. 彼는 '자신의 알고 있는 智를 소중히 함을 버림'이다.

9) 然與然乎？－'然與然'은 곧 <齊物論>의 '然於然'과 같다고 한다. 그렇다고 所謂 (말한바)를 그렇다고 판단하는 것인가? '그런가? 하는 것은, 아직은 그렇지 않음을 말하는 것이다.'(然乎? 言未然)－郭象. 然與然이란 것은 疑辭(의문을 가지는 말)이다.(然與然者疑辭也.)－林希逸.

§Ⅱ-37. 황제가 길을 물은 목마동자(牧馬童子)

황제는 구자산에 가서 대외大隗를 만나보려고 했다.

방명이 왼쪽의 어자御者가 되고, 창우가 수레 오른 쪽에서 모시고 장약과 습붕이 앞에서 선도하고 곤혼과 골계가 수레 뒤를 따랐다. 양성의 들에 이르러, 칠인七人의 성자는 길을 잃고 헤매지만 길을 물을 곳도 없었다. 마침 그때 말몰이 목동을 만나 그 동자에게 길을 묻게 되었다.

"너는 구자산을 알고 있느냐?"

"압니다."

"너는 대외가 살고 있는 곳을 알고 있느냐?"

"압니다."

황제가 물었다.

"참으로 이상한 일이구나! 소동小童이 구자산을 알고 있을 뿐만 아니라 또 대외가 살고 있는 곳까지 알고 있다니, 그럼 천하를 어떻게 다스려야 하는지 가르쳐 줄 수 있겠느냐?"

동자가 대답했다.

"천하를 다스린다는 것, 역시 이처럼 목전의 광막한 곳에서 서로를 잊고 있는 것과 같을 뿐입니다. 또 어찌 많은 일들을 해야만 천하가 다스려진다고 하겠습니까? 저는 어려서부터 이 속세 안에서 노닐며 돌아다니다가 그만 눈이 침침해지는 병에 걸렸습니다. 그때 어느 덕 높은 어른께서 저에게 가르쳐 주시기를, '너는 태양의 수레를 타고 양성襄城의 들판에 가서 놀도록 하라.'고 했습니다. 이제는 눈병이 조금 나아지고 있지만, 다시 회복된다면 이 속세의 바깥에서 노닐며 돌아다닐 것입니다. 천하를 다스리는 일일지라도 제가 눈병을 고치는 이 일과 같을 것입니다. 제가 어찌 새삼 관여해야 할 일이 있겠습니까?"

황제는 이해하지 못하고 다시 물었다.

"대저 천하를 다스리는 일은 진실로 소동小童의 일은 아니다. 그렇다 할지라도 천하를 다스리는 방법을 말해 보아라."

동자는 사양하였다.

황제가 거듭 청하자, 동자는 마지못해 대답한다.

"저 천하를 다스리는 것이, 어찌 말을 키우는 것과 크게 다를 수 있겠습니까? 다만 말에게 해가 되는 것을 제거해 줄 뿐입니다."

황제는 머리 숙여 두 번 절하고 천사天師라 칭송하고는 물러났다.

[1]黃帝將見[2]大隗乎[3]具茨之山.
方明[4]爲御, 昌寓驂乘,
張若謵朋[5]前馬,
昆閽滑稽後車. 至於襄城之野,
[6]七聖皆迷, 無所問塗. 適遇牧馬
童子, 問塗焉. 曰,
"若, 知具茨之山乎?"
曰.
"然."
"若, 知大隗之所存乎?"
"然."
黃帝曰.
"異哉!
小童非徒知具茨之山,
又知大隗之所存,

황제장견대외호구자지산.
방명위어, 창우참승,
장약습붕전마,
곤혼골계후거. 지어양성지야,
칠성개미, 무소문도. 적우목마
동자, 문도언. 왈,
"약, 지구자지산호?"
왈.
"연."
"약, 지대외지소존호?"
"연."
황제왈.
"이재!
소동비도지구자지산,
우지대외지소존,

請問爲天下？"

小童曰. "夫爲天下者,

7)亦若此而已矣. 又奚事焉？

予少而自遊於六合之內,

8)予適有瞀病. 有長者教予曰,

'9)若乘日之車而遊於襄城之野.'

今予病10)少痊,

11)予又且復遊於六合之外.

夫爲天下, 亦若此而已.

12)予又奚事焉？"

黃帝曰.

"夫爲天下者, 則誠非吾子之事,

雖然, 請問爲天下."

小童辭. 黃帝又問, 小童曰.

"夫爲天下者,

亦奚以異乎牧馬者哉？

亦去其害馬者而已矣！"

黃帝再拜稽首, 稱13)天師而退.

－〔徐無鬼〕－

청문위천하？"

소동왈. "부위천하자,

역약차이이의. 우해사언？

여소이자유어육합지내,

여적유무병. 유장자교여왈,

'약승일지거이유어양성지야.'

금여병소전,

여우차부유어육합지외.

부위천하, 역약차이이.

여우해사언？"

황제왈.

"부위천하자, 즉성비오자지사.

수연, 청문위천하."

소동사. 황제우문, 소동왈.

"부위천하자,

역해이이호목마자재？

역거기해마자이이의！"

황제재배계수, 칭천사이퇴.

[도움말]

1) 黃帝將見大隗－황제, 太古의 聖王, 軒轅氏. 대외, 大司神名이다.

2) 大隗－大道, 神名, 혹은 大道라고 한다. '大隗; 大道廣大하며 隗然空寂이다.' －成玄英. 또한 말하길 '大隗'는 古之至人이라 함.

3) 具茨之山－山名이다. '具茨는 滎陽密縣의 東쪽에 있었는데 지금의 泰隗山이라 함.' －司馬彪 여기서는 大地의 주인인 大隗(大道, 大司神)가 사는 곳.

4) 爲御驂乘－御(어)는 왼쪽에 있음을 나타내고, 驂(참)은 수레 오른쪽에 있음이다. (驂參, 車右也.)－陸德明. 가운데 황제가 앉아 있다.

5) 前馬－司馬彪는 수레 앞에서 말을 모는 二人이다.

6) 七聖－중앙의 黃帝, 方明(새벽빛), 昌寓(한낮의 빛), 張若(동풍, 춘풍), 謵朋(서풍, 추풍), 昆閽(황혼), 滑稽(어둠)을 의인화한 일곱 명의 聖人이라 한다. －陸德明. 새벽빛 및 어둠 등의 풀이는(朴一峰 역본)에 따름. 이제 天界의 주인인 黃帝를 모시고 大地의 주인인 大隗(大道, 大司神)을 만나러 수레를 몰아 구자산으로 길을 떠난다.

7) 亦若此而已矣－若此는 목전(目前)의 광경, 즉 陽城之野에서 서로를 잊고 있는 것과 같음이다. 陽城之野는 아무것도 없는 광막한 들이다. 무욕 무심의 햇빛 밝은 경지를 의미하는 것이 아닐까?

8) 予適有瞀病－瞀(무)는 어둡다, 適(적)은 이르다. 가다. 六合之內, 곧 方內에서 놀다가 마침 눈병이 났다는 것. 司馬彪는 瞀, (眊) (눈을 구부려 자세히 볼 모)로 읽고 眩(眊)라 함. 눈이 어지러워 아찔한 것.

9) 若乘日之車－'해 뜨면 나와 놀다가 해지면 들어가 쉰다.'는 것이다. (日出而遊, 日入而息)－郭象. 해의 수레를 따르는 삶.

10) 少痊－병이 조금 나아지다. 痊(전)은 '除也' 병이 낫는 것이다.

11) 予又且復遊於六合之外－이제 세상 밖에서 물사(物事)를 벗어나 자유롭게 노닌. 無心 혹은 무위자연의 경지에서 노니는 것이다. '又, 且, 復, 三 字'는 一義라 함.

12) 予又奚事焉? －제가 어찌 새삼 관여해야 할 일이 있겠습니까? 郭象은 '대저 천하를 다스린다는 것은 自放自任에 지나지 않는다. 이미 自放自任하였으니 외물 따위로 어찌 구속이 되게 할 수 있겠느냐? 그러므로 내가 무위이면 백성은 저절로 다스려진다.'고 풀었다. 여기서의 無爲의 '爲'는 당시 백성을 위한다고 하는 불필요한 통제와 강제성을 지닌 통치권 者의 행위를 뜻한다.

13) 天師－天師라 함은 나의 스승으로 삼을 만한 天人을 말한다고 한다. (天師者言天人可以爲我之師也.)－林希逸.

§Ⅱ-38. 웃지 않는 사나이 위 무후를 크게 기뻐하며 웃게 한 서무귀(徐无鬼)

서무귀는 여상의 소개로 위魏 무후를 만나 뵈었다. 무후는 서무귀를 위로하면서 말했다.

"선생은 무척 수척해지셨군요! 오랫동안 산속에서 고초가 많으시다가 마침내 과인을 만나러 일부러 오셨군요."

서무귀가 대답했다.

"제가 임금님을 위로해 드리려는데 어찌 임금님께서 저를 위로하려 하십니까? 임금님께서는 만약 당신의 욕망을 채우시고 좋고 싫은 감정을 그대로 기르신다면 생명의 본바탕이 병들 것입니다. 또한 임금님께서 만약 당신의 욕망을 버리시고 좋고 싫은 감정을 끌고 가 억누르신다면 귀와 눈이 병들 것입니다. 그래서 제가 임금님을 위로하고자 왔는데 어찌하여 저를 위로하려 하십니까?"

무후는 몹시 실망하여 아무 말도 하지 않았다. 잠시 후, 서무귀가 다시 말했다.

"시험 삼아 제가 임금님을 위하여, 개를 감정하는 이야기를 하겠습니다. 질이 낮은 개는 그저 먹기만 하여 배가 불러야 그만 둡니다. 이놈은 고양이와 다를 바가 없지요. 그 다음 중간치의 개는 멀리 해를 바라보듯이 뜻이 원대합니다. 최상급의 개는 제 몸도 잊은 듯이 그 정신이 움직이지 않습니다. 그러나 제가 개를 감정하는 것은 말을 감정하는 것만 못합니다. 제가 말을 감정한 정상급의 말은 앞니가 먹줄을 친 듯 곧고 목덜미가 그림쇠처럼 둥글며 머리는 곱자를 댄 듯하고 눈도 그림쇠로 그린 듯 둥근 것이 곧 제후의 나라에서 상등마上等馬입니다. 그러나 이런 말도 천하의 명마에는 미치지 못합니다. 천하의 명마는 저절로 천성의 재질이 갖추어져 있고 조용히 안정되어 있으며 제 몸 자체도 잊어버린 듯합니다. 이런 말은 일단 달렸다 하면 모든 말들을 앞질러 질풍같이 달려도 먼지조차 일으키지 않고 어디서 멈추게 될지도 모를 정도입니다."

이 말을 들은 무후는 크게 기뻐하며 웃었다.

[1]徐無鬼[2]因女商見魏武侯.
[3]武侯勞之曰.
"先生[4]病矣! 苦於山林之勞,
故乃肯見於寡人."
徐無鬼曰.
"我則勞於君, [5]君有何勞於我?
君將盈耆欲, 長好惡, 則性命之
情病矣. [6]君將黜耆欲, 擎好惡,
則耳目病矣. [7]我將勞君,
君有何勞於我?"
武侯[8]超然不對.
少焉, 徐無鬼曰.
"嘗語君, 吾相狗也. 下之質,
執飽而止. 是[9]狸德也. 中之質,
若[10]視日. 上之質, [11]若亡其一.
吾相狗, 又不若吾相馬也.
吾相馬, [12]直者中繩,
曲者中鉤, 方者中矩,
圓者中規, [13]是國馬也.

서무귀인여상현위무후.
무후로지왈.
"선생병의! 고어산림지로,
고내긍견어과인."
서무귀왈.
"아즉로어군, 군유하로어아?
군장영기욕, 장호오, 즉성명지
정병의. 군장출기욕, 견호오,
즉이목병의. 아장로군,
군유하로어아?"
서무초연부대.
소언, 서무귀왈.
"상어군, 오상구야. 하지질,
집포이지. 시리덕야. 중지질,
약시일. 상지질, 약망기일.
오상구, 우불약오상마야.
오상마, 직자중승,
곡자중구, 방자중구,
원자중규, 시국마야.

172

而未若天下馬也.　　　　　이미약천하마야.

天下馬, 14)有成材,　　　　　천하마, 유성재,

15)若卹若失, 若喪其一.　　약휼약실, 약상기일.

若是者, 16)超軼絶塵,　　　약시자, 초질절진,

不知其所." 武侯大悅而笑.　부지기소." 무후대열이소.

　　　　　－〔徐无鬼〕－

[도움말]

1) 徐無鬼因女商見魏武侯－徐無鬼는 魏(위) 隱士다. 女商은 女가 姓이고 商이
   名이고, 魏(위) 宰臣이다. －成玄英.

2) 因女商－女商의 소개로.

3) 武侯勞之曰－'武侯' 名을 擊, 文侯의 子, 治安邑이라 함. －陸德明. 女商의
   말에 의하면 시서예악, 금판육도(병서) 같은 이야기에도 이를 드러내어 웃는
   (啓齒) 일이 없는 과묵한 성격의 제후였다. 勞는 慰勞(위로). 之는 서무귀.

4) 病은 苦라 함.

5) 君有何勞於我？－有는 又(다시, 또)로 읽는다.

6) 君將黜耆欲, 擎好惡－將은 若. 黜(출), 退(물리치다.) 擎(견), 引去(끌고감)－
   崔譔

7) 我將勞君－將은 則과 같은 뜻이다.

8) 超然－司馬彪가 超然은 悵然(창연)과 같다고 함. 失意. 슬퍼하다.

9) 狸(리)－貓, 猫. 고양이.

10) 視日－멀리 바라봄이다. (視日, 瞻遠也)－司馬彪.

11) 若亡其一 '一은 身이다. 정신이 움직이지 않음을 말하고, 그 몸이 없음과 같
    다.' (一, 身也. 謂精神不動, 若無其身也.)－陸德明.

12) 直者中繩, 曲者中鉤, 方者中矩, 圓者中規－直은 馬前齒, 曲은 馬項, 方은
    馬頭, 圓은 馬眼이라 함. (안동림 역본) 規矩(규구)는 그림쇠와 곱자. 규칙
    과 법규, 혹은 動靜이 모범이 되는 것이다. '그 움직임이 곱자와 법도에 꼭
    맞음을 말 한다.' (言其動合矩度也.)－林雲銘.

13) 是國馬也－제후의 나라의 上等馬이다.

14) 有成材－材는 才. 자연히 충족되어 敎習할 필요가 없음이다.

15) 若卹若失－卹(휼)은 고요할 侐(혁)의 뜻이다. 佚은 失이라 하는 이도 있다.

'卹, 失은 모두 놀랍고 당황하여 날아감과 같음이다.'(卹, 失, 皆驚悚若飛也.)－李頤.

16) 超軼絶塵, 不知其所－軼은 過. 뒤를 따르다가 앞으로 나오는 것, 곧 추월이다. (軼, 從後出前也.)－楊柳橋 천하의 명마가 군마를 추월하여 달리는 것이 나는 듯하나 먼지조차 일지 않음을 말한다고 함. 所는 止所, 멈추는 곳이다. －成玄英.

[앤솔러지 莊子: 64]

§Ⅱ-39. 달팽이 좌우 뿔에는 촉씨(觸氏), 만씨(蠻氏)의 나라가 있다고 말한 대진인(戴晉人)

혜자가 화자華子의 그 말을 듣고 진대인을 왕에게 알현시켰다.

대진인이 말하기를, "세상에는 달팽이(蝸牛)이라는 것이 있는데 전하께서도 알고 계시는지요?"

왕이 대답한다. "알고 있소."

"달팽이의 왼쪽 뿔에 있는 나라는 촉씨이고, 달팽이의 오른쪽 뿔에 있는 나라는 만씨입니다. 때때로 서로 영토문제로 다투어 전쟁을 하였는데, 죽은 시체가 수만이요, 달아나는 적군을 쫓아 보름이 지나서야 돌아오곤 했습니다."

왕이 말하기를, "아아! 그건 허무맹랑한 이야기가 아니오?"

대진인이 말한다. "신은 전하께서 제 이야기를 사실로 받아 주시기 바랍니다. 전하께서는 천하 사방 경계의 끝이 있다고 생각하십니까?"

왕이 대답한다.

"끝이 없소."

대진인이 다시 말한다.

"마음을 끝없는 무궁에서 놀게 할 줄 안다면, 돌이켜 인적이 미치는 사해지내四海之內를 생각해본다면 그것은 있는 듯 없는 듯 하겠지요?"

왕이 대답한다.

"그렇소."

대진인이 말한다.

"그 인적이 미치는 사해지내에 위나라가 있고 그 위나라 가운데 위魏의 도읍都邑인 대량이 있으며 대량 안에 왕이 있습니다. 왕과 만씨의 구별이 있습니까?"

왕이 대답한다.

"구별이 없소."

대진인이 물러 나가자 왕은 멍하니 정신이 나간 듯, 뭔가 소중한 것을 잃어버린 것 같았다.

대진인이 물러 나가자 혜자가 왕을 만났다.

왕이 말한다.

"그 객客은 대인이오. 성인聖人이라하더라도 그를 당하기엔 부족하오."

혜자가 말한다.

"대저 피리를 불면 누가 불더라도 피리소리가 나지만, 칼의 손잡이 끝에 있는 작은 구멍을 불면, 마치 '훅' 하며 지나가는 바람소리만 나게 됩니다.

요순은 사람들이 칭송하는 성인이지만 대진인의 묘음妙音 앞에서 요순을 말하는 것은, 비유하자면 - 칼의 손잡이 끝의 구멍에서 나는 작은 소리일 따름일 뿐입니다."

---

1) 惠子聞之而見戴晉人.

戴晉人曰,

혜자문지이현대진인.

대진인왈,

“有所謂[2]蝸者, 君知之乎?”

曰. “然.”

“有國於蝸之左角者,

曰觸氏,

有國於蝸之右角者曰蠻氏.

時相與爭地而戰, 伏尸數萬,

[3]逐北旬有五日而後反.”

君曰. “噫! 其虛言與?”

曰. “臣請爲君實之.

[4]君以意, 在四方上下有窮乎?”

君曰. “無窮.”

曰. “知遊心於無窮,

而反在[5]通達之國,

[6]若存若亡乎?”

君曰. “然.”

曰. “通達之中有魏

於魏中有梁,

於梁中有王.

王與蠻氏有辯乎?”

君曰. “無辯.”

客出而君[7]惝然若有亡也.

客出, 惠子見.

君曰.

“客, 大人也, 聖人不足以當之.”

惠子曰.

“[8]夫吹筦也, 猶有嗃也,

[9]吹劍首者, 吷而已矣.

“유소위와자, 군지지호?”

왈. “연.”

“유국어와지좌각자,

왈촉씨,

유국어와지우각자왈만씨.

시상여쟁지이전, 복시수만,

축배순유오일이후반.”

군왈. “희! 기허언여?”

왈. “신청위군실지.

군이의, 재사방상하유궁호?”

군왈. “무궁.”

왈. “지유심어무궁,

이반재통달지국,

약존약망호?”

군왈. “연.”

왈. “통달지중유위,

어위중유양,

어양중유왕.

왕여만씨유변호?”

군왈. “무변.”

객출이군창연약유망야.

객출, 혜자현.

군왈.

“객, 대인야, 성인부족이당지.”

혜자왈.

“부취관야, 유유학야,

취검수자, 혈이이의.

堯舜, 人之所譽也, 요순, 인지소예야,

道堯舜於戴晉人之前, 도요순어대진인지전,

10) 譬猶一吷也." 비유일혈야."

―〔則 陽〕―

[도움말]

1) 惠子聞之而見戴晉人 ― 惠子, 惠施. 戴晉人은 梁國賢人이다. 惠施가 그를 왕
(魏瑩: 魏惠王)에게 천거하였다. ―陸德明. 之는 말(言)이다. 前句節에 나온
華子의 말이다. '齊나라를 정벌하자, 하지말자, 하고 말 잘하는 사람은 백성
을 어지럽히는 사람이고, 또 그런 말을 하는 자도 백성을 어지럽히는 자입니
다.' 하고 화자가 말했다. 魏 혜왕이 '그러면 어떻게 해야 되겠소?'하고 되물
었을 때 華子는 '왕께서는 오직 도를 구하면 그뿐입니다.'라고 했다. 之는 華
子의 '왕께서는 오직 도를 구하면 그뿐입니다.'라는 말이다. 이 말을 들은 혜
자가 왕을 위해 梁國의 賢人, 戴晉人을 초빙하여 왕에게 천거하고 있다.

2) 蝸者 ― 蝸蟲으로 양쪽에 뿔이 있고, 世俗에서는 蝸牛라고 부른다. (蝸蟲, 有
兩角, 俗謂之蝸牛.) ―李頤

3) 逐北旬有五日而後反 ― 逐北, 군사가 도망감을 일러 배(北)라 함. (軍走曰北.)
―陸德明.

4) 君以意 在四方上下有窮乎? ― 以는 之와 같다. 전하께서는 (전하의 생각),
천지사방에 끝이 있다고 생각하시는가? 在, 察이고 窮, 止境이다.

5) 通達之國 ― 人迹이 미치는 곳을 通達 이라 하고 四海之內를 말한다.

6) 若存若亡乎 ― 희미하게 보여, 있는 것 같기도 하고 없는 것 같기도 하다는
것이다.(眇然似有似無.) ―宣穎

7) 惝然(창연) ― 멍하니 정신이 혼미 함.

8) 夫吹筦也, 猶有嗃也 ― 筦(관)은 管이다. 피리. 嗃(학), 管聲也 ―陸德明

9) 吹劍首者 ― 劍首, 칼의 손잡이 끝에 있는 작은 구멍.

10) 譬猶一吷也 ― 吷然, 如風過. '吷(혈)은 小聲. 嗃(학)은 大聲.'이라 함 ―成玄英.

§Ⅱ-40. 동곽자기의 가르침으로 9년 만에 천지간 이치를 깨닫게 된 안성자유(顔成子游)

안성자유가 스승 동곽자기東郭子綦에게 말했다.

"저는 선생님의 말씀을 듣고 1년이 되자 질박하게 되었고 2년이 되자 세속에 순순히 따르게 되었고 3년에 바깥경계에 걸림이 없게 되었고 4년에 사물의 이치를 꿰뚫게 되었고 5년에 스스로 자득하게 되었고 6년에 외형을 초월하게 되었고 7년에 자연과 일체를 이루었고 8년에 죽음을 모르고 생도 모르게 되었고 9년에는 천지간의 묘리를 완전히 깨닫게 되었습니다."

顔成[1]子游謂[2]東郭子綦曰.

"吾聞子之言,

一年而[3]野, 二年而[4]從,

三年而[5]通, 四年而[6]物,

五年而[7]來, 六年而[8]鬼入,

七年而天成, 八年而不知死,

不知生, 九年而[9]大妙."

－〔寓 言〕－

안성자유위동곽순자왈.

"오문자지언,

일년이야, 이년이종,

삼년이통, 사년이물,

오년이래, 육년이귀입,

칠년이천성, 팔년이부지사,

부지생, 구년이대묘."

[도움말]

1) 子游-子綦(자기)의 제자.
2) 東郭子綦-성 외곽의 동쪽에 살아서 東郭(동곽)이라 함(居在郭東, 故曰東郭)
   - 成玄英. 제물론중의 南郭子綦와 같은 사람이라 한다.
3) 野-質朴이라함-成玄英.

4) 從 — 세속에 따르는 것이다(順於俗也) — 成玄英

5) 通 — 바깥경계에 걸리지 않음이다.(通, 不滯境也) — 成玄英

6) 物 — 앎이다. 사물의 이치를 꿰뚫음이라 한다.(物, 識也. 謂通曉物理也) — 楊柳橋

7) 來 — 자득이다.(來, 自得也) — 郭象

8) 鬼入 — 형체를 초월하는 것이다.(鬼入, 外形骸也.) — 郭象

9) 大妙 — 천지간의 玄妙之理를 깨닫게 되었다는 것이다. '妙는 精微고 이치를 끝 까지 궁구하는 것이다. 지혜가 크고 넓게 비치니 大라 한다.' — 成玄英

第三章

莊子의 도(道)

제3장: 「장자의 도(道)」

무엇이 도인가? 옛 사람들이 일생을 통하여 끊임없이 자신에게
던진 질문이다. 그것은 한때의 호기심을 만족시키기 위한 지적 유희
가 아니라, 그들에겐 생명을 건 자신과의 싸움이었고 내면을 향한
끝없는 탐구였다. 공자는 "아침에 도를 들어 깨닫기만 한다면, 저녁
에는 죽어도 좋다!(朝聞道, 夕死, 可矣!)"라고 하지 않았던가. 물론 공자
의 도와 장자의 도는 서로 다르다. 하지만 최후의 과녁은 동일하다.
과녁의 중심에는 절대적 자유와 인간의 본질에 대한 통찰이 있다.
과녁을 향해 활을 당기는 행위에는 진리道를 향한 열정과 사랑이
담겨 있다. 그것은 시작도 끝도 없는 둥근 고리처럼 보인다. 장자의
도의 통찰은 사유에서 시작하지만 끝내는 사유의 처음, 그 이전으로
거슬러 올라가 마침내 백척간두百尺竿頭에 서서 홀연히 그 모습을 감
춘다.

그는 자신을 천균天鈞에 맡기고 자기의 옳음(己是)을 인위적으로 자
연에 끼워 넣지 않으려 한다. 장자의 무위는 가장 힘겹고 적극적인
행위다. 무위의 행위 안에는 자연의 조화로운 이치가 꽉 차 있다.
장자는 도道를 신, 하늘, 부모라 칭하지 않고 "나의 스승이시여! 나
의 스승이시여!(吾師乎! 吾師乎!)"라고 찬탄한다. 도는 길이고 방법이
고 도리이며 우주만물의 본체이며 그에 대한 인식이다. 현상을 통해
그 모습을 얼핏 드러내는 만물의 이치이다. 혹은 세상과 나를 하나
로 관통하는 그 무엇이다. 그는 "천지자연에 통하는 것이 덕이고, 만
물에 고루 미치는 것이 도(通於天地者德也, 行於萬物者道也. 1)〈天地〉)"라 하

---

1) 중국의 葉國慶은 <天地>편 등 외, 잡편 12편을 莊子의 作이라 함. (黃錦鋐, 莊

였다. 한편 "대저 염담적막, 허무무위(恬惔寂漠, 虛無無爲). 이것이 천지의 평화로움이고 도와 덕의 본바탕이 된다[2]"라고도 했다.

　　子讀本 p.46-49, 三民書國, 臺灣, 2005) *鋐(그릇 횡).
 2) 夫恬惔寂漠, 虛無無爲. 此, 天地之平而道德之質也. <刻意>편.

第三章: 莊子의 도(道)

[앤솔러지 莊子: 66]

§Ⅲ-1. 도(道)는 어디에 숨어 진실과 거짓이 생기는가?

도는 어디에 숨어 진실과 거짓이 존재하는가?
말은 어디에 숨어 옳고 그름이 존재하는가?
참 도는 어디로 가서 이곳에 존재하지 않는 걸까?
참 말은 어디에 가서 지금은 옳다고 할 수 없는 걸까?
참 도는 작은 성견成見인 저마다의 편견 뒤에 숨어 버렸고
참 말은 화려하기만 한 외면의 수식 앞에 숨어버렸다.

1)道惡乎隱而有眞僞?　　　　도오호은이유진위?

言惡乎隱而有是非?　　　　　언오호은이유시비?

2)道惡乎往而不存?　　　　　도오호왕이부존?

3)言惡乎存而不可?　　　　　언오호존이불가?

4)道隱於小成, 言隱於榮華.　도은어소성, 언은어영화.

　　　－〔齊物論〕－

[도움말]

1) 道惡乎隱而有眞僞? - 惡, 同何. 어찌何. 乎, 同於. 惡乎는 '於何'의 倒置.
'道'는 만물의 本源(본원) 本體(본체) 및 그 도리. 혹은 그 道(眞理)에 대한
바르고 진실한 인식이다. 隱은 폐(蔽), 덮다, 숨기다. 막다. 隱藏, 依據다

2) 道惡乎往而不存? - 참 道는 어찌하여(어디로) 가고(지금의 세태에는) 없는가?
惡는 반어를 나타냄. 본의는 道無往而不存이라 한다. 여기서의 道는 우주의
실재적 근원, 최상, 지고의 인식과 그 체득을 의미한다고 함. 宣穎(선영)은
'부딪치며 사는 곳 모두가 도이니, 본래 말이 꼭 필요한 것은 아니다. 언어
도 하나고 道도 하나이니, 말이 꼭 필요한 것이 아니다.'라 했다.

3) 言惡乎存而不可? - 참말은 어디에 가 있기에 (지금의 세태에는) 참말의 구
실이 불가능한가? 옳은 것을 옳다하고 그른 것을 그르다 하는 것이 모두 가
능함을 말 한다고 했다. (謂是是非非皆可也.) - 林希逸

4) 道隱於小成 - '小道이면서도 이룬 바가 있다고 하는 者를 일러 小成이라 한
다.'(小道而有所成得者, 謂之小成也.) - 成玄英. '편견을 가진 사람들이, 道를
숨게 했다.' (偏見之人, 乃致道隱.)고 함. - 宣穎.

[앤솔러지 莊子: 67]

§Ⅲ-2. 도의 문지도리, 도추(道樞)

이것 또한 저것이고, 저것 또한 이것이다.

저것 또한 하나의 상대적 시비이고, 이것 또한 하나의 상대적 시
비이다.

진실로 이것과 저것이란 절대적구별이 있는 걸까?

진실로 이것과 저것이란 절대적구별이 없는 걸까?

이것과 저것이란 상대적 구별이 서로의 대상인 짝을 얻지 못함을
일러 도道의 문지도리, 도추道樞라 한다.

도추는 비로소 변화의 중심을 얻어 무궁한 변화에 응하게 된다. 옳다 하는 것도 하나의 무궁한 변화이고 옳지 않다고 하는 것도 하나의 무궁한 변화이다.

그러므로 피시彼是, 시비是非의 상대적 구별에 집착함은 절대적 명지로 비추어 보는 것만 못하다고 말하는 것이다.

是亦彼也, 彼亦是也.	시역피야, 피역시야.
彼亦一是非, 此亦一是非.	피역일시비, 차역일시비.
[1]果且有彼是乎哉?	과차유피시호재?
果且無彼是乎哉?	과차무피시호재?
[2]彼是莫得其偶, [3]謂之道樞.	피시막득기우, 위지도추.
[4]樞始得其環中, 以應無窮.	추시득기환중, 이응무궁.
是亦一無窮, 非亦一無窮也.	시역일무궁, 비역일무궁야.
故曰[5]莫若以明.	고왈막약이명.

－〔齋物論〕－

[도움말]

1) 果且有彼是乎哉？－且는 是와 같다. 果는 진실로, 정녕.

2) 彼是莫得其偶－'偶(우)는 對다. 彼是가 서로 對가 되지만, 성인은 양쪽을 모두 따른다.' 고 함. (偶, 對也. 彼是相對. 而聖人兩順之.)－郭象. 彼에 대하여 是, 是에 대하여 彼. 즉, 서로의 상대적 집착, 아집으로서의 개념이 형성되지 않는 것을 말한다.

3) 謂之道樞－樞(추)는 門의 지도리, 樞紐, 關鍵. 가장 중요한 곳. '偶는 對. 樞는 要이다. 무릇 彼此라고 하는 실체는 함께 비어있다, 是非는 두 개의 환상이니, 정신 응결하여 저 홀로 見處를 얻어, 천하에 상대적 구별이 없는 者야말로 현묘함의 궁극에 이르러, 道(도)의 핵심인 樞要를 얻게 된다.'고 한다. (偶, 對. 樞, 要也. 體夫彼此俱空. 是非兩幻, 凝神獨見, 而無對於天下者, 可得會其玄極, 得道樞要.)－成玄英. 도추의 道 또한 만물의 本源(본원) 本體(본체) 및 그 도리. 혹은 그 道(眞理)에 대한 바르고 진실한 인식을 뜻한다.

186

4) 樞始得其環中－環中은 문지도리가 둥근 고리에 잘 연결되었음을 말한다. 곧 中을 얻었기에 문짝은 자유롭게 움직이지만 중심은 不動(부동)이다. '環(환)의 가운데는 반드시 비어있다. 나는 道의 핵심을 얻었으니, 이제 비로소 環(환)이 적중한 것 같다. 環(환)의 적중은 곧 끝도 시작도 없으니, 따라서 무궁한 것이다.'(環之中必虛. 我得道之樞要, 則方始如環中然. 如環之中則無終無始, 而無窮矣.)－林希逸

5) 莫若以明－明은 彼是, 是非의 상대적 관념을 떠난 萬物 齊同의 대 긍정의 明(명)이다. 그런 밝음으로 비추어 보는 것. 그러나 이 같은 道의 體得은 理性의 추구를 통한 철학적 사고의 결과가 아니라 삶의 체험을 통한 내밀한 수행의 결과에 더 가까울 수 있다. 道는 '일종의 무의식의 개념'이라 한 이도 있다－호적(胡適)

[앤솔러지 莊子: 68]

§Ⅲ－3. 길(道)은 다녀서 이루어지고

천지는 하나의 손가락에 불과하고 만물은 한 필의 말에 지나지 않는다.

옳은 것을 옳다 하고 그른 것을 그르다고 한다.

도道(길)는 다녀서 이루어지고 물物은 불러서 이름 붙여진다.

무엇을 그렇다고 하는 걸까? 그렇다고 여기는 것을 그렇다고 한다.

무엇을 그렇지 않다고 하는 걸까? 그렇지 않다고 여기는 것을 그렇지 않다고 한다.

모든 물物에는 본래 그럴만한 것이 갖추어져 있고, 모든 물物에는 본래 옳다할 만한 것이 갖추어져 있다.

물物에는 저마다 그렇지 않음이 없고 물物에는 저마다 옳지 않음이 없다.

¹⁾天地一指也, 萬物一馬也.　　　　천지일지야, 만물일마야.

可乎可, ²⁾不可乎不可.　　　　가호가, 불가호불가.

³⁾道, 行之而成, ⁴⁾物, 謂之而然.　　도, 행지이성, 물, 위지이연.

⁵⁾惡乎然? 然於然.　　　　오호연? 연어연.

惡乎不然? ⁶⁾不然於不然.　　오호불연? 불연어불연.

物固有所然, ⁷⁾物固有所可.　　물고유소연, 물고유소가.

⁸⁾無物不然, 無物不可.　　　무물불연, 무물불가.

　　　　　－〔齋物論〕－

[도움말]

1) 天地一指也, 萬物一馬也 － '指馬之說'은 公孫龍의 <指物論>과 <白馬論>이 근원이다. <指物論>: 物莫非指, 而指非指. 만물은 손가락 아님이 없으나, 손가락(개념)이라 지칭하는 '物'은 참 손가락(본체, 진체)이 아니다. <白馬論>: 白馬非馬. 곧 白馬不同於馬, 白馬라고 지칭하는 '物'은 참 말(본체, 진체)과 같지 않다는 것이다.

'指馬之說'로 대변할 수 있는 당시의 개별적인 자기중심의 是非에서 벗어나 장자는 지금 만물 제동, 道樞의 입장에서 언설을 전개하고 있다.

一指는 우주를 하나의 몸으로 보면 천지는 그 몸의 일부분인 한 손가락에 불과하고, 세상의 만물이란 것도 一物인 한 필의 말에 지나지 않는다는 것이다. 즉, 천지니 만물이니 하는 것도 상대적 관념에 의한 차별이라는 것이다. 이하의 語句는 모두가 상대적인 시각이 아닌 道樞의 입장에서 말하고 있다.

상대적 차별이 아닌 만물 제동을 基底(기저)로 한 임시적 구별을 진술하고 있다하겠다. 혹자는 一은 同. 等이라 새김. 天地는 손가락과 동일하고 만물은 말(馬)과 같다는 것이다.

2) 不可乎不可 － '乎不可'의 '乎'는 於로서 어떤 사람의 視角을 나타내고 조성된 결구는 全句의 수식어가 됨. '…에 의거하여 보면.' 즉 '不可에 의거하여 보면 不可하다.'는 뜻이다. 不可라고 생각하면 不可라는 것.

3) 道行之而成 － 이곳에서의 道는 路. 길은 다녀서 이루어진다. 혹은 道는 행함으로써 완성된다. '道 자체에는 정미함이나 조악함이 없고, 행한 바 그대로 이루어지니 모두 저절로 그렇게 되는 것이다.'라 함. (道無精粗, 行之卽成皆自然也.) － 林希逸

188

4) 物謂之而然 - 物(물)은 불러서 그렇게 된다. 物은 萬物, 혹은 人을 지칭한다.

5) 惡乎然 - 惡(오)는 何(하).

6) 不然於不然 - 그렇지 않는 것을 그렇지 않다고 하다. 그렇지 않다는 입장에서 보면 그렇지 않다는 것. 王先謙은 寓言篇을 예증으로, 이 句 아래 다시 '惡乎可? 可於可. 惡乎不可? 不可於不可.'가 대응하여 이어 있었지만 이 4 句는 今本에는 없어졌다.고 했다.

7) 物固有所可 - 固, 本來. 저마다 그렇다고 하는 것을 각각 그렇다고 하고, 저마다 옳다고 하는 것을 각각 옳다고 한다. (各然其所然, 各可其所可.) - 郭象

8) 無物不然, 無物不可 - 대 긍정의 입장에서 보면, 物은 저마다 자연성과 옳음을 갖추지 않은 것이 없다는 것.

[앤솔러지 莊子: 69]

§Ⅲ-4. 도는 모든 것을 관통하여 하나가 되게 한다

도道는 모든 것을 관통하여 하나가 되게 한다.

나뉘어 흩어지는 것은 생성하는 것이다.

생성하는 것은 훼손되어 사라지는 것이다.

무릇 세상 만물은 생성도 소멸도 없이 다시금 통하여 하나가 된다.

오직 도에 이른 자만이 모든 것은 통하여 하나임을 깨닫고 있어서 이를 위해 사려 분별의 지혜를 쓰지 아니하고 만사를 자연의 추이에 맡기고 있는 것이다.

용庸이란 일상의 평범함과 함께 하는 천지자연의 작용이다.

천지자연의 작용이란 만물을 하나로 통하게 한다.

하나로 통하는 것이 곧 도의 체득이다.

마침, 이러한 체득에 이르렀다면 더욱 도의 근원에 가까워 진 것이니 이제 천지자연의 추이에 맡기는 절대 긍정에 따를 뿐이다. 스스로 절대 긍정에 따를 뿐이나, 그렇게 되는 이유를 알지 못하는 것을 일러 도道라 한다.

道通爲一. 其分也, 成也.
其成也, 毁也. 凡物無成與毁,
復通爲一. [1]唯達者知通爲一,
[2]爲是不用而寓[3]諸庸. 庸也者,
用也. 用也者, 通也.
通也者, 得也. [4]適得而幾矣,
[5]因是已. 已而不知其然,
謂之道.

도통위일. 기분야, 성야.
기성야, 훼야. 범물무성여훼,
부통위일. 유달자지통위일,
위시불용이우제용. 용야자,
용야. 용야자, 통야.
통야자, 득야. 적득이기의,
인시이. 이이부지기연,
위지도.

―〔齋物論〕―

[도움말]

1) 唯達者-達者는 達道者. 오직 도에 통달한 자만이 이 세상 이치가 관통하여 하나가 된다는 것을 안다. (唯達道者知此理之爲一)-林希逸

2) 爲是不用而寓諸庸-여기서 用은 차별의 지혜를 쓰다, 자기를 옳다고 하는 주장을 내세우다. 의 의미다. 寓는 寄와 같고 붙여 산다, 잠시 머물러 산다. 是는 通爲一이다.

3) 諸는 之於, 之乎와 같고 이에, 이것을, 의 뜻. 庸이란 일상의 평범함과 함께 하는 자연스런 推移에 따르는 것이다. '오직 도에 통달한 자만이 만물을 하나로 볼 수 있지만, 이를 위하여 자기중심의 견해를 고집하여 쓰지 않고 일상의 자연스런 도리에 맡기고 따른다는 것이다.'(唯達者能一視之, 爲是不用己見而寓諸尋常之理)-林希逸

4) 適得而幾矣-適은 마침, 알맞은 때. 幾는 近, 가깝다. 즉 도의 근원에 거의 이르다.

5) 因是已-因은 맡김이다. 자연 (저절로 그러함)에 맡기는 걸 말한다. (因, 任也. 任天之謂也.) 여기서의 是는 是非의 是가 아니라 시비를 초월한 是이다. 차별 대립의 차원에서 자기의 주장만을 옳다하고 상대를 부정하는 是가 아

니라, 상대와 자신을 함께 하나로 관통하게 하는 절대 긍정의 昰(시)이다. 昰는 正(옳다), 直(바르다), 此(이것, 이곳). 己는 止의 뜻이라 한다. 만다. 그만이다. 그뿐이다.

[앤솔러지 莊子: 70]

§Ⅲ-5. 시비가 지나치게 밝게 드러나면 그것은
##　　　 도가 훼손되는 원인이 된다

상고上古의 사람은 그 지혜가 최고의 경지에 도달한 곳이 있었다.
그 도달한 곳이란 어디까지인가?
애초부터 만물이란 존재하지 않는다는 무無의 경지인데 그것은 끝까지 간 것이고 지극한 것이어서 더 이상 덧붙일 것이 없었다.
다음은 만물은 존재하나, 다른 것과 구별되는 한계는 없다는 것이다.
그 다음은 만물은 구별되는 한계는 있지만 애초부터 시비是非의 구별은 없다는 경지이다.
시비가 지나치게 밝게 드러나면 도가 훼손되는 원인이 된다.
도道가 훼손되면 그것은, 자아의 애착을 불러일으키는 원인이 된다.
과연 도에는 완성과 훼손이 있는 걸까?
과연 도에는 완성과 훼손이 없는 걸까?
완성과 훼손이 있다는 것은, 거문고의 명인 소씨가 거문고를 타는 경우이다.
완성과 훼손이 없다는 것은, 거문고의 명인 소씨가 거문고를 타지 않는 경우이다.

古之人, 其知有所至矣.　　고지인, 기지유소지의.

惡乎至?　¹⁾有以爲未始有物者,　오호지? 유이위미시유물자,

²⁾至矣, 盡矣, 不可以加矣.　지의, 진의, 불가이가의.

其次以爲有物矣, 未始有³⁾封也.　기차이위유물의, 이미시유봉야.

其次以爲有封焉,　기차이위유봉언,

而未始有是非也.　이미시유시비야.

⁴⁾是非之彰也, 道之所以虧也.　시비지창야, 도지소이휴야.

道之所以虧, ⁵⁾愛之所以成.　도지소이휴, 애지소이성.

果且有成與虧乎哉?　과차유성여휴호재?

⁶⁾果且無成與虧乎哉?　과차무성여휴호재?

⁷⁾有成與虧, 故昭氏之鼓琴也.　유성여휴, 고소씨지고금야.

無成與虧, 故昭氏之不鼓琴也.　무성여휴, 고소씨지불고금야.

－〔齋物論〕－

[도움말]

1) 有以爲未始有物者 - 애초부터 物이란 없는 것(無)이라 여기는 경지가 있다는 것이다. 未始有物者란 태극의 先이니 태극보다 앞서 있는 것이다. (未始有物者, 太極之先也.) - 林希逸.

2) 至矣, 盡矣, - 이를 데까지 이르고, 할 것을 다해서 더 이상 나갈 데가 없는 것, 窮極의 경지에 이르렀다는 것이다. '古之人은 천지를 잊고 만물에 대한 집착을 버려서 밖으로는 우주에 대해서 더 이상 생각하지 않고 안으로는 그 한 몸에 대하여 더 이상 깨달을 것이 없게 되었다. (宇宙에 대한 통찰과 一身에 대한 깨달음이 궁극에 이르렀기에) 그래서 광야처럼 텅 비어 환하고 어떤 갈등도 없이 세상만물과 더불어 가서 어디서든 마음을 열어 응하지 않음이 없었다.'고 함. (此忘天地, 遺萬物, 外不察乎宇宙, 內不覺其一身, 故能曠然無累, 與物俱往, 而無所不應.) - 郭象

3) 封 - 地境을 封하는 것, 境界, 限界의 뜻으로 쓰인다. (封, 界域也.)

4) 是非之彰也 - 彰(창)은 나타난다, 드러난다, 著(저)의 뜻이다. 시비가 지나치게 드러나는 것이다.

5) 愛之所以成－愛, 偏愛. －歐陽超. 시비로 인하여 자아의 애착이이루어지다(私愛
   以是非而成)－成玄英. 愛는 숨기다. 가로막고 가린다. (愛, 隱也. 障翳也.)－吳汝
   綸

6) 果且無成 與虧乎哉？－果는 決定이라 함. 道는 더하거나 없어짐이 없지만 萬
   物은 훼손과 완성이 있다고 한다(果, 決定也. 道無增減, 物有虧成)－成玄英

7) 有成與虧, 故昭氏之鼓琴也－昭氏(소씨), 성은 昭, 이름은 文이라 한다. 故는
   古라 함. 鄭나라의 師文과 동일인이라는 주장도 있다. 거문고(五絃琴)의 名
   人이다. 鼓琴은 彈琴이다. 거문고 소리를 울리는 것, 타는 것. 故는 則의 뜻
   이라 풀고, 혹은 事, 固로 새기기도 한다. 宣穎은 故는 古라 함. 거문고의
   명인 소씨라 할지라도 거문고를 뜯으면, 뜯는 그 순간 이미 음과 성이라는
   구별이 생겨 무수한 상대적 차별의 음과 성을 낳게 된다는 것이다. 소씨가
   금을 탄다고 하는 인위적 음의 선택은 결국 거문고가 지닌 무한한 소리의
   일부분에 불과하다는 視覺이다.

[앤솔러지 莊子: 71]

§Ⅲ-6. 대저 도는 처음부터 한계를 지을 수 없다

대저 도道는 처음부터 한계를 지을 수가 없고 말이란 처음부터 불
변의 일정한 의미 내용이 없으니, 도를 말로 표현하기 위하여 임
시로 한계와 분별이 있게 된다. 그 한계와 분별에 대하여 말해 보
기로 하자.
좌파와 우파, 논쟁과 논의, 분석과 변론, 맞겨룸과 여럿이다툼이
있는데
이를 일러 여덟 가지 인간 행위의 속성이라 한다.
성인은 우주 밖의 일에 대해 그대로 존재하게 두고 거기에 대해
논하려 하지 않는다. 우주 안의 일에 대해서는 그저 논하기는 하

나 더 깊이 들추어 의논하려 하지 않는다.

또 역사적인 기록과 선왕들의 역대기에 대해 성인은 그것을 의논하기는 하지만 시비선악을 따져 분별하려고 하지는 않는다.

나누려고 하면 나누지 못하는 부분이 남게 되고 분별하려고 하면 분별하지 못하는 부분이 남게 된다.

묻겠는데, 그렇게 되는 까닭은 대체 무엇인가?

성인은 도를 있는 그대로 마음속에 품으려고 하지만 세상의 범속한 사람들은 도를 말로 논하여 서로 남에게 과시하려한다.

그래서 도를 말로 논하는 사람은 보지 못하는 것이 있게 된다.

夫道未始有[1]封, 言未始有常,	부도미시유봉, 언미시유상,
[2]爲是而有畛也. 請言其畛.	위시이유진야. 청언기진.
有左有右, [3]有論有義,	유좌유우, 유론유의,
有分有辯, [4]有競有爭,	유분유변, 유경유쟁,
此之謂八德.	차지위팔덕.
六合之外, 聖人存而不論.	육합지외, 성인존이불론.
六合之內, 聖人論而不議.	육합지내, 성인론이불의.
[5]春秋經世先王之志,	춘추경세선왕지지,
聖人議而不辯.	성인의이불변.
故分也者, 有不分也.	고분야자, 유불분야,
[6]辯也者, 有不辯也.	변야자, 유불변야.
曰, 何也?	왈, 하야?
[7]聖人懷之,	성인회지,
衆人辯之而[8]相示也.	중인변지이상시야.
故曰, [9]辯也者有不見也.	고왈, 변야자유불견야.

―〔齊物論〕―

194

[도움말]

1) 封 — 地境, 境界, 限界를 말한다. 원래는 封域이라 한다.

2) 爲是而有畛也. — 是, 此, 上文의 '言未始有常'이다. 畛은 지경, 한계를 나타내나 封보다 자세한 구역, 밭두렁 경계.

3) 有倫有義 — 論은 대강 줄거리를 말하다, 義는 상세히 들추어 말하는 것이다. 세상 안의 일에 대하여 성인은 '論하되 議하지 않는다.'는 것이다. '物마다 이치가 있고 事마다 마땅함이 있다.' (物物有理, 事事有宜) — 郭象.

4) 有競有爭 — 競(경)은 상대와 맞서 겨루는 것이고, 爭(쟁)은 여럿이 다투는 것이다. (競者對競, 爭者群爭.) — 王先謙

5) 春秋經世先王之志 — 春秋는 춘추시대. 先王은 三皇, 五帝. 志는 記. 라 함. '춘추경세는 연도와 시대별로 世事를 종횡으로 엮은 것을 말하는데, 공자가 지은 '춘추'가 아니다. (春秋經世, 謂有年時以經緯世事, 非孔子所作春秋也.) — 成玄英

6) 辯也者, 有不辯也 — 사물을 나누어 類別과 是非를 판단함을 辯이라 하고, 辯이라는 그 분별하는 잣대가 불완전하기에 언제나 분별하여 판단하지 못하는 것이 남아 있게 된다는 것이다.

7) 聖人懷之 — 성인은 말하지 아니하고 마음속에 두는 것이다. (存之於心.) 성인은 사물을 상대적 개념으로 나누지 아니하고 시비를 판단하지 않으며 있는 그대로의 道를 가슴에 품고 있다고 한다.

8) 相示 — 相示, 서로 자랑하여 보이는 것이다. (相示, 相夸示.) — 王先謙

9) 辯也者有不見也 — 도의 큰 모습을 보지 못해서, 뒤이어 변설이 일어나게 된다. (不見道之大, 而後辯起.) — 王先謙

[앤솔러지 莊子: 72]

§Ⅲ-7. 무릇 위대한 도는 이름이 없다

무릇 위대한 도는 이름이 없고 위대한 변론은 말이 없다.

위대한 인仁은 드러나는 인이 아니고 위대한 청렴은 드러나는 결벽이 아니다.

위대한 용기는 사람을 해치지 않으며 도가 훤히 밝혀진다면 참된 도가 아니다.

말(言)이 시시콜콜 시비를 잘 가리기만 한다면 뭔가 부족함이 있고 인仁이 한결같이 굳어 있기만 하면 인을 완성할 수가 없게 된다.

청렴이 지나치게 맑으면 믿음을 주지 못하며 용기도 남을 해칠 만큼 모질게 되면 성립되지 않는다.

이 다섯 가지의 인위적인 행위는 좀 더 완전하게 하려고 둥글게 원을 깎으려다가, 자칫 잘못되어 더욱 모난 방方형에 가깝게 깎아 버린 것과 같다.

그러므로 알지 못하는 곳에서 멈출 줄 아는 것이 최상의 지극한 지혜이다. 누가 말없는 변론, 도라고 말하지 않는 도를 알까?

만약 그것을 알 수 있는 자者가 있다면 그야말로 하늘의 보고寶庫 라 할 수 있다.

하늘의 보고는 아무리 부어도 가득 차지 않고 아무리 덜어내어도 마르지 않는다.

그러나 왜 그런지 그 이유를 알 수 없으니

이를 이름 하여 보광葆光, 안으로 감싸고 밖으로 드러나지 않는 빛 이라 한다.

夫大道不稱, 1)大辯不言.

부대도불칭, 대변불언.

大仁不仁, 2)大廉不嗛.

대인불인, 대렴불겸.

3)大勇不忮, 道昭而不道.

대용불기, 도소이부도.

言辯而不及, 仁常而不成.

언변이불급, 인상이불성.

廉淸而不信, 勇忮而不成.

염청이불신, 용기이불성.

4)五者园而幾向方矣.

오자완이기향방의.

故知止其所不知, 至矣.

고지지기소부지, 지의.

孰知不言之辯, 5)不道之道?　　숙지불언지변, 부도지도?

若有能知, 此之謂6)天府.　　약유능지, 차지위천부.

7)注焉而不滿, 酌焉而不竭.　　주언이불만, 작언이불갈.

而不知其所有來,　　이부지기소유래,

此之謂8)葆光.　　차지위보광.

― 〔齋物論〕 ―

[도움말]

1) 大辯不言 ― 위대한 辯論은 말이 없다. 여기서 辯은 변론의 뜻이다. 앞 절의
   有分有辯의 辯과는 다르다. 말없는 중에 지극한 말이 있는 까닭으로 대언은
   불언이라 함. (不言之中有至言故曰大言不言.) ― 林希逸.

2) 大廉不嗛 ― 廉(렴)은 廉潔(염결), 청렴 검소. 嗛(겸)은 謙遜(겸손), 몸을 낮추
   어 사양함. 不忮의 忮(기)는 해치다, 거역하다. '온갖 경계가 텅 빈 허깨비임
   을 알고 나니, 탐욕을 낼 만한 것이 하나도 없다. 物과 나는 한 가지로 텅
   비어 있으니, 어디서 몸을 낮추어 겸양해야 할까?'(知萬境虛幻, 無一可貪.
   物我俱空, 何所遜謙?') ― 成玄英. 謙, 겸손할 겸.

3) 大勇不忮 ― 不忮의 忮(기)는 해치다, 거역하다. 객기를 부려 다른 사람을 해
   치려는 마음이 없는 것이라 한다. (無客氣害人之心.) ― 宣穎

4) 五者园而幾向方矣 ― 五者는 道昭, 言辯, 仁常, 廉淸, 勇忮의 다섯 가지의 인
   위적인 행위에 대한 폐해를 말한다. 园(완)은 圓이고, 모난 데를 깎아 둥글게
   만들다. 方은 원의 對, 모난 것이다. 幾는 近, 가깝다로 새긴다. 向은 於, 여
   기서는 장소. 그대로 두지 않고 겉으로 나타내려고 하면 오히려 天眞性을
   잃고 만다는 것.

5) 不道之道 ― 不道의 '道'는 說이다. 말하지 않는 道.

6) 天府 ― 하늘(자연)의 寶庫. 恬淡, 無爲의 참됨을 깨달은 경지.

7) 注焉而不滿, 酌焉而不竭 ― 注는 물대다. 쏟아 붓다. 酌은 퍼내는 것. 焉은 之
   와 같다. 竭은 盡, 涸(학)으로 말라 없어짐이다.

8) 葆光 ― 葆(보)는 안으로 깊이 감싸는 것, 내면의 본성을 지켜보는 것. 보광은
   내면의 빛이 축적되는 것이다. 밖으로 드러나는 빛이 아니라 안으로 조용히
   타오르는 생명의 光輝(광휘)이다. '葆(보)는 蔽(폐), 숨기는 것이다. 안으로
   감추고 숨겨서 그 光輝(광휘)는 더욱 밝아지니, 말 위에 말을 꾸며 말함으로

써 밝게 드러내는 것은 道가 아니며, (오직) 자신의 내면으로 되돌아가 거듭 숨김(葆)으로써 道가 밝아지게 되는 것이다.'(葆, 蔽也. 韜蔽而其光彌朗, 言 籍言以顯之者非道, 反復以明之.) - 成玄英 韜(도: 감추다, 갈무리하다) 彌朗(미 랑: 더욱더 밝아지다.) 彌,동사로 쓰이면 충만하다, 채우다. 彌補,부족한 것을 채우다. 彌縫(꿰매어 보충하다: 깁다)

[앤솔러지 莊子: 73]

§Ⅲ-8. 미묘한 도의 실행

구작자가 장오자에게 물었다.

"나는 스승이신 공자께 들었습니다만, '성인은 세상일에 힘써 매달리지 않고 이익을 애써 좇지 않으며 손해를 새삼 피하려고도 하지 않는다. 추구한다는 것 자체를 즐거워하지 않고 일부러 도를 따르려고 하지 않으며 말없으나 말함이 있고, 말하고 있으나 말없이, 티끌세상 밖에서 노닌다.'고 합니다. 스승이신 공자께선 이것을 맹랑한 소리라고 하시지만, 나는 이것을 다만 미묘한 도道의 실행이라고 생각합니다. 당신은 이 이야기를 어떻게 생각합니까?"

장오자가 대답했다.

"이건 황제가 들어도 미혹하여 헷갈릴 만하니, 어찌 공자 같은 사람이 알겠는가! 하지만 그대도 너무 속단하는 것 같다. 달걀을 보고 새벽 닭 소리를 들으려 하고, 탄환을 보고 곧 올빼미 구이를 찾는 것과 같다. 그러면 이제 시험 삼아 그대를 위해 허튼 소리를 해보겠다. 그대도 허튼 소리로 가볍게 들어주게나. 어떤가, 괜찮겠는가?

해와 달을 의지하여, 우주를 품고, 세상 모든 것과 딱 들어맞아도, 세상 모든 것 혼돈 속에 그대로 두고 귀천貴賤이 따로 없다.

세상사람 우왕좌왕 바쁘기도 하건만, 성인은 홀로 느릿하니 어리석으며 만세의 무궁한 변화에 몸을 맡기고 본래의 순수한 도를 한결같이 지니고 있다.

세상 만물은 모두 다 있는 그대로 마땅하지 않음이 없으며, 하나의 순수한 도로써 자애롭게 서로 품어 주고 있다."

<table>
<tr><td>1)瞿鵲子問乎2)長梧子曰.</td><td>구작자문호장오자왈.</td></tr>
<tr><td>"吾聞3)諸夫子,</td><td>"오문제부자,</td></tr>
<tr><td>'聖人不從事於務,</td><td>'성인불종사어무,</td></tr>
<tr><td>不就利, 不違害,</td><td>불취리, 불위해,</td></tr>
<tr><td>4)不喜求, 不緣道.</td><td>불희구, 불연도.</td></tr>
<tr><td>無謂有謂, 有謂無謂, 而遊乎塵</td><td>무위유위, 유위무위, 이유호진</td></tr>
<tr><td>垢之外.' 夫子以爲孟浪之言,</td><td>구지외.' 부자이위맹랑지언,</td></tr>
<tr><td>而5)我獨以爲妙道之行也.</td><td>이아독이위묘도지행야.</td></tr>
<tr><td>吾子以爲奚若?"</td><td>오자이위해약?"</td></tr>
<tr><td>長梧子曰.</td><td>장오자왈.</td></tr>
<tr><td>"是黃帝之6)所聽熒也,</td><td>"시황제지소청형야,</td></tr>
<tr><td>而丘也何足以知之!</td><td>이구야하족이지지!</td></tr>
<tr><td>且汝亦早計. 見卵而求時夜,</td><td>차여역조계. 견란이구시야,</td></tr>
<tr><td>見彈而求7)鴞炙.</td><td>견탄이구효적.</td></tr>
<tr><td>予嘗爲女妄言之.</td><td>여상위여망언지.</td></tr>
<tr><td>女以妄聽之. 奚?</td><td>여이망청지. 해?</td></tr>
<tr><td>8)旁日月, 9)挾宇宙, 10)爲其脗合.</td><td>방일월, 협우주, 위기문합,</td></tr>
<tr><td>11)置其滑涽, 以隸相尊.</td><td>치기골혼, 이예상존.</td></tr>
<tr><td>衆人役役, 聖人愚芚,</td><td>중인역역, 성인우둔,</td></tr>
</table>

參萬歲而一成純.

12)萬物盡然, 而以是相蘊."

　　　　　　　　　　　참만세이일성순.

　　　　　　　　　　　만물진연, 이이시상온."

　　　　　－〔齋物論〕－

[도움말]

1) 瞿鵲子－瞿, 놀랄 구, 의심하여 볼 구. 鵲, 까치'작'이다. 子는 존칭, 스승. 놀란 까치선생.

2) 長梧子－長, 길 장. 梧, 벽오동나무다. 長梧(키 큰 오동나무 아래에 살고 있었기에 長梧子라 한다. (居長梧下, 因以爲名)－李頤

3) 諸夫子－夫子는 孔子라 함. 諸는 之於, 之乎(之于)의 合字.

4) 不喜求, 不緣道－애써 구하는 것, 억지로 구한다는 것 자체를 즐거워하지 않고, 緣은 因이다. 길을 가는 行迹이 없다는 것. 緣, 달라붙고 묶이다. (緣, 攀緣반연)－成玄英 攀(반), 당길 반, 引.

5) 我獨以爲妙道之行也－나는 이것을 다만 신비한 도의 실행이라 생각한다. 즉 이것이 오묘한 도를 따르는 자가 걸어가야 할 길이라고 생각한다는 것. 이곳에서의 道는 '방법'으로 새길 수도 있다.

6) 所聽熒－聽熒은 의심하고 미혹하여 분명하지 않는 모습이다. (聽熒, 疑惑不明之貌.)－成玄英

7) 鴞炙－올빼미 구이, 암탉만 하고 모양은 산비둘기를 닮았으며 강남에서 나는데 매우 맛이 좋다한다. 炙(적)은 굽다, '자'라고도 읽는다.

8) 旁日月－旁은 依(의지하다, 돕다). 죽음과 삶을 낮과 밤으로 비유함이라 했다. (以死生爲晝夜之喻.)－郭象. 죽음과 삶의 문제를 밤낮의 순환 정도로 여기고 기피하여 배척하는 것이 아니라 더불어 따르고 돕는다는 의미다.

9) 挾宇宙, －挾은 懷藏(속으로 품어 감춰두는 것). 만물을 각각의 개체가 아니라 일체인 한몸임을 깨우치다. (以萬物爲一體之譬.)－郭象. 천지사방(공간)을 宇, 古往今來(시간)를 宙라 함.

10) 爲其脗合－脗合(문합), 두 입술이 서로 꼭 맞는 것이다. (脗合, 若兩脣之相合)－向秀. 脗(문)은 吻(문)이고 합이다. 脗(문)은 '민'으로 발음하기도 함.

11) 置其滑涽－置는 맡기다, 滑(골)은 어지러운 것이다. 涽(혼)은 어스름 가운데 있음이다. (滑, 亂也. 涽, 闇中.)－成玄英

12) 萬物盡然, 而以是相蘊. －'蘊, 蘊藉也' － 陸德明. <廣雅>: '蘊(온) 善야. 蘊. 實借爲昷.' <說文>: '昷. 仁也.' '그러므로 蘊藉는 자애로움(仁)이 도탑

고 만물수용의 뜻을 품고 있는 것이다.'(故蘊藉有仁厚含容之意)-楊柳橋.

만물에는 대소, 미추 따위의 구별이 있으나 절대의 경지에서 보면 모두 마찬가지이다. 盡은 모두 다. 然은 그렇게 여기다. 있는 그대로 마땅하다.

[앤솔러지 莊子: 74]

§Ⅲ-9. 무릇 도는 어지러이 뒤섞임을 원치 않는다

무릇 도는 어지러이 뒤섞임을 원치 않는다.
복잡하면 갈래가 많아지고 갈래가 많아지면 마음이 흔들리고
마음이 흔들리면 근심 걱정이 많아진다.
근심 걱정이 많아지면 다른 사람을 도울 수가 없다.
옛날의 최고의 인물은
먼저 자기 스스로 도를 굳건히 확립하고
그 다음에야 다른 사람에게도 도를 확립할 수 있게 도왔다.

[1]夫道不欲雜.　　　　　부도불욕잡.

雜則多, 多則擾,　　　　잡즉다, 다즉요,

[2]擾則憂.　　　　　　　요즉우.

[3]憂而不救.　　　　　　우이불구.

古之至人,　　　　　　　고지지인,

[4]先存諸己,　　　　　　선존제기,

而後存諸人.　　　　　　이후존제인.

　　　　-〔人間世〕-

[도움말]

1) 夫道不欲雜 — 雜은 어지러이 뒤섞이는 것. '道는 순수함에 있으니, 이것저것 섞이면 일의 실마리가 뒤섞이고 많아진다. 일이 많아지면 곧 마음은 번거롭고 어지러워진다. 어지러워지면 곧 憂患이 일어난다.'(道在純粹, 雜則事緖繁多. 事多則心擾亂, 擾則憂患起) — 成玄英. 이곳에서의 道는 본체에 대한 바르고 진실한 인식이다.

2) 擾則憂 — 擾(요)는 亂(난)이다. 어지러운즉 근심이니, 스스로 고통스럽다는 것이다. (擾, 亂也. 擾則憂, 自苦也.) — 林希逸.

3) 憂而不救 — 而는 則이다. 근심 걱정이 많아 불안하게 되면 다른 사람을 도울 수 없게 된다.

4) 先存諸己 — 存은 立이라 한다. 定立, 安定. 諸는 之於이다. 之는 道. 먼저 자신에게 道를 定立하여 확고히 함이다. 혹자는 存, 察也라 함.

[앤솔러지 莊子: 75]

§Ⅲ-10. 오직, 도는 '비어 있음'에 모인다

네 뜻을 하나로 모아라.
우선 육체적인 귀로 듣는 것을 버리고, 네 마음으로 들어라.
나아가 마음으로 듣는 것을 버리고, 기氣로써 들어라.
귀는 소리를 들을 뿐이고, 마음은 외물과 그 자신에 부합하지만
기氣라는 것은
자신을 비우고 부드러움에 맡긴 채 만물을 응대한다.
오직,
도道는 '비어 있음'에 모인다.

¹⁾一若志. 　　　　　　일약지.

²⁾無聽之以耳, 而聽之以心. 　　무청지이이, 이청지이심.

³⁾無聽之以心, 而聽之以氣. 　　무청지이심, 이청지이기.

⁴⁾聽止於耳, ⁵⁾心止於符, 　　청지어이, 심지어부,

⁶⁾氣也者, 　　　　　　기야자,

虛而待物者也. 　　　　허이대물자야.

⁷⁾唯道集虛. 　　　　　　유도집허.

－〔人間世〕－

[도움말]

1) 若一志－若은 汝(여), 너. 宣穎은 一志, 不雜也.라 했다. '集解(집해)'에는 一若志로 됨. 그에 따른다. 네 뜻을 하나로 (통일) 하라.

2) 無聽之以耳, 而聽之以心－以耳의 以는 用이다 육체적인 귀를 상용하여 듣는 것을 버리라는 것. 마음으로 들어라. '귀의 밑뿌리는 텅 비고 고요함이니, 정신이 엉기고 마음은 부합된다.'(耳根虛寂, 凝神心符)－成玄英. 心符는 마음이 외물과 부합하는 작용(감응)을 말한다.

3) 無聽之以心, 而聽之以氣－'心에는 지각이 있어, 오히려 붙잡고 매달리는 생각들이 일어나지만, 氣에는 감정이나 사려가 없고, 비어있고 부드러움으로 외물에 맡기고 있다. 그러므로 지각(心)을 버리고 虛柔(氣)를 취하는 것이며, 마음을 버리고 버려서 점점 玄妙함의 계단을 오르게 된다.'고 한다. (心有知覺, 猶起攀緣, 氣無情慮, 虛柔任物. 故去彼知覺, 取此虛柔, 遺之又遺, 漸階玄妙.)－成玄英

4) 聽止於耳－兪越은 '耳止於聽' 이어야 한다고 했다. 傳寫할 때 잘못 도치된 것이라 함. 이 句는 無聽之以耳의 뜻을 거듭 설명하고 있다.－兪越. 宣穎은 '止於形骸'라고 함. 형해, 육체적인 귀가 자기본위의 판단으로 소리를 듣는 것에서 그치다. 귀가 듣는 것은 존재의 실상이 아니라 소리에 불과하기 때문이다.

5) 心止於符－마음은 외물에 맞춰 감응하는 작용일 뿐이다. 符는 合을 말한다. 物과 더불어 마음이 부합하는 것. 物과 함께 마음이 부합하니, 즉 虛心이 아니고 物을 기다림을 말한다는 것. 또한 符는 印, 즉 사물에 대한 印象을 뜻한다고 한다. 사념이 붙기 전의 첫 마음의 비추임.

6) 氣也者, 虛而待物者也－앞서의 과정을 거친 후에야 언급 될 수 있는 상태이

다. 氣라는 것은, 그것 자체가 텅 비워 만물을 응대한다. 곧 '비어있음' 으로
모든 것을 받아들인다고 하는 것이다. 氣라는 것은, 천지 만물에 가득 차 있
는 存在因이라 한다. 氣가 공허하다는 것은 (마음을 예로 든다면) 마음속에
사려 분별 등의 자기본위의 자아의식(에고)이 없어진 무심의 경지인 것이다.
7) 唯道集虛－集(집)은 모이다. 모인다. 集에는 '새들이 나뭇가지에 내려앉다.'는
뜻이 있다. 集의 字典的 의미에는 '成'이 있다. 오직 道는 비어있음에서 이
루어진다.

[앤솔러지 莊子: 76]

§Ⅲ-11. 물고기는 물에서 함께 즐겁고 사람은
도(道)안에서 서로 편안하다

공자가 말하길,

"물고기는 물에서 함께 즐겁고 사람은 도에서 서로 편안하다.

물에서 함께 즐겁게 살기 위해서는 못(池)을 파고 물을 대주어야

하고 도에서 서로 편안하려면 애써 받들어야 할 일 없고 본래의

삶이 안정되어야 한다.

그러므로 '물고기는 강과 호수에서 서로 잊고 사람은 도술道術에

서 서로 잊는다.'고 했다."

孔子曰,   공자왈,
"1)魚相造乎水, 人相造乎道.   "어상조호수, 인상조호도.
相造乎水者, 2)穿池而養給,   상조호수자, 천지이양급,
相造乎道者, 3)無事而生定.   상조호도자, 무사이생정.
故曰, '魚相忘乎江湖,   고왈, '어상망호강호,

⁴⁾人相忘乎道術.'"   인상망호도술.'"

—〔大宗師〕—

[도움말]

1) 魚相造乎水－相, 互相, 共. 서로, 함께하다. 造는 適(즐거울, 편안할 적) 또는 到(이르다), 往(가다)

2) 穿池而養給－못을 파서 물을 공급하여 기르다. '물고기가 물을 얻은즉 헤엄치며 놀거나 위아래로 떠오르거나 가라앉을 수 있고 자양분을 스스로 얻을 수 있다.'고 했다.

3) 無事而生定.－無事는 받들어 애써 해야 할 일(供奉)이 없음이다. 王先謙은 '生'은 '性'字와 통한다. 고 함. 生定이란 神生(神性)이 안정됨을 말한다. － 劉文典. 無事逍遙, 故性分靜定－成玄英
   혹자는 '사람이 道를 얻은 즉 虛靜恬澹하고 그 生性은 자연히 크게 안정된다고 함.

4) 人相忘乎道術－사람은 道術에서 서로 잊는다.

[앤솔러지 莊子: 77]

§Ⅲ－12. 하늘 아래 바른 길(道) 행하여지지 않으면

봉황이여, 봉황이여,
어찌하여 덕은 쇠하였는가!
오는 세상 기약할 수 없고
지난 세상 따를 수 없다.
하늘 아래 바른 길(道) 행하여지면
성인은 자신의 포부를 펼 것이지만
하늘 아래 바른 길 행하여지지 않으면

성인은 자신의 삶을 온전히 할 뿐이다.

1)鳳兮, 鳳兮,	봉혜, 봉혜,
何如德之衰也!	하여덕지쇠야!
2)來世不可待,	내세불가대,
往世不可追也.	왕세불가추야.
天下有道, 3)聖人成焉,	천하유도, 성인성언,
天下無道, 4)聖人生焉.	천하무도, 성인생언.

－〔人間世〕－

[도움말]

1) 鳳－道가 있으면 세상에 나타나고 없으면 숨는다고 하는 瑞鳥(서조)라 함. 孔子가 聖德을 갖추었지만 때를 얻지 못함을 탄식하는 것이라 한다.
2) 來世不可待, 往世不可追也－미래의 세상을 기대하거나 과거의 세상에 연연하지 않는다는 것. 혹은 자연에 의해 변화하는 세상의 무상함을 말하는 것이다.
3) 聖人成焉－성인이 世人과 더불어 敎化를 이룩하다. 성인의 抱負를 펼치다. 성인이 그 자신의 공(敎化)을 이루는 것이다.(成 其功)－宣穎
4) 聖人生焉－성인이 홀로 그저 살아간다. 성인은 자신의 길을 따라 살아갈 뿐이다. 성인이 그 자신의 삶을 온전히 하는 것이라 함. (全其生)－宣穎

[앤솔러지 莊子: 78]

§Ⅲ-13. 자신의 분별심으로 도(道)를 등지지 않는다

예로부터 진인眞人은,
생을 기뻐할 줄 모르고, 죽음을 싫어할 줄 모른다.

이 세상에 태어남을 즐겁다 하지 않으며, 저 세상으로 들어감을
거역하지도 않는다.

홀연히 따라가서, 홀연히 따라올 뿐이다.

생의 근원을 잊지 않으나, 생의 끝을 추구하지도 않는다.

주어진 삶의 시간을 받아드려 기뻐할지라도

죽을 때는 그것을 망연히 잊고 돌려보낸다.

이를 일러 자신의 분별심으로 도道를 등지지 않으며

인위로써 무위의 자연을 빙자하지 않는다고 한다.

이런 경지에 있는 사람을 진인眞人이라 한다.

古之眞人,	고지진인,
不知說生, 不知惡死.	부지열생, 부지오사.
1)其出不訢, 其入不距.	기출불흔, 기입불거.
2)脩然而往, 脩然而來而已矣.	소연이왕, 소연이래이이의.
3)不忘其所始, 不求其所終.	불망기소시, 불구기소종.
4)受而喜之, 忘而復之.	수이희지, 망이복지.
是之謂5)不以心捐道,	시지위불이심연도,
不以人助天.	불이인조천.
6)是之謂眞人.	시지위진인.

－〔大宗師〕－

[도움말]

1) 其出不訢, 其入不距－訢(흔)은 欣과 같다. 기쁘다. 距(거)는 拒, 막는다. 出은
   이 세상으로 나오는 것, 태어나는 것이다. 入은 저 세상으로 들어가는 것. 죽
   는 것. 조화와 더불어 體가 됨(與化爲體)－郭象

2) 脩然－脩然(소연)을 유연으로 읽기도 한다. '無係貌' 얽매임이 없는 모습이라
   함.' －成玄英. 생사에 초탈한 모습이리라.
   '自然無心而自爾之謂' 즉 자연 무심하여 저절로 그러함을 일러 소연이라고

했다. ─向秀. '儵(숙)으로 읽고 疾貌, 빠른 모양' ─司馬彪.
'往來不難之貌' 즉, '가고 옴이 어렵지 않는 모양' ─郭象.

3) 不忘其所始, 不求其所終─不忘을 知로 풀어 '生의 근원을 알고, 死의 돌아
감에 맡김'이라 했다. (知生之源, 任死之歸.)─宣穎. 忘자에 대해 異說이 있
다. 氓, 라고 하여 '생의 시초를 피하지 않고'로 새기거나 忘이란 글자 그대
로 해석하여 '생의 근원을 잊지 않고'로 해석하기도 한다. 이곳에서는 후자
를 취했다.

4) 受而喜之─앞 句인 不知說生과 모순되는 듯하나 受而喜之의 喜之는 자연스
런 기쁨을 말하는 것이고, 일단 '생을 받은 이후에는, 항상 自適함'이라 한
다. (受生之後, 常自得)─成玄英

5) 不以心捐道, 不以人助天─인간의 욕망을 따르는 마음에 의해 자연의 도를
해치지 않으며, 인위의 주관적 분별 심으로 자연성(天)을 빙자(憑藉)하지 않
는 것이다. 결국 저절로 그러함의 道를 떠나지 않는다는 것. 兪越은 '捐은
偝의 착오'라 했다. 偝(배)는 버리다. 등지다. 助는 돕다. 또는 藉, 의지하다.
빙자(憑藉). 연차위연(捐借爲掾)─馬叙倫. 掾, 도울 연.

6) 是之謂眞人─'인간이 物에 혹하는 감정은 끝이 없고, 인간이 욕망을 추구함
에도 절도가 없으니, 인간이 본래 지니고 있던 자연의 도리는 소멸하게 되는
것이다. 하여 眞人은 마음을 부리어 쓰면 곧 道에 어긋나게 되고 인위로써
자연성을 도와도 자신의 生이 상하게 되는 것을 알고 있기에, 그러한 인위적
행위는 하지 않는 것이다.'라고 했다. (物之感人無窮, 人之逐慾無節, 則天理
滅矣. 眞人知用心則背道, 助天則傷生, 故不爲也.)─郭象

[앤소러지 莊子: 79]

§Ⅲ-14. 둘 다 잊고 도(道)와 일체가 되어 변화해 가느니만 못하다

샘물이 마르면, 물고기들이 메마른 땅 한 구석에 함께 모여 축축
한 물기를 뿜어 서로 끼얹어 주고, 물거품을 불어가며 서로를 적
셔 주지만 드넓은 강호江湖에서 유유히 놀며 서로를 잊고 있느니

만 못하다.

성왕인 요를 기리고 폭군인 걸을 비난하느니, 차라리 둘 다 잊고 자연의 도道와 함께 변화해 가느니만 못하다.

저 대지는 형체를 주어 나를 실어 주었고 생을 통하여 나를 수고 하게 하였으며 늙음을 주어 나를 편안하게 하였다가, 죽음을 허락 하여 나를 아주 쉬게 하는구나. 그러므로 나의 이 삶을 잘 산다는 것은, 곧 나의 죽음 또한 잘 받아들이는 까닭이 되는 것이다.

泉涸, 1)魚相與處於陸,	천학, 어상여처어육,
2)相呴以濕, 3)相濡以沫,	상구이습, 상유이말,
不4)如相忘於江湖.	불여상망어강호.
與其譽堯而非桀也,	여기예요이비걸야,
不如兩忘而化其道.	불여양망이화기도.
5)夫大塊載我以形,	부대괴재아이형,
勞我以生, 佚我以老,	노아이생, 일아이노,
息我以死. 故善吾生者,	식아이사. 고선오생자,
6)乃所以善吾死也.	내소이선오사야.
－〔大宗師〕－	

[도움말]

1) 魚相與處於陸－'魚相處於陸'으로 나온 판본이 많다. <宋刊 藝文印書館 影印 本>에는 '魚相與處於陸'으로 '與' 字가 添着되어 있다.
2) 相呴以濕－呴(구)는 숨을 내쉬는 것. 부는 것. 呴는 音을 '후'로 읽기도 함.
3) 相濡以沫－濡(유)는 젖다. 沫은 泡沫(포말), 물거품. 물거품으로 서로 적셔주다.
4) 如相忘於江湖－生에 탐닉하고 死를 두려워함은, 자연 안에서 서로를 잊느니 만 못하다는 걸 깨우쳐주고 있다는 것이다. (喩貪生懼死, 不如相忘於自然.)
　－王先謙
5) 夫大塊載我以形－大塊(대괴)는 대지, 땅덩이, 천지 자연, 나아가 造化의 뜻

이 된다. 형체로써 나를 싣고 있다. 자연이 형체를 주었다는 것.

6) 乃所以善吾死也 — 乃는 나아가, 곧. 所以는 까닭이다. 善은 잘 하는 것, 내
   죽음을 잘 받아들이고 맞이하는 까닭(바탕)이 된다. '순순히 自然에 맡겨 따
   르는 것, 그것이 내 삶을 잘 사는 바탕이 된다. 이와 같이, 죽음 또한 괴로움
   이 아니라는 것이다.'(純任自然, 所以善吾生也. 如是, 則死亦不苦矣.) — 宣穎.
   列子 天瑞篇에는 '人胥知生之樂, 未知生之苦. 知老之憊, 未知老之逸. 知死
   之惡, 未知死之息也.'라는 句節이 실려 있다. '사람들은 모두 삶의 즐거움은
   알지만, 삶의 괴로움은 알지 못한다. 늙음의 피곤함은 알지만, 늙음의 편안함
   은 알지 못한다. 죽음의 혐오는 알지만, 죽음의 휴식은 알지 못한다.'

[앤솔러지 莊子: 80]

§Ⅲ-15. 대저 도는 전할 수는 있으나 받을 수는 없다

대저 도道는,
실재하는 것이며 그것의 작용도 의심할 여지가 없지만
겉으로 드러나는 행위가 없고 형체도 보이지 않는다.
전할 수는 있으나 받을 수는 없다.
터득할 수는 있을지라도 눈으로 볼 수는 없는 것이다.
스스로 바탕이 되고 스스로 뿌리가 되며
아직 천지가 생기기 전, 태곳적부터 진실로 존재하고 있었다.
만물을 근본으로 복귀시키는 귀鬼에게 신령神靈함을 주고
만물을 다스리는 상제上帝에게 신성神聖함을 부여하여
하늘을 생기게 하고 땅을 생기게 하였다.
태극太極보다 높은 곳에 있으면서도 높다 하지 않고
육극六極보다 깊은 곳에 있으면서도 깊다 하지 않는다.

천지보다 먼저 생겨났지만 오랜 시간이라 하지 아니하고
까마득한 태곳적보다 더 긴 세월이지만 늙었다고 하지 아니한다.

夫道,	부도,
1)有情有信, 2)無爲無形.	유정유신, 무위무형.
可傳而不可受.	가전이불가수.
3)可得而不可見.	가득이불가견.
自本自根, 未有天地,	자본자근, 미유천지,
自古以固存.	자고이고존.
神鬼神帝, 生天生地.	신귀신제, 생천생지.
在太極之先而不爲高,	재태극지선이불위고,
4)在六極之下而不爲深.	재육극지하이불위심.
先天地生而不爲久,	선천지생이불위구,
5)長於上古而不爲老.	장어상고이불위노.
―〔大宗師〕―	

[도움말]

1) 有情有信 ― 情과 信은 다같이 진실이라는 것이다. (情實也, 信亦實也.) ― 林希逸. 情은, 고요 속의 움직임이다. 信은, 움직임의 符信(증거)이다. (情者, 靜之動也. 信者, 動之符也) ― 宣穎. 곧 情은 實情, 信은 符信, 확신의 증거다. 道는 의심할 여지가 없이 진실이라는 것이다.

2) 無爲無形 ― 억지로 작위 함이 없고 형체를 꾸며 드러내 보이지 않음. '내면이 고요하여 평온하고 텅 비어 있으니, 애써 할 바가 없다. 보아도 그것은 보이지 않으니, 형체가 없다.' (恬然寂寞, 無爲也. 視之不見, 無形也.) ― 成玄英

3) 可得而不可見 ― 得은 體得이다. 체득할 수는 있을 지라도 모든 사람이 볼 수 있는 것은 아니다.

4) 在六極之下 ― 太極은 하늘을 받치고 있는 큰 기둥. 六極은 땅을 받치고 있는 여섯 개의 기둥. 고대 중국에는 천지는 六方의 六極과 중앙의 太極에 의해 받쳐지고 있다는 신화가 있었던 것 같다. 고 함. (朴一峰)

5) 長於上古而不爲老 – 道는 시간의 장단을 초월하여 존재함을 말하고 있다.
세월의 古今을 구분함은 인간 思惟 안에서의 일로, 道는 시간의 구분 속에
한정되지 않기 때문이다.

[앤솔러지 莊子: 81]

§Ⅲ-16. 당신은 나이가 많은데 얼굴빛은 어린아이와
같으니, 어찌된 일이오?

남백자규가 여우에게 물었다.
"당신은 나이가 많은데 얼굴빛은 어린아이와 같으니, 어찌된 일이오?"
여우가 대답했다.
"도를 들었기 때문입니다."
남백자규가 물었다.
"제가 도를 배울 수 있겠습니까?"
"아! 안 됩니다! 그대는 도를 배울 그런 사람이 아닙니다. 저 복
량의는 성인의 재능은 있으나 성인의 도가 없었고, 나는 성인의
도는 있으나 성인의 재능이 없었습니다. 그럼에도 나는 도를 가르
치고 싶었지요. 그가 정말로 성인이 될까 하는 의혹과 함께 희망
을 버리지는 않았지요! 결국 그가 성인이 되지는 않았지만, 성인
의 도를, 성인의 재질이 있는 자에게 가르쳐주는 일은, 역시 어렵
지 않았습니다."

[1]南伯子揆問乎[2]女偊曰.   남백자규문호여우왈.
"子之年長矣,   "자지연장의,

而色若³⁾孺子, 何也?"　　　　　　이색약유자, 하야?"

日. "⁴⁾吾聞道矣."　　　　　　　　왈. "오문도의."

南伯子揆曰. "道可得學邪?"　　남백자규왈. "도가득학야?"

日, "⁵⁾惡! 惡可! 子非其人也.　왈, "오! 오가! 자비기인야.

夫⁶⁾卜梁倚有聖人之才而無聖人之道,　부복량의유성인지재이무성인지도,

我有聖人之道而無聖人之材.　아유성인지도이무성인지재.

⁷⁾吾欲以敎之. ⁸⁾庶幾其果爲聖人乎!　오욕이교지, 서기기과위성인호!

不然, 以聖人之道, ⁹⁾告聖人之才,　불연, 이성인지도, 고성인지재,

亦易矣."　　　　　　　　　　　　역이의."

　　　　　－〔大宗師〕－

[도움말]

1) 南伯子揆－. 成玄英은 揆는 綦의 잘못이라 함. <人間世> 篇의 南伯子綦와 같은 인물이라 함.

2) 女偊－옛적의 體道者, 禹(우)는 聖君인 夏禹를 지칭한다고 하나, 一說에는 등이 굽은 여자, 혹은 婦人이라기도 함. (一云, 婦人也.)－成玄英. 偊(우)는 웅크리다. 혼자 걷다. 삼가다. 乎는 於와 같다.

3) 孺子－孺子는 어린아이와 같다. (孺子, 猶稚子也.)－成玄英. 孺, 젖먹일 유.

4) 吾聞道矣－나는 道를 들었기에 온전한 生을 얻었고, 때문에 얼마간은 童子로 돌아오게 되었으며, 얼굴빛은 어린이와 같아졌다. (吾聞道故得全生, 是以反少還童, 色如稚子.)－成玄英.

5) 惡! 惡可! 子非其人也－앞의 惡는 탄식사로 오! 또는 아! 뒤의 惡는 반어사로 何와 같다. 아! 어찌 배울 수 있겠는가! 당신은 도를 배울 그런 사람이 아니다. 그대에겐 道를 배울 재질이 없다고 말하고 있는 것이다.

6) 卜梁倚－卜梁(복량)은 姓, 倚(의)는 名이라 한다. '倚는 聰明함이고, 子貢과 같은 인물이다. 偊는 聰明을 잊음이고, 顔子와 같은 인물이라' 함. (倚聰明, 似子貢. 偊忘聰明, 似顔子也.)－宣英

7) 吾欲以敎之－吾, 南伯子揆. 之는 道. 欲, 希望. 以는, 把(파, 잡다.), 拿(나, 움켜잡다) 用(용, 베풀다)

8) 庶幾其果爲聖人乎－庶幾는 거의. 바라고 기대 하는 것. 其(他) 그가 정말 성

인이 될 수 있을까 하고 의심하면서도 희망하는 것. 果, 眞이다.

9) 告聖人之才, 亦易矣—告, 敎다. 亦, 또한. 才, 外用之才. '聖人之才'는 '卜梁倚'를 가리킨다. —成玄英

§Ⅲ-17. 생명을 죽게 하는 그것(道)은 죽지 않고 생명을 살게 하는 그것(道)은 살지 않는다

생명을 죽게 하는 그것(道)은 죽지 않고
생명을 살게 하는 그것(道)은 살지 않는다.
사생을 초월해 존재하는 그것의 실작용實作用은
모든 것을 보내고, 모든 것을 맞이한다.
모든 것을 훼멸시키고, 모든 것을 완성시킨다.
이름하여 영녕攖寧─물物과 더불어 자연의 변화에 맡긴 채 그 흐름을 타고 노니는, 절대적 평안이라 한다.
영녕攖寧이라 하는 것은
만물과 더불어 얽히고설킨 후에 이루어지는 것이다.

1)殺生者不死, 生生者不生.　　살생자불사, 생생자불생.

其物也, 2)無不將也,　　기물야, 무부장야,

無不迎也. 無不毁也,　　무불영야. 무불훼야,

無不成也. 其名爲攖寧.　　무불성야. 기명위영녕.

3)攖寧也者, 攖而後成者也.　　영녕야자, 영이후성자야.

　　　　─〔大宗師〕─

[도움말]

1) 殺生者不死, 生生者不生 — 殺生者는 亡生者와 같고, 生生者는 矜生者라 했다. 생명을 死滅 시키는 자는 死가 없고, 생명을 살게 하는 자는 生이 없다고 하는 것이다. 造物者, 만물의 생성 원인으로서의 道를 말한다고도 한다. 또 '삶을 탐하는 헛된 과욕을 끊었기에, 殺生이라 하고, 본래 性命이 자연그대로 편안하기에, 生生이라 한다. 死生을 거역함이 없이 그대로 받아들이기에, 이를 죽지도 않고 살지도 않는 것'이라 함(絶貪生之妄觀, 故曰殺生. 安性命之自然, 故曰生生. 死生順受, 是不死不生也.) — 蘇輿

2) 無不將也 — 將은 送, 보낸다. 보내 주지 않음이 없다.

3) 攖寧 — 攖은 縈(영)으로 繫(계), 매다. '縈而未始不寧' 인즉, 만물과 얽히고 설켜 있어도 처음부터 편안하지 않음이 없다. 또 攖은 拂亂, 寧은 定의 뜻으로 읽고 만물과 접하여 어지러움을 털어 버리고 안정을 지키는 것(安止)이라고 한다. 王先謙은 攖은 迫(박), 닥치다. 안으로 物我死生이 닥쳐와 있음을 보고, 밖으로는 將迎成毁의 기미가 긴박하여도 그 마음은 움직이는 바 없이 한결같음을 일러 攖寧(영녕)이라 한다고 함. 결국 '攖은 생사 변화가 있는 외계의 현상, 寧은 외계의 변화에 동요되지 않는 마음의 상태를 뜻한다.'고 함. — 안동림

[앤솔러지 莊子: 83]

§Ⅲ - 18. 당신은 도를 누구에게 들었습니까?

남백자규가 여우에게 물었다.

"당신은 대체 누구에게 도를 들었습니까?"

여우女偊가 대답했다.

"부묵副墨의 아들로부터 도를 들었다. 부묵의 아들(文字)은 낙송의 손자(誦讀反復)로부터 낙송의 손자는 첨명(見解洞徹)에게서, 첨명은 섭허(附耳小語)로부터 도를 들었으며, 섭허는 수역(勤行勿怠)에서, 수역은 오

구(詠歎歌吟)에서 도를 익혔다. 오구는 현명(寂寞之地)으로부터, 현명은 참료(參悟空虛)로부터, 참료는 의시(無始之始)로부터 도를 배웠다.”

南伯子葵曰.

“子獨惡乎聞之？”

女偊 曰. “聞諸 [1]副墨之子.

副墨之子聞諸[2]洛誦之孫,

洛誦之孫聞之[3]瞻明,

瞻明聞之[4]聶許, 聶許聞之[5]需役,

需役聞之[6]於謳, 於謳聞之[7]玄冥,

玄冥聞之[8]參寥, 參寥聞之[9]疑始.”

―〔大宗師〕―

남백자규왈.

“자독오호문지？”

여우 왈. “문제부묵지자.

부묵지자문제낙송지손,

낙송지손문지첨명,

첨명문지섭허, 섭허문지수역,

수역문지오구, 오구문지현명,

현명문지참료, 참료문지의시.”

[도움말]

1) 副墨之子―文字, 문장이다. 따라서 副墨之子란 문장이나 문자를 擬人化한 것임. 成玄英은 副, 貳也. 라고 함. 두 번째, 부차적인 것을 말한다. 宣穎은 문자는 道가 아니고, 道를 전달하는데 도움을 주는 것에 지나지 않는다. 그러므로 副墨(부묵)이라 한다.

2) 洛誦―반복하여 不斷히 誦讀하는 것을 말한다. (謂連洛誦之)―王先謙

3) 瞻明―瞻(첨)은 보는 것, 見이 明徹함. ‘洛誦之孫聞之瞻明’을 ‘보고 이해하는 것이 환하게 뚫임’이라 했다. (見解洞徹)―王先謙

4) 聶許―聶(섭)은 附耳小語, 귀에 대고 소곤거리는 소리, 천지에 가득한 道의 들릴 듯 말 듯한 진동음. ‘섭’은 ‘녑’이라고도 읽는다. ‘허’는 듣는 것이다. 囁嚅(섭유)와 같다고 함. 囁嚅는 들릴 듯 말 듯 소곤거리는 것이다.

5) 需役―需(수)는 須, 役(역)은 行이다. 모름지기 부지런히 행하여 게으르지 않는 것이다. (需, 須. 役, 行也. 須勤行勿怠者)―成玄英. 즉 도의 근행, 실천을 말하고 있다.

6) 於謳―노래를 부름. 於(오)는 讚嘆聲. 오의 음은 ‘우’로도 읽고, 煦(후)로도 읽는다고 한다. 謳는 歌謠. ‘감탄하여 노래 부르거나 속으로 읊음’(詠歎歌吟)이다. ―宣穎. 煦(후)로 읽을 때의 의미는 ‘浴化之貌’라 했다.

216

7) 玄冥－忘言의 경계이며 寂黙의 경지라 함. 玄冥은 氣의 첫 태동이 있음이다. (玄冥有氣之始.)－林希逸 적막의 땅(寂寞之地)이라 함. －宣穎

8) 參廖－廖(료)는 휑하니 빈 것. (參悟空虛)－宣穎. 즉 虛無를 깊이 깨닫는 것이다.

9) 疑始－疑(의)는 擬, 헤아리다, 즉 만물의 始源, 도의 근원을 참구하는 것이다. 늘 자신과 일체가 되어 화두가 붙어 있음을 의미한다. ‘疑始란 처음이 있는 듯하지만 일찍이 처음이 있어 본 적이 없음이라 한다. 無始之始라고도 한다.’－宣穎

[앤솔러지 莊子: 84]

§Ⅲ－19. 사물의 이치에 밝고 도를 배우는데
게을리 함이 없다면

양자거는 노담을 찾아뵙고, 물었다.

“여기 한 사람이 있는데, 매우 민첩하고 강건하며 사물의 이치에 밝고 도를 배우는 데 게을리 함이 없습니다. 이런 사람은 명왕에 비교할 수 있겠습니까?”

노담이 대답했다.

“그런 사람은 명왕, 성인의 입장에서 보면 약삭빠른 지智만 앞서 달리고 재주에 얽매여, 몸을 지치게 하고 마음을 괴롭게 하는 자일뿐이다.

덧붙여 말한다면, 범이나 표범의 아름다운 문채는 사냥을 불러오고 원숭이의 민첩한 재주나 개의 너구리를 잡을 수 있는 특기는 결박을 불러오게 된다. 이 같은 사람을 어찌 명왕에 비교할 수 있겠느냐?”

양자거는 삼가 다시 물었다.

"그렇다면 명왕明王의 정치는 어떤 것인지 감히 묻습니다."

노담이 대답했다.

"명왕의 정치란 그 공이 천하를 덮을 만하여도 자신의 공이 아닌 것처럼 하고, 만물에게 교화를 베풀어 주지만 백성들은 그를 믿고 의지하지 않는다. 백성들이 그의 이름을 드높이지 않지만 그는 만물을 스스로 기쁘게 할 따름이다. 그 자신은 신묘불가측의 경지에 서서 아무 속박 없는 무無의 세계에서 노니는 것이다."

1)陽子居見老聃,

曰. "有人於此, 2)嚮疾彊梁,

3)物徹疏明, 4)學道不勌.

如是者, 可比明王乎?"

老聃曰. "是於聖人也,

5)胥易技係, 勞形怵心者也.

且也虎豹之文來田,

6)猨狙之便執斄之狗來藉.

如是者, 可比明王乎?"

陽子居7)蹵然曰. "敢問明王之治."

老聃曰.

"明王之治, 功蓋天下,

而似不自己, 8)化貸萬物

而民弗恃. 有莫擧名,

使物自喜. 9)立乎不測,

而10)遊於無有者也."

―〔應帝王〕―

양자거현노담,

왈. "유인어차, 향질강량,

물철소명, 학도불권.

여시자, 가비명왕호?"

노담왈. "시어성인야,

서역기계, 노형출심자야.

차야호표지문래전,

원저지변집리지구래적.

여시자, 가비명왕호?"

양자거축연왈. "감문명왕지치."

노담왈.

"명왕지치, 공개천하,

이사불자기, 화대만물

이민불시. 유막거명,

사물자희. 입호불측,

이유어무유자야."

218

[도움말]

1) 陽子居－陽은 姓, 子居는 字. 一說로는 전국시대의 楊朱라고도 함

2) 嚮疾彊梁－嚮(향)은 響과 같다. 음향이 울리듯 빠르다는 것, 영리하게 재빨리 달려감이다. 疾(질)도 빠른 것. 嚮疾(향질)은 동작이 민첩한 모양이다. 彊梁(강량)은 힘차게 일을 속히 처리하는 것.

3) 物徹疏明－物徹은 徹物의 도치라 함. (朴一峰) 物徹(물철)은 사물의 도리에 통철함 이다. 疏明(소명)은 밝게 트임,

4) 學道不勤－勤은 倦(권)이고 게으르다, 지치다.

5) 胥易技係－胥(서)는 슬기, 諝의 假借로 약삭빠른 智다. 易(역)은 달릴 馳의假借라 함. 혹은 治. 技(기)는 재주다. 係는 繫(계), 매이다. 또한 '서'를 大胥之官, '역'을 占卜之官이라 한다. 胥가 되려면 반드시 樂舞之技를 익혀야 되고, 易이 되려면 반드시 占卜之技를 익혀야만 되니 이것은 모두 技(재주)가 매여 있음이라 한다.

6) 猨狙之便執斄之狗来籍－猨狙之便의 便(변)은 원숭이의 便捷, 민첩한 것이다. 猨狙(원저)는 원숭이. 斄(리)는 '태'라고도 읽는다. '리'는 너구리, 狸(리) 살쾡이, 들고양이와 같다. 籍(적)은 繩(승), 繫(계), 매이다. (籍, 繫也.) 또 '籍(적)은 繩(승), 노끈이다. 속박의 원인이 되는 것이다.'(籍, 繩也. 所以束縛者也.)－林希逸

7) 蹙然－축연은 삼가는 모양.

8) 化貸萬物而民弗恃－化는 教化다. 貸(대)는 施, '베풀어 줌'이다. '民弗恃는 백성들이 임금의 다스리는 힘에 의지함이 없음을 말한다고 한다.'(百姓謂不賴君之能)－成玄英

9) 立乎不測－神妙不可測의 경지에 서다. '所存者神'이라고 했다.－宣穎 존재하는 것은 神이다. 바꿔 말하면 신묘함(신)만이 존재하고 있는 경지인 것이다.

10) 遊於無有者也－無有(무유)는 허무의 경지, 그 어떤 갈등, 번민과 속박이 없는 경지에서 자유롭게 노니는 것이다.

§Ⅲ-20. 나는 너에게 지금껏 도(道)의 표면의
문리만 익히게 하였다.

정나라에 신무가 있는데, 이름을 계함이라고 한다.

다른 사람의 사생존망, 화복수요禍福壽夭를 알고, 년 월일까지 예언했는데, 정말 귀신같이 들어맞았다. 정나라 사람은 계함을 보면 모두 피하여 달아난다. 열자는 계함을 만나보고 심취하여, 돌아와서 호자에게 말했다.

"애초 저는 선생님의 도道를 다시없는 최고의 것이라고 생각하고 있었습니다만, 이제 보니 지극한 도의 경지에 이른 자가 또 있었습니다."

호자가 말했다.

"나는 너에게 지금껏 도의 표면의 문리만 익히게 하였지, 아직 도의 속 알맹이를 너에게 말한 일이 없다. 그런데도 너는 도를 진실로 터득하였다고 생각하느냐? 암컷이 많아도 수컷이 없으면 또한 어찌 알이 생길 수 있겠느냐? 너는 무늬만 약간 익힌 도로써 세상 사람들과 대항하여 억지로 뻗어나가려고 하는 것이니 대저 그런 행위는 곧 남들이 쉽게 네 관상을 보고 점이 맞아떨어지게 하는 것이다. 어디 시험 삼아 그를 오게 하여, 내 상相을 보여 주어라."

1)鄭有神巫曰季咸.

知人之死生存亡, 禍福壽夭,

2)期以歲月旬日, 若神.

鄭人見之,

정유신무왈계함.

지인지사생존망, 화복수요,

기이세월순일, 약신.

정인견지,

皆棄而走. 列子³⁾見之而心醉,   개기이주. 열자견지이심취,

歸以告⁴⁾壺子, 曰.   귀이고호자, 왈.

"始吾以夫子之道爲至矣, 則又有   "시오이부자지도위지의, 즉우유

至焉者矣."   지언자의."

壺子曰,   호자왈.

"⁵⁾吾與汝旣其文, ⁶⁾未旣其實,   "오여여기기문, 미기기실,

⁷⁾而固得道與?   이고득도여?

衆雌而無雄, 而又奚卵焉?   중자이무웅, 이우해란언?

⁸⁾而以道與世亢,   이이도여세항,

必信, 夫故使人得而相汝.   필신, 부고사인득이상여.

嘗試與來, 以予示之."   상시여래, 이여시지."

—〔應帝王〕—

[도움말]

1) 鄭有神巫曰季咸 – 鄭, 鄭나라. 神巫(신무)는 觀相하는 사람이고, '계함'은 이름이다. 列子 <황제편>에도 나온다. '齊나라에서 온 神巫가 있는데, 鄭나라에서 살았고 이름을 季咸이라 한다.'고 나옴. 山海經 등의 古書에 나오는 古之神巫라 한다. 女曰巫(무), 男曰覡(격)이라 한다.

2) 期 – 예측하는 것, 예언하는 것을 말한다.

3) 見之而心醉 – 열자가 계함을 만나보고 그의 道에 미혹하는 것이다. (迷惑於其道也.)

4) 壺子 – 정나라 사람으로 列子의 스승이라 한다. 壺丘子林(호구자림)이라 한다.

5) 吾與汝旣其文 – 與는 授, 가르쳐 주는 것이다. 旣는 盡, 다하다. 또는 旣를 玩으로 보고 習, '익히다'의 뜻으로 새기기도 한다. 나는 네게 文言은 다 가르쳐 주었다는 것. 文은 實에 대하여 표면, 형식의 뜻이 된다.

6) 未旣其實 – 旣其文은 외면을 다하는 것이다. 未旣其實은 그 안을 아직 다하지 못한 것이라 함. (旣其文盡其外也, 未旣其實未盡其內也.) – 林希逸

7) 而固得道與? – 固는 굳이, 고집스럽게. 與는 의문 조사로 歟와 같다.

8) 而以道與世亢, 必信 – 而는 汝로, 너. 亢은 抗(맞설 항)과 같다. 信은 伸, 펼

치다 와 통한다. '네 道는 오히려 천박하거늘, 그런데도 세상과 더불어 맞서 다툼으로써, 네 道를 널리 펼치고자 함을 말하는 것이다.' (言汝之道尙淺, 而 乃與世亢, 以求必伸.)—郭象

第四章

莊子의 덕(德)

제4장: 「장자의 덕(德)」

장자에 나타난 덕이란 무엇인가?

덕을 포함하고 있는 어구를 중심으로 내편內篇 7편에서 뽑아 보았다. 유소감劉笑敢의 연구에 의하면 內 7편에는 연사連辭로서의 '도덕'이라는 어휘는 아직 쓰이지 않고 있다(최진석 옮김, 장자철학, 소나무, 1990). 그렇다면 내편에서의 도와 덕의 의미는 연사로서가 아니라 도덕 이전의 원래의 소박한 뜻에 한층 가까울 수 있지 않을까? 장자에 나오는 덕의 글자 수는 114자이다. 내편에서의 덕의 의미는 다양하다. 덕행德行, 품덕品德, 성덕性德에서 덕의 의미는 저절로 형성된 본성 혹은 본질이고, 자연의 이치를 지칭하거나 때로는 도와 같은 뜻이며, 덕정德政, 덕교德敎이고 은덕恩德이나 행위를 뜻한다.

도는 길이고, 그 길을 가는 이들의 흔적 없는 족적이야말로 덕의 본래 모습일 것이다. 그들의 발자국 뒤에는 부동의 정적과 평온이 묻어나고 있다.

"천지자연에 통하는 것이 덕이고, 만물에 고루 미치는(行) 것이 도이다(通於天地者德也, 行於萬物者道也〈天地〉)"라고 장자는 말한다.

도는 세계와의 진정한 교유이며 자연과 인간, 그리고 자신과의 화해의 길이다. 덕은 하늘과 땅을 관통하는 천하일기天下一氣 위에 펼쳐지는 무심의 춤과 같은 것이다. 장자는 "스스로 그 마음을 잘 섬기는 자는 슬픔이나 즐거움이 눈앞에 나타난다고 하더라도 그것 때문에 자신의 마음을 고치거나 변하게 하지 않는다. 어찌할 수 없음을 알고 자연의 조화에 따라 마음을 편히 한다. 이것이 최고의 덕이다(自事其心者, 哀樂不易施乎前. 知其不可奈何而安之若命. 德之至也〈人間世〉)"라고 했다. 덕은 스스로 자신의 마음을 섬기는 일에서 비롯되는 것이다. 또한 "무릇 고요하지 않고 즐겁지 않다면 그것은 덕이 아니다(夫不恬不愉非德也〈在宥〉)"고 한다.

第四章: 莊子의 덕(德)

§Ⅳ-1. 이런 사람의 덕(德)은 널리 만물을 뒤섞어 하나로 삼는다.

이 사람, 이런 사람(神人)의 덕행은
널리 만물을 감싸 안아 장차 하나로 삼는다.
세상 사람들이 그가 이 세상을 다스려 주길 바라지만
어찌하여 심력을 수고하며 천하를 다스리는 것을 일(事)로 삼겠느냐!
이런 덕을 지닌 사람은 외물도 그에게 해를 입힐 수 없고
큰 홍수가 나서 하늘에 닿게 될 지라도 그를 빠뜨릴 수 없으며
큰 가뭄에 금석이 녹아 흐르고 토산이 탈지라도 그를 뜨겁게 할
수 없다.
이 같은 사람은 하찮은 먼지와 티끌이나 쭉정이와 겨로도
성인이라 칭송하는 요임금이나 순임금을 빚어 낼 수가 있다.
그러니 어찌 세속의 물사物事에 스스로 나서서 즐겨 일(事)로 삼겠
는가!

1)之人也, 之德也,   지인야, 지덕야,
2)將磅礴萬物以爲一.   장방박만물이위일.

³⁾世蘄乎亂,　　　　　　　　　　세기호란,

⁴⁾孰弊弊焉以天下爲事!　　　숙폐폐언이천하위사!

之人也, 物莫之傷,　　　　　　지인야, 물막지상,

⁵⁾大浸稽天而不溺,　　　　　대침계천이불익,

大旱金石流土山焦而不熱.　대한금석유토산초이불열.

是其⁶⁾塵垢粃糠, 將猶陶鑄堯舜者也　시기진구비강, 장유도주요순자야.

⁷⁾孰肯以物爲事!　　　　　　숙긍이물위사!

－〔逍遙遊〕－

[도움말]

1) 之人也, 之德也 －‘之人德也’를 강조한 것. 人과 德은 동격이다. 之는 此와
   같다. 이 사람은, 이런 사람(神人)의 덕(이곳에서의 德은 德行)이라는 것은,
   하고 서술하려는 것이다.

2) 磅礴 －磅礴(방박)은 旁礴과 같다. －李頤. 널리 싸서 덮는다. 또는 혼동, 섞
   어서 하나로 한다는 것이다.

3) 世蘄乎亂 －蘄(기)는 期, 祈와 같다. 求取. 亂은 治, 다스리다.

4) 孰弊弊焉 －心力을 수고시키는 것. 焉(언)은 然, 또는 如와 같다. 弊弊는 경
   영하는 모습(經營貌)이다. －簡文帝. 孰은 何, 어찌 하 와 같다.

5) 大浸稽天而不溺 －大浸은 큰 홍수, 稽(계)는 至와 같은 뜻으로 도달하다, 이
   르다. 溺(닉)은 빠지다, 잠기다.

6) 塵垢粃糠 －塵垢(진구)는 먼지와 때, 粃糠(비강)은 쭉정이와 겨. 즉 번잡하고
   하찮은 부스러기라 한다. (粃糠猶繁碎) －郭象

7) 孰肯以物爲事 －肯(긍)은 스스로 나서다, ‘굳이, 즐겨’로 새긴다. 物은 세속의
   物事. 神人은 物의 본원인 道의 세계에 들어 자적함으로써 物事는 스스로
   그러함에 따라 저절로 다스려지게 된다. 일일이 物事를 뒤쫓아 다니며 일삼
   지 않는다는 것이다. 孰은 어찌 何와 같다. <老子>는 ‘我無爲而民自化.’라
   했다.

[앤솔러지 莊子: 87]

§Ⅳ-2. 태양보다 뛰어난 덕을 지닌 사람이라면

그런데 그 옛날, 요堯가 순舜에게 물었다.

"나는 내게 복종하지 않는 종, 회, 서오-이 세 나라를 정벌하려고 늘 마음먹고 있었소. 그러나 남면하여 천자의 자리에 있으면서 막상 그들을 공격하여 멸망시키려고 하니 어쩐지 마음이 석연치 않으니 이건 대체 무슨 까닭이오?"

순이 대답했다.

"그 세 나라 군주들은 아직도 다북쑥이 무성한 황무지의 땅에서 근근이 살고 있는 자들입니다. 그런데도 그들을 정벌하려 함에 당신의 마음이 석연치 않다니 그게 무슨 말씀인지요? 옛날에 열 개의 태양이 한꺼번에 나타나, 만물을 빠짐없이 비추었다 합니다. 더구나 태양보다 뛰어난 품덕品德을 지니신 분이라면, 그들에게 감화가 미치지 않을 까닭이 없습니다!"(그러니 정벌 따위에 마음을 쓰지 않아도 무위의 덕은 열 개의 해가 동시에 비추는 것보다 밝게 비치어 만물을 감화, 귀속시킨다는 것이다.)

故[1]昔者, 堯問於舜曰.
"我慾[2]伐宗膾胥敖[3]南面而不釋然,
其故何也?" 舜曰.
"夫三子者, 猶存乎[4]蓬艾之間.
若不釋然, 何哉?
[5]昔者十日竝出,
萬物皆照, [6]而況德之進乎日者乎!"
　　－〔齋物論〕－

고석자, 요문어순왈.
"아욕벌종회서오. 남면이불석연,
기고하야?" 순왈.
"부삼자자, 유존호봉애지간.
약불석연, 하재?
석자십일병출,
만물개조, 이황덕지진호일자호!"

228

[도움말]

1) 昔者－옛날.

2) 伐宗膾胥敖－伐은 치다. 정벌하다. '宗一, 膾二, 胥敖三國'이라 함.－司馬彪. 宗과 膾(회)는 하남성 부근에 있었던 나라 이름이고 胥敖 (서오)는 중국 남방에 있었던 蠻族이라 함.

3) 南面而不釋然－古代에는 君主는 남쪽을 향해 앉고 臣下는 군주를 향해 北面하였다고 한다. 남면은 곧 임금의 지위에 있음을 나타내고 있다. 釋然은 怡悅 흡족하여 기쁜 모양이다. (釋然, 怡悅貌)－成玄英

4) 蓬艾之間. 若不釋然－봉, 애, 둘 다 다북쑥이다. 賤草. 나아가 황무지, 미개지를 말한다. '若, 汝也.'－宣穎

5) 昔者十日並出－<淮南子>에는 '요 임금시절에 열 개의 해가 동시에 나타났거늘, 羿(夏나라의 제후로 名弓)로 하여금 화살을 쏘아 아홉 개의 해를 떨어뜨렸다.'(堯時十日並出, 使羿射落其九)고 한다.

6) 而況德之進乎日者乎－여기서의 덕은 品德인데 나아가 無爲의 德이다. 스스로 빛을 발하는 태양보다 더욱 밝게, 무위의 덕 또한 스스로 그리고 저절로 만물을 비추어 감화시키고 있다는 것이다. 進, 지나감이다. (進, 過也.)－成玄英

[앤솔러지 莊子: 88]

§Ⅳ－3. 오직 덕 있는 자에게만 가능한 일이다

선생(孔子)께서 전에 저에게(葉公子高) 말씀하셨습니다.

"모든 일에 있어서, 그게 하찮은 일이든 중요한 일이든 도道 아닌 것으로써 잘 이루어지는 것은 거의 없다. 일이 만약 잘 되지 않는다고 하면 반드시 인도人道의 근심인 징벌이 있을 것이고, 일이 잘 된다고 하면 반드시 음양이 근심인 심로에 의한 병이 있을 것이다. 일이 잘 되든 잘 안되든 뒤에 아무런 근심이나 병을 남기지 않는 것은, 오직 덕행 있는 자에게만 가능한 일이다."

子嘗於¹⁾諸梁也曰.

"凡事若小若大, ²⁾寡不道以懽成.

事若不成, 則必有³⁾人道之患,

事若成, 則必有⁴⁾陰陽之患.

若成若不成而後無患者,

⁵⁾唯有德者能之."

－〔人間世〕－

자상어저량야왈.

"범사약소약대, 과부도이환성.

사약불성, 즉필유인도지환,

사약성, 즉필유음양지환.

약성약불성이후무환자,

유유덕자능지.

[도움말]

1) 諸梁－葉公子高(섭공자고)를 말한다. 姓은 沈, 名이 諸梁이다. 子高(자고)는 그의 字. 楚(초)의 公族(공족)으로 葉(섭) (河南省 葉縣)에 封(봉) 해졌다. 덕이 높고 백성으로부터 두터운 신망을 받고 있었다고 한다.

2) 寡不道以懽成－寡(과)는 드물다, ~한 것은 거의 없다. 不道以懽成은 以不道懽成의 倒置言이다. 환성은 기꺼이, 잘 이루다. 懽(시끄러울 환)으로 읽고 合議의 뜻으로 풀기도 함.

3) 人道之患－인간의 제도에 의한 懲罰, 刑罰이다. 왕이 반드시 죄를 내리는 것이라 함. (王必降罪) 人道之患, 刑罰之憂－成玄英.

4) 陰陽之患－신체의 陽氣와 陰氣의 不調和에 의한 재난 즉 病患이다. '기쁨과 두려움이 서로 다투어, 내면의 음양二氣가 장차 상함을 입고 질병을 일으킴'이다. (喜懼交戰, 陰陽二氣將受傷而疾作.)－宣穎

5) 唯有德者能之－이곳에서의 德은 德行, 品德이다.

230

§IV-4. 이것이 덕의 지극함이다

무릇 부모를 잘 섬기는 자는
장소를 가리지 않고 부모를 편안하게 하는 것이니, 효孝의 지극함
이다.
저 임금을 잘 섬기는 자는
일을 가리지 않고 임금을 편안하게 하는 것이니, 충忠의 성실함이다.
스스로 그 마음을 잘 섬기는 자는
슬픔이나 즐거움이 눈앞에 나타난다 하더라도 그것 때문에
자신의 마음을 고치거나 변하게 하지는 않는 것이다.
그것은 인위적으로는 어찌 할 수 없음을 알고
스스로 그 마음을 편히 하며 명에 잘 따르는 것이니
이것이 덕행의 지극함이다.

夫事其親者,　　　　　　　　　부사기친자,
1)不擇地而安之, 孝之至也.　　불택지이안지, 효지지야.
夫事其君者,　　　　　　　　　부사기군자,
不擇事而安之, 忠之盛也.　　불택사이안지, 충지성야.
自事其心者, 哀樂2)不易施乎前.　자사기심자, 애락불역시호전.
3)知其不可奈何而安之若命,　지기불가내하이안지약명,
4)德之至也.　　　　　　　　　덕지지야.

　　　　　－〔人間世〕－

[도움말]

1) 不擇地而安之－安之, 使之安. 之는 자기의 부모. 어떤 처지나 환경에 있더라 도 부모를 편안하게 함이다.

2) 不易施乎前－易은 變이다. 施(시)는 行하다. 移(이)로 읽고 不移易과 같은 말이라 한다(施讀爲移, 此猶言不移易). －王念孫 移는 옮기다. 바로 말하면 易施이고, 거꾸로 말하면 施易이 된다고 했다. (正言之則爲易施, 倒言之則爲 施易也.)－成玄英

不易施는 不改變의 뜻이 된다. 눈앞의 일이나 처지에 따라 감정이 쉽게 변 하지 않음을 나타낸다.

3) 知其不可奈何而安之若命－奈何는 어찌하여, 如何와 같다. 눈앞에서 변화하 는 상황이나 처지는 인위적으로 어찌할 수 없음이 있음을 알고 마음을 편안 히 하여 命에 따른다는 것. 若命의 若은 順이다. 命이란 하늘로부터 받아, 저절로 굳게 맺어진 것(受之於天, 自然固結)이라 함.

4) 德之至也－저절로 그러한 자연의 命에 따르는 그것이, 덕행의 지극함(최고의 덕)이다.

[앤솔러지 莊子: 90]

§IV－5. 마음의 덕이 불구인 자는 더욱 유유자적할 것이 아닌가!

그 몸이 지리멸렬한 불구자조차도
오히려 세상의 해를 입지 않고 그 몸을 잘 보양하며
유유히 천수를 다 할 수가 있는데
하물며 마음의 그 품덕이 지리멸렬 불구인 자야말로
더욱 참된 생을 누리며 유유자적할 것이 아닌가!

¹⁾夫支離其形者,　　　　　부지리기형자,

猶足以養其身,　　　　　유족이양기신,

²⁾終其天年,　　　　　　종기천년,

³⁾又況支離其德者乎!　　우황지리기덕자호!

　　　　　－〔人間世〕－

[도움말]

1) 支離其形者－지리는 支離滅裂이다. 흩어져 갈피를 잡을 수 없을 정도로 형체가 몹시 뒤틀린 불구자를 형용한 것.

2) 終其天年－세상일이나 사람으로부터 질시를 받는 해를 입지 않고 자연의 壽를 다 하는 것이다.

3) 又況支離其德者乎! －'支離其德者'란 世人이 추구하는 바와 같은 욕망에서 동떨어지고 世俗의 가치관으로 보면 전혀 쓸모없는 의식 수준을 지닌 세속에서의 그 品德의 불구자다. 況(황)은 하물며, 德이 支離한 者는 더욱 세상사람들의 해를 입지 않고 자연의 壽를 다 하지 않겠느냐. '형체를 잊고 사는 사람도 세상의 해를 면할 수 있거늘, 하물며 덕(인위의 덕행)을 잊고 사는 사람임에야 말할 것 있으랴!' (忘形者猶足免害, 況忘德者乎!)－成玄英

[앤솔러지 莊子: 91]

§Ⅳ－6. 그만두어라. 인위의 덕행으로 세상사람 대하는 일!

복은 깃털보다 가벼우나, 잡을 줄 모르고,

재앙은 땅보다 무거우나, 피할 줄 모르네.

그만, 그만 두어라.

인위人爲의 덕교德敎로 세상사람 대하는 일!

1)福輕乎羽, ²⁾莫之知載,   복경호우, 막지지재,

禍重乎地, ³⁾莫之知避.   화중호지, 막지지피.

⁴⁾己乎己乎. ⁵⁾臨人以德!   이호이호. 임인이덕!

　　　　－〔人間世〕－

[도움말]

1) 福輕乎羽－乎, 同'於'. 비교를 나타낸다. 복은 깃털보다 가볍다. 여기서의 福
이란 세속의 욕망을 따르지 않고 자연이 부여한 삶을 온전히 함을 말한다.

2) 莫之知載－載(재)는 손에 올려놓음, 잡기 쉬운데 잡지 않는다. (易取不取)－
宣穎. 누구도 그것(福)을 이어 받을 줄 모른다는 뜻.

3) 莫之知避－피함이 마땅한데 피하지 않는다. (當避不避)－宣穎

4) 己乎己乎－己, 止. 아서라, 그만 두어라.

5) 臨人以德－인위의 德敎로 세상 사람을 대하는 것, 자연의 덕이 아니라 형식
과 권위에 치우친 자기의 德行으로 남의 위에 서서 능멸하는 행위. '정말 멈
추어야할 것은 德政을 남에게 내보이는 일이다.'(極當止者, 示人以德之事.)－
宣穎

[앤솔러지 莊子: 92]

§IV-7. 마음을 덕의 조화로운 경지에서 노닐게 하다

공자가 말하였다.

"다르다는 입장에서 보면, 한 몸 안의 간과 쓸개도 멀리 떨어진
초나라와 월나라 같다. 같다는 입장에서 보면, 만물은 모두 하나
이다.

무릇 이와 같은 자는, 귀와 눈이 좋아하는 것 따위를 알지 못하며

마음을 스스로 그러한 자연(德)의 조화로운 경지에서 노닐게 하여 만물에 대하여 그 하나임을 보고 외형상의 부족함은 보지 않는다. 그 발 하나를 잃은 것을 마치 흙덩이를 땅에 떨어뜨린 정도로 여긴다.

仲尼曰.
"自其異者視之, ¹⁾肝膽楚越也.
²⁾自其同者視之, 萬物皆一也.
夫若然者,
且³⁾不知耳目之所宜,
而⁴⁾遊心乎德之和,
⁵⁾物視其所一而不見其所喪.
視喪其足⁶⁾猶遺土也."
　　　－〔德充符〕－

중니왈.
"자기이자시지, 간담초월야.
자기동자시지, 만물개일야.
부약연자,
차부지이목지소의,
이유심호덕지화,
물시기소일이불견기소상.
시상기족유유토야."

[도움말]

1) 肝膽楚越－肝膽(간담)은 간과 쓸개. 肝膽(간담)은 거의 같이 붙어있지만 다르다는 입장에서 보면 肝膽(간담)도 楚越과 같다는 것. 楚越은 서로 멀리 떨어져 있는 楚나라와 越나라.

2) 自其同者視之, 萬物皆一也－즉, '天地與我竝生, 而萬物與我爲'의 경지이다. 천지는 나와 더불어 생명을 함께 영위하며 만물은 나와 더불어 하나가 되는 道의 경지이다. 천지간에 모든 것이 一物이다. (皆天地間一物.)－王先謙

3) 不知耳目之所宜－聲과 色의 추구함이 없다는 것. 耳目의 마땅함은 소리와 색에 있다. 그는 마치 聲色에 대해 아는 바가 없이 멍하니 있는 것 같다, 그래서 마음을 덕의 和에 놀리고 있는 것이라 함. 이는 귀와 눈이 좋아하는 소리나 용모 따위에 이끌리는 差別知로부터 벗어나 있음을 말하고 있다.

4) 遊心乎德之和－이곳에서의 德은 스스로 그러한 자연의 내재율을 지칭하고 있다. 자연의 조화에 마음을 놀리고 있다는 것.

5) 物視其所一而不見其所喪－만물에 대해 그 동일한 본질을 보고, 그 모자라는

것을 보지 않는 것이다. '만물이 하나로 돌아감을 살펴보니, 얻고 잃음이 없다.' (視萬物爲一致, 無有得喪.)—宣穎

6) 猶遺土也—遺는 棄. 마치 흙덩이를 떨어뜨리듯 버리는 것. 여기서, 王先謙은 '우리들 중인은 어찌하여 그 많은 것들을 모으고 애써 쫓아다니는 걸까?'하고 자문하고 있다. (衆人何爲群聚而從之哉?)

[앤솔러지 莊子: 93]

§Ⅳ-8. 형체의 근본인 덕을 온전히 하려는 사람

천자의 후궁이 된 자는
귀밑머리를 깎거나 귀에 구멍을 뚫지 않는다.
새로 장가 든 자는 집(私宅)에서 쉬게 하고
관官에서 일을 시키지 않는다.
외형을 온전히 하는 것으로도 이처럼 되기에 족하거늘, 하물며 형체의 근본인 덕(品德)을 온전히 하려는 사람이야 더욱 그럴 것이 아닌가!

1)爲天子之諸御, 2)不爪翦, 不穿耳.　　위천자지제어, 불조전, 불천이.
娶妻者3)止於外, 4)不得復使.　　　　취처자지어외, 부득복사.
5)形全猶足以爲爾,　　　　　　　　　형전유족이위이,
6)而況全德之人乎!　　　　　　　　　이황전덕지인호!

　　　　　—〔德充符〕—

[도움말]

1) 天子之諸御—천자의 御女, 侍妃들이다.

236

2) 不爪翦, 不穿耳－爪는 깎을 刮(괄), 翦은 귀 밑 머리 늘어 질 鬋(전)의 假借
(가차)라고 함. 곧 살쩍(귀 밑 머리 털)을 깎지 않는다. 혹은 글자 그대로 '손
톱을 깎지 않는다.'로 풀이 함. 翦(전)은 剪(전)과 같고, 자른다. 穿(천)은 뚫
는다. 귀 바퀴에 구멍을 내어 고리를 다는 짓을 하지 않는 것이라 함.

3) 止於外－止는 머물고 쉬는 것. 外는 私宅(사택), 官衙를 중심으로 한 말이라
한다.

4) 不得復使－匹夫가 장가를 들면 私宅에서 쉰다. 관에서 그에게 일을 시키지
않고, 그의 몸을 한가롭게 해 주었다. (匹夫娶妻, 休止於外. 官不役之, 使其
形逸.)－王先謙 위 두 가지 일은 모두 그 형체를 온전히 함이다. (上二事,
皆全基形.)－王先謙
'禮記' <예운편>에는 '三年喪과 新婚者는 期(1년) 동안 使役 하지 않는다.'
고 한다.

5) 形全猶足以爲爾－外形을 온전히 하는 것조차도 이처럼 되기에 족함, 足以爲
爾(족이위이)는 그렇게 되기에 충분하다. 이처럼 주변의 배려를 충분히 받게
된다는 것, 爾(이)는 此의 뜻이다.

6) 而況全德之人乎! －宣穎은 德(品德)을 온전히 함은 근본 바탕이니, 어찌 사
람이 소중히 여기지 않을 수가 있겠는가!(德全則有本, 人豈能不愛乎!)라고
했다. 형체의 근본은 德인데, 德(품덕)을 온전히 하려는 者는 형체를 소중히
여기는 사람보다 더욱 德을 아끼고 소중히 여겨야 한다는 의미다.

[앤솔러지 莊子: 94]

§IV-9. 이는 필경 재능이 온전하면서도

이 시대의 애태타哀駘它는 말없이 신임을 얻고
어떤 공적이 없어도 친밀해지게 한다.
남이 자기 나라의 국정을 맡기고도
그것을 받아 주지 않을까 염려하게 할 정도이다.

이는 필경 재능이 온전하면서도
그 덕행은 외면으로 드러나지 않는 인물일 것이다.

今¹⁾哀駘它未言而信,　　　　　금애태타미언이신,

無功而親.　　　　　　　　　　무공이친.

²⁾使人授己國,　　　　　　　　사인수기국,

唯恐其不受也.　　　　　　　　유공기불수야.

³⁾是必才全而德不形者也.　　　시필재전이덕불형자야.

　　　　　−〔德充符〕−

[도움말]

1) 哀駘它未言而信−哀駘它는 춘추 말기, 노나라에 살았던 사람이다. 哀駘(애태)는 추한 용모, 它(타)는 그의 이름이라고 한다. 글자 그대로의 뜻은 슬픈 낙타 등을 지닌 곱추 사나이, 혹은 우둔한 말과 같은 사람. 이다. 未言, 不唱. 먼저 앞서 주장하지 않음이다.

2) 使人授己國, 唯恐其不受也. −다른 사람으로 하여금 그 나라의 국정을 맡기게 하고도 오직 (그가) 그것을 받지 않을까 염려하게 하다(만들다).

3) 是必才全而德不形者也. −이와 같은 사람은, 필경 재능과 지혜가 온전히 구비하고 있으면서 功은 다른 사람에게 물려준다, 그러므로 德은 形體를 드러내지 않고 보이지도 않는다. (如是之人, 必當才智全具而推功於物, 故德不形見之也.)−宣穎.
   哀駘它는 필경 德行이 겉으로 드러나지 않는 인물일 것이다.

[앤솔러지 莊子: 95]

§Ⅳ-10. 무엇을 덕이 겉으로 드러나지 않는 것이라 하는가?

노나라 애공이 공자에게 물었다.

"무엇을 덕(德行)이 겉으로 드러나지 않는 것이라 하오?"

공자가 대답했다.

"평平, 즉 수평水平이라는 것은 물의 멈춤이 아주 깊어진 상태입니다.

그 정지된 물이 만물의 본보기인 법이 될 수 있는 것은

안으로 고요함을 간직하고 밖으로 흔들리지 않기 때문입니다.

덕행이란 내면의 화기和氣를 자연 그대로 잘 보존한 상태입니다.

덕행이 바깥으로 드러나지 않으면, 만물은 저절로 귀부歸附하여 떨

어질 수 없게 됩니다."

魯哀公問於仲尼曰.	노애공문어중니왈.
"何謂德不形?"	"하위덕불형?"
曰, "平者, ¹⁾水停之盛也.	왈, "평자, 수정지성야.
其可以爲法也,	기가이위법야,
²⁾內保之而外不蕩也.	내보지이외불탕야.
³⁾德者, 成和之修也.	덕자, 성화지수야.
⁴⁾德不形者, 物不能離也."	덕불형자, 물불능리야."

－〔德充符〕－

[도움말]

1) 水停之盛－물(水)이 정지한 상태의 극점. 고요함으로 가득 찬 것이다.

2) 內保之而外不蕩也－안으로 수평(물이 정지 한 상태의 극점) 인 고요함을 간직
하고 바깥으로 흔들리지 않기 때문이다. 탕은 搖(요), 흔들리다. 動, 움직이다.

'안으로 그 밝음을 지키고 있어서 밖으로는 사물에 혼들리지 않는다.' (內保其明, 外不動於物.)－郭象

3) 德者, 成和之修也－덕이란 德行. 내면의 和氣를 자연 그대로 잘 보존한 상태다. 내면의 和氣를 어지럽히지 않으면 곧 덕이 이루어진다는 것. 太和의 도를 닦아 이미 이루었으니, 이에 이름 하여 德이라 한다. (修太和之道旣成, 乃名爲德也.)－宣穎

4) 德不形者, 物不能離也－안으로 德을 품고 있음이 두터워, 사람들이 그와 가까이하기를 즐긴다. (含德之厚, 人樂親之.)－宣穎

[앤소러지 莊子: 96]

§Ⅳ-11. 나와 공구(孔丘)는 임금과 신하가 아니라

애공이 훗날, 공자의 제자인 민자에게 말했다.
"처음에는, 내가 임금이 되어서 나라를 다스리는 방법이란
백성들의 기강을 잡고, 백성들의 죽음을 걱정하는 것으로서
나는 스스로 지극한 도에 통달한 임금이라 여기고 있었소.
이번에 나는 至人의 말을 듣고 나서야, 나는 내 안에 도의 실實이
없으면서 내 자신을 경솔히 처신하여, 이 나라를 망치게 될까 두려워졌소. 나와 공구는, 임금과 신하의 관계가 아니라 덕으로 사귀는 길벗일 뿐이오."

1)哀公異日以告閔子, 曰.   애공이일이고민자, 왈.
"始也, 吾以南面而君天下,   "시야, 오이남면이군천하,
2)執民之紀而憂其死,   집민지기이우기사,
3)吾自以爲至通矣.   오자이위지통의.

240

今吾聞至人之言, 恐吾無其實,　　金오문지인지언, 공오무기실,

經用吾身, 而亡吾國.　　경용오신, 이망오국.

吾與孔丘, 非君臣也,　　오여공구, 비군신야,

4)德友而已矣."　　덕우이이의."

－〔德充符〕－

[도움말]

1) 哀公異日以告閔子－哀公(애공), 노나라 君主(군주)다. 異日은 他日이다. 그 일이 있은 후의 어느 날이다. 여기서는 애공이 공자로부터 윗 절의 才全者, 德不形者, 같은 至人의 경지를 들은 후에, 어느 날 공자의 제자인 민자에게 자신의 심경을 토로하고 있는 것임. 민자는 閔子騫(민자건)이다. 姓은 閔, 字가 子騫이고, 名은 損이라 한다. 孝德 (효덕)이 높았다고 함.

2) 執民之紀而憂其死－執民之紀는 백성을 다스리는 기강(법)을 잡음. (執持綱紀.)－成玄英. 執은 집행이다. 법을 집행하는 것. 또한 백성의 기강을 잡는 것은 국가의 권력을 잡는 것이다. (執民之紀, 執國之炳.)－林希逸. 또한 憂其死者, 즉 '백성들이 죽는 것을 걱정한다.'는 것은 백성을 사랑한다는 말이라 함.

3) 吾自以爲至通矣－哀公 스스로 治術에 통달하고 최고의 도에 이르렀다고 생각하고 있었다는 것.

4) 德友而已矣－여기서의 德은 道와 같다. 道로 서로 교제하는 道友(길벗) 일 뿐이다.

덕으로써 서로 친밀하게 되기를 바라는 것이다. (望其以德相親.)－林雲銘

[앤솔러지 莊子: 97]

§IV-12. 그러므로 내면의 덕행이 뛰어나면

그러므로 내면의 덕행이 뛰어나면
외면의 형체는 잊혀진다.

세상 사람들은 마땅히 잊어야 할 것 외모外貌는 잊지 않고
결코 잊어서는 안 될 것, 내면內面의 덕德은 잊고 있다.
이것이야말로 참으로 잊음이라 한다.

[1]故德有所長,　　　　　　　고덕유소장,

而形[2]有所忘.　　　　　　　이형유소망.

人不忘其所忘,　　　　　　　인불망기소망,

而忘[3]其所不忘.　　　　　　이망기소불망.

此謂[4]誠忘.　　　　　　　　차위성망.

　　　　　－〔德充符〕－

[도움말]

1) 故德有所長－德, 덕행, 品德이다. 그러므로 덕행이 뛰어나면,
2) 其所忘－잊어야 할 것, 즉 외형, 외모를 말한다.
3) 其所不忘－잊어서는 안 되는 것, 즉 德을 말 한다
4) 誠忘－참으로 잊고 있는 것. 완전한 忘却이다. 誠은 참(眞)이다.
　　형체는 잊음이 마땅하고, 덕은 잊음이 마땅하지 않는 것인데, 이와 반대로 하
　　니, 이는 정말 잊음인 것이다. (形宜忘, 德不宜忘; 反是, 乃眞忘也.)－王先謙

[앤솔러지 莊子: 98]

§Ⅳ-13. 스스로 그러한 본래의 덕을 잃음이 없는데

따라서 성인은 마음을 자유로이 노닐게 하여
지략을 요사스런 귀신의 재앙으로 여기고
틀에 갇힌 예의규범은 몸에 달라붙는 갖풀로 생각한다.

세간의 인위적인 덕은 백성을 사귀는 수단으로 여기고
교묘한 기술이나 재주 따위는 상인의 장사 솜씨로 생각한다.
성인은 획책함이 없으니 어찌 소지小知(섣부른 꾀)를 쓰겠는가?
깎고 다듬지 않으니 어찌 붙여야 할 갖풀이 필요하겠는가?
스스로 본래의 덕을 잃음이 없는데 어찌 도덕이 필요하겠는가?
억지로 재화를 모으지 않으니 어찌 상술이 필요하겠는가?
지知, 교膠, 덕德, 공工 이 네 가지는 자연의 양육에 속한다. 양육
이란 것은 자연이 먹여 살린다는 것이다.
이미 자연으로부터 양육을 받고 있는데 어찌 인위人爲가 새삼 필
요하랴!

故聖人[1]有所遊,　　　　　　　고성인유소유,

而[2]知爲孼, 約爲膠.　　　　　　이지위얼, 약위교.

[3]德爲接, 工爲商.　　　　　　　덕위접, 공위상.

[4]聖人不謨, 惡用知?　　　　　　성인불모, 오용지?

[5]不斲, 惡用膠?　　　　　　　　불착, 오용교?

無喪, 惡用德?　　　　　　　　　무상, 오용덕?

不貨, 惡用商?　　　　　　　　　불화, 오용상?

四者, 天鬻也.　　　　　　　　　사자, 천육야.

[6]天鬻也者, 天食也.　　　　　　천육야자, 천사야.

旣受食於天, [7]又惡用人!　　　　기수사어천, 우오용인!

－〔德充符〕－

[도움말]

1) 有所遊－마음을 자유로이 풀어놓은 경지, 마음을 虛에서 노닐게 함이다. (遊
心於虛.)

2) 知爲孼, 約爲膠－'知爲孼 이란 知慧는 요얼을 낳는다.'(知慧生妖孼)－司馬

彪. 요얼은 요사스런 귀신의 災殃이다. 知는 섣부른 小見에 의한 小知를 말한다. 約(약)은 예의규범에 속박됨이고, 膠(교)는 갖풀이니, 약에 구속되어 갖풀이 달라붙듯이 꼼짝할 수 없게 된다는 것.

3) 德爲接, 工爲商―여기서의 덕은 겉으로 내세우는 인위적인 道德이다. 덕을 내세워 백성과 접하는 것, 접은 交接이니 즉 交際다. 工은 工巧, 技巧다. 즉 기교를 장사의 수단으로 생각한다는 뜻이다.

4) 聖人不謀, 惡用知?―성인은 마음속에 도모함이 없다. 그러므로 智(꾀, 지략)를 쓰지 않는다. (心無圖謀, 故不用智.)―王先謙

5) 不斲―착은 나무를 깎아 細工함, 즉 예법을 내세워 자연성에 作爲를 가하지 않는다는 것.

6) 天鬻 天食―陸德明은 '鬻, 養也.'라 함. 鬻(육)은 기른다. 천육은 天(자연)이 먹인다, 飼養이다. 天食, 言自然而禀之―郭象. 곧 天(자연)이 주다(기른다)는 뜻이다. 食, 禀也―成玄英. 食의 音은 식, 사. 鬻의 音은 育(육)이라 함. 四者는 知, 約, 德, 工이다.

7) 又惡用人―人은 人爲, 또 어찌 인위를 쓸 필요가 있겠는가? 즉 이미 天食을 받고 있으므로 知, 約, 德, 工 등의 作爲는 불필요하다는 것. 이미 자연(천)으로부터 길러짐을 받았고, 곧 그 자연의 온전함에 맡겼으니, 人爲를 써서 그것을 뒤섞지 않는다. (旣受食於天矣, 則當全其自然, 不用人爲雜之.)―王先謙

[앤솔러지 莊子: 99]

§Ⅳ-14. 몸과 정신은 일체가 되어

맑고 밝은 그 모습은 기쁨에 젖어있는 듯하다!
느릿느릿 움직이는 그 모습은 부득이하여 응하는구나!
내면의 덕이 모이고 충만하여 얼굴빛은 더욱 환히 밝아지고
몸과 정신은 일체가 되어 참 나의 품덕品德에 머물고 있다.
휑하니 넓고 탁 트인 진인의 그 모습은 크기도 하다!

높고 멀리 세상에 초연하여 그를 막거나 규제할 수가 없다.

¹⁾邴邴乎其似喜乎 !　　　　　병병호기사희호 !

²⁾崔乎其不得已乎 !　　　　　최호기부득이호 !

³⁾滀乎進我色也,　　　　　　축호진아색야,

⁴⁾與乎止我德也.　　　　　　여호지아덕야.

⁵⁾厲乎其似世乎 !　　　　　　려호기사세호 !

⁶⁾謷乎其未可制也.　　　　　오호기미가제야.

　　　　－〔大宗師〕－

[도움말]

1) 邴邴 － 邴邴(병병)은 밝은 모습(邴邴, 明貌也.) － 向秀. 기쁜 모양 (邴邴, 喜貌也) － 郭象. 至人은 특별히 좋아하는 것 없으나, 늘 창연히 화락 자적하고 있기에, (사람들이 보기에는) 마치 기뻐하고 있는 것과 같다. (至人無喜, 暢然和適, 故似喜也.)고 했다. － 郭象

2) 崔乎 － 崔는 움직이는 모양. (崔, 動貌) － 向秀. 빠른 모양(速貌) － 間文帝. '급박해야 움직이고 먼저 나서지 않음이니, 고로 부득이하여 응한다.'고 했다. (迫而後動, 非關先唱, 故不得已而應之.) － 成玄英

3) 滀乎進我色也 － 滀(축)은 聚, 모이다. 進은 더하다. (進, 益也) － 成玄英. 물이 모이면 光澤이 있게 되듯이, 내면의 덕이 충만하여 얼굴빛이 더욱 밝게 빛나는 것. 내면의 기쁨이 충만한 옛 眞人의 모습이다.

4) 與乎止我德也 － 與는 서로 접하는 뜻이다. (與, 相接意) 덕은 品德이다. 너그럽고 여유로운 덕은, 나를 근본으로 복귀시킨다. (寬閒之德, 使我歸之) － 宣穎.

5) 厲乎其似世乎 － <釋文>:厲(려)는 廣(넓을 광). 널리 펼치고 덮어줌이 광이다 (苞羅者廣也.) － 崔譔. '世는 곧 泰(클 태)의 借字.'(世, 乃太之借字.) － 俞樾. 넓고 큰 眞人의 덕을 표현한 것이다.

6) 謷乎其未可制也 － 謷(오)는 아득한 모양, 초연한 모양이다. '謷然히 높고 멀고, 세상의 흐름(겉모습)에 초연하여, 그를 막거나 규제할 수 없다.'(謷然高遠, 超於世表, 不可禁制) － 成玄英. 세속에서 높이 멀리 떠나 있음이다.(高邁於俗也.) － 王先謙.

[앤솔러지 莊子: 100]

§IV-15. 지혜로써 때를 알고 덕성으로써 자연에 따른다

옛 진인眞人은 형벌을 몸으로 삼고, 예의를 날개로 삼으며
지혜로써 때를 알고, 덕성으로써 자연에 따른다.
형벌을 몸으로 삼는다는 것은, 너그럽게 형벌을 덜어 준다는 것이다.
예의를 날개로 삼는다는 것은, 세상풍속을 따라 살아가는 방법이다.
지혜로서 때를 잘 맞춘다 함은, 매사에 부득이함에 따라 응한다는
것이다.
내면의 덕성으로써 자연에 잘 따른다 함은, 발 있는 자와 더불어
무심의 언덕에 이르는 모습을 말하는 것이다.
그런데도 세상 사람들은 진인이 세상일을 힘써 열심히 행한다고
생각한다.

[1]以刑爲體, 以禮爲翼,	이형위체, 이례위익,
以知爲時, [2]以德爲循.	이지위시, 이덕위순.
以刑爲體者, [3]綽乎其殺也.	이형위체자, 작호기쇄야.
以禮爲翼者, [4]所以行於世也.	이례위익자, 소이행어세야.
以知爲時者, 不得已於事也.	이지위시자, 부득이어사야.
以德爲循者,	이덕위순자,
[5]言其與有足者至於丘也.	언기여유족자지어구야.
[6]而人眞以爲勤行者也.	이인진이위근행자야.

— 〔大宗師〕—

[도움말]

1) 以刑爲體, 以禮爲翼 – 林希逸은 體는 本(본바탕)이고 翼은 附(덧붙임)라 함.

246

刑을 실질적인 본바탕으로 삼고, 예의를 세상을 자유롭게 날아다닐 수 있는 날개로 삼는다. 이하는 옛 진인의 세상을 살아가는 실질적인 모습을 표현한 語句들이다. 以下 구절의 '以'는 모두 用, 把, 拿의 뜻으로 새긴다.

2) 以德爲循 - 덕은 내면의 德性이다. 循(순)은 順, 따른다. 자연성에 순응함.

3) 綽乎其殺也 - 綽(작), 寬. 너그러움이다. -成玄英. <廣雅>: 殺(쇄)는 減. 혹은 省(덜 생). 그 형벌을 덜어주는 것이다. 혹은 자신의 私心을 죽이는 것이라 한다.

4) 所以行於世也 - 세상을 살아가는 방법이다. 세상 사람들이 행하는 바에 따르니, 그대로 행하지 못함이 없다. (順世所行, 故無不行.) - 郭象.

5) 言其與有足者至於丘也 - 발 있는 자와 더불어 언덕에 이르는 걸 말한다. 有足者란 발 있는 자라면 누구나, 모든 사람과 함께 언덕에 도달한다는 것. 혼자 오르는 것이 아니라 모든 사람과 더불어 오르는 것이니, 佛家의 大乘과 비슷하다. 有頭者가 아닌 有足者이니 그저 걷는 者. 순박한 사람을 지칭하는 걸까. 丘는 이르러 안주할 만한 무심의 땅이라 함. <說文>에는 虛를 大邱라 함.

6) 而人眞以爲勤行者也 - 그럼에도, 세상 사람들은 그(眞人)가 勤勉力行한다고 생각하는 것이라 한다. - 宣穎

[앤솔러지 莊子: 101]

§IV-16. 그것은 거짓 덕이다.

견오가 광접여를 만나 뵈었다. 광접여가 견오에게 묻기를

"전에, 중시가 네게 무슨 말을 하던가?"

견오가 대답했다.

"제게 말하길, 사람을 다스리는 군주가 스스로 법칙과 규범을 펴면 어느 누가 감히 따르지 않고 감화되지 않겠느냐!고 했습니다."

접여가 말했다.

"그것은 거짓 덕(行爲)이다. 천하를 다스림에 그런 방법을 쓰는 것

은 마치 바다를 건너고 강을 파헤치고 모기에게 산을 지게 하는 것이다. 대저 성인의 다스림이 어찌 법칙이나 규범 같은 외양만을 다스리겠느냐? 스스로 올바르게 한 후에 실행하는 것이니 자신이 잘하는 자신 안의 일을 확고히 할 뿐이다. 저 새는 고공을 높이 날아 그물이나 주살의 위험을 피하고, 새앙쥐는 신단 밑에 깊이 굴을 파서, 연기에 질식하거나 파헤쳐지는 환난을 피하고 있다. 너는 정녕 저 두 미물微物의 지혜를 무지하다 하겠느냐?"

[1]肩吾見狂接輿曰.
"[2]日, 中始何以於女?"
肩吾曰.
"告我, 君人者[3]以己出經式義度,
人孰敢不聽而化諸!"
狂接輿曰.
"[4]是欺德也. 其於治天下也,
[5]猶涉海鑿河而使蚊負山也.
夫聖人之治也, 治外乎?
正而後行,
[6]確乎能其事者而已矣.
且鳥高飛以避[7]矰弋之害,
[8]鼱鼠深穴乎神丘之下,
以避[9]熏鑿之患.
[10]而曾二蟲之無知?"

—〔應帝王〕—

견오현광접여. 광접여왈,
"일, 중시하이어여?"
견오왈.
"고아, 군인자이기출경식의도,
인숙감불청이화제!"
광접여왈.
"시기덕야. 기어치천하야,
유섭해착하이사문부산야.
부성인지치야, 치외호?
정이후행,
확호능기사자이이의.
차조고비이피증익지해,
혜서심혈호신구지하,
이피훈착지환.
이증이충지무지?"

[도움말]

1) 肩吾見狂接輿-견오, 賢人 또는 神의 이름이라 함, 견오는 虛, 墟의 緩言으로 虛(골짜기, 산악)의 神이라 한다. 광접여는 초나라의 隱士, 畸人章 '미치광이 접여'에 나왔다.

2) 日, 中始何以於女-日은 먼저, 일찍이 의 뜻. 中始는 사람의 이름으로 새로 떠오르는 堯임금을 가리키나 여기서는 공자의 字인 仲尼에 빗대어 말한 것이다. 中始는 사람의 姓名이고 賢人이라 함. -李頤 崔選本 에는 '日'字가 없다고 했다. 女는 汝와 같다.

3) 以己出經式義度-이는 自, ~로부터. '出, 行이라 함.' -司馬彪. 經式은 늘 지켜야 할 법칙이고 義度는 행위의 규범이다. '經式義度는 모두 法이다. 義는 儀로 읽는데, 옛글자는 상통한다.'고 했다. (經式義度, 皆法也. 義讀爲儀, 古字通.)-王念孫. 즉 자신이 主體가 되어 법과 제도를 펴는 것(행하는 것). 度, 헤아릴 '탁'의 뜻이 있다.

4) 是欺德也-'자신의 주장(에고)으로 만물을 규제한다면, 만물은 자신의 참된 성품을 잃게 되는 것이니, 이것이 바로 거짓 德(행위) 이며 眞實한 道가 아니다.'(以己制物, 物喪其眞, 是欺誑之德, 非實道)-成玄英

5) 猶涉海鑿河而使蚊負山也-涉海(섭해)는 바다를 걸어 건너는 것이고 鑿河(착하)는 黃河를 끌이나 정으로 파는 것이다. 그리고 蚊負山(문부산)은 모기에게 山을 지게 하는 것. 즉 불가능한 것의 비유라 함.

6) 確乎能其事者而已矣-確은 움직이지 않게 확고히 하는 것(確, 堅也.)-李頤. 能其事는 자신의 일을 잘 하는 것, 즉 내면의 덕을 쌓아 나가는 그 일을 확고부동하게 할 따름이라는 것이다.

7) 矰弋-矰은 그물(網). 혹은 矰(증)은 줄이 달린 화살을 쏘는 도구, 弋(익)은 그 화살이라 한다.

8) 鼷鼠深穴乎神丘-鼷鼠(혜서)는 小鼠(소서), 새앙쥐. 神丘는 社壇이다. 社神(토지神)을 제사지내기 위해 흙을 높이 쌓아 그곳에 나무를 심었다고 함. 신성한 한 곳으로 여겨 사람이 함부로 허물 수 없었다고 한다. 쥐는 그것을 알고 거기에 깊이 굴을 파서 산다는 것이다.

9) 熏鑿之患-熏鑿(훈착), 연기로부터의 피해와 굴이 파헤쳐지는 재난, 환란이다.

10) 而曾二蟲之無知-而는 汝, 曾(증)은 何, 乃 따져 묻는다는 뜻을 나타내는 助字. 蟲은 벌레가 아니라 동물(공중을 나는 새와 신단 밑의 굴속에 사는 새앙쥐)을 가리킴. '二蟲之無知'는 '無知二蟲'으로 二蟲을 강조하기 위한 표현이다. 뜻은 '無知二蟲之知'의 의미가 된다.

§Ⅳ-17. 숙과 홀은 혼돈의 고마운 덕에 보답할 것을 상의하였다

남해의 임금을 숙儵이라 하고
북해의 임금을 홀忽이라 하고
중앙의 임금을 혼돈混沌이라 한다.
숙과 홀이 가끔 혼돈이 다스리는 땅에서 만났는데
혼돈은 그들을 매우 극진히 대접했다.
숙과 홀은 혼돈의 고마운 덕(恩德)에 보답할 것을 상의하여
말하기를
"사람은 누구나 일곱 구멍이 있어 그것으로 보고 듣고 먹고 숨 쉬는
데 이 혼돈에게만 그것이 없다. 어디 시험 삼아 구멍을 뚫어 주자."
날마다 한 구멍씩 뚫어 주었는데, 이레 만에 혼돈은 죽고 말았다.

1)南海之帝爲儵,　　　　　　남해지제위숙,
2)北海之帝爲忽,　　　　　　북해지제위홀,
3)中央之帝爲混沌.　　　　　중앙지제위혼돈.
儵與忽時相與於混沌之地,　숙여홀시상여어혼돈지지,
混沌待之甚善.　　　　　　혼돈대지심선.
儵與忽謀報混沌之德,　　　숙여홀모보혼돈지덕,
曰,　　　　　　　　　　　왈,
"人皆有4)七竅以視聽食息,　"인개유칠규이시청식식,
此獨無有, 5)嘗試鑿之."　　차독무유, 상시착지."
日鑿一竅, 6)七日而混沌死.　일착일규, 칠일이혼돈사.
　　　　　－〔應帝王〕－

[도움말]

1) 南海之帝爲儵−陽氣의 帝, 春夏의 帝. 倏(빠를 숙)의 假字. 시공간의 유한성을 뜻한다고 함. 숙은 갑자기 나타나는 것이다. '儵은 象이 있음이다. 忽은 形이 없음이다. 混沌은 맑고 탁함이 아직 나누어지지 않음이고, 자연에 譬喩하고 있다.' (儵, 有象也. 忽, 喩無形也. 混沌, 淸濁未分也, 此喩自然.)−李頤

2) 北海之帝爲忽−陰氣와 冬의 帝. 忽(홀)은 갑자기, 홀연히, 사라지는 것이다. '儵, 忽은 神(정신)의 速(재빠름) 함을 취한 이름이고, 混沌은 합하여 조화를 이룬 모습이다. 神速은 有爲에, 合和는 無爲에 비유된다.'고 했다. (儵, 忽, 取神速爲名. 混沌, 以合和爲貌. 神速譬有爲, 合和譬無爲.)−間文帝

3) 中央之帝爲混沌−중앙이란 남과 북도 아닌 未分化의 땅이며 인위적 차별이 없는 자연이기도 함. 혼돈은 아직 모습도 빛깔도 알 수 없는 상태로 모든 物의 始原인 無, 素朴, 自然에 비유되고 있다.

4) 七竅−일곱 개의 구멍. 즉 눈, 귀, 입, 코의 구멍을 말한다.

5) 嘗試鑿之−之는 竅(구멍)이다. 鑿은 구멍을 뚫는 것. 嘗試는 시험 삼아 시도해 보는 것.

6) 七日而混沌死−而 는 却, 反而. 7일 만에 도리어 혼돈은 죽었다. 郭象은 '爲者敗之.'라 했다. 崔譔은 자연에 따르지 않음을 말한다(言不順自然.)

[3]일본 최초의 노벨 물리학 수상자인 유카와 히데끼(湯川秀樹: 1907−1981)는 "문명의 회춘"이라는 말을 처음으로 제시하며 도가사상의 현대화를 주창하였다. 그는 특히 <장자>에서 많은 영감을 얻었다. 그가 30여종에 달하는 기본 입자의 배후에 존재하는 기본 물질이 무엇일까? 하는 문제에 골몰하고 있었을 시기였다.

<장자>의 이 우화를 대하자 그는 문득 그 기본 물질이 혼돈과 유사한 것일 수 있으며, 따라서 그것은 모든 기본 입자로 분화하긴 하지만 그 스스로는 결코 분화되지 않는 어떤 것이 아닐까? 하는 영감이 떠올랐다.

'그 후 그는 숙과 홀의 이 이야기를 통하여 그것들이 기본입자와 유사한 어떤 것임을 발견하고 매우 즐거워하였다.'고 한다.

---

3) 동광벽 지음, 이석명 옮김, 『도가를 찾아가는 과학자들』, 예문서원, 1994.

第五章

옛 도인(古之道人)의 모습

제5장: 「옛 도인(古之道人)의 모습」

이 장章에서는 장자 전편을 통하여 고대로부터 가장 이상적인 인간의 모습은 어떠하였는지를 살펴보고자 하였다.

고대로부터 도를 깨닫고 덕을 체득한 이상적인 인간을 성인이라 불렀고, 신인神人, 지인至人, 진인眞人, 때로는 덕인德人으로 부르기도 했다. 도교가 형성되기 이전이었고, 불교가 유입되기 전의 일이다.

장자에 나타난 이들 고지도인古之道人은 이후에 나타나는 도교의 도사道士나 선가의 선사와 어떻게 다른가? 성인이란 "수양修養이 성스런 밝음에 도달한 사람"이라고 정의된다. 그리고 [1]이러한 호칭은 장자에 무려 113차례나 언급되고 있다. 그 다음으로 지인30次) 진인17次), 대인9次), 신인8次), 덕인3次)의 순으로 언급되고 있다. 성인에 대한 추구는 유가에 못지않게 장자와 그 제자, 후학들에게 일생을 통하여 궁구해야 할 중요한 덕목 중의 하나였던 것이다.

지인은 최고의 수양을 마친 사람이며, 진인은 수련을 통하여 자연적 본성을 회복한 사람이다. 대인, 덕인은 둘 다 '도를 얻은 사람'으로 기술되고 있다. 신인은 수양이 인간이 추량할 수 없는 경계에 도달한 사람으로 중인으로서는 거의 불가능에 가까운 경지에 오른 사람이다. 8회에 걸쳐 언급되고 있다.

고지도인古之道人은 성인, 지인. 진인, 신인, 덕인, 대인을 포괄하는

---

1) 王世舜 편저, 『老莊詞典』, 산동교육출판사, 1995.

의미로 사용한 이름이다. 고지도인이라는 어휘는 장자 전편을 통하여 단 한 차례 나온다(彭蒙之師曰, 古之道人 <天下>).

第五章: 옛 도인(古之道人)의 모습

[앤솔러지 莊子: 103]

§Ⅴ-1. 머나 먼 고야의 산에 신인(神人)이 살고 있다

머나 먼 고야의 산에 신인이 살고 있다.
피부는 얼음과 눈처럼 희고, 부드럽고 나긋한 모습은 처녀와 같다.
오곡을 먹지 않으며 바람을 들이키고 이슬을 마신다.
구름을 타고, 하늘을 나는 용을 몰아
마음대로 사해의 밖에서 노닐고 있다.
그 신령스런 기운을 모아 한 점 핵으로 응결시키면
만물은 병들지 않고 해마다 곡식은 잘 여물게 된다.
이 사람, 이런 사람(神人)의 덕은
널리 만물을 감싸 안아 장차 하나로 삼는다.
세상 사람들이 그가 이 세상을 다스려 주길 바라지만
어찌하여 심력을 다해 애써 천하를 다스리는 것을 일(事)로 삼겠느냐!

1)藐姑射之山, 有神人居焉.　　　막고야지산, 유신인거언.

2)肌膚若氷雪, 3)淖約若4)處子.　　기부약빙설, 작약약처자.

5)不食五穀, 吸風飮露.　　　　　불식오곡, 흡풍음로.

乘雲氣, 御飛[6]龍,　　　　　　　승운기, 어비룡,

而遊乎四海之外.　　　　　　　　이유호사해지외.

[7]其神凝,　　　　　　　　　　　기신응,

使物[8]不疵癘而年穀熟.　　　　　사물불자려이년곡숙.

[9]之人也, 之德也,　　　　　　　지인야, 지덕야,

將[10]旁礴萬物以爲一.　　　　　장방박만물이위일.

[11]世蘄乎亂,　　　　　　　　　세기호란,

[12]孰弊弊焉以天下爲事!　　　　숙폐폐언이천하위사!

　　　　　－〔逍遙遊〕－

[도움말]

1) 藐姑射之山－전설적인 산, '列子' 황제 편에는 列姑射(열고야)산이라 함.<莊
子音意> 藐 의 音을 邈(막)이라 함(藐音邈). 間文帝는 '藐(막)을 遠(멀다).
射, 徐音夜(야). 山名으로 北海가운데 있다.(遠也, 徐音夜. 山名, 在北海中
也)'고 한다. '藐'의 音은 또 妙, 紹라 읽기도 한다고 함.

2) 肌膚若氷雪－肌膚, 피부. '肌膚若氷雪, 神人의 순수하고 깨끗함을 일깨워 줌
이다. 순수하고 깨끗하니 신령함과 하나 되고, 하나 되어 한결같으니 정신의
얼이 엉긴다.'(肌膚若氷雪, 喩其純素也. 純素則與神爲一, 一則凝矣.)－劉武

3) 淖約－綽約으로도 쓰고, 李頤는 나긋하고 부드러운 모습(柔弱)이라 하고 司
馬彪는 好貌라 함.

4) 處子－在室女라 함. －陸德明. 處女와 같다.

5) 不食五穀－神人은 氣를 운용하기에 오곡(黍: 기장, 稷: 메기장, 麻: 참깨, 菽:
콩, 麥: 보리) 등의 곡식을 먹지 않는다 했다. 중국 고대의 養生術의 하나인
神人辟穀(신인벽곡), 즉 신인은 곡물을 먹지 않는다는 사상이 이미 전승되어
내려오고 있었음을 보여준다.

6) 龍－고대에서부터 가장 신성시하던 靈物, 뿔, 갈기, 날카로운 발톱을 지닌 거
대한 뱀의 모습으로 표상 되었다. 인간 세상의 是非善惡을 꿰뚫어보고 구름
을 불러 하늘을 날며 때를 얻어 비를 내리게 하며 깊은 못에 잠겨 한발을
일으키기도 한다고 했다.

7) 其神凝－其, 神人이다 神(신)은 神氣, 精氣를 말한다고 한다. 凝(응)은 凝集,

凝固, 정묘 하게 보존되어 萬物을 생육하게 한다고 믿었다.

8) 不疵癘－司馬彪는 疵를 毀(상처를 입힘)라 함.－司馬彪. 홈이나 결점이다. 癘의 音은 厲(려), 라하고 惡病이라 함.－陸德明

9) 之人也, 之德也－'之人德也'를 강조한 것이다. 人과 德은 동격이다. 之는 此와 같다. 이 사람은, 이런 사람(神人)의 덕이라는 것은, 하고 서술하려는 것이다. 高誘는 '之, 其也.'라 했다.

10) 旁礴－司馬彪는 혼동과 같다고 함(旁礴, 猶混同也.) 섞어서 하나로 한다는 것, 또는 널리 싸서 덮다. 旁(방)은 두루, 곁. 礴(박)은 뒤섞다.

11) 世蘄乎亂－李頤가 蘄(기)는 求와 같고, 林希逸은 祈와 한가지라 함. 姚鼐는 '亂은 治, 다스리다.'라 함. 姚(예쁠 '요'). 鼐(가마솥 '내')

12) 孰弊弊焉－心力을 수고시키는 것. 焉언은 然, 또는 如와 같다. 梁間文帝는 弊弊, 경영하는 모습이라고 함. 孰은 何, (어찌 하)와 같다.

[앤솔러지 莊子: 104]

§Ⅴ-2. 아아, 도를 체득한 신인도 이 나무와 같이

남백자기가 상구에 놀러 가서 세상의 나무와는 다른 거대한 나무를 보았는데, 사마駟馬수레 천 대가 그 나무 그늘에 덮여서 가려질 정도였다. 자기는 감탄하며 말하였다.

"이것은 무슨 나무일까? 이는 특별한 재목감이 틀림없어!"

머리를 들어 그 나무의 작은 가지를 올려다보니, 구불구불 굽어 있어서 기둥이나 들보로는 쓸 수가 없었다. 그 큰 줄기 부분을 내려다보니 서리고 얽혀서 관을 만들 수도 없었다. 그 잎을 핥아 보았더니, 입안이 불에 대인 듯 상했다. 냄새를 맡아보았더니, 취하여 사흘이 지나도 깨어나지 못할 정도이다.

자기가 말하였다.

"이것은 정말 재목감이 될 수 없는 나무였구나. 그래서 이처럼 거대한 나무로 자랄 수 있었던 것이다. 아아! 도를 체득한 신인神人도 이 나무와 같이 스스로 불용의 재목이 되었기에 그 지극함에 이르렀던 것이구나!"

[1)]南伯子綦遊乎[2)]商之丘,	남백자기유호상지구,
見大木焉[3)]有異, [4)]結駟千乘,	견대목언유이, 결사천승,
[5)]隱將芘其所賴.	은장비기소뢰.
子綦曰.	자기왈.
"此何木也哉? 此必有異材夫!"	"차하목야재? 차필유이재부!"
仰而視其細枝,	앙이시기세지,
則[6)]拳曲而不可以爲棟梁.	즉권곡이불가이위동량.
俯而見其大根,	부이견기대근,
則[7)]軸解而不可以爲[8)]棺槨.	즉축해이불가이위관곽.
[9)]咶其葉, 則[10)]口爛而爲傷.	시기엽, 즉구란이위상.
嗅之, 則使人[11)]狂酲,	후지, 즉사인광정,
三日而不已.	삼일이불이.
子綦曰.	자기왈.
"此果不材之木也.	"차과부재지목야.
以至於此其大也.	이지어차기대야.
嗟乎![12)]神人以此不材!"	차호! 신인이차부재!"
―〔人間世〕―	

[도움말]

1) 南伯子綦 − 齋物論에 등장했던 南郭子綦와 동일한 인물이라 함. 伯은 長, 맏이, 어른의 뜻이다.
2) 商之丘 − 商丘는 古商이라 했고 商(殷)의 발상지며, 商의 後裔인 宋의 聖地

여서 송의 수도 이름으로 삼았다고 함. 지금의 河南省 歸德府 商丘縣으로 이곳이 莊子의 고향이라 한다. 之는 商에 속함을 강조하는 표현이다.

3) 有異-有는 ~이다(爲)와 같다. 세상 나무와는 크게 다르다.

4) 結駟千乘-駟(사)는 네 필의 말이 끄는 마차. 乘은 수레 한 대를 말한다. '駟馬曰乘.'이라 함.-成玄英. <左傳>釋文에는 '乘, 兵車.'라 함.-陸德明

5) 隱將芘其所賴-芘는 疵(비): 덮어 가리다와 같고, 賴를 蔭이라 함. 그늘지는 것.-向秀. '芘는 본래 庇(덮을 비)였다.'고 한다. -陸德明

6) 拳曲-拳(주먹, 권)은 본래 卷(굽을 권) 이었고 音은 '權'이라 함-陸德明. 曲은 굽은 것.

7) 軸解-杜預<左傳>注에 '軸은 裂이고 '解'와 같은 의미라 함. 즉 나무 결이 굽어 어지러움. 나무가 여러 가지로 갈라져서 어지러이 '서리고 얽혀 있음'의 뜻이다.

8) 棺槨-棺(관)은 속 널, 槨(곽)은 바깥 널이다.

9) 咶-'시' 또는 '지'로 발음한다. 핥는 것. 씹는 것. 咶는 舐(핥을 지)와 같다. '舐는, 혀로 핥아먹는 것이다.(謂以舌取食也.)-楊柳橋.

10) 口爛-爛(란)은 불에 데어 벗어짐. 입 속이 불에 덴 것처럼 헐어 상한다는 것이다.

11) 狂酲-狂如酲이라 했다. 狂醉와 같으며 몹시 취하는 것이다. 술 病을 酲이라 함. (病酒曰酲.)-李頤

12) 神人以此不材!-以, 如와 같이 쓰임. 神人은 이 나무와 같이 불용의 재목이 되었구나! 神人은. 道를 체득한 사람.

[앤솔러지 莊子: 105]

§Ⅴ-3. 모두가 불길하다고 생각하기 때문에

그러므로 죄를 풀기 위한 제사에는 하얀 이마의 소나, 코가 하늘로 향해 추켜진 들창코의 돼지나, 치질을 앓고 있는 사람(노예)은, 결코 황하의 신에게 희생犧牲 제물로 바치지 않는다.

이것들이 희생 제물로서는 적당치 못함을 무축巫祝은 이미 다 알고 있는데 그것들은 모두 불길한 것으로 여겨지고 있기 때문이다. 그러나 모두가 불길하다고 생각하기 때문에 이로써 오히려 신인이 크게 길한 것으로 여기는 까닭이 되는 것이다.

<table>
<tr><td>1)故解之,</td><td>고개지,</td></tr>
<tr><td>2)以牛之白顙者, 與豚之3)亢鼻者,</td><td>이우지백상자, 여돈지항비자,</td></tr>
<tr><td>與人有4)痔病者, 不可以5)適河.</td><td>여인유치병자, 불가이적하.</td></tr>
<tr><td>此皆6)巫祝以知之矣,</td><td>차개무축이지지의,</td></tr>
<tr><td>所以爲不祥也.</td><td>소이위불상야.</td></tr>
<tr><td>此乃神人之所以爲大祥也.</td><td>차내신인지소이위대상야.</td></tr>
<tr><td>－〔人間世〕－</td><td></td></tr>
</table>

[도움말]

1) 故解之 － '巫祝解除, 棄此三者.'라 함. －郭象. 解를 '解除의 解'로 巫가 신에게 빌어서(祝) 죄를 푸는 것(解除)이라 함.－成玄英. 釋이고 脫이다. '解'는 釋, 풀 '개' 로 읽는다.

2) 以, 認爲. 動詞로 쓰임. 白顙－顙(상)을 額(액)이라 함. 흰 이마.－司馬彪. 牛之白顙者는 白顙之牛의 뜻이다

3) 亢鼻－亢은 高, 仰이라 한다. 위로 치켜진 코, 들창코.

4) 痔病－치질이다.

5) 適河－河는 黃河, 適河는 황하의 신에게 제사 지내는 일. 適은 往 (가다)인데 희생을 바치는 것이다.

6) 巫祝以知之矣－巫祝, 신에게 제사 지내는 사람, 신에게 봉사하는 사람. 以, 己와 같이 쓰임. 以知之矣－이미 이러한 것들을 알고 있었다. 以를 己로 읽는다고 했다.－奚侗.

7) 所以爲不祥也.－所以, 是以고 '以是'의 도치다. '이로써, 때문에'로 해석한다.

[앤솔러지 莊子: 106]

§Ⅴ-4. 최상의 신인은 광명을 타고 올라

원풍이 말했다.
"신인神人에 관하여 듣고 싶습니다."
순망이 대답했다.
"최상의 신인은 광명을 타고 올라 만물을 비추며 그 형체와 함께 사라져 버리니, 이것을 빛나는 텅 빔이라 한다. 천명에 이르러 만물의 실정을 참되게 하여 천지와 함께 즐거워 하니 세상世上의 근심은 흔적 없이 녹아버린다. 이에 만물은 다 본래의 모습으로 돌아오게 되니, 이를 일러 혼명, 물아의 차별이 사라진 지도至道의 극치라 한다."

1)苑風曰. "願聞2)神人."
3)諄芒曰.
"上神乘光, 4)與形滅亡,
此謂5)照曠. 6)致命盡情,
天地樂而萬事7)銷亡.
萬物復情, 此之謂8)混冥."
　　－〔天　地〕－

원풍왈. "원문신인."
순망왈.
"상신승광, 여형멸망,
차위조광. 치명진정,
천지락이만사소망.
만물복정, 차지위혼명."

[도움말]
1) 苑風－'小貌, 謂遊世俗也.'라 했다.－李頤. 자잘한 모양, 세속에 노는 자를 이르는 말이다. 苑(원)은 小, 卑小의 뜻인데 원래 宛(완)으로 되어 있었다고 함. 세속의 울타리에 갇혀 있는 衆人을 우의적으로 표현한 것이다. 苑風은 사람의 姓名, 혹은 扶搖大風이라는 說도 있다.

262

2) 神人－최상의 신인은 빛을 타고 올라 만물을 비추이니 그 형체의 자취를 볼
   수 없다.(上品神人, 乘光照物, 不見其形迹.)－王先謙. 神運力을 지닌 사람,
   지혜가 뛰어난 신령스러운 사람.
3) 諄芒－소박하고 시비의 대립을 잊은 자의 뜻이다. 諄은 정성이 지극한 모양
   이라 한다. 芒은 원래 汒(어둑하니 분명하지 않는 모습)이라 함. '望之諄諄,
   察之芒芒, 故 曰諄芒.'이라고 했다.－李頤. 바라보는 것은 순순하고, 살피는
   것은 망망하여서, 순망이라고 한다는 것이다. 苑風과는 반대되는 세속의 초
   월 者이다.
4) 與形滅亡－모습이 없어지다. (모습을 감추어 보이지 않다. 與를 擧로 읽고
   '모두, 다.)로 풀이하는 이도 있다.
5) 照曠－'照(조), 疑當作昭.'라 함.－王懋竑(왕무횡). 昭(밝음, 빛날 소). '照作
   昭'라 함.－馬敍倫. '晉人은 '昭'를 諱하여 모든 書에 '照'를 썼는데, 右軍法
   帖이 모두 그러하다. 모르는 이들은 '照'字 그대로 풀이를 했는데, 이는 잘
   못이다'라 했다.－姚鼐(요내). 曠(광)은 虛明空洞의 뜻이며 밝으면서도 실체
   가 없는 공허를 말한다고 함.
6) 致命盡情－致는 至, 極致에 이르다. 천명에 도달하고 만물의 性情을 다하다.
   천명에 이르러 만물의 실정을 참되게 하다.(致天命, 眞實情)－宣穎
7) 銷亡－銷(소). '녹일, 다할 소'는 消(소)와 같다 한다. 즉 사라지다. 소멸.
8) 混冥－'昏昏 黙黙'으로 物我의 차별 대립이 사라진 至道의 극치라 한다.

[앤솔러지 莊子: 107]

§V－5. 신인(神人)은 중인이 자신에게 모여드는
것을 좋아하지 않는다

따라서 신인神人은 중인衆人이 자신에게 모여드는 것을 좋아하지
않는다.
여러 사람이 몰려오면 서로 불화하여 친밀하지 못하게 되고

불화하여 친밀하지 못하게 되면 누구에게도 이로움이 없는 것이다.
그러므로 아주 친밀하게 하는 것 없으며, 각별히 멀리 하는 것 또
한 없다.
만물을 덕으로써 감싸 안고 충화沖和의 기운으로 따뜻하게 길러
천하의 자연스런 움직임에 따르고 있을 뿐이다.
이런 사람을 일러 참된 인간, 진인眞人이라고도 한다.
개미가 양고기의 냄새에 취해 따르는 지혜를 버리는 것 같이
물고기가 물속에서 무심히 물을 잊고 사는 것을 체득한 것 같이
양이 냄새로 개미를 끌어들이는 의도를 버리는 것 같이
눈에 비치는 그대로 사물의 형상을 보고
귀에 들리는 그대로 사물의 소리를 들어서
마음의 순수한 감응에 따라 자연 그대로의 마음으로 돌아간다.
이 같은 사람은, 그 마음은 먹줄을 친 듯이 평평하며
변화할 때에는 오직 자연의 추이에 따랐다.
옛날의 진인은, 스스로 그러한 무위無爲의 길(道)을 기다려 행하였
고 인간의 지나친 작위를 자연의 길(道)에 끼워 넣지 않았다.
옛날의 진인은, 자연의 도를 얻으면 살고, 그것을 잃으면 죽었다.
또한 인위의 도를 얻었으면 죽고, 그것을 잃으면 살았다.

1)是以神人, 惡衆至.   시이신인, 오중지.

衆至則2)不比,   중지즉불비,

不比則不利也.   불비즉불리야.

故無所甚親, 無所甚疎.   고무소심친, 무소심소.

3)抱德煬和, 以順天下.   포덕양화, 이순천하.

此謂眞人.   차위진인.

4)於蟻棄知, 於魚5)得計,   어의기지, 어어득계,

於羊棄意, 6)以目視目,   어양기의, 이목시목,

以耳聽耳, ⁷⁾以心復心.　　　이이청이, 이심복심.

若然者, 其平也繩　　　　　　약연자, 기평야승,

其蠻也循.　　　　　　　　　기변야순.

古之眞人,　　　　　　　　　고지진인,

⁸⁾以天待之, ⁹⁾不以人入天.　이천대지, 불이인입천.

古之眞人,　　　　　　　　　고지진인,

¹⁰⁾得之也生, 失之也死.　　　득지야생, 실지야사.

得之也死, 失之也生.　　　　득지야사, 실지야생.

　　　　　　－〔徐無鬼〕－

[도움말]

1) 是以神人－是以는 因此, 이 때문에, 따라서. '세속을 초월한 神人은, 곧 중인
　이 모여드는 것을 원하지 않는다.'(超世之神人, 則不願衆至.)－王先謙

2) 不比－'比, 는 여럿이 만남이다. 무릇 많은 사람이 모이면 和 하지 못한즉
　나에게 이로움이 없다.'(比, 合也. 夫衆聚則 不和, 不和則不利於我也.)－成玄
　英. 比를 樂으로 해석하기도 함.

3) 抱德煬和－煬(양)은 쬐다, 炙(적, 자) 굽는다. 和의 기운으로 잘 익힌다. '煬
　이란 養의 借字라 한다.'－奚侗(해통). 기른다. 덕으로 감싸 안고 충화의 기
　운을 기르다.

4) 於蟻棄知－於는 如와 같다. 前구절에 '羊肉不慕蟻, 蟻慕羊肉, 羊肉羶也. 舜
　有羶行, 百姓悅之, 故三徙成都.' 즉 '양고기는 개미를 사모하지 않지만, 개미
　는 양고기를 사모한다. 양고기에 노린내가 나기 때문이다. 舜 역시 노린내를
　풍기는 행위가 있었기에 백성들이 기뻐하며 그를 따라 붙었고, 세 번이나 땅
　을 옮겨 도읍을 이루었다.' 여기서는 舜을 무위자연의 道에 反하는 卷婁의
　사람으로 비판하고 있다. 권루란 지나치게 세상 공적에 속박되어 몹시 지쳐
　있는 사람을 뜻한다. 개미의 경우처럼, 노린내를 풍기는 양고기를 사모하는
　그런 知를 버리다.

5) 得計－得意와 같다. 물고기가 강호에서 서로 잊고, 사람은 도술에서 서로 잊
　는다.故曰, '於魚得計'라 한다.－郭嵩燾. 서로 잊고 사는 것을 得意라 함.

6) 以目視目, 以耳聽耳－'無所示, 無所聽.'이라 함.－宣穎. 장님이나 농아가 되

라는 것이 아니고, 눈에 비치는 그대로의 사물을 보고, 귀에 들리는 그대로의 소리를 듣는다는 것. 부차적인 是非好惡의 편견 私的인 편견을 끼워 넣지 않는 삶의 방식을 의미한다.

7) 以心復心 - '無用心'이라 함 - 宣穎. 마음은 끊임없이 움직이지만 그 흐름 안에 思慮分別을 사용하지(새겨 넣지) 않으면 마음은 본래의 純素로 돌아가게 된다는 것이다.

8) 以天待之 - 之는 무위의 道. '자연의 도를 사용함은, 그 마음을 비워 만물(人, 物事)에 응대하다.'(用自然之道, 虛其心以待物) - 成玄英. 奚侗은 待之는(張君房本에 의거) 待人이라 함이 마땅하다고 함. 무위의 사람이다.

9) 不以人入天 - 天은 자연이다. '인위적인 취사선택 작위를 쓴다면 타고난 天然의 지혜(智)가 어지러워진다.' - 成玄英. 인위적인 작위를 사용하여 함부로 자연의 그 길에 끼어들지 않는다는 것이다.

10) 得之也生, 失之也死 - 之는 以天의 길이고 자연의 道. 也, 而와 같다. 자연의 道를 얻어서 살고 잃어서 죽는다. 下文의 得之의 之는 以人의 길이고 억지로 행하는 인위의 道. '사생득실은 각기 그 거처하는 곳에서 따라올 뿐이다.'(死生得失, 各隨其所居耳.) - 郭象

[앤솔러지 莊子: 108]

§ V - 6. 도의 정미(精微)함에서 떠나지 않는 자

예(古)의 이른바 도술道術이라는 것은, 진실로 어디에 있는가?

답하길,

"있지 않는 곳이 없다."

그러면, "신神은 어디에서 내려오는가? 명明은 어디서 생기는가?"

신성神聖은 태어나는 것이고 명왕明王은 완성시키는 것이나, 그것은 모두 하나의 도에서 근원이 된 것이다.

도의 근원과 분리되지 않는 자, 천인天人이라 한다.

도의 정미精微함과 떨어지지 않는 자, 신인神人이라 한다.

도의 진실함과 헤어지지 않는 자, 지인至人이라 한다.

하늘을 종宗으로 삼고, 덕을 근본으로 삼으며

도를 문으로 삼고, 변화 속에서 상서로움을 보는 자,

이를 일러 성인聖人이라 한다.

古之所謂道術者, 果惡乎在?	고지소위도술자, 과오호재?
曰, "無乎不在."	왈, "무호부재."
曰, "1)神何由降? 明何由出?"	왈, "신하유강? 명하유출?"
聖有所生, 王有所成,	성유소생, 왕유소성,
皆原於一.	개원어일.
2)不離於宗, 謂之天人.	불리어종, 위지천인.
3)不離於精, 謂之神人.	불리어정, 위지신인.
4)不離於眞, 謂之至人.	불리어진, 위지지인.
以天爲宗, 以德爲本,	이천위종, 이덕위본,
以道爲門, 5)兆於變化,	이도위문, 조어변화,
謂之聖人	위지성인.

－〔天　下〕－

[도움말]

1) 神何由降? 明何由出? －'神이란 明의 숨김이고 明이란 神의 발현이다. 道術이 지극함을 말한다.'고 했다. (神者, 明之藏; 明者, 神之發; 言道術之極也.)－林雲銘.

　　<宋刊 藝文印書館 影印本>에는 '明何由出'이지만 다른 판본엔 '明何由生'으로 기재되어 있다.

2) 不離於宗－宗은 萬物의 근본인 道.

3) 不離於精－精은 精氣를 말한다. 정기의 靈妙함이 神이다.

4) 不離於眞－眞은 漁父篇의 '眞者, 精誠之至也.'할 때의 眞과 같다. 精의 한결

같은 순수함이 지극함에 이른 것이다. 곧 정성이 하늘에 닿은 것을 眞이라고 할 수 있다. 지금 시대의 우리들은 眞이라는 글자를 너무나 쉽게, 그리고 함부로 사용하고 있는 것은 아닌가?

5) 兆於變化 —兆는 어떤 徵候를 아는 것이라 한다. '變化不測, 隨物見瑞.'이라 함. —王先謙. 변화는 헤아릴 수 없으나, 만물을 좇아 상서로움을 본다는 것이다. '兆는 昭(소)의 借字'라 함.—楊柳橋. 兆는 逃(도)라고도 한다. 避(피)의 뜻이 된다. 避於變化, 즉 窮通, 死生등의 변화를 넘어섰다고 하는 것이다.
<爾雅>: '昭, 見也.'
<爾雅>—古書의 자구(字句)를 해석(解釋)한 책으로 13경(유교 十三經)의 하나. 지은이와 편찬연대는 정설이 없으며 현존하는 최고의 훈고학 책이라 한다.

[앤솔러지 莊子: 109]

§V-7. 지인(至人)은 구름을 타고 해와 달에 올라앉아

설결齧缺이 물었다.
"선생님께서는 이해利害를 모르십니다만, 그러면 지인至人은 본래 이해라는 걸 알지 못하는 것입니까?"
왕예王倪가 말했다.
"지인至人은 신묘함 그대로다! 설사 큰 연못이 불탄다 할지라도 그를 뜨겁게 할 수 없고, 황하의 물이 얼어붙는다 해도 그를 춥게 할 수 없으며, 사나운 천둥이 산을 무너뜨리고 큰바람이 바다를 뒤흔들어도 그를 놀라게 할 수는 없다. 이와 같은 지인은, 구름을 타고 해와 달에 올라 앉아 이 세상 밖에서 노닐고 있다. 죽음과 삶도 자신에게 변화를 줄 수 없거늘, 하물며 이익이니 손해니 하는 구별 같은 것이야 더 말할 것이 있겠느냐?"

齧缺曰.　　　　　　　　　　설결왈.

"子不知利害,　　　　　　　"자부지이해,

則至人固不知利害乎？"　　　즉지인고부지이해호？"

王倪曰.　　　　　　　　　　왕예왈.

"¹⁾至人神矣！　　　　　"지인신의！

大澤焚而不能熱,　　　　　　대택분이불능열,

²⁾河漢沍而不能寒,　　　하한호이불능한,

疾雷破山³⁾風振海　　　질뇌파산풍진해

而不能驚. 若然者,　　　　　이불능경. 약연자,

乘雲氣, 騎日月,　　　　　　승운기, 기일월,

而遊乎四海之外.　　　　　　이유호사해지외.

死生無變於己,　　　　　　　사생무변어기,

而況⁴⁾利害之端乎？"　　이황이해지단호？"

　　　－〔齊物論〕－

[도움말]

1) 至人神矣－神은 靈妙한 작용을 가진 것, 마음도 신이고 정신도 신이라 했다.
   人格的인 신을 의미하지는 않는다 한다.

2) 河漢沍－向秀(상수) 는 '沍(호), 凍也.'라 함. －向秀. 언다. 河漢을 黃河와
   漢水로 이해하는 이도 있다. 逍遙遊篇에서의 河漢은 하늘의 銀河이었으나
   여기선 지상의 江河다.

3) 風振海－'風'위에 '飄'字 가 誤脫되었다고 한다. －奚侗. 成玄英疏의 '飄風
   濤蕩而振海.'란 말을 근거로 成本에는 '飄(표)'자가 있었다고 함.

4) 利害之端－端은 바르다, 옳다 등의 구별이다. 이해득실에 연연해하는 것.

§V-8. 옛날의 지인(至人)은 먼저 자신이 스스로 갖추고

옛날의 지인은
먼저 자신이 스스로 갖추고, 그런 다음 남에게도 갖추게 했다.
자기가 갖추어야 할 것이 아직 굳게 확립되지 않았으면서
어찌 난폭한 자의 소행이 어떠니 하며 상관할 겨를이 있겠는가?
너는 또 저 덕德이 흘러들어 사라지는 곳,
지知라고 하는 것이 나타나게 되는 그곳을 알고 있는가?
덕德은 명예를 추구하는 곳으로 흘러들어 사라지게 되고
지知는 서로 경쟁하는 곳에서 더욱 드러나게 된다.
명예라는 것은 서로 잘잘못을 밝혀 불화하게 하는 것이고
지력知力이라는 것은 서로 다투어 경쟁하게 하는 기물器物이다.
명예와 지력 이 두 가지는 흉기이므로
전력을 다하여 사람이 추구해야 할 것은 아닌 것이다.

古之至人,   고지지인,
1)先存諸己, 而後存諸人.   선존제기, 이후존제인.
所存於己者未定,   소존어기자미정,
何暇至於暴人之所行?   하가지어폭인지소행?
2)且若亦知夫德之所蕩,   차약역지부덕지소탕,
而知之所爲出乎哉?   이지지소위출호재?
3)德蕩乎名, 知出乎爭.   덕탕호명, 지출호쟁.
名也者, 4)相軋也,   명야자, 상알야,
知也者, 爭之器也.   지야자, 쟁지기야.

⁵⁾二者凶器, 非所以盡行也.　　　　　이자흉기, 비소이진행야.

　　　　　-〔人間世〕-

[도움말]

1) 先存諸己-諸는 之於, 之乎의 合字. 存, 立也.-成玄英. 而後, 然後. 至人은 먼저 자기 스스로에게 갖추게 하다. <爾雅>: '存, 在也, 察也.' 存, 있다. 살피다. '먼저 자신을 자세히 살펴(察)안 연후에 남을 살펴본다.'는 의미가 된다. 그래도 뜻은 통한다.

2) 且若亦知夫德之所蕩-且는 또, 더하여. 若은 汝, 너. 蕩이란 流의 뜻이다. 所, 所以蕩이다. 더하여 너는 저 德이 흘러들어 가는 곳을 아느냐? 또 蕩은 壤(토양), 이라고 하는 이도 있다. 즉 복귀하게 되는 근본 터전이다.

3) 德蕩乎名, 知出乎爭.-乎, 於와 같다. 여기서는 사실의 원인을 나타낸다.

4) 相軋-軋(알)은 수레가 잘 맞지 않아서 서로 삐걱 이는 것. 軋은 枅(석)이라 함. 서로의 잘잘못을 따져 밝히는 것이다.-李頤. 한쪽으로 치우쳐진 명예는 불화를 부른다는 것이다.

5) 二者凶器-二者는 名과 知.

[앤솔러지 莊子: 111]

§V-9. 공구(孔丘)가 지인(至人)의 경지에 이르려면

무지無趾가 노담老聃에게 말하였다.

"공구가 지인至人의 경지에 이르려면, 아직도 까마득한 것 아닐까요? 그는 어째서 그처럼 빈번하게 당신에게 배우려고 하는지요?

그는 아주 기이한 가르침으로 명성이 천하에 알려지기를 구하고 있는데, 지인至人은 그러한 명성을 자신의 몸을 묶는 족쇄와 수갑으로 여기고 있다는 것을 그는 모르고 있는 걸까요?"

노담이 말했다.

"그렇다면 어찌하여 사생을 다만 한 가닥의 끈으로 삼고, 가불가可
不可를 하나로 관통하는 도로써, 그의 질곡을 풀어 주지 않는가?"

무지가 대답했다.

"하늘이 그에게 내린 형벌입니다. 어찌 풀어 줄 수 있으리오!"

[1] 無趾語老聃曰.

"孔丘之於至人, 其未邪?

[2] 彼何賓賓以學子爲?

[3] 彼且蘄以諔詭幻怪之名聞,

不知至人之以是爲己 [4] 桎梏邪?"

老聃曰.

"胡不直使彼以死生爲 [5] 一條,

以可不可爲一貫者,

解其桎梏, 其可乎?"

無趾曰.

"天刑之, 安可解!"

　　　－〔德充符〕－

무지어노담왈.

"공구지어지인, 기미야?

피하빈빈이학자위?

피차기이숙궤환괴지명문,

부지지인지이시위기질곡야?"

노담왈.

"호부직사피이사생위일조,

이가불가위일관자,

해기질곡, 기가호?"

무지왈.

"천형지, 안가해!"

[도움말]

1) 無趾－叔山無趾를 말한다. '숙산'이 字이고 '무지'가 이름이다. 無趾란 복사
뼈 아래의 발이 없음을 뜻한다.

2) 彼何賓賓以學子爲－彼, 孔子, 學子의 子는 老子다. 賓賓(빈빈)은 여러 說이
있다. 공손한 모양, 賓賓, 頻頻(빈빈: 빈번히)과 같다. －兪樾(유월). 이름을
좋아하는 모양이다. －簡文帝. 여기서는 유월을 따른다. 또 學子는 弟子라 함
(學子, 弟子也.)－劉武. 前節의 王駘는 無心으로써 衆人을 感動시키지만 이
節은 孔子가 有心으로써 사람을 모으고 있는 것을 말한다고 한다. －林雲銘.

3) 彼且蘄以諔詭幻怪之名聞－且는 尙과 같다. 蘄(기)는 求. 諔詭(숙궤), 奇異라

함. ─李頤. 마땅히 弔詭(적궤)로 읽어야 한다. 또 誂와 弔는 古字에는 通用
되었다고 함. ─兪樾(유월). 李頤(이이)의 說을 따른다. 弔詭(적궤)는 매우 괴
이한 일이다. 幻은 의심스럽고 참이 아닌 것. 怪는 일반적이 아닌 것, 당시
에는 奇異함으로 보인 형식 위주의 仁義를 말한다고 한다. 彼는 공자다.

4) 桎梏─자유를 束縛(속박)한 手匣과 足鎖. '在手曰桎(질), 在足曰梏(곡)'이라
했다. ─成玄英. 손을 묶는 것을 桎(질), 발을 묶는 것을 梏(곡)이라는 것.

5) 一條─條(조)의 假字. 綱과 같다고 한다. 그물을 버티게 하는 위쪽의 굵은 줄,
轉하여 사물을 총괄하고 규제하는 도덕, 법칙, 규범.

[앤솔러지 莊子: 112]

§Ⅴ-10. 지인의 마음의 작용은 거울의 비추임과 같다

명성을 시축尸祝으로 섬기지 말며, 책모의 곳간을 세우지 말라.
수임자受任者가 되려고 허둥대지 말고, 지식을 주인으로 삼지 말라.
체도의 길은 무궁무진하니, 자취 없음에 노닐라.
오직 하늘로부터 받은 그것을 끝없이 체득하여 나아가고,
스스로 얻은 바(見處)가 있다고 생각하지 말며
거기엔 오직 마음의 텅 비움이 있을 뿐이다.
지인의 마음의 작용은 거울의 비추임과 같으니
사물을 즐겨 보내지도 애써 맞이하지도 않으며
오면 비치고 가면 그쳐서 마음속에 흔적을 남기지 않는다.
그리하여 옛 지인至人은 세상 물사物事에 초월하여 상처받지 않았
던 것이다.

1)無爲名尸, 無爲2)謀府.　　　　　　　　　무위명시, 무위모부.

3)無爲事任, 無爲知主.　　　　무위사임, 무위지주.

4)體盡無窮, 而遊5)無朕.　　　　체진무궁, 이유무짐.

盡其所受乎天,　　　　　　　진기소수호천,

而無見得, 亦虛而已.　　　　이무견득, 역허이이.

至人之用心若鏡　　　　　　지인지용심약경,

6)不將不迎, 7)應而不藏.　　　부장불영, 응이부장.

故能勝物而不傷.　　　　　　고능승물이불상.

－〔應帝王〕－

[도움말]

1) 無爲名尸－尸는 主. 라 함.－成玄英. 名聲의 주인, 중심에 있지 말라는 것.
   尸(시)는 제사 때의 神位대신 앉히는 어린 소년이다. 尸祝이다.

2) 謀府－謀는 策謀, 智謀다. '府(부)는 聚(취).'－林希逸. 모으다.

3) 無爲事任－任은 擔(담)이다. 책임을 지다. 수임(受任) 자가 되려고 애씀이 없
   어야 한다는 것.

4) 體盡無窮－體(체)는 大道를 體悟함이다. 盡은 無盡의 뜻. 남김없이 다 體悟
   하는 것, 그러나 그것이 무궁한 것이니 결국 끝없는 길이 된다.

5) 無朕－朕(짐)의 音을 '진'이라 함. 만물에 맡기므로 자취가 없다고 함. (任物
   故無迹)－郭象 '朕을 兆.'라 함.－崔譔. 迹은 朕迹, 조짐이나 흔적 자취.

6) 不將不迎－將(장)은 送, 보낸다. 迎(영)은 逆이라고도 하며 맞이한다. 마중하
   다.

7) 應而不藏－應은 사사로움이 없는 虛心의 감응을 의미한다. 藏은 감추다, 품
   다. 藏 (장)은 止라 함. '오면 감응하고, 가면 그친다.'(來卽應, 去卽止.)－郭象

274

§V-11. 옛날의 지인(至人)은 인(仁)을 한 때의 방편으로 빌리고

옛날의 지인은
인仁을 한 때의 방편으로 빌리고 의義를 하룻밤의 여관으로 기탁
하여
소요의 언덕에서 유유히 노닐었다.
먹거리는 구차 간소한 밭의 작물을 먹었고
남에게 베풀어 줄 수도 없는 채전菜田에 몸을 두었다.
자유자적 소요하기에 욕심에 따라 힘써 할 일이 없었다.
간소 소박한 삶이기에 생명을 기르기가 쉬웠다.
남에게 재물財物을 베풀 수도 없었고, 밖으로 잃을 것도 없었다.
옛날 사람들은 이것을 진리를 체득하는 놀이라고 하였다.

古之至人,   고지지인,
假道於仁, 託宿於義,   가도어인, 탁숙어의,
1)以遊逍遙之虛. 2)食於苟簡之田,   이유소요지허. 식어구간지전,
3)立於不貸之圃. 逍遙, 無爲也.   입어부대지포. 소요, 무위야.
苟簡, 4)易養也. 5)不貸, 無出也.   구간, 이양야. 부대, 무출야.
古者謂是6)采眞之遊.   고자위시채진지유.

－〔天　運〕－

[도움말]

1) 以遊逍遙之虛－虛는 본래 墟라 함.－陸德明. 墟는 언덕, 사는 곳. 古城이라
   함. 또는 신령이 깃들어 있는 聖山이라 한다. 도를 체득하여 무엇에도 얽매
   이지 않고 자유 自適하는 것.

2) 食於苟簡之田 - '苟, 且也. 簡, 略也.'라 함. - 王穆夜. 苟且簡略이다. 세상과 무관하게 먹거리를 자급자족하며 사는 것이다.

3) 立於不貸之圃 - '貸, 施惠也.' 남에게 재물(수확물)을 베푸는 것. - 司馬彪. 圃(포)는 菜田이다. 작은 규모의 소박한 菜麻밭을 일구며 사는 것.

4) 易養也 - '易養, 易足也.'라 함. - 林希逸.

5) 不貸, 無出也 - 베풀어 줄 정도가 아니기에 자신이 잃을 것이 없다.

6) 采眞之遊 - 채는 採集이다. 眞은 道와 일체가 되는 것. 진실을 터득하는 놀이, 진인의 사는 모습, 생활이다. '遊而任之, 則眞采也.'라 함. - 郭象. 유유히 노닐며 자연에 맡기니, 이것이 곧 眞采라는 것이다.

[앤솔러지 莊子: 114]

§Ⅴ-12. 지인은 물속에 들어가도

열자가 관윤에게 물었다.

"지인至人은 물속에 들어가도 숨이 막히는 일이 없고 불을 밟아도 타지 않고 만물을 굽어보는 가장 높은 곳에 올라도 두렵지 않다고 합니다. 어떻게 하면 이런 경지에 이를 수가 있겠습니까?"

관윤關尹이 말했다.

"그것은 순수한 기운을 지켜 간직하고 있기 때문이다.

단순한 지적 앎이나 기교, 용기 있는 행동 같은 것으로 얻어 지는 것이 아니다."

[1)]子列子問[2)]關尹曰.　　　　　자열자문관윤왈.
"至人[3)]潛行不窒, 蹈火不熱,　　"지인잠행부질, 도화불열,
行乎萬物之上而不慄.　　　　　　행호만물지상이불률.

請問何以至於此？" 청문하이지어차？"
關尹曰. 관윤왈.
"是純氣之守也. "시순기지수야.
非⁴⁾知巧果敢之列." 비지교과감지열."

－〔達　生〕－

[도움말]

1) 子列子－列禦寇(열어구)를 가리킨다. 앞의 子는 죽은 스승에 대한 尊稱이라
   한다. '옛 사람들은 스승을 일러 '子'라 했고, 또한 덕이 뛰어난 者를 '子'라
   하여, 이 두 가지 의미를 함께 갖추었기에 子列子, 곧 '열어구'라 했다.'(古
   人稱師曰子, 亦有德之嘉名, 具此二義. 故曰子列子, 卽列禦寇也.)－成玄英.
2) 關尹－'天下'편에 老聃과 함께 '古之博大眞人哉'라고 했다. '關尹은 關令,
   尹喜라 함. 字는 公度.' －李頤. <史記>에는 노자가 關(函谷關, 散關)을 지
   나서 서쪽으로 숨으려 했을 때 관령 윤희가 청하여 老子 上下篇 오천여 언
   (言)을 남기게 되었다고 함.
3) 潛行不窒－窒(질)은 塞, 막는다, 窒息하는 것. 숨이 막히는 것이다. 潛行(잠
   행)은 물에 잠겨서 가는 것. <說文>에는 '潛, 涉水也.' 라 함.
4) 知巧果敢之列－知巧(지교)는 巧智, 果敢은 용기 있는 행동. 列은 줄, 같은
   부류(類)의 뜻 이다. 혹은 음을 '예'로 읽고 列을 例(예)의 假借字로 보아
   '所語'의 의미로 새기기도 한다.

[앤솔러지 莊子: 115]

§Ⅴ－13. 그대는 지인의 자연스런 행함을 듣지 못하였는가？

편자扁子가 말했다.

"그대는 저 지고의 덕을 갖춘 지인至人의 자연스런 행함을 듣지

못하였는가? 그는 자신의 몸에 간담이 있는 것조차 잊고 이목의 작용도 버려두고 무심히 세속의 티끌 먼지 밖에서 거닐며 무사의 근원에서 소요한다. 이를 일러 '남을 위해 행하지만 그 행위를 믿지 않으며, 만물을 잘 화육 시키지만 마음대로 다스리지 않는 것'이라 한다. 그런데 이제 그대는 자신의 지식을 꾸며서 어리석은 사람들을 놀라게 하고 자신의 몸을 닦아 남의 더러움을 밝게 드러내게 하며, 해와 달을 높이 내걸고 걸어가듯이 자신의 재능을 과시하고 있다. 그대는 태어나면서부터 형체가 온전하고, 귀, 눈, 입, 코, 등의 아홉 개의 구멍도 모두 잘 갖추었고 인생의 도중에 귀머거리나 장님, 절름발이나 앉은뱅이 같은 재앙을 입지도 않은 채, 이처럼 사람 축에 든 것만으로도 크게 다행한 일이다. 그런데도 그대는 하늘을 탓할 겨를이 있단 말인가! 어서 물러가시오!"

[1]扁子曰.
"子獨不聞夫至人之自行邪?
忘其肝膽, 遺其耳目,
[2]芒然, 彷徨乎塵垢之外,
[3]逍遙乎無事之業.
是謂 '爲而不恃, [4]長而不宰.'
今汝飾知以驚愚, 脩身以明汙,
昭昭乎若揭日月而行也.
汝得全而形軀, 具而九竅,
[5]無中道夭於聾盲跛蹇,
而比於人數, 亦幸矣. 又何暇乎
天之怨哉! 子往矣!"

편자왈.
"자독불문부지인지자행야?
망기간담, 유기이목,
망연, 방황호진구지외,
소요호무사지업.
시위 '위이불시, 장이부재.'
금여식지이경우, 수신이명오,
소소호약게일월이행야.
여득전이형구, 구이구규,
무중도요어농맹파건,
이비어인수, 역행의. 우하가호
천지원재! 자왕의!"

―〔達　生〕―

[도움말]

1) 扁子 – 子扁慶子임. 扁이 姓, 字를 扁子라 함. 魯나라의 현인. 孫休라는 사람이 편자에게 자신은 행실이 바르고 용기도 잘 갖추고 있지만 매사에 좋은 일이 없으니, 필시 천명의 탓이 아닌가! 하고 물었을 때의 그 답변이다.

2) 笠然 – '無心之貌.'라 함. –成玄英. 芒, 茫이다. 茫然은 無知의 모양.

3) 逍遙乎無事之業 – 業, 始라 함. –楊柳橋

4) 長而不宰 – 무위자연의 德을 말한다. 宰는 간섭하여 지배하는 것, 자신의 임의로 다스리는 것. 長은 오래도록 잘 화육 시키는 것. 汙(오)는 汚(오), 더럽다. '爲而不恃'는 <老子> 第二章에도 나온다.

5) 無中道夭於聾盲跛蹇 – 中道는 인생의 中途, 夭(요)는 殀의 暇字로 재난을 만나는 것이라 함. 跛(파), 蹇(건)은 절름발이, 앉은뱅이이다.

[앤솔러지 莊子: 116]

§V – 14. 저 지극함에 이른 자

백혼무인伯昏無人이 말했다.
"대저 저 지극함에 이른 자는
위로 청천靑天의 끝까지 살펴보고
아래로 황천黃泉의 바닥까지 잠겨들며
우주의 텅 빈 팔방 공간을 자유로이 넘나들어도
정신이며 기운은 조금도 변하지 않는다네."

1)伯昏無人曰.　　　　　　　　백혼무인왈.

"夫至人者, 2)上闚靑天,　　　　"부지인자, 상규청천,

3)下潛黃泉, 4)揮斥八極,　　　　하잠황천, 휘척팔극,

神氣不變."   신기불변."

－〔田子方〕－

[도움말]

1) 伯昏無人－伯(백)은 長, 혼은 闇(암), 어둠, 닫힌 문이다. 지극한 덕을 지녔으면서도(長) 그 빛을 감추어 어둑함과 함께 있으며 (闇) 物我를 잊어버리고 있는 이(無人)라 하여 伯昏無人라 한다. <덕충부>에도 나왔으나 여기서는 列禦寇(列子)에게 무심의 활 솜씨를 가르치고 있는 스승으로 등장하고 있다. 至人에 대한 그 가르침의 일부분이다.

2) 上闚－위로(꼭지까지) 살펴 보다. 闚(규)는 엿보다.

3) 下潛－아래로(밑바닥까지) 살펴보다. 潛(잠)은 測(측), 헤아리다. 또는 覘(엿볼 점)의 借字라 함. 闚(규)와 潛(잠)은 對文이라 함. －郭慶藩.

4) 揮斥八極－揮斥(휘척)은 放縱(방종), 縱橫(종횡). 自由自在로 돌아다니는 것. '揮斥, 猶縱放也.'라 함. －郭象. 八極(팔극)은 八方이다. －成玄英 천지 팔방이나 우주 공간을 어디든지 마음대로 돌아다닐 수 있음을 표현한 것이리라. 어쩌면 고대의 至人(지인)은 정신적인 에너지 현상으로 빛의 파장과 같은 神氣를 타고 자유롭게 오르내릴 수 있었던 것은 아닌지?

[앤솔러지 莊子: 117]

§Ⅴ-15. 무릇 지인이란 몸은 마른 나뭇가지

노자가 말했다.

"무릇 지인至人이란, 사람들과 더불어 먹을 것은 대지大地에서 구하고 즐거움은 하늘(天)에서 얻는다. 사람과 사물, 이득 손실에 의해 마음을 어지럽히지 않고 사람들과 더불어 괴이한 행위를 하는 것도 아니며, 사람들과 더불어 무슨 술책을 도모하지 않으며, 사람들과 함께 억지로 일을 벌이려고도 하지 않는다. 아무 거리낌 없이 나갔다가 미련 없이 무심히 돌아오니, 이것이 바로 지인의 위생의 바른 길이다."

남영추가 물었다.

"그러면 그것으로 더 이상 이를 곳이 없는 것입니까?"

노자가 대답했다.

"아니 아직 멀었다. 내가 전에도 그대에게 '어린아이가 될 수 있겠는가?'하고 물었지만, 어린아이는 몸을 움직여도 까닭을 알지 못하고 걸음을 걸어도 목적지를 알지 못한다. 지인至人의 몸은 마른 나뭇가지 같고, 마음은 불 꺼진 재와 같다. 이러한 사람에게는 화 또한 미치지 못하고 복 또한 찾아들지 않는다. 그에게는 화복이 있을 수 없으니 어찌 인간 세상의 재난 따위가 있을 수 있겠는가!"

老子曰.
"夫至人者,
1)相與交食乎地而交樂乎天.
2)不以人物利害相攖,
不相與爲怪, 不相與爲謀,
不相與爲事. 3)脩然而往.
侗然而來, 是謂衛生之經已."
南榮趎曰. "然則是至乎?"
曰.
"未也. 吾固告汝曰,
'能兒子乎?'
兒子動不知所爲, 行不知所之.
身若槁木之枝而心若死灰.

노자왈.
"부지인자,
상여교식호지이교락호천.
불이인물이해상영,
불상여위괴, 불상여위모,
불상여위사. 소연이왕.
동연이래, 시위위생지경이."
남영추왈. "연즉시지호?"
왈.
"미야. 오고고여왈,
'능아자호?'
아자동부지소위, 행부지소지.
신약고목지지이심약사회.

若是者, 禍亦不至, 福亦不来.　　　　약시자, 화역부지, 복역불래.
禍福無有, ⁴⁾惡有人災也!"　　　　화복무유, 오유인재야!"
　　　　　　－〔庚桑楚〕－

[도움말]

1) 相與交食乎地－<徐無鬼>篇의 '吾與之邀樂於天. 吾與之邀食於地.'를 인용하여 문장은 다르나 뜻은 동일하다고 보고 交는 邀(요)라 함.－兪樾(유월). 邀(요)는 맞이하다, 求의 의미. 또 交는 具, 共이라 함. 보통 사람들과 함께 먹고 생활하는 것을 말한다.

2) 不以人物利害相攖－攖(영)은 亂이다.－陸德明. 攖, 擾亂(요란)이고 세속에서 人物利害로써 마음을 어지럽히지 않고 소요함이라 함.－成玄英

3) 儵然而往, 侗然而來－儵然(소연)을 '無停迹也.'라 했다.－郭象. 머물어도 자취 없는 것. 거리낌이나 집착이 없음이다. 儵의 뜻을 順, '따른다.'로 풀기도 함.－崔譔. 侗然(동연)은 順物無心의 모양. －林希逸 또 侗을 '통'으로 읽고 '크다'는 의미로 풀이하기도 한다. :<莊子音義>: '侗然云大也'

4) 惡有人災也!－'禍福은 失得에서 생기고 人災는 愛惡에 의거한다. 이제 槁木死灰가 되어 무정함에 이르면 곧 애오득실에서 생기는 禍福人災가 없음'이라 했다. －郭象.

[앤솔러지 莊子: 118]

§Ⅴ-16. 지인(至人)은 행적을 남기지 않는다.

그러므로 '지인至人은 행적을 남기지 않는다.'고 한다.
무릇 옛 시대를 존중하고 현 시대를 비하하는 것은 학자들의 무리이다.
만약 태고의 희위씨狶韋氏 같은 사람들이 지금의 시대를 바라본다고 하면 어느 누가 한쪽으로 치우친 세태가 아니라고 할 수 있을 것인가!

오직 지인만은 세속에 유유히 자적하며 노닐면서도 치우치지 아니하고 세속 사람들과 함께 순응하여 살면서도 본래의 자기를 잃지 않는다.

지인至人은 불학不學을 가르치지만, 그 뜻을 이어받으면 피아의 차별이 없게 되는 것이다.

故曰, [1)]至人不留行焉.　　고왈, 지인불유행언.
夫尊古而卑今, [2)]學者之流也.　　부존고이비금, 학자지류야.
[3)]且以豨韋氏之流觀今之世,　　차이희위씨지류관금지세,
[4)]夫孰能不波!　　부숙능불파!
[5)]唯至人乃能遊於世而不僻,　　유지인내능유어세이불벽,
順人而不失己.　　순인이불실기.
[6)]彼敎不學, 承意不彼.　　피교불학, 승의불피.

－〔外　物〕－

[도움말]

1) 至人不留行焉 － 불유행(不留行)은 머무르지 않는다. 至人은 세상일에 연연하지 않고 집착하지 않으므로 불유행(不留行)이라 함. －林希逸. 곧 행적을 남기지 않는 것이다.

2) 學者之流 － 流는 편(偏) 혹은 徒. 혹은 과(過), 실(失)로 새기는 이도 있다. － 王肅

3) 且以豨韋氏之流 － '豨韋, 三皇以前帝號也.'라 함. －成玄英. 곧 上古의 帝王이다. 豨는 '시'라고도 읽음. 且는 약(若)과 같다.

4) 夫孰能不波 － 波(파)는 高下貌라 함. 파는 頗의 假借字로 偏頗의 뜻이라 한다. 한쪽으로 치우쳐 바르지 못한 것. 波를 逐波流, 혹은 動(마음이 흔들림)으로 보고 이 시대의 파도의 흐름을 따르려는 것으로 풀이하기도 함.

5) 唯至人乃能遊於世而不僻 － 僻은 偏僻이다. 한쪽의 후미진 곳으로 피하거나

숨는 것, 즉 세속을 피해 산림에 숨어살거나 세속을 버리고 孤高한 삶을 영위하려고 하지 않는다는 것이다. 오직 至人만이 세속에 살면서 自適하며 노닐 수 있다는 것.

6) 彼教不學, 承意不彼—彼教不學의 彼를 至人으로 보는 說과 학자들로 보는 說이 있다. 여기서는 전자를 택한다. 承意不彼에 대해 '亦承順共而無彼我之分'이라 함.—林希逸. '또한 거스르지 않고 함께 至人의 뜻을 계승하면 彼我의 구분(차별)이 없게 된다는 것이다.

[앤솔러지 莊子: 119]

§V-17. 홀연히 나타나서 홀연히 움직여 나아가지만

저 지덕이 충만한 사람은
자연 그대로의 소박함에 맡겨 행동할 뿐이고 속사에 통달하는 것을 부끄럽게 여긴다. 도의 근원에 확고히 서서 그 앎은 신명에 통하고 있다. 그러므로 그 덕은 넓고도 넓다. 그 마음이 바깥으로 표출되면 만물은 이에 곧 감응한다. 고故로 형체는 도가 아니면 생겨나지 않고, 모든 생명은 덕德 아니면 밝게 드러날 수 없다. 이처럼 형체를 잘 보존하여 생을 온전히 누리게 하며 본성의 덕을 확고히 세우고 자연의 도를 밝혀 주는 자는 저 지덕이 충만한 자가 아니겠느냐?
넓고도 아득하다! 홀연히 나타나서 홀연히 움직여 나아가지만, 만물이 모두 그를 따른다. 이야말로 지극한 덕을 지닌 사람이라고 하는 것이다. 어둠 속에서도 형체 없는 형체를 보고, 침묵 속에서 소리 없는 소리를 듣는다. 그는 그윽한 어둠 속 한가운데서 홀로 새벽이 동 터오는 것을 지켜보고 있다. 소리 없는 고요 속에서 홀로 만물이 화합하는 소리를 듣고 있다.

그의 봄(見)과 들음(聽)을 더욱더 깊이 하여 만물을 있는 그대로 존재하게 한다. 그 영묘함을 더욱 영묘하게 하여 만물의 정묘함에 이를 수 있게 되는 것이다. 그러므로 그가 만물과 교유할 때는 지극한 무無의 경지에 있으면서 만물의 바람에 순응하여 잘 베풀어 주며, 때맞추어 자유로이 노닐면서 만물이 귀일하는 그곳을 잘 살피고 있는 것이다.

따라서 만물은 다 대소장단이 각기 제 나름대로 마땅하지 않음이 없는 것이다.

¹⁾夫王德之人,	부왕덕지인,
²⁾素逝, 而恥通於事. 立之本原,	소서, 이치통어사. 입지본원,
而知通於神. 故其德廣.	이지통어신. 고기덕광.
³⁾其心之出, 有物採之.	기심지출, 유물채지.
故形非道不生, 生非德不明.	고형비도불생, 생비덕불명.
存形窮生, 立德明道,	존형궁생, 입덕명도,
非王德者邪? ⁴⁾蕩蕩乎!	비왕덕자야? 탕탕호!
忽然出, 勃然動,	홀연출, 발연동,
⁵⁾而萬物從之乎. 此謂王德之人.	이만물종지호. 차위왕덕지인.
視乎冥冥, 聽乎無聲. 冥冥之中,	시호명명, 청호무성. 명명지중,
⁶⁾獨見曉焉. 無聲之中,	독견효언. 무성지중,
獨聞和焉. 故深之又深,	독문화언. 고심지우심,
而⁷⁾能物焉. 神之又神,	이능물언. 신지우신,
而能精焉. 故其與萬物接也,	이능정언. 고기여만물접야,
至無而⁸⁾供其求, 時騁而要其宿.	지무이공기구, 시빙이요기숙.
大小長短脩遠.	대소장단수원.

－〔天 地〕－

[도움말]

1) 王德之人－王德은 盛德과 같다. 旺(왕)으로 기운이 왕성하고 충만하다는 것.

2) 素逝－異說이 많으나 素는 生帛, 逝는 行이라고 풀이 한 郭象의 注 '任素而
行耳.'를 따른다. 자연 그대로의 소박함에 맡겨 행동할 뿐이다. 立之本原의
'之'는 '於'와 같다.

3) 其心之出, 有物採之. －出(출)은 應과 같고 採(채)는 感과 같다. 감해오는 것
이 있으면 곧 이에 應하는 것이다. 덕인의 마음은 본래 湛然하여 맑고 고요
하다 했다.

4) 蕩蕩乎! 忽然出, 勃然動－탕탕은 넓고 먼 모양이니 그 덕을 형용한 것이다.
홀연은 忽地와 같고, 문득, 갑자기. 발연은 卒然과 같고, 마침, 문득, 이다.
忽, 勃 둘 다 '無心而應之貌' 곧 무심히 응하는 모습이라 한다. －郭象 '蕩
蕩, 寬乎之名이라 함.'－成玄英. 느긋하고 거리낌이 없음을 이름 하여 蕩蕩
이라 한다.(蕩蕩, 寬乎之名.)－成玄英

5) 而萬物從之乎－乎는 也, 焉과 같다.

6) 獨見曉焉－曉(효)는 동터오는 것, 새벽이고 존재에 대한 깨달음이다. 見은
그 각성을 지켜보는 것이다.

7) 能物焉－만물을 만물 그대로 존재하게 하다. 만물을 인위적으로 작위 함이
없이 自然 그대로 인정하는 것이 만물의 실상을 통달하는 것이다. 物은 靜
이어야 한다는 說도 있다.

8) 供其求－供(공)은 베풀 設, 갖출 具, 줄 給, 이바지 할 奉의 뜻이라 함.

9) 時騁而要其宿－時騁(시빙)은 때에 따라 달리다. 때에 맞게 자유로이 활동하
는 것(노닐다). 要는 求, 欲, 察등의 의미로 쓰임. 宿은 會, 또는 만물이 머물
며 歸一하는 곳이라 했다. 成玄英은 騁(빙), 縱이라 함.

10) 大小長短, 脩遠. －脩는 修와 같고 '大小長短, 脩遠.'은 '大小長短無所不
宜.'의 의미라 함 (禹玄民). 덕인의 눈으로 바라보는 도의 실현이다. 만물은
각기 제 나름대로 온전하게 구비되어 있다는 것이다.

286

§V - 18. 참으로 온전한 덕을 지닌 사람

도를 지닌 자는 덕이 온전하며, 덕이 온전한 자는 형체가 온전하고 형체가 온전한 자는 정신이 온전하게 된다.

정신을 온전하게 하는 것이, 성스런 사람의 길이다.

삶을 도道에 맡기고 사람들과 더불어 걸어가지만 힘써 가는 목적지는 모른다. 무심하여 자유롭고 소박한 그대로의 온전함이구나!

공적과 이익이나 기교 따위는 그의 마음속에 이미 잊혀져 흔적조차 없다.

이와 같은 사람은, 그 자신의 뜻이 아니면 가지 않고, 그 자신의 마음이 아니면 행하지 않는다.

비록 온 세상 사람들이 그를 칭찬하고 그가 말하는바 그대로 따른다 하여도 초연한 채 돌아보지 않는다.

또한 온 세상 사람들이 그를 비난하고 그가 말하는바 모두를 버린다 하여도 태연한 채 마음속에 담아 두지 않는다.

온 세상 사람들의 비난과 칭찬도 그를 우쭐하게 하거나 상심시킬 수 없는 것이다.

이런 사람을 참으로 온전한 덕을 지닌 사람이라고 말할 수 있으리라!

이에 비한다면 나 같은 사람은 바람에 출렁이는 물결 같은 인간인 것이다.

執道者德全, 德全者形全,　　　집도자덕전, 덕전자형전,
形全者神全.　　　　　　　　　형전자신전.

神全者, 聖人之道也.

託生與民並行, 而[1]不知其所之,

[2]汒乎淳備哉!

功利機巧, 必忘夫人之心.

若夫人者,

非其志不之, 非其心不爲.

雖以天下譽之,

[3]得其所謂, [4]螯然不顧.

以天下非之,

失其所謂, [5]儻然不受.

天下之非譽, 無益損焉.

是謂全德之人哉!

我謂之[6]風波之民.

　　　　　-〔天　地〕-

신전자, 성인지도야.

탁생여민병행, 이부지기소지,

망호순비재!

공리기교, 필망부인지심.

약부인자,

비기지부지, 비기심불위.

수이천하예지,

득기소위, 오연불고.

이천하비지,

실기소위, 당연불수.

천하지비예, 무익손언.

시위전덕지인재!

아지위풍파지민.

[도움말]

1) 不知其所之 - 之는 가다. 至의 뜻이다. 가는 곳, 혹은 이유를 애써 밝히려 하지 않는 것.

2) 汒乎淳備哉! - '汒, 茫昧.'라 함. 또 망호는 芒然과 같다고 한다. -成玄英. 芒은 忘의 借字, 무심하여 아무런 거리낌이 없는 것. 淳備는 淳朴하고 純一, 온전한 것. <天地>편에는 '도를 따르는 것을 일러 備라 한다.' (循於道謂之備.) 또 <禮記. 祭統>편에는 '備者, 百順之名也. 無所不順者謂之備.'라 함. 곧 '淳備는 모든 거스르지 않음의 名이다. 따르지 않음이 없는 것을 일러 備. 라 한다.' 淳朴하고 純一하게 어떤 거스름도 없이 道를 따르는 것이다.

3) 得其所謂 - 말하는 바를 얻다. 말하는 바대로 되다. 謂와 爲는 古字에서는 통용되었다고 함. 이 說을 따른다면, 세상 사람들의 칭찬이 그의 행위와 일치된다는 뜻이 된다.

4) 螯然不顧 - 螯(오)는 큰 모양(大貌), 傲然(오연), 거만함과 같고 超然과도 통한다. 남의 말에 개의치 않는 것이라 함. 顧는 돌아보다, 마음에 새기다. 등

288

의 뜻이 있다.

5) 儻然不受 - 당연은 螫然(오연)과 같은 뜻이다. 초연하고 태연함이다. 不受는 誹謗을 듣는다 해도 귀에 들어오지 않음, 마음에 두지 않음이다. '儻, 無心之貌.'라 함. -成玄英

6) 我謂之風波之民 - 바람에 흔들리는 물결처럼 세상의 是非에 이리 저리 흔들리는 사람. 여기서 我는 話者(화자) 인 子貢(자공)이다.

[앤솔러지 莊子: 121]

§Ⅴ-19. 덕인(德人)이란 홀로 고요히 있으면

원풍이 물었다. "덕인德人에 대하여 듣고 싶습니다."

순망이 대답했다. "덕인이란 홀로 고요히 있으면 사념이 없고 행위 중에도 근심이 없으며 마음속에는 시비와 선악에 대한 편견이 없습니다. 덕인은 세상 모든 사람이 이익을 추구하여 그 얻음을 희열로 여기고, 모든 것을 얻은 그 충족감을 평안으로 생각합니다. 덕인이 세상의 무엇에도 의지하지 않고 홀로 실심한 모습은 마치 어린아이가 어머니를 잃은 것 같고 정처 없이 떠돌며 실의에 젖은 모습은 마치 나그네가 그 길을 잃은 듯합니다. 재용은 가진 것만으로 넉넉하게 여기지만 어디서 어떻게 오게 된 것인지는 알지 못합니다. 음식은 취하는 것만으로 만족하게 여기지만, 어디서 어떻게 얻은 것인지는 알지 못합니다. 이를 일러 덕인의 모습이라 합니다."

苑風曰. "[1]願聞德人."

諄忘曰. "德人者, [2]居無思,

원풍왈. "원문덕인."

순망왈. "덕인자, 거무사,

行無慮, ³⁾不藏是非善惡.　　　행무려, 부장시비선악.

四海之內, ⁴⁾公利之之謂悅,　　사해지내, 공리지지위열,

共給之之爲安.　　　　　　공급지지위안.

⁵⁾怊乎若嬰兒之失其母也,　초호약영아지실기모야,

儻乎若行而失其道也.　　　당호약행이실기도야.

⁶⁾財用有餘, 而⁷⁾不知其自來,　재용유여, 이부지기자래,

⁸⁾飲食取足, 而不知其所從.　음식취족, 이부지기소종.

此謂德人之容."　　　　　　차위덕인지용."

－〔天　地〕－

[도움말]

1) 願聞德人－德人에 대하여 듣기를 원하다. 諄忘(순망)이 동해의 바닷가에서 우연히 苑風(원풍)을 만났을 때, 원풍이 聖人의 정치에 대해 순망에게 물은 후 다시 덕인에 대하여 묻고 있는 장면이다. 諄忘(순망): 세속을 초월하여 사는 者. 苑風(원풍): 세속의 바람에 흔들리며 사는 者. 둘 다 寓意的인 인물이라 한다.

2) 居無思, 行無慮－들어앉아 홀로 있어도 생각이 없고, 움직여 행함에도 근심이나 목적의식이 없다. 자연에 맡기고 있을 뿐이라 한다.

3) 不藏是非, 善惡－善惡는 好惡와 같다. 藏은 간직하다, 저장하다, 품다.
옳고 그름, 좋고 나쁨의 감정을 품고 쌓아 두지 않는다는 것이다. 그 같은 감정은 마음에 그냥 스쳐 지나가게 하여 그것에 머물지 않으며 모든 것을 자연에 의해 견인 당하고 있을 뿐이라는 것. (牽自然耳)

4) 公利之之謂悅, 共給之之爲安. －서로 對文이며 謂는 爲와 같다. 옛날에는 '爲'와 '謂' 字는 相互 같은 뜻으로 썼다고 한다. ('謂悅' 與 '爲安' 對文. 古 '爲', '謂'字, 同義, 互用.)－郭慶藩. 謂, 爲는 여기다, 생각하다. '세상 모든 사람이 이익을 추구하여 그 얻음을 희열로 여기고, 모든 것을 얻은 그 충족감을 평안으로 생각하다.'

5) 怊乎, 儻乎－'怊, 恨也.'라 함. －陸德明. 怊(초)에는 슬플 悲, 失心한 모양, 悲愁(슬퍼하고 시름에 겹다.)의 뜻이 있다. 儻然(당연)은 失志貌. －司馬彪. 혹은 悵望(실의에 차 바라봄), 悵然(한탄하다). 悵(슬퍼할 창). 儻(빼어날 당,

갑자기 당)

6) 財用有餘 – 욕심이 적고 분수를 지키므로 재물에 여유가 있음이다. 곧 소유물에 대한 집착이 없음으로 넉넉하게 여기게 되는 것이다.

7) 不知其所自來 – 재물에 대한 뜻이 없으므로 그것을 구하려고 애쓰는 바가 없는 것이다.

8) 飮食取足 – 음식은 먹는 것에 만족하다. 즉 별다른 음식을 요구함이 아니고 취하는 것으로 늘 만족하기 때문이다.

[앤솔러지 莊子: 122]

§Ⅴ-20. 진인(ㅁ人)은 발뒤꿈치로 숨을 쉬고, 중인(衆人)은 목구멍으로 숨을 쉰다

반드시 진인眞人이 있고 그 후에야 진지眞知가 있다.

무엇을 진인이라 하는가? 옛 진인은 역경을 거스르지 않았고, 성공을 자랑하지 않았으며 일에는 책략을 쓰지 않았다.

이 같은 사람은, 잘못 되어도 후회하지 않고 잘 되어도 자만하지 않았다. 이 같은 사람은, 높은 곳에 올라도 두렵지 않고 물에 들어도 젖지 않으며 불에 들어도 뜨겁지 않다.

이는 그의 의식이 상승하여 능히 도에 이르러, 이처럼 된 것이다.

옛 진인은 잠을 자도 꿈이 없었고, 깨어 있어도 근심이 없었으며 먹을 때도 맛을 구하지 않았고 그 숨결은 깊고 고요하였다.

진인眞人은 발뒤꿈치로 숨을 쉬고, 중인衆人은 목구멍으로 숨을 쉰다. 외물에 굴복한 자는 그 목소리가 막힌 듯 겨우 토해내는 소리 같다. 그 욕심이 깊으면, 그 천기는 얕은 것이다.

¹⁾且有眞人而後有眞知.　　　차유진인이후유진지.

何謂眞人?　　　　　　　　　하위진인?

古之眞人, ²⁾不逆寡,　　　고지진인, 불역과,

不雄成, 不謩士.　　　　　　불웅성, 불모사.

若然者,　　　　　　　　　　약연자,

過而弗悔, 當而不自得也.　　과이불회, 당이부자득야.

若然者,　　　　　　　　　　약연자,

登高不慄, 入水不濡, 入火不熱.　등고불률, 입수불유, 입화불열.

³⁾是知之能登假於道者也, 若此.　시지지능등격어도자야, 약차.

古之眞人,　　　　　　　　　고지진인,

其寢不夢, ⁴⁾其覺無憂,　　기침불몽, 기교무우,

其食不甘, 其息深深.　　　　기식불감, 기식심심.

⁵⁾眞人之息以踵, 衆人之息以喉.　진인지식이종, 중인지식이후.

屈服者⁶⁾其嗌言若哇.　　굴복자기익언약와.

⁷⁾其耆欲深者, 其天機淺.　　기기욕심자, 기천기천.

－〔大宗師〕－

[도움말]

1) 且有眞人而後有眞知－'且, 必也'라 했다.－楊柳橋. 혹은 殆, 의심스럽기도 하지만 거의 그렇다는 뜻이라 함. 眞人에 대해서는 '眞者, 精誠之至也.'<漁父>편. '體體純素, 謂之眞人.'<刻意>편. 또한 <淮南子. 精神>편에는 '所謂眞人者, 性合於道.'라 함.－楊柳橋

2) 不逆寡, 不雄成, 不謩士.－寡는 행운이 적다는 뜻이다. 雄은 자랑스러워하는 것이고, 謩(모)는 謨, 謀와 같고 꾀, 책략, 획책하는 것이다. 褚伯秀는 '士, 同 '事'. 不豫謨也.'라 함. 士는 事와 동일하다. 미리 도모하지 않는다. 책략을 즐기지 않는다. 古에는 士와 事는 통용되었다고 한다.

3) 是知之能登假於道者也, 若此.－登假(등격)의 假(격)은 格과 같고 至의 뜻. 여기서 知는 지식이 아니라 의식의 명증을 말한다. 그 의식의 밝음으로 타고난 본성을 체득하여 도에 이름(至)이 이와 같다는 것이다.

4) 其覺無憂－覺(교)는 꿈에서 깨는 것이다. 깨어도 근심 걱정이 없다.

5) 眞人者息以踵, 衆人之息以喉－한 호흡이 발뒤꿈치에서 일어나, 몸에 두루 미치니 깊디깊다.(起息於踵, 遍體而深.)－王穆夜. 종(踵)은 발뒤꿈치다. 후는 (喉) 목구멍이다.

6) 其嗌言若哇－嗌(익)은 '액'으로도 읽는다. 嗌(익)은 목구멍, 목구멍에서 나오는 말이다. '嗌, 厄咽喉也.'라 함. －陸德明. 哇(와)는 嘔, 吐. 토하다. 뱉는다. 혹은 막힌다. 그 목구멍에서 나오는 소리는 막힌 듯 겨우 토해내는 소리와 같다.

7) 其耆欲深者, 其天機淺.－耆欲(기욕)은 嗜慾(기욕)과 같다. 즐김, 좋아함이다. 耆(기)는 音을 '시'라고도 함. 天機(천기)는 천지자연의 기틀(작용)이다. '天機, 天然機神'이라 함.－成玄英.

[앤솔러지 莊子: 123]

§Ⅴ-21. 옛 진인은 삶을 기뻐할 줄 모르고

옛 진인眞人은

삶을 기뻐할 줄 모르고 죽음을 미워할 줄 모르며

태어남을 기뻐하지 않고 죽음을 거역하지도 않으며

무심히 따라 가고, 무심히 따라 올 뿐이다.

그 삶이 비롯된 바를 잊지 않고, 그 삶이 끝나는 바를 추구하지 않으며

생을 받아서 즐거워하고, 생이 다하면 이를 돌려준다.

이를 일러 자신의 마음으로써 도를 손상시키지 않으며

인위로써 하늘을 돕지 않는 것이라 한다.

이런 사람을 진인이라 한다. 이와 같은 자, 그 마음은 편안하며

그 모습은 고요하고, 그 이마는 넓고 크다.

서늘하고 엄숙하기는 가을과 같고, 따뜻하고 온화하기는 봄과도
같다.
그 희로喜怒의 감정은 사시의 운행과 같이 자연스럽게 통하고
만물과 더불어 조화를 이루며 나아가니 그 끝나는 곳을 알지 못
한다.

古之眞人,　　　　　　　　　고지진인,
不知¹⁾說生, 不知惡死,　　부지열생, 부지오사,
²⁾其出不訴, 其入不距,　　기출불흔, 기입불거,
³⁾翛然而往, 翛然而來而已矣.　소연이왕, 소연이래이이의.
不忘其所始, 不求其所終,　　불망기소시, 불구기소종,
受而喜之, 忘而復之.　　　　수이희지, 망이복지.
是之謂不以心⁴⁾捐道,　　시지위불이심연도,
不以人助天. 是之謂眞人.　　불이인조천. 시지위진인.
若然者, ⁵⁾其心志, 其容寂,　약연자, 기심지, 기용적,
⁶⁾其顙頯. 凄然似秋, 煖然似春.　기상규. 처연사추, 난연사춘.
喜怒通四時, 與物有宜,　　　희노통사시, 여물유의,
而莫知其極.　　　　　　　　이막지기극.
　　　　-〔大宗師〕-

[도움말]

1) 說生-說은 悅과 같다. 기쁘다. 심복(心腹)하다.
2) 其出不訴, 其入不距. -訴의 音을 欣(흔)이라 함. -陸德明. 欣, 기쁘게 받들다. 距(거)는 본래 拒라 함. 거부하다. 막다. 出은 이 세상에 태어나다, 入은 저 세상으로 들어가다.
3) 翛然而往-翛然(소연)은 '自然無心而自爾之謂' 즉 자연 무심히 저절로 그렇게 됨을 말한다. -向秀. 매이지 않는 모습이다(不係之貌.)-成玄英. 翛(소)는 音을 '유', '숙'으로 읽기도 한다.

4) 捐道－捐은 掾(도울 연)의 借字라 함. －馬叙倫. <齊物論>편 '聖人不以天掾
   道'를 예증으로 들었다. 자신의 작은 마음으로. 도를 돕고자 한다는 것은 곧
   도를 손상시키는 일이 된다. 掾(도울 연)외에 揖(공경할 읍), 楫(배 젓는 노
   즙), 損(손해 볼, 덜 손), 捐, 버리다, 등 의 여러 의미로 해석하기도 한다.
5) 其心志－志는 安(안)이라 한다. 郭象은 '所居而安爲志'라 했다. 또 志는 忘
   (망)이라 한다. <荀子. 解蔽>편에는 '志也者, 臧(藏) 也.'라 함. 곧 '志라는
   것은 감춘다는 것이다.
6) 其顙頯－顙(상)은 이마, 額(액)과 같다. '頯(규), 크게 순박한 모양이다.' (大
   朴之貌)－郭象 質朴無飾한 모습.

[앤솔러지 莊子: 124]

§V－22. 옛 진인의 그 모습은 우뚝 솟아 있지만

옛 진인의 그 모습은 우뚝 솟아 있지만 무너지지 아니하였고
진인은 남에게 베풀어주지만 그 자신은 받지 않았다.
한가로이 홀로 있음을 즐기지만 그것을 고집하지 않았고, 마음은
드넓게 비어 있었으나 빛나지 않았다.
맑고 밝은 모습은 자신만의 기쁨에 젖어 있는 듯하였다!
느릿느릿 움직이는 것은 부득이함을 따르는 그 모습이구나!
내면의 덕이 모이고 충만하니 얼굴빛은 날로 환히 밝아지고
뜻은 하나가 되어 언제나 너그럽고 여유로운 덕에 머물고 있다.
횅하니 넓고 탁 트인 그 모습은 크기도 하다!
아득히 세상에 초연하니 무엇으로도 그를 막거나 구속할 수가 없다.
끊임없이 감각문을 닫고 묵묵히 있는 것을 좋아하는 것 같으며
일체의 물사物事에 무심하여 멍하니 자신의 언어조차 잊고 있다.

古之眞人, ¹⁾其狀, 義而不朋,　　　　　고지진인, 기상, 의이불붕,

²⁾若不足而不承.　　　　　약부족이불승.

³⁾與乎其觚而不堅也,　　　　여호기고이불견야,

⁴⁾張乎其虛而不華也.　　　　장호기허이불화야.

⁵⁾邴邴乎其似喜乎!　　　　　병병호기사희호!

⁶⁾崔乎其不得已乎!　　　　　최호기부득이호!

⁷⁾滀乎進我色也,　　　　　　축호진아색야,

⁸⁾與乎止我德也.　　　　　　여호지아덕야.

⁹⁾厲乎其似世乎!　　　　　　여호기사세호!

¹⁰⁾警乎其未可制也.　　　　오호기미가제야.

¹¹⁾連乎其似好閉也,　　　　연호기사호폐야,

¹²⁾悗乎忘其言也　　　　　　만호망기언야.

－〔大宗師〕－

[도움말]

1) 其狀; 義而不朋－其狀, 진인의 모습은, 이하는 진인의 상태(모습)를 진술하고 있다. ‘與物同宜, 而非朋黨.’－郭象. 物과 더불어 화목하다. 그러나 패거리를 만들지 않는다는 것. 朋은 倗(무리 붕)이고 黨이라 함.－陸德明. 義는 莪(아), 높이 솟은 모양.－兪樾. 朋은 崩(무너지다)으로 풀었다. 유월의 설을 따른다.

2) 若不足而不承－<說文>에 承, 受.라 함(劉武). 眞人與之而不受也. 진인은 베풀어주지만 받지 않는다는 것이다.

3) 與乎其觚而不堅也－與乎는 침착하고 여유 있는 것, 한가로운 모습. 與는 또한 音을 豫(즐길 예)라고 한다.－陸德明. 豫는 樂이고 기쁘게 즐기는 모습이다. 觚, 特而不羣也.라 했다.－王穆夜. ‘홀로 떨어져 있어서 무리를 이루지 않는다.’는 것. 成玄英은 觚(고), 獨也.라 했다. ‘觚而不堅’은 ‘堅而不觚’로 함이 마땅하다.－姚鼐(요내). 堅(견)은 固로 완고함이다. 姚(예쁠 요), 鼐(가마솥 내).

4) 張乎其虛－張, 廣大貌라 함.－成玄英. 크고 드넓은 것이다. 드넓고 휑하니 비어 있다는 것.

5) 邴邴－邴邴(병병)은 밝은 모습(明貌), 기쁜 모양(邴邴, 喜貌也)이다. ‘至人은 특별히 기뻐함이 없지만, 창연히 화락 자적하고 있기에, (사람들이 보기에는)

296

마치 기뻐하고 있는 것과 같다.'(至人無喜, 暢然和適, 故似喜也.)－郭象.

6) 崔乎－崔, 움직이는 모양(崔, 動貌.)이다.－向秀(상수). 닥쳐야 움직이고 먼저 나서지 않음이라 한다. 또한 催(재촉할 최)의 假借라 함.

7) 滀乎進我色也－滀(축)은 聚, 모이다.－簡文帝. 進은 益, 더하다. 물이 모이면 光澤이 있게 되듯이, 내면의 덕이 충만하여 얼굴빛이 더욱 밝게 빛나는 것. 내면의 기쁨이 충만한 옛 眞人의 모습이다.

8) 與乎止我德也－與는 서로 접하는 뜻(與, 相接意)이다. '너그럽고 여유로운 덕이 자신을 근본으로 복귀시킨다.'(寬閒之德, 使我歸之)고 했다.－宣穎.

9) 厲乎其似世乎－厲(려)는 廣(넓을 광), 世는 泰(클 태)의 假借. 넓고 큰 진인의 덕을 표현한 것이라 함. 厲를 危(위태롭다)로 보고 '진인은 세상 속에서 타인과 비슷한 일을 함으로 위태롭게 보인다.'로 풀이하기도 한다.

10) 警乎其未可制也－警(오)는 아득한 모양, 초연한 모양이다. 진인은 그 뜻이 '警然히 높고 멀고, 세상의 겉모습에 초연하여, 막거나 규제할 수 없다.'(警然高遠, 超於世表, 不可禁制)고 했다.－成玄英.

11) 連乎－連은 끊어지지 않고 길게 이어진 모양. (連, 綿長貌). 또 檢括(검괄), 봉하고 묶음이라 함. 즉 외물에 대한 집착 없이 감각 문을 닫고 있는 것. 섣부른 小知의 알음알이를 닫는 것이다.

12) 悗乎忘其言也－悗(만)은 無心貌라 한다. 悗乎는 무심히, 무심하게, 무심하구나. 悗은 '잊을 문'이라고도 읽는다. 以上은 진인의 덕행을 말한 것이다. '인식하지도 알지도 못하지만 天機가 저절로 발동함으로 悗然이다.'(不識不知, 而天機自發, 故悗然也.)－郭象

[앤솔러지 莊子: 125]

§Ⅴ-23. 순수 소박함을 잘 체득한 자

속담에 이런 말이 있다.

"중인衆人은 이익을 소중히 여기고 청렴한 선비는 명예를 중히 여긴다. 어진 선비는 뜻을 숭상하고 성인聖人은 정신을 귀히 여긴다."고.

그러므로 소박素朴하다는 것은 다른 것과 뒤섞이지 않는 것을 말한다.

순수純粹하다는 것은 그 정신을 손상하지 않는 것을 말한다.

순수 소박함을 잘 체득한 자, 그를 일러 진인眞人이라고 한다.

[1]野語有之曰.	야어유지왈.
"衆人重利, [2]廉士重名.	"중인중리, 염사중명.
賢士尙志, 聖人貴精."	현사상지, 성인귀정."
[3]故素也者, 謂其無所與雜也.	고소야자, 위기무소여잡야.
純也者, 謂其不虧其神也.	순야자, 위기불휴기신야.
[4]能體純素, 謂之眞人.	능체순소, 위지진인.
－〔刻　意〕－	

[도움말]

1) 野語－俗話(속화)와 같은 말이다. (猶言俗話)－歐陽景賢.

2) 廉士重名, 賢士尙志, 聖人貴精.－重, 貴, 尙은 모두 동사적 용법으로 쓰임. 尙은 崇尙이다. 尙志, 上志, 以志氣爲上. 志氣를 최고로 여기는 것이다.

3) 故素也者, 謂其無所與雜也－素는 生帛, 흰 비단이다. 어떤 색깔이나 무늬로 물들이기 전의 상태를 나타낸다. 素라는 것은, 다른 것과 뒤섞인 바가 없는 흰 바탕 그대로의 것을 말한다.

4) 能體純素, 謂之眞人.－能은 능력, 잘 하는 것이다. 能體純素는 몸을 순수 소박하게 하는 것이며 순수 소박을 잘 체득하는 것이다. 眞人이란 純素의 達人이라는 것이다.

§Ⅴ-24. 옛날의 진인은 지자(知者)도 그를 설득할 수 없었고

옛날의 진인은

지자知者도 그를 설득할 수 없었고 미인美人도 그를 어지럽지 못했으며

도둑도 위협하지 못했고 복희 황제 같은 성인도 그를 벗 삼지 못했다.

사생은 또한 큰일이나, 그에게는 어떤 변화도 줄 수가 없었다.

하물며 세상의 벼슬이나 봉록 따위야 무슨 영향을 줄 수 있겠느냐!

이와 같은 사람은, 그 정신은 태산을 지난다 해도 막히거나 방해받지 않고 깊은 못에 들어가도 젖지 않으며 비천한 처지에 있어도 괴로워하거나 고달프다 하지 않으니 그 정신은 온 천지에 가득 차 있다.

모든 것을 남들에게 주고 또 주어도, 오히려 그 자신에게는 더욱 많은 것이 남게 된다.

古之眞人,	고지진인,
知者不得說, 美人不得濫,	지자부득세, 미인부득람,
盜人不得刦, 伏戱黃帝不得友.	도인부득겁, 복희황제부득우.
死生亦大矣, 而無變乎己.	사생역대의, 이무변호기.
況爵祿乎!	황작록호!
若然者,	약연자,
1)其神經乎大山而無介,	기신경호태산이무개,
入乎淵泉而2)不濡,	입호연천이불유,

³⁾處卑細而不憊, 充滿天地.　　　처비세이불비, 충만천지.

⁴⁾旣以與人, 己愈有.　　　　　　기이여인, 기유유.

　　　　－〔田子方〕－

[도움말]

1) 其神經乎大山而無介－<莊子音義>: 經典釋文26－28卷→無介의 '介' 音은
'界.'라 했다. 大山의 大는 音이 '泰'다. 곧 泰山과 같다. '여기서는 일반적인
高山을 의미하고 있다. 大山과 淵泉은 對文이다'－歐陽超. 介는 阻礙(조애),
가로막고 방해하는 것. 그 정신이 태산 같은 큰 장애를 겪어도 아무런 막힘
이나 방해를 느끼지 않는다는 것이다. 혹은 간격, 틈이 생기는 것이라고도
한다. '介, 礙(애)라 함.'－成玄英. 방해하다. 가로막다.

2) 不濡－濡(유), 濕이다.

3) 處卑細而不憊－處卑細(처비세), 지위가 卑下微賤함을 가리킨다. 卑賤한 처지
놓이게 되는 것. 憊(비)는 疲勞. 困苦. 몹시 고달프다, 심신의 疲弊를 말한다.

4) 旣以與人, 己愈有.－남의 어려움을 구제하는데 전력을 다하였으나 자신은 점
점 더 넉넉해지다. (盡以濟人, 而己愈有也.)－王先謙. 또 旣는 '盡, 모두 다.'
로 풀이하고 愈는 점점 더, 더욱 의 뜻으로 새긴다. 모두 다 타인에게 주어
도 자신(眞人)에게는 더욱 더 남게 된다. 여기 句는 노자 81장에도 보이나
약간은 다르다. －聖人不積. 旣以爲人, 己愈有, 旣以與人, 己愈多. (성인은
쌓아두지 않는다. 남을 위해 쓸수록 자신에게 더욱 남게 되고 남에게 줄수록
지신에겐 더욱 많아지게 된다.)

[앤솔러지 莊子: 127]

§Ⅴ-25. 오직 진인만이 능히 그럴 수 있는 것이다

외부로부터 받는 형벌은, 부월斧鉞이나 질곡桎梏에 의한 것이다.
안으로부터 받는 형벌은, 마음의 동요나 지나침에 의한 것이다.

소인으로서 외부의 형벌에 걸리게 되면 부월이나 질곡이 죄를 묻고
안으로의 형벌에 걸리게 되면 음양의 기운이 그를 갉아먹는다.
대저 바깥과 안의 두 가지 형벌에서 모두 벗어나 있는 일은
오직 진인眞人만이 능히 그럴 수 있는 것이다.

爲外刑者, ¹⁾金與木也.　　　　　　위외형자, 금여목야.

爲內刑者, ²⁾動與過也.　　　　　　위내형자, 동여과야.

³⁾宵人之離外刑者, 金木訊之,　　소인지리외형자, 금목신지,

⁴⁾離內刑者, ⁵⁾陰陽食之.　　　　이내형자, 음양식지.

夫免乎外內之刑者,　　　　　　　부면호외내지형자,

唯眞人能之.　　　　　　　　　　유진인능지.

　　　　　　-〔列御寇〕-

[도움말]

1) 金與木也 - '金, 謂刀鋸斧鉞. 木, 謂捶楚桎梏'이라 했다. -郭象. 金이란, 칼,
   톱(鋸: 거)과 斧鉞(부월) 즉 작은 도끼, 큰 도끼를 말한다. 木은 捶(추): 채찍,
   楚(초): 매. 桎梏(족쇄와 수갑)이다. 갖가지 刑具를 말한다.

2) 動與過也 - 動은 靜의 반대, 過는 當의 반대라 한다. 고요함을 잘 지키면(지
   나치지 않게) 곧 안팎의 형벌이 없다. (靜而當, 則外內無刑.) -郭象:

3) 宵人 - 小人과 같다. 王穆夜는 宵를 夜로 풀고 '非明正之徒, 謂之宵夜之人
   也.'라고 했다. -王穆夜. 밝고 바름이 아닌 무리를 宵夜(소야)의 인간이라
   한다.

4) 離 - 罹(걸릴 이)라 함. 병, 재앙 등에 걸리다.

5) 陰陽食之 - 食(식)은 蝕(식), 벌레 먹다. 갉아먹다.

§V-26. 지인(至人)에게는 내세울 '나'가 없다

저 열자列子는 두둥실 바람을 몰고 다니는데
몸은 가뿐하고 마음은 산뜻하니 좋다. 보름이 지나서야 돌아온다.
자신에게 복을 가져다주는 것에는 도무지 연연해하지 않는다.
이는 비록 발로 걸어 다니는 불편은 면했다 해도, 아직 의지하는
것(바람 風)이 남아 있다.
만일 천지의 정도正道에 몸을 싣고, 육기六氣의 변화에 의거하여 무궁
한 세계에서 노니는 자가 되면, 이제 무엇에 의지할 것이 있으랴?
그래서 말하길
'지인至人에게는 내세울 '나'가 없고 신인神人에게는 자랑할 공적이
없고 성인聖人에게는 드러낼 이름이 없다.'고 한다.

夫[1]列子御風而行,　　　　　부열자어풍이행,
[2]泠然善也. [3]旬有五日而後反.　영연선야. 순유오일이후반.
彼於致福者, 未[4]數數然也.　　피어치복자, 미삭삭연야.
此雖免乎行, 猶有所待者也.　　차수면호행, 유유소대자야.
若夫乘天地之正,　　　　　　약부승천지지정,
而御[5]六氣之辯,　　　　　　이어육기지변,
以遊無窮者, 彼且惡乎待哉?　이유무궁자, 피차오호대재?
故曰,　　　　　　　　　　　고왈,
"[6]至人無己, 神人無功,　　　"지인무기, 신인무공,
聖人無名."　　　　　　　　　성인무명."

　　　　ー〔逍遙遊〕ー

[도움말]

1) 列子 — 鄭나라 穆公때 사람. 名은 禦寇.(李頤) 老子, 莊子와 함께 道家를 대표하는 인물이며 著書로는 '列子' 8 篇이 있다.

2) 泠然 — 몸이 가볍고 기분이 쾌적 신묘한 모양이다. (泠然, 輕妙之貌.) — 郭象. '泠' 音을 '령'이라 표기하기도 함.

3) 旬有五日 — 旬은 十日, 有는 又, 보름이다. 古代에는 15일을 한 절기로 삼아 立春에서 大寒까지 24절기, 360일을 1년으로 보았다.

4) 數數然 — 汲汲히 추구하는 모양. '數' 여기서는 '자주 삭'이다. 촘촘할 촉, 으로도 읽는다.

5) 六氣之辯 — 六氣는 陰陽, 風雨, 晦明. 또는 天地, 四時之氣 이다. 辯은 變.

6) 至人無己, 神人無功, 聖人無名. — 至는 그의 '體'요, 神은 그의 '用'이고, 聖은 그의 '名'이다. 그 실상은 동일하다. (至, 言其體, 神, 言其用, 聖, 言其名. 其實一也.) — 成玄英. 至人에게는 내세울 '나'가 없고, 神人에게는 자랑할 공적이 없고, 聖人에게는 드러낼 이름이 없다. 상대적이고 차별적인 현상의 세계에서는 有己이고, 有功이고, 有名이다. 有다. 그러나 실은, 절대적이고 보편 평등한 道 안에서의, 至人의 근는 극미에서 극대까지 무한히 확장되어 있고, 신인의 功은 천지 팔방에 가득 차 있고, 성인의 名은 시대를 관통하며 영원한 것이라 한다. (이 대목의 '猶有所待者也.'란 어구에서 장자철학 범주의 하나로 有待, 無待설이 곽상 이후 꾸준히 제기 되어 왔지만 사실 <장자>는 '無待'의 개념에 대해서는 말하지 않았다. 「리우사오간 씀, 최진석 옮김, <장자철학>, 소나무, 1990」)

[앤솔러지 莊子: 129]

§V-27. 성인(聖人)은 마음을 비워두고 있다

그러므로 말하길, 성인은 마음을 비워두고 있다.

마음을 비워 두었기에 마음의 파장이 평이平易하다.

마음의 파장이 평이平易하므로 곧 마음은 고요하고 편안하다.

평이염담平易恬惔한 즉 근심 걱정이 마음속에 끼어들 수 없고 사기邪氣 또한 침입할 수 없다.

그 덕은 완전하게 되고 정신은 이지러지지 않는다. 그러므로 말한다.
성인의 삶은 하늘 길 따름이고, 성인의 죽음은 물화物化의 조화에
따름이다.

故曰, 聖人¹⁾休焉. 休, 則平易矣.　　고왈, 성인휴언. 휴, 즉평이의.

平易, 則恬惔矣. ²⁾平易, ³⁾恬惔,　　평이, 즉염담의. 평이, 염담,

則憂患不能入, ⁴⁾邪氣不能襲.　　즉우환불능입, 사기불능습.

其德全, 而神不虧. 故曰.　　기덕전, 신불휴. 고왈.

聖人之生也天行, 其死也物化.　　성인지생야천행, 기사야물화.

－〔刻　意〕－

[도움말]

1) 休焉休−본래는 休休焉이었다고 한다. ‘休休焉’ 응당 ‘休焉. 休,’이어야한다
   고 했다. −兪樾. <天道편>애 (故帝王聖人休焉. 休, 則虛.)라 함. 休는 곧 虛
   (비워둠)이다.
2) 平易−平易 는 고르고 간략 淳淳(순박함)이다. 혹은 易, 亦平也라 함. 易, 또
   한 平(평평하다, 고르다.) 平易는 平平이다
3) 恬惔−恬惔은 恬淡(고요하고 편안하다) <說文>: 恬, 安也.
4) 邪氣不能襲−襲(습)은 侵, 침입하다.

[앤솔러지 莊子: 130]

§Ⅴ－28. 성인은 피시방생(彼是方生)의 말미암음에 따르지 않고

　만물은 저것 아님이 없고 만물은 이것 아님이 없다.

저것이라는 상대적 분별에 빠져 있으면 보이지 않지만

스스로 알면 곧 그것(明: 절대적 앎)을 알게 된다. 그러므로 말하길

'저것은 이것에서 나오고, 이것은 또한 저것에서 비롯된다.'고 한다.

이는 저것과 이것이 나란히 함께 생겨난다는 설說이다.

비록 그러하나, 삶이 있으면 죽음이 있고, 죽음이 있으면 삶이 있다.

가可가 있으면 불가不可가 있고, 불가不可가 있으면 가可가 있다.

옳음으로 말미암아 그릇됨이 생기고

옳지 않음으로 말미암아 옳음이 생겨난다.

그래서 성인은 피시방생彼是方生의 말미암음에 따르지 않고

저절로 그러한 하늘의 광명에 비추어 봄이니

이는 상대적 시비를 벗어난 대 긍정인 是에서 비롯된 것일 뿐이다.

物無非彼, ¹⁾物無非是.	물무비피, 물무비시.
²⁾自彼則不見,	자피즉불현,
自知則知之.	자지즉지지.
故曰,	고왈,
'彼出於是, ³⁾是亦因彼.'	'피출어시, 시역인피.'
⁴⁾彼是方生之說也.	피시방생지설야.
雖然, 方生方死, 方死方生.	수연, 방생방사, 방사방생.
方可方不可, 方不可方可.	방가방불가, 방불가방가.
因是因非, 因非因是.	인시인비, 인비인시.
是以聖人不由,	시이성인불유,
⁵⁾而照之于天, 亦因是也.	이조지우천, 역인시야.

－〔齋物論〕－

[도움말]

1) 物無非是－是, 이것이다. (是, 此(차) 也.)－宣穎

2) 自彼則不見, 自知則知之 – 여러 說(설)이 있는 난해한 구절이다. 不見뒤에 之가 생략되었다고 보고 之를 彼의 對인 是로 보는 관점과 彼로 보는 관점이 있다. 앞 구절의 '欲是其所非, 而非其所是, 則莫若以明.'에 의거하여 여기서는 '明'으로 풀어 보았다. 自知則知之의 之도 '明' 즉, 상대적 입장에 빠지지 않는 '밝음'이다.

3) 是亦因彼 – 彼是는 서로가 원인이 되어서 생기는 것이다(彼是, 相因而生者也.) – 郭象

4) 彼是方生之說也 – 彼是는 상대적인 관계에 있는 것. 方은 竝(병), 나란히 함께 하다. 만물은 서로가 원인이 되고 결과가 되어 상대적 의존 관계에 있다는 說. 惠施에 의해 비롯되었다고 함.

5) 而照之于天, 亦因是也. – 于는 於와 같다. '因是는 성인이 시비의 길에 말미암지 아니하고 저절로 그러한 하늘에 비추어봄이니, 그것은 (상대적 시비를 벗어난) 是에 연유한 것일 뿐이다.'(因是, 言聖人不由是非之途, 而照之於自然之天, 亦爲因之而已.) – 劉武. 是는 是非의 是가 아니고, 상대적 차별을 넘어 선, 是다. 하늘의 광명에 비추어 본 至高의 인식인 절대 긍정의 是에서 비롯된 것이다. 照, 明也 – 王先謙. 天, 自然也 – 成玄英.

[앤솔러지 莊子: 131]

§Ⅴ - 29. 어수룩하고 분명하지 않는 빛

따라서 어수룩하고 분명하지 않는 빛이야말로
성인이 도모하는 바이다.
이를 위하여 성인은 분명하고 또렷한 차별의 지혜를 쓰지 않고
자연의 작용에 따라 평범하고 용렬한 일상사에 몸을 기탁하니
이를 일러 시비차별을 넘어선 참된 광명光明에 비추는 것이라 한다.

是故[1]滑疑之耀,　　　　　시고골의지요,

聖人之[2]所圖也.　　　　　성인지소도야.

[3]爲是不用而寓諸庸,　　　위시불용이우제용,

此之謂以明.　　　　　　　차지위이명.

－〔齋物論〕－

[도움말]

1) 滑疑之耀－滑(골)은 亂. (滑, 亂也)－司馬彪. 滑疑(골의)는 滑稽(골계)와 같다. '滑疑는 나뉘지 않고 환히 드러나지 않음을 말한다. 흐리고 어지러워 의혹 할만 하며, 밝은 듯하지만 밝지 않다. 耀, 明이다. 聖人의 마음은 그 주장하는 바가, 일찍이 형적을 드러낸 적이 없다. 그러므로 그가 보는 곳은 그가 하고자 하는 바와 같은 것이다.'(滑疑, 言不分不曉也. 滑亂而可疑, 似明而不明. 耀, 明也. 聖人之心, 其所主者, 未嘗著跡. 故其所見之處, 若有所圖欲也.)－林希逸.

   우현민. 역본에 의하면 顔師古의 漢書注에 '골의'는 '익살'이라 한다.

2) 所圖－圖謀하는 바. 행위의 수단, 장소, 出動作을 가리킨다. 圖에는 除去의 뜻이 있다. 취한다면 이 구절의 이미가 달라진다.

3) 爲是不用而寓諸庸－是, 滑疑之耀다. 不用의 用은 차별의 지혜를 쓴다는 것. 寓는 寄, '임시로 머물다.' 의 뜻. 諸는 之於, 之乎의 合字다. 庸은 凡庸, 일상의 평범하고 용렬한 것, 혹은 自然의 작용.

[앤솔러지 莊子: 132]

§Ⅴ-30. 성인은 화(和)하길 상대적 시비(是非)로써 하고

정신을 수고시켜 자신의 편견에 집착한 시是를 주장하여
만물의 명실名實이 한 가지임을 알지 못하니

이를 일러 조삼朝三이라 한다.

무엇을 '조삼朝三'이라 하는가?

원숭이를 기르는 자者가 도토리를 주며, 말하기를

"아침에 세 개, 저녁에는 네 개를 주마." 그러자

원숭이들이 모두 화를 냈다. 다시 말하길,

"그러면 아침에 네 개, 저녁에는 세 개를 주마."

모든 원숭이들이 기뻐하였다."

명名과 실實이 다름이 없는 데도 기뻐함과 노여움이 일어난 것이니 이 역시 상대적 주관에 의한 옳음(是)에 따른 결과인 것이다.

그러므로 성인은 화和하길 상대적 시비是非로써 하고 절대긍정의 시是인 자연의 조화天鈞 안에서 쉬고 있으니, 이를 일러 양행兩行이라 한다.

[1]勞神明爲一, 而不知其同也,

노신명위일, 이부지기동야,

謂之朝三. 何謂 "朝三?"

위지조삼. 하위 '조삼?'

[2]狙公賦芧, 曰,

저공부서, 왈,

"朝三而暮四."

"조삼이모사."

衆狙皆怒. 曰,

중저개노. 왈,

"然則朝四而暮三."

"연즉조사이모삼."

衆狙皆悅.

중저개열.

名實未虧而喜怒爲用,

명실미휴이희노위용,

[3]亦因是也.

역인시야.

是以聖人和之以是非

시이성인화지이시비

而休乎[4]天鈞, 是之謂[5]兩行.

이휴호천균, 시지위양행.

—〔齋物論〕—

308

[도움말]

1) 努神明爲一－努, 使動用法의 형용사. 神明은 정신과 같다(神明, 猶精神也.) －林希逸. 一(일)은 자신의 소견을 잡고 막혀있음이다. (一, 執滯也)－林雲銘. 一偏之見. 세상 사람들이 애를 써서 하나의 자기 주관에 의한 편견을 내세우는 것. 상대적 시비에 의한 是를 주장하는 것이다.

2) 狙公賦芋－狙公(저공)은 원숭이를 기르는 者. (狙公, 養猨狙者也.)－崔譔. 賦(줄 부), 芋(상수리 서)

3) 亦因是也－是를 상대적 주관에 의한 是로 해석하느냐, 자연의 道에 의한 절대적 긍정인 是로 해석하느냐에 따라 풀이가 달라진다. 여기서는 문맥상 前者에 따랐다.

4) 天釣－釣은 均과 같다, 자연의 조화. (釣, 釣陶也.)－崔譔. 순환 운전하는 자연의 길(天道)을 비유해서 天之釣陶라 함.

5) 兩行－兩은 物(사물)과 我(자아)를 말한다. 行(행)은 막힘이 없이 和通(화통)함을 말한다. 兩行은 천하의 是非에 맡김이다. (兩行, 任天下之是非.)－郭象.

[앤솔러지 莊子: 133]

§Ⅴ-31. 성인은 도를 있는 그대로 안으로 품으려고 하지만

성인은 우주 밖의 일에 대해 그대로 존재하게 두고 거기에 대해 논하려 하지 않는다. 우주 안의 일에 대해서는 그저 논하기는 하나 더 깊이 들추어 의논하려 하지 않는다. 또 역사적인 기록과 선왕들의 역대기에 대해 성인은 그것을 의논하기는 하지만 시비선악을 따져 분별하려고 하지는 않는다. 본래부터 나누려고 하면 나누지 못하는 부분이 남게 되고, 분별하려고 하면 분별하지 못하는 부분이 남게 된다. 묻겠는데, 그렇게 되는 까닭은 대체 무엇인가? 성인은 도를 있는 그대로 안으로 품으려고 하지만 세상의 범속한 사람들은 분별하고 분석하여 서로 남에게 과시하려 한다. 그러니 이렇게 대답하리라. 분별하고 분석한다는 것은 늘 보지 못하는 바가 남아 있게 되는 것이라고.

[1]六合之外, 聖人存而不論.   육합지외, 성인존이불론.

六合之內, 聖人論而不議.   육합지내, 성인론이불의.

[2]春秋經世先王之志,   춘추경세선왕지지,

聖人議而不辯.   성인의이불변.

故分也者, 有不分也,   고분야자, 유불분야,

辯也者, 有不辯也.   변야자, 유불변야.

曰, 何也? [3]聖人懷之,   왈, 하야? 성인회지,

衆人辯之以相示也.   중인변지이상시야.

故曰. [4]辯也者有不見也.   고왈. 변야자유불견야.

－〔齊物論〕－

[도움말]

1) 六合之外－六合, 天地四方이다. －成玄英.

2) 春秋經世先王之志, －春秋는 時代고 志, 記. 기록이다. －成玄英.

3) 聖人懷之－성인은 사물을 상대적 개념으로 나누지 아니하고, 시비를 함부로 판단하지 아니하며, 있는 그대로의 道(도)를 가슴에 품고 있다는 것. 성인은 시대를 초월하여 인류의 정신적 길 안내자라고 할 수 있다.

4) 辯也者有不見也－辯은 辨과도 통한다. 分別, 分析, 자세히 가려내는 일이다. 파고들면 들수록 더욱 커다란 의혹이 늘어나는 것을 말한다. 추궁하여 깊이 연구하면 모든 것을 밝힐 수 있다는 인간의 自慢을 돌이켜 보게 한다. 21세기에 들어선 오늘날에도 생명 현상이나 절대 진리, 인간 정신의 궁극적 질료를 밝혀내는 일 등은 끊임없는 인간의 탐구에도 불구하고 여전히 미완의 分析으로 남아 있다. 물질이든 정신이든, 그것의 궁극적인 차원에서의 '밝혀드러냄'은 언제나 未完으로 남게 되는 것이 아닐까. 특히 言辭로서의 그것은 더욱 그러할 것이다.

§Ⅴ-32. 성인은 공(功)을 드러내고자하는 책무를 맡지 않으며

성인은 공功을 드러내고자하는 책무를 맡지 않으며
힘써 자신의 이익을 추구하지 않으며 자신에게 닥친 화해禍害를 새삼 피하려고 하지 않는다.
세사에서 구함을 기뻐하지 않으며 어디에도 메인 마음 없이 지극한 도道에 허통虛通하고 있다.
無謂이나 일찍이 말하지 않은 적 없고, 有謂이나 일찍이 말한 적 없으니
그는 티끌세상 밖에서 노닌다.

1)聖人不從事於務,　　　　　　성인불종사어무,

2)不就利, 不違害.　　　　　　　불취리, 불위해.

3)不喜求, 不緣道.　　　　　　　불희구, 불연도.

4)無謂有謂, 有謂無謂,　　　　　무위유위, 유위무위,

而5)遊乎塵垢之外.　　　　　　　이유호진구지외.

　　　　－〔齊物論〕－

[도움말]

1) 聖人不從事於務－務, 事와 같다.－成玄英. '不從事於務, 不以俗物爲事.'－林雲銘. 俗物로써 일로 삼지 않는다는 것. 務(무)는 즐겨서 하는 일이 아니라 功을 드러내고자 하는 일, 자신을 과시하려는 욕망에서 長의 責務를 떠맡는 일 따위를 뜻한다. 私慾을 앞세우는 일.

2) 不就利－不謀就私利. 사적인 이익을 도모하지 않음.

3) 不喜求, 不緣道－不喜求, 일(世事)에서 구함이 없다(無求於事也.)－林雲銘. 不緣道, 어디에도 메이지 않은 마음으로 虛通하고 지극한 도를 행하는 것이

다.(不以樊緣之心行乎虛通至道者也) - 成玄英

4) 無謂有謂, 有謂無謂, - 無謂有謂, 謂, 言이다. 누가 물어도 답하지 않음이니, 바로 이것이 대답이다(謂, 言也. 或問而不答, 卽是答也.) - 王先謙 '無謂有謂'는 일찍이 말하지 않은 적이 없다. '有謂無謂'는 일찍이 말하고 있은 적이 없다. (無謂有謂, 未嘗不言也. 有謂無謂, 未嘗有言也.) - 林雲銘.

5) 遊乎塵垢之外 - 이 세상을 떠나 노니는 것이 아니라 성인의 마음은 범부와는 달리, 이 세상의 희로애락의 풍진에서 벗어나 노닐고 있다는 것이다.

[앤솔러지 莊子: 135]

§Ⅴ-33. 세상사람 허둥지둥 바쁘기도 하건만

장오자長梧子가 말했다.

"나 그대를 위하여 망언妄言하리니, 그대 또한 망청妄聽하라. 어떤가?

해와 달과 어깨를 나란히 우주를 옆구리에 끼고

세상 모든 것과 하나로 딱 들어맞아도 세상 모든 것 혼돈 속에 그대로 두고 존비귀천의 구별이 따로 없다 하네.

세상사람 허둥지둥 바쁘기도 하건만 성인은 홀로 느릿하니 어리숭하며 만세의 무궁한 변화에 몸을 맡기고도, 본래의 순수한 도道를 한결같이 그대로 지니고 있으니, 세상 만물은 모두 다 있는 그대로 존재한다.

이와 같이 하여 성인은 만물과 서로 감싸 안고 있는 것이다."

1)長梧子曰.   장오자왈.

"予嘗爲汝妄言之,   "여상위여망언지,

2)汝以忘聽之. 奚?   여이망청지. 해?

旁日月, ³⁾挾宇宙,　　　　　방일월, 협우주,

爲其⁴⁾脗合, 置其⁵⁾滑涽,　　위기문합, 치기골혼,

⁶⁾以隷相尊. ⁷⁾衆人役役,　　이예상존. 중인역역,

聖人愚芚, 參萬歲而一成純,　성인우둔, 참만세이일성순,

⁸⁾萬物盡然. ⁹⁾而以是相蘊."　만물진연. 이이시상온."

―〔齋物論〕―

[도움말]

1) 長梧子 ― 長梧子, 長梧에 살고 있어서 이름이 長梧가 되었다. ―李頤.

2) 汝以忘聽之 ― 汝는 瞿鵲子, '瞿鵲子, 必七十子之 後人'. 이라 함. ―俞樾. 공자의 70제자의 후인. 以는 且와 같다. 鵲(까치 작) 참 道는 그 본질은 말할 수도 들을 수 없으니, 너무 심각하거나 무거운 문답을 경계 함이다. 내 가볍게 부질없는 말을 하면 그대 또한 들은 바를 모두 듣곤 잊어버리는 것이다. '나 이제 妄言하니 그대 곧 忘聽하라' 이건 어쩌면 고대古代의 진리에 대한 문답시時에 존재하고 있었던 화자와 청자의 불문율이었을지도 모른다.

3) 挾宇宙 ― 宇는 天地四方(공간), 宙는 往來古今(시간)을 뜻한다. '死生을 밤과 낮으로 삼고 日月을 양옆에 낀다는 비유는 만물을 한 몸으로 삼고 우주를 옆구리에 낀다는 비유다.' (以死生爲晝夜, 旁日月之喩也, 以萬物爲一體, 挾宇宙之譬也.) ―郭象.

4) 脗合 ― 脗(문)은 吻(입술 문). 양 입술이 서로 딱 맞는 것과 같다. '脗合, 若兩脣之相合也.' ―向秀

5) 滑涽 ― 滑(골)은 亂, 涽(혼)은 闇(어렴풋하다. 암)이다. ―成玄英.

6) 以隷相尊 ― 존비, 귀천의 구별이 없는 것. 隷(예)는 奴(노), 종, 下人이다(以隷相尊, 一於貴賤也.) ―成玄英. 以隷相尊은 貴賤을 하나로 하는 것.

7) 衆人役役 ― 役役(역역)은 일에 골몰하여 몸과 마음을 지치게 함이다.

8) 萬物盡然 ― 盡은 모두 다. 然은 그렇다. 있는 그대로의 존재로 여기다. 차별을 벗어난 萬物齊同의 입장이다.

9) 而以是相蘊 ― 是는 위의 '萬物盡然'을 가리킨다. 나아가 성인의 순수한 道를 지키는 걸 의미한다. 蘊은 '감싸다.'의 뜻이다. 의미상의 주어는 聖人. 蘊은 蘊藉(온자). 그러므로 蘊藉는 仁이 두텁고 포용을 함축하고 있는 뜻이다(故蘊藉有仁厚含容之意.) ―楊柳橋.

§V-34. 성인(聖人)은 사람의 형체는 지니고 있으나

그러므로 성인聖人은 사람의 형체는 있으나 사람의 정情은 없다.
사람의 형체를 지니고 있으므로 사람과 무리지어 살지만
호오好惡의 정情이 없으니, 시비是非가 몸에 붙지 않는다.
아득히 작고 초라한 존재로구나, 더불어 인간 세상에 속함이여!
크고도 높고 자유롭구나, 홀로 하늘과 한 몸을 이룸이여!

故聖人有人之形, 1)無人之情.	고성인유인지형, 무인지정.
有人之形, 故羣於人,	유인지형, 고군어인,
無人之情, 2)故是非不得於身.	무인지정, 고시비부득어신.
3)眇乎小哉, 4)所以屬於人也!	묘호소재, 소이속어인야!
5)謷乎大哉, 獨成其天!	오호대재, 독성기천!

－〔德充符〕－

[도움말]

1) 無人之情－感情을 물리치고 단절시키다(屛絶感情)－王先謙. 성인은 그 형체는
보통사람과 닮았으나 사람의 情이 전혀 없음이라 했다. 여기서 情은 衆人의 편
견에 의한 시비 판단 喜怒 哀樂 등의 피상적 알음알이로 인한 감정.
2) 故是非不得於身－好惡의 情이 없으므로 是非의 실마리(端)가 없다(無好惡之
情, 故無是非之端)－劉武 시비 따위에 마음이 흔들리지 않는다는 것이며, 사
려분별로 갈등하거나 자신과 타인의 실존을 함부로 비판하지 않음은 물론이다.
3) 眇乎－사람이란 형체는 만물중의 一物이다.－宣潁. 하여 眇(묘)는 매우 작은
것, 卑小한 것이라 함. 형체는 매우 작은 존재임, 때문에 사람과 서로 어울
려 한 무리가 되는 것이라 함. (眇, 陋也)－簡文帝. 眇, 고루하다.
4) 所以屬於人也－所以(採用……的方法)－歐陽超 사람에 속하여 살아가는 방법이다.

5) 螯乎-螯(오)는 매우 큰 것, 높고 크며 盛大한 것(高大貌)-成玄英. '형체는 사람과 同類를 이루니 작다고 하는 이유다. 情은 (是非가 없으니) 하늘과 합치되니 크다고 하는 이유다.'(類同於人, 所以爲小. 情合於天, 所以爲大)-崔譔. 螯, 放이다(螯, 放也)-簡文帝. 放, 자유롭게 놓이다.

[앤솔러지 莊子: 137]

§V - 35. 사물에 애써 통달하게 됨을 좋아하는 자

따라서 성인聖人은 군대를 동원하여 적국을 멸망시켜도 그 나라 백성의 민심을 잃지는 않는다.

은택이 만대에 미친다 해도 별달리 사람을 사랑하는 것은 아니다.

그러므로 사물에 애써 통달하게 됨을 좋아하는 자者는 성인이 아니다.

특정한 친애함이 있으면, 인자仁者가 아니다.

특정한 천시天時를 기다림이 있으면, 현자賢者가 아니다.

이利와 해害에 구애되어 통하지 못하는 자, 군자君子가 아니다.

지위나 신분의 명칭에 집착하여 자신을 잃어버리는 자, 선비士가 아니다.

몸을 망치며 참된 삶을 잊고 있는 자는 남을 부릴만한 사람이 아니다.

요와 탕왕의 양위를 거절하며 강물에 투신한 호불해, 무광, 주왕紂王을 정벌하려는 무왕武王을 막지 못하자 수양산에서 굶어 죽은 백이, 숙제. 주왕紂王의 학정을 피해 거짓광인이 되어 숨어 산 기자와 오왕 부차를 간諫하다 죽음을 당한 서여, 무광의 소식에 놀라 요수

蓼水에 투신해버린 기타, 그리고 기타의 투신소식을 듣고 덩달아 돌을 안고 강물에 몸을 던진 신도적申徒狄 같은 이들은, 모두가 남의 부림에 힘을 쏟아 부었고 남의 즐거움을 즐거워하는 자들이었으나 자신의 즐거움을 스스로 즐기지 못한 자들인 것이다.

故聖人之用兵也,	고성인지용병야,
亡國而不失人心.	망국이부실인심.
[1] 利澤施乎萬世, 不爲愛人.	이택시호만세, 불위애인.
[2] 故樂通物, 非聖人也.	고요통물, 비성인야.
有親, 非仁也.	유친, 비인야.
天時, 非賢也.	천시, 비현야.
利害不通, 非君子也.	이해불통, 비군자야.
[3] 行名失己, 非士也.	행명실기, 비사야.
亡身不眞, 非役人也.	망신부진, 비역인야.
若 [4] 狐不偕, 務光,	약호불해, 무광,
[5] 伯夷, 叔齊, [6] 箕子,	백이, 숙제, 기자,
胥餘, [7] 紀他, 申徒狄,	서여, 기타, 신도적,
是 [8] 役人之役, [9] 適人之適,	시역인지역, 적인지적,
而不自適其適者也.	이부자적기적자야.

－〔大宗師〕－

[도움말]

1) 利澤施乎萬世, 不爲愛人－이익과 은택이 오랫동안 미치게 하면서도 별달리 남을 어여삐 여긴다는 생각이 없다는 것이다.

2) 故樂通物, 非聖人也.－通(통)은 제자리를 얻음이다. 따라서 사물의 窮通에 맡겨두지 않고 애써 통달함을 좋아하는 者는, 성인이 아니다.

3) 行名失己, 非士也.－결의를 지키고자 하는 명예 때문에 몸을 망치는 것. 또한 名(명)은 인륜이나 신분상으로 쓰이는 존비귀천의 자리 매김이기도 하다.

行은 추구함과 같다.

4) 狐不偕, 務光 - '호불해'는 堯 시대의 현인, 堯의 양위를 받지 않고 황하에 투신하여 죽었다. (狐不偕, 堯時賢人, 不受堯讓, 投河而死.) - 成玄英. 務光은 '夏시대 인으로 湯왕이 천하를 선양하려고 하자 받지 않고 돌을 지고 蓼水 에 가라앉았다.' - 成玄英.

5) 伯夷, 叔齊 - 孤竹君의 두 아들이다. - 成玄英.

6) 箕子, 胥餘 - 司馬彪: <尸子>曰, '箕子, 胥餘는 몸에 옻칠을 하여 괴롭히고 산발하여 거짓 미치광이 노릇을 하였다.'

7) 紀他, 申徒狄 - 殷시대 사람이라 함. - 陸德明. 紀他는 湯왕이 천하를 務光 에게 선양하려고 한다는 소문을 듣고 讓位가 자신에게도 도달할 것을 두려워 하였고 장차 그것이 弟子에게까지 미칠 것이라 생각하여 요수(蓼水)에 陷沒 하여 죽었다. 신도적(申徒狄)도 그 소문을 듣고 황하에 몸을 던져 떠내려갔다 고 한다. - 成玄英.

8) 役人之役 - 남의 부림을 받아 부림을 당하는 것, 남의 일을 하고, 남의 부림 을 받는 것이다.

9) 適人之適 - 適(적)은 마음에 흡족하여 즐거워하는 것, 남의 즐거움을 즐거워 함.

[앤솔러지 莊子: 138]

§Ⅴ-36. 성인(聖人)은 태어나는 것도 좋고 죽는 것도 좋다 한다

단지 사람의 형체를 갖추어 태어나기만 해도 기뻐하지만
자연의 조화 안에서 사람의 형체 같은 것은, 천변만화 하여 끝이
없는 것이니 조화에 순응하는 그 즐거움이란 헤아릴 수 없지 않
겠는가 !
그래서 성인은 장차 그 무엇을 얻을 수도 잃어버릴 수 없는 경지
에서 노닐며, 만물을 있는 그대로 긍정하면서 살아가려고 한다.
일찍 죽어도 좋고 오래 살아도 좋으며 태어나는 것도 좋고 죽는

것도 좋다 한다.

사람들은 이런 성인도 본받으려고 하면서 하물며 만물의 명줄이 잇달아 걸려 있고 모든 변화의 근원이기도 한 도道를 본받지 않을 수가 있겠는가!

[1]特犯人之形而猶喜之,	특범인지형이유희지,
若人之形者,	약인지형자,
萬化而未始有極也.	만화이미시유극야.
其爲[2]樂可勝計邪!	기위락가승계야!
故聖人將遊於[3]物之所不得遯,	고성인장유어물지소부득둔,
而[4]皆存.	이개존.
善夭善老, 善始善終,	선요선노, 선시선종,
人猶效之,	인유효지,
又況[5]萬物之所係,	우황만물지소계,
而[6]一化之所待乎!	이일화지소대호!

－〔大宗師〕－

[도움말]

1) 特犯人之形而猶喜之－特(특)은 단지, 다만. 犯은 範의 뜻으로 틀에 넣어 모양을 만들어 내는 것이라 함. 猶는 오히려, 喜之의 之는 特犯人之形이다. 犯, 借爲 '笵'－奚侗(해통). <說文>: 犯, 法也.

2) 樂可勝計邪！－헤아릴 수 있겠는가! 하는 反語. 헤아릴 수 없다는 것. '天地와 내가 일체가 되는 그 즐거움을 (어찌) 뛰어넘을 수 있으리오!'(天地與我爲一, 其樂可勝哉！)－林希逸.

3) 物之所不得遯－遯(둔)은 '돈'으로 읽기도 함. 만물이 도망 갈 수 없는 곳, 그 무엇도 잃어버릴 수 없는 경지다. (喜怒哀樂이 오고감이 없는 곳) 천하를 천하에 감춘다고 하는 句에 대응한 것으로 自然, 道라 함. '성인은 저절로 그러함에 마음을 노닐게 하니, 곧 얻을 것도 잃을 것도 없다. 따라서 만물이 도망갈 수 없는 곳에서 노닌다고 말하는 것이니, 모든 것이 그대로 그곳에서

존재하고 있다.'는 것이다. (聖人遊心於自然, 則無得無喪故曰, 遊於物之所不得遯, 而皆存.) - 林希逸.

4) 皆存 - 만물을 있는 그대로 긍정하는 것, 만물과 더불어 어떤 변화, 어떤 경우에도 희비로 오락가락하지 않는 자연의 변화를 포용하는 삶이다.

5) 萬物之所係 - 만물이 연이어 매어 있는 곳, 즉 자연, 道. 그것은 命 줄처럼 보이지 않지만 그물망으로 서로 연계되어 있다고 한다.

6) 一化之所待乎 - 일체의 변화가 의지하는 곳. 모든 변화의 근원이다. 道, 大宗師라 함.

[앤솔러지 莊子: 139]

§Ⅴ-37. 이것이야말로 대인(大人)의 참된 본성인 것이다

바다는 동東으로 흐르는 강물을 사양하지 않으므로 더없이 큰 바다가 된다. 성인은 천지의 덕을 아울러 안고 은혜가 천하에 미치게 하지만 사람들은 그렇게 하는 자者가 누구인지를 알지 못한다.

이 때문에 성인은 살아서는 작위가 없고 죽어서도 시호가 없다.

비록 착함이 있어도 자신自身에게 돌리지 않고 자신의 이름도 세상에 드러내어 각별히 세움이 없다.

이와 같은 사람을 일러 큰 덕을 갖춘 대인大人이라 한다.

개는 잘 짖는다고 해서 좋은 개라 하지 아니 하고 사람은 말 잘한다고 해서 어진 사람이라 하지 않는다.

더구나 대인의 경우에야 더 말할 것이 있겠느냐!

무릇 애써 대인이 되려고 하는 자는 이미 대인大人이 되기에 부족하다.

하물며 대덕大德의 경우에야 더 말할 것이 있겠느냐!

대저 크게 갖추고 있음에는, 천지만한 것이 결코 없지만
그렇다고 천지가 무엇을 구하던가? 그럼에도 모든 걸 갖추고 있다.
크게 갖추고 있음을 아는 자는 구하는 것 없고, 잃는 것 없고,
버리는 것 없으니, 외물 때문에 마음을 바꾸는 일도 없다.
자기 자신으로 돌아가 다함이 없는 경지에 이르러, 옛 길(道)을 따
라 가지만, 그 길은 소멸되지 않는 것이니, 이것이야말로 대인大人
의 참된 모습인 것이다.

故[1]海不辭東流, 大之至也.　　고해불사동류, 대지지야.

[2]聖人幷包天地, 澤及天下,　　성인병포천지, 택급천하,

而不知其誰氏.　　이부지기수씨.

是故生無爵, 死無[3]謚,　　시고생무작, 사무시,

[4]實不聚, 名不立,　　실무취, 명불립,

此之謂大人.　　차지위대인.

[5]狗不以善吠爲良,　　구불이선폐위량,

人不以善言爲賢.　　인불이선언위현.

而況爲大乎!　　이황위대호!

夫爲大不足以爲大.　　부위대부족이위대.

而況爲德乎!　　이황위덕호!

夫大備矣, 莫若天地,　　부대비의, 막약천지,

然奚求焉? 而大備矣.　　연해구언? 이대비의.

知大備者, 無求, 無失, 無棄,　　지대비자, 무구, 무실, 무기,

[6]不以物易己也. 反己而不窮,　　무이물역기야. 반기이불궁,

[7]循古而不摩, [8]大人之誠.　　순고이불마, 대인지성.

－〔徐無鬼〕－

[도움말]

1) 海不辭東流－百川이 다투어 동해로 흘러들어도 거해(巨海)는 모두 받아 들여 마다하지 않는 것이다.

2) 聖人幷包天地－幷包天地란 하늘과 땅을 아울러 감싸 안음이다. 하늘의 덕(德)은 모든 것을 덮어줌이요, 땅의 德은 모든 걸 실어 주는 것이다. 성인이 하늘과 땅의 덕을 함께 지녔다는 것.

3) 謚－謚(시)는 생전의 덕행이나 功을 기려 사후에 追贈하는 號, 謚號. '살아서는 名位가 있고 죽어서는 謚號가 있다. 까닭은 그 實을 겉으로 드러내고자 함이다.'－成玄英.

4) 實不聚－'實不聚'란 비록 자신에게 착함이 있어도 자기 一身에게 돌리지 않는 것이다. (實不聚者, 言己雖有善而不以歸之一身也.)－林希逸

5) 狗不以善吠爲良－吠(폐)는 짖다, 개가 멍멍 짖는 것이다. 개가 잘 짖는다고 해서(善吠) 좋은 것(개)이라 여기지 않는다는 것.

6) 不以物易己也.－易은 改, 移이다. '외물 때문에 자신을 잃지 않는다.'(不以物喪己)－林雲銘

7) 循古而不摩－循(순)은 順으로 좇는다. 磨(마)로 읽고 消滅이라 한다.(摩, 消滅也)－王穆夜. 옛 道를 따르지만, 그 道는 소멸되지 않는다는 것이다. 또 摩(마)는 拭(식), 문지르다. 不摩, 새삼 겉치레를 하지 않음이란 說도 있다.

8) 大人之誠－不爲하면서 自得함으로 誠이라 함. 誠은 實(誠, 實也.)이다.－成玄英.

[앤솔러지 莊子: 140]

§Ⅴ-38. 오직 전인(全人)만이 그럴 수 있다

궁술의 명인 예羿는 작은 과녁을 명중시키는 데는 뛰어나지만
사람들이 자신을 칭찬하지 않도록 하는 데는 서툴렀다.
성인聖人은 자연 그대로의 일에는 뛰어나지만
인위적인 일에는 서투르다.

무릇 자연 그대로의 일에 뛰어나고 인위적인 일에도 잘 한다는
것은 오직 전인숲人만이 그럴 수 있다.

¹⁾羿工乎中微,　　　　　　　예공호중미,

而拙乎使人無己譽.　　　　　이졸호사인무기예.

聖人工乎天, 而²⁾拙乎人.　　성인공호천, 이졸호인.

³⁾夫工乎天而俍乎人者,　　부공호천이량호인자,

唯⁴⁾全人能之.　　　　　　유전인능지.

　　　　　－〔庚桑楚〕－

[도움말]

1) 羿工乎中微－羿(예), 后羿로 上古의 활의 명인이다. 工은 巧. 잘하는 것이고,
　中微는 작은 것을 맞히는 것.

2) 拙乎人－拙은 서툴다. '使其自然, 天也. 有心爲之, 人也.'－郭象. 자연 그대
　로에 맡겨두는 것이 天이고, 마음에 두고 억지로 행하는 것이 人이라 했다.

3) 夫工乎天而俍乎人者－하늘의 일에 工巧하고 사람의 일에도 능하다는 것이
　다. '俍, 工也.'－崔譔. '俍, 善.'－成玄英.

4) 全人－'全人則聖人也'라 했다. －郭象. '全人, 神人이다.'－成玄英.

[앤솔러지 莊子: 141]

§Ⅴ-39. 하늘과 일체가 된 사람(天人)

형벌로 한쪽 발을 잃은 불구자가 세상법도에 구애받지 않는 것은
세상의 비방과 칭송에 마음을 두지 않기 때문이다.

강제노역을 당하는 수인囚人이 높은 곳에 올라가도 두려워하지 않

는 것은, 살고 죽는 것을 마음에 두지 않기 때문이다.

무릇 어떤 위협에도 두려워하지 않고 어떤 모욕에도 부끄러워하지 않는 자야말로 사람이라는 걸 잊을 수가 있으며

사람이라는 걸 잊음으로 하여 천인天人, 즉 자연의 사람이 될 수가 있는 것이다. 그러므로 남들이 그를 존경하여도 기뻐하지 아니하고 남들이 그를 업신여긴다 할지라도 노怒하지 않는 것은

오직 자연의 화和에 맡기는 자만이 그럴 수 있는 것이다.

노怒해도 스스로 노하지 아니하면 그 노怒는 노하지 않음에서 나온 노怒이다.

작위作爲를 한다 하더라도 스스로 작위作爲함이 없으면 그 작위는 작위함이 없음에서 나온 작위이다.

¹⁾介者拸畫, 外非譽也.	개자치획, 외비예야.
²⁾胥靡登高而不懼, 遺死生也.	서미등고이불구, 유사생야.
³⁾夫復謵不餽, 而忘人,	부복습불궤, 이망인,
⁴⁾忘人, 因以爲天人矣.	망인, 인이위천인의.
故敬之而不喜, 侮之而不怒者,	고경지이불희, 모지이불노자,
唯同乎天和者爲然.	유동호천화자위연.
出怒不怒, 則怒出於不怒矣.	출노불노, 즉노출어불노의.
出爲無爲, 則爲出於無爲矣.	출위무위, 즉위출어무위의.
―〔庚桑楚〕―	

[도움말]

1) 介者拸畫―介, 獨也. 崔譔본에는 '兀'.이다. 介는 刖(월), 한 쪽 발 잘린 것이다. 拸畫(치획)은 法度(세상제도, 예절)에 구애되지 않음이다.―崔譔. <說文: 畫, 界也>. 拸(치)는 移(이)로도 쓰고 離(이), '떨어지다'로 해석하기도 한다. 세상 경계에서 떨어지다. 세상안의 경계인 세속의 법도(명예, 예의 등)에 구

애 받지 않는 것이다.

2) 胥靡(서미)－胥靡, 刑徒之人也－司馬彪. 胥靡, 형벌을 받은 사람들이다. 곧 徒刑囚, 강제 노동에 종사하는 囚人이라 함.

3) 夫復謵不餽而忘人－여러 가지 說이 있으나 馬叙倫의 說을 택한다. 復謵(복습)은 復慴(복섭)으로 두려움을 느끼지 않는 것, 不餽(불궤)는 不愧(불괴)로 부끄러움을 느끼지 않는 것이라 한다. '不識人之所惜' 사람이 애석하게 여기는 바를 인식하지 못하는 것이라 했다. 또 餽(궤)는 作愧(부끄러워할 괴)라 한다.－郭象.

4) 忘人, 因以爲天人矣－사람이란 것을 잊음으로 해서 天人, 즉 自然의 사람이 된다는 것이다. '無人之情則自然爲天人.'－郭象. 세세한 人情이 없어지면 절로 天人이 된다고 한다.

第六章

수행(修行)의 길

제6장: 「수행(修行)의 길」

　<장자>에는 수양이란 말은 보이지 않는다. 대신 수신, 수행이란 말이 쓰이고 있다. 수신은 곧 몸을 다스리다(治身)와 뜻과 같고, 수행이란 수양덕행修養德行의 의미이다. 수행이란 말은 "피하인자야, 수행무유(彼何人者也, 修行無有)"라는 구절이 단 한 차례 '대종사' 편에 나타나고 있다. <장자>에는 '도인'이라 불리는 궁극에 도달한 인물들이 등장하고 있는데, 그들은 모두가 자신만의 내밀한 수행방법이 있었던 듯하다. <장자>에 숨겨져 있는 그 수행의 길을 이 장에서 찾아보고자 한다. 아마도 장자 속에 수행에 관한 내용이 없었더라면 장자라는 서물書物은 현학적이고 약간은 황당한 얘기를 수록해 놓은 기이한 고서에 불과하다는 오해를 낳게 하였을지도 모른다. 다행스럽게도, 조금만 주의主意를 기울여 정독한다면 우리는 <장자> 속에서 다양한 수행방법을 발견할 수가 있다. 그 속에는 도를 체득하기 위한 각기 다른 방식의 수행법이 어구語句들 틈 속에 산재하고 있다. 도를 체득한 후의 수행인 보진법葆眞法이 있고, 오자五者, 팔덕八德이 있고 심지어 군자를 가려내는 구징법九徵法 등이 보인다.
　좌선과 명상의 원시적 형태가 있으며, 석가의 유아독존과 흡사한 독유獨有가 있다. 중국의 토양 위에 자라난 좌망坐忘과 심재心齋 그리고 견독見獨이 자간字間에 숨어있다. 양생, 기식氣息이 처음으로 언급되어 있고 남방불교의 '비파사나'와 닮아있는 '내면의 관조'와 더불어 '간화선'의 '화두'가 그 싹을 드러내고 있다. 후대에 체계화되고 형식화된 명상법, 좌선법, 호흡법의 소박한 형태가 이미 <장자> 안에 들어있다. 장자의 수행법에는 아직 인간의 작위성이란 때가 묻지

않은 원형이 그대로 보존되어 있다. 그것은, 어떤 경우에 있어서는, 단지 도를 듣는 것만으로 궁극에 이를 수가 있었던, 인간의 심력心力이 막강자연莫强自然 그대로였던 고대로부터의 비법秘法이었을지도 모른다.

도교와 유교가 성립되기 전이었고 불교가 유입되기 전의 일이었다.

第六章: 수행(修行)의 길

[앤솔러지 莊子: 142]

§Ⅵ-1. 장자(莊子)의 방황 소요(彷徨 逍遙)

그대는 지금 큰 나무를 가지고 있으면서도
그것이 쓰임이 없음을 염려하고 있다.
어찌하여 아무것도 없는 본래의 고향
끝없이 크고 텅 빈 광야에 그것을 심어 놓고
하염없이 그 나무 곁을 유유히 거닐거나
아득히 세상사를 잊고 노닐다가 나무아래 잠들지 않는가.
작은 도끼, 큰 도끼에 찍혀 일찍 베여질 염려도 없고
그 무엇도 그 나무를 헤치려 하는 일은 없을 것이니.
쓸모없는 것이라 하여 어찌 마음에 괴로움이 된다는 것이랴!

[1]今子有大樹, 患其無用,　　　금자유대수, 환기무용,
何不樹之於[2]無何有之鄕,　　　하불수지어무하유지향,
[3]廣莫之野, [4]彷徨乎無爲其側,　광막지야, 방황호무위기측,
[5]逍遙乎寢臥其下.　　　　　　소요호침와기하.
不夭斤斧, 物無害者,　　　　　불요근부, 물무해자,

無所可用. 安所困苦哉!　　　　무소가용. 안소곤고재!
　　　　－〔逍遙遊〕－

[도움말]

1) 今子有大樹, 患其無用－子는 惠子. 지금 그대는 큰 나무를 가지고 있으면서
도, 그것이 쓰임이 없음을 근심하고 있다.
혜자가 장자에게 자신에게는 가죽나무(樗: 저)라고 부르는 大樹가 있는데 옹
이 투성이의 쓸모없는 나무라 모두가 뒤돌아보지도 않으니, 당신의 말(道),
또한 크기만 했지 쓸모가 없어 모든 사람들이 외면할 것이라는 혜자의 말에
장자가 응답하고 있는 장면이다. 무하유지향에 大樹(大道)를 심어 놓고 방황,
소요하는 장자의 수행법의 일면을 볼 수 있게 된다.

2) 無何有之鄕－無何有, 卽無有何. 아무것도 없다는 말이다. 혹은 그 무엇도 없다.
－歐陽超. '절대무'의 理想鄕이다. 鄕(향)은 인간본래의 本鄕. <장자>이후, 仙家
의 이상향인 무릉도원, 남가일몽(南柯一夢)의 괴안국(槐安國), 청학동, 샹그릴라,
등의 다른 이름으로 나타나고 있다. 서양의 유토피아와는 다르다. 물질 차원의
'이상향'이라기보다는 정신적 차원의 유토피아다. 내면의 갈등 의식이 전혀 없
는, 그래서 '아무것도 없다'는 '절대 無의 이상향'이라고 표현한 것이 아닐까?
춘추시대에는 두 겹의 성벽으로 둘러 싸여있는 지배 계급인 국인(國人)이 사는
성곽밖에 일반인이 거주하는 취락, 흔히 비(鄙)라고 일컬어지는 취락이 있었고,
그 바깥에 펼쳐지고 있는 광대한 원야(原野)가 장자가 말한 '無何有之鄕'의 '鄕'
의 뜻일 것이다. 장자 당시인 전국중기까지 그 국비의 제도는 크게 달라지지 않
았을 것이다.
장자는 眞人 이후에 眞知가 있다고 했다. 眞人에 대한 동경이야말로 <장자>를
읽는 이유 중의 하나일 것이다. 진인이 사는 곳은 어디든 그곳이 이상향일지 모
른다. 그는 빈 마음으로 진정, 모든 物事를 감싸 안고 지상의 모든 것과 더불어
평온함과 즐거움을 누리는 능력을 지녔으리라. 眞人이야말로 그 무엇에게도 의
지하지 않고, 스스로, 내면의 자연성을 활짝 꽃 피워낸 인물인 것이다.

3) 廣莫之野－廣莫, 廣大. 莫은 크다. (莫, 大也.)－簡文帝. '無何有之鄕, 廣莫
之野'는 조화자연의 한가운데 이르러 스스로 즐거워하는 것을 말한다. (無何
有之鄕, 廣莫之野, 言造化自然至道之中自有可樂之也.)－林希逸

4) 彷徨乎－彷徨은 마치 하늘을 빙빙 돌며 나는 것과 같다. (猶翺翔也)－陸德
明. '彷徨, 彷徉(거닐방, 노닐양)'이다. －間文帝. 본래 '茫然'의 茫의 緩言으

로 '아무것도 생각하지 않는다.'는 뜻이라 함(朴一峰역본). 彷徨은 日常에서 문제없음<no problem>이다. 그 의미는 '마음속에 전혀 갈등이 없는 천진무구한 어느 한 인간의 삶의 모습'을 지칭하는 말이었다. '정처 없이 왔다 갔다 하다.'의 의미는 오늘날의 변형된 의미에 불과하다.

5) 逍遙─逍遙라는 두 음절의 말은 고대에는 遙(아득히 멀 요)라는 한 음절의 말이었다. 遙는 '서성이다'의 뜻이지만, 본디 趙(멀리 빠져나가다), 迢(멀고 아득하다), 超(멀리 떨어지다)와 音이 거의 同音이었고, 뜻도 같았다고 한다(朴一峰역본). 곧 '逍遙'는 '遙'의 緩言(완언)으로 遙然, 잡다한 世事에서 빠져나가는 모양, 아무런 번뇌 없이 유유히 행동하는 것이고, 더하여 物事의 집착이 없으며 자기 위주의 마음이 없는 것이라 한다.

[앤솔러지 莊子: 143]

§Ⅵ-2. 남곽자기(南郭子綦)의 문천뢰(聞天籟)

남곽자기, 낮은 탁자에 비스듬히 팔을 기대어 앉아 하늘을 우러러 숨을 천천히 내쉬며, 몸의 긴장을 풀고 사지를 늘어뜨리니 자신이 누구라는 의식마저 사라진 듯하였다.
안성자유가 그 앞에 모시고 서 있다가 물었다.
"어떻게 되신 것입니까? 몸은 어찌하여 마른 나무 등걸처럼 하시고 마음은 어찌하여 불 꺼진 재처럼 하실 수 있는 것인지요? 지금 탁자에 기대앉아 계시는 분은, 어제 탁자에 기대앉아 계시던 분이 아닙니다."
자기가 말했다.
"언偃아, 참으로 좋구나! 네가 그런 질문을 하다니! 나는 방금 나를 잊고 있었는데 너도 그걸 알고 있었더냐? 너는 사람의 숨소리

인 인뢰는 들어 알지만 땅의 숨소리는 듣지 못했을 것이다. 땅의
숨소리는 들었다 할지라도 하늘의 소리, 천뢰는 아직 깨닫지 못하
였으리라!"

자유가 물었다.

"지뢰는 곧 대지의 모든 구멍이 내는 소리이고 인뢰는 바로 대나
무의 차례로 난 구멍에서 나오는 소리인 걸 알아들었습니다만 감
히 천뢰天籟에 대해 묻고자 합니다."

자기가 말했다.

"무릇 수많은 서로 동일하지 않는 것들에게 훅하고 숨을 불어넣
어, 스스로 자기 자신의 모습이 되게 하며, 모두 다 제 각각의 소
리를 갖게 하는, 바로 그 근원의 힘을 지닌 자者는 누구이랴!"

[1]南郭子綦[2]隱几而坐,	남곽자기은궤이좌,
[3]仰天而噓, [4]嗒焉似喪其耦.	앙천이허, 탑언사상기우.
[5]顏成子游立侍乎前,	안성자유입시호전,
曰.	왈.
"[6]何居乎?	"하기호?
形固可使如[7]槁木,	형고가사여고목,
心固可使如死灰乎?	심고가사여사회호?
今之隱几者,	금지은궤자,
[8]非昔之隱几者也."	비석지은궤야야."
子綦曰.	자기왈.
"偃, 不亦善乎! [9]而問之也!	"언, 불역선호! 이문지야!
今者吾喪我, 女知之乎?	금자오상아, 여지지호?
女聞人籟而未聞地籟.	여문인뢰이미문지뢰.
女聞地籟而[10]未聞天籟夫!"	여문지뢰이미문천뢰부!"
子游曰.	자유왈.

"地籟則衆竅是已,

人籟則比竹是已,

敢問天籟."

子綦曰. "夫吹萬不同,

而使其自己也,

11)咸其自取, 怒者其誰邪!"

―〔齋物論〕―

"지뢰즉중규시이,

인뢰즉비죽시이,

감문천뢰."

자기왈. "부취만부동,

이사기자기야,

함기자취, 노자기수야!"

[도움말]

1) 南郭子綦 ― 楚나라의 隱者로 昭王의 庶弟인 공자 結이다. 字가 子綦이고, 郭
은 外城이다. 성의 바깥인 남쪽에 거처하였으므로 號를 남곽이라 했다. (南
郭子綦, 居南郭, 因爲號.) ― 司馬彪 성 바깥엔 서민, 하층민이 살고 있었다.

2) 隱几而坐 ― 隱은 憑, 依, 기대다. 几는 팔을 괴는 작은 방석, 혹은 机, 책상이
라 함.

3) 仰天而噓 ― 허(噓)는 吐氣, 하늘을 우러러 숨을 길게 내쉬는 것. 허, 息(호흡)
이다. (噓, 息也) ― 向秀. 급히 내쉬는 숨은 吹라 함.

4) 嗒焉似喪其耦 ― 嗒(탑)이란 해체, 몸의 긴장을 풀고 늘어뜨리는 것(嗒焉, 解
體) ― 郭象. 焉은 然. 耦(우)는 匹, 對의 뜻으로 몸에 짝하는 마음, 神이라 함.

5) 顔成子游 ― 子綦의 제자로 名은 偃, 諡가 成이고 性이 安 혹은 安成이 複姓
이라는 說도 있다.

6) 何居乎? ― 居는 乎보다 강한 의문을 나타내는 助字라 한다. 이 경우 '기'라
고 읽는다. '居, 故와 같다.' (居, 猶故也.) ― 司馬彪:

7) 槁木, 心固可使如死灰乎? ― 고목은 枯木, 마른나무. 死灰는 불 꺼진 재. 몸
은 마른나무 같고, 마음은 어떻게 하였기에 불 꺼진 재와 같이 할 수 있는가
? 固는 어찌 '豈'와 같다. 죽은 듯한 무기력함이 아니라 부질없는 몸과 마음
의 욕망이 모두 사그라진 고요하고 평화로운 靜寂의 에너지가 충만한 상태
를 표현하는 말이다. 세상 物事를 좇아 허둥대던 몸과 마음의 충동이 그치고
꿈적도 하지 않음을 나타내고 있다.

8) 非昔之隱几者也 ― 昔은 어제를 말한다. (昔者, 昨日之謂也.) ― 向秀. 어제 탁
자에 기대앉아 계시던 者가 아니다.

9) 而問之也! ― 而는 汝. 네가 그걸 묻다니!

10) 女聞地籟而未聞天籟夫！－女, 汝. 너는 地籟는 들었지만 아직 하늘의 통소
    소리는 듣지 못했겠지！천뢰는 道, 혹 은 自然의 작용이다. 無聲, 無形의
    작용으로 만물로 하여금 有聲, 有形이게 한다. 夫는 여기서는 반문을 포함
    하는 감탄 助字. 聞은 '듣다. 알다. 깨닫다.'의 의미가 있다. 여기서는 깨닫
    다 로 풀어 보았다. 고대에는 깨달음이 언어(言)나 두뇌(知)가 아니라 聞(그
    저 들리는 대로 들음), 즉 무심히 받아들임이라는 수동적인 들음과 연관되
    어 있었다. 그것은 오늘날의 聽, 자신의 사려분별로 끝없이 선택 취사하며
    인위적으로 애써 듣는 일이 아니었던 것이다. 그것은 무심히 귀에 들리는
    대로 들음이라는 과정에 의해 일어나고 있었다.

11) 咸其自取, 怒者其誰邪－咸(함)은 悉, 다. 怒者는 道의 작용이고, 만물이 모
    두 다 스스로 자신의 소리를 갖게 하는데, 각각의 소리를 나게 하는 그 者
    는 누구이랴！남곽자기가 살았던 시기는 아직 불교가 유입되기 이전의 일
    이지만, 禪家의 '是什麼'(이 뭣고？) 話頭나 '父母未生前'(부모이전에 '참나'
    는 어디에？) 話頭의 원형을 보는 듯 하다.
    '咸其自取, 怒者其誰邪！'는 상황으로 보아 부드럽고 조용한 어조의 질문이
    며 반어법의 감탄 경구이다. 그러나 그가 지금 던지고 있는 의문자체는 강
    렬하다. 이 짧은 감탄 경구는 실은 남곽자기가 자신에게 지속적으로 던지고
    있던 의문이었으며, 마침내 그것은 자신만의 독특한 수행법이 되었고 한편
    으로는 그가 제자를 가르치는 방편중의 하나이었을지도 모른다.

[앤솔러지 莊子: 144]

§VI-3. 포정(庖丁)의 관지지이신욕행(官知止而神欲行)

문혜군文惠君이 감탄하며 말했다.

"아아, 잘도 한다！기술이 이런 경지에도 이를 수 있단 말인가？"

소잡이 정丁은 칼을 내려놓고 대답했다.

"제가 좋다고 여기는 것은 도道입니다. 기술을 넘어선 것입니다.

제가 처음 소를 잡았을 때는, 보이는 게 모두 소뿐이었습니다. 삼년 후에는 통짜인 소가 보이지 않았습니다. 이제는 신神으로 대할 뿐 눈으로는 보지 않으며, 감각기관의 작용은 멈추고 내 몸의 얼인 신神이 원하는 대로 움직여 나갑니다. 자연이 낸 결에 의지하여 큰 틈 속으로 칼을 밀어 넣고 그 큰 공간을 따라, 생긴 본래의 그 모습 그대로 좇아가기만 할 뿐입니다."

<table>
<tr><td>1)文惠君曰.</td><td>문혜군왈.</td></tr>
<tr><td>"2)譆, 善哉! 3)技蓋至此乎?"</td><td>"희, 선재! 기개지차호?"</td></tr>
<tr><td>4)庖丁釋刀對曰.</td><td>포정석도대왈.</td></tr>
<tr><td>"臣之所好者道也. 5)進乎技矣.</td><td>"신지소호자도야. 진호기의.</td></tr>
<tr><td>始臣之解牛之時, 所見無非牛者.</td><td>시신지해우지시, 소견무비우자.</td></tr>
<tr><td>三年之後, 6)未嘗見全牛也.</td><td>삼년지후, 미상견전우야.</td></tr>
<tr><td>方今之時,</td><td>방금지시,</td></tr>
<tr><td>臣以神遇而不以目視,</td><td>신이신우불이목시,</td></tr>
<tr><td>7)官知止而神欲行.</td><td>관지지이신욕행.</td></tr>
<tr><td>依乎天理, 8)批大郤,</td><td>의호천리, 비대극,</td></tr>
<tr><td>9)導大竅, 10)因其固然."</td><td>도대관, 인기고연."</td></tr>
</table>

—〔養生主〕—

[도움말]

1) 文惠君－梁(양), 魏(위) 惠王(혜왕). 一說에는 國君(국군)보다 하위의 영주라 한다.
2) 譆(희)는 탄성. 아아!
3) 技蓋至此乎－蓋(개)는 감탄하는 助字, 어찌 曷(갈). <說文>에도 曷(갈)은 何. (馬叙倫: 蓋, 借爲 曷. <說文>: 曷, 何也.)
4) 庖丁－소 잡이, 丁(정). '庖'는 부엌. 포정을 '요리사'라 한다. 어떤 이는 포, 집안의 노예, 혹은 노예를 다스리는 사람이라 함. (庖, 宰也)
5) 進乎技矣－進은 過. '더 나아가다. 초월하다.'(進, 過也.)－成玄英:

6) 未嘗見全牛 – 보이는 것이 소가 아님이 없었다는 것은 아직 소의 자연의 조리인, 間(공간)을 보지 못했다는 것이고, 일찍이 통째인 소가 보이지 않았다는 것은 다만 그 소의 조리인 間(공간)이 보였다는 것이다. (所見無非牛, 未見其理, 間(間隙). 未嘗見全牛, 但見其理, 間也.) – 郭象.

7) 官知止而神欲行 – 官知(관지)는 感官의 작용. 神欲은 心神의 활동이다. 바깥으로 향하는 오감의 감각작용을 멈춘 虛靜이후에 발현되는 순수한 의식인 神이 움직이고자 하는 대로 따르는 것. 이야기는 이렇다. 어느 한 소잡이가 멸시와 천대 속에서 수많은 소를 잡다가 삼 년이 지난 어느 날 갑자기 감관의 멈춤을 경험한다. 그리고 어떤 일이 일어났다. 그런 후 그는 전혀 다른 소잡이가 되어 버린 것이다. 어린이들의 게임에는 '다같이 즐겁게 춤을 추다가 그대로 멈춰라!' 하는 놀이가 있다. 노래와 함께 율동을 하다가 예상치 않은 순간에 그대로 멈추는 놀이다. 아이들은 이 놀이를 아주 좋아한다. 그 속에는 '움직임과 정지'가 함께 있다. 율동의 흐름 속에서 갑자기 정지하는 그 멈춤에는 무언가가 있다. 靜動의 한순간을 놓치지 않으려는 의식의 깨어 있음과 靜動의 변화에 적응하기 위해서는 순간적으로 '無'와 닮은 '몸과 마음의 풀어짐'이란 내면의 무언가가 있는 것이다. 수피들의 몇 시간씩 계속되는 회전 춤 속에도 그 멈춤의 비밀이 숨어 있는 것 아닐까? 후대의 仙家의 止息의 의미와도 통한다. 동양의 하늘 아래에서는 B.C. 3세기에 이미 천민인 소잡이에 불과한 일개 庖丁이 불우한 생활 속에서도 이렇듯 삶의 비밀을 체득하고 있었으니 얼마나 놀라운 일인가!

8) 批大郤 – 批(비)는 칼을 밀어 넣음, 郤(극)은 隙(극)과 같다. 틈.

9) 大窾 – 大窾(대관)도 큰 구멍임. 空이다. (窾, 空也.) – 司馬彪

10) 因其固然 – 因은 의지해 따르는 것. 固然은 소에 있는 본래의 틈.

[앤솔러지 莊子: 145]

§Ⅵ – 4. 중니(仲尼)의 심재(心齋)

안회가 말했다.

"마음의 재齋가 무엇인지 삼가 여쭙겠습니다."

공자가 말했다.

"너는, 네 뜻을 하나로 모아라. 우선 귀로 듣는 것을 없애라, 그런 후 네 마음으로 들어 보라. 더욱 나아가 마음으로 듣는 것이 사라지게 되면 그때 너는 기氣로써 들을 수 있게 된다. 듣는 것은 귀(耳)에서 그치고 마음의 작용은 부符에서 멈춘다. 기氣라는 것은, 그야말로 텅 빈 존재인存在因이어서 만물萬物을 모두 다 맞아들이는 것이다. 도道는 오직 아무것도 없는 '비어 있음'에만 조용히 내려앉게 되나니, 마음을 텅 비어 두는 것, 이것이 마음의 재齋인 것이다."

回曰.

"敢問心齋."

仲尼曰.

"¹⁾若一志. ²⁾無聽之以耳,

而聽之以心. ³⁾無聽之以心,

而聽之以氣. ⁴⁾聽止於耳,

⁵⁾心止於符. ⁶⁾氣也者,

虛而待物者也.

唯道集虛, ⁷⁾虛者心齋也."

ー〔人間世〕ー

회왈.

"감문심재."

중니왈.

"약일지. 무청지이이,

이청지이심. 무청지이심,

이청지이기. 청지어이,

심지어부. 기야자,

허이대물자야.

유도집허, 허자심재야."

[도움말]

1) 若一志ー若은 汝. '一志, 不雜也.'라 했다. ー宣穎. '一若志'라 하는 이도 있다.

2) 無聽之以耳, 而聽之以心ー以는 용(用)으로 쓰임. 육체적인 귀를 써서 듣는 것을 없애라는 것. '귀의 밑뿌리는 텅 빔과 고요함이다. 정신의 응결이 心符다'(耳根虛寂, 凝神心符)ー成玄英.

3) 無聽之以心, 而聽之以氣－氣, (虛靜公明的狀態)－歐陽超. '心에는 지각이 있어, 오히려 붙잡고 매달리는 생각들이 일어나지만, 氣에는 감정이나 사려가 없고, 비어있고 부드러움으로 외물에 맡기고 있다. 그러므로 저 心(知覺)을 버리고 氣(虛柔)를 취하는 것이며, 마음을 버리고 버려서 점점 玄妙함의 계단을 오르게 된다.'고 한다. (心有知覺, 猶起攀緣, 氣無情慮, 虛柔任物., 故去彼知覺, 取此虛柔, 遺之又遺, 漸階玄妙.)－成玄英

4) 聽止於耳－俞越은 '耳止於聽'이어야 한다고 함. 傳寫할 때 잘못 도치된 것이라 한다. 이 句는 '無聽之以耳'의 옳음을 거듭 설명하고 있다. '귀로써 듣는다는 것은 귀에서 그치고, 마음에는 들어오지 않는다.'(聽之以耳, 則止於耳, 而不入於心.)－林希逸. 형해, 육체적인 귀가 자기본위의 판단으로 소리를 듣는 것에서 그치다(止於形骸)－宣穎. 귀가 듣는 것은 존재의 실상이 아니라 소리에 불과하기 때문이다.

5) 心止於符－마음은 符(부) 애서 그치다. 주위 환경에 부합, 적응이라 함. 符는 외물과 더불어 부합(符合)하는 것, 부신(符信)이다. '마음으로 듣는 것은 즉 외물이 반드시 나와 더불어 서로 부합한다는 것인데 대개는 이것이 물과 나의 對立이 된다.'(聽以心, 則外物必有與我相符合者, 便是物我對立也.)－林希逸. 혹자는 符는 印, 즉 印象을 뜻한다고 한다. 사념이 붙기 전의 첫 마음의 비추임.

6) 氣也者, 虛而待物者也－氣, '虛靜公明的狀態'－歐陽超. 氣라는 것은, 그것 자체가 '텅 비고 고요한 숨김없는 밝은 상태라는 것.' 비워두고 있으니 物과 응대하여 모든 것을 받아들인다. 는 것이다. 虛는 氣의 상태이고 待物(應物)은 氣의 작용이다. 氣라는 것은, 천지 만물에 가득 차 있는 存在因이다. 人體에서의 그것은, 虛(비워둠)의 오랜 기다림 끝에 찾아 드는 손님과도 같은 것이 아닐까. 여기서의 虛란 마음속에 사려 분별 등의 자기본위의 자아의식(에고)이 없어진 무심의 경지인 것이다. <列子>에는 다음과 같은 말이 실려 있다.

항창자 말하길, 내 몸은 心에 합치고, 心은 氣에 합치고, 氣는 神에 합치고, 神은 無에 합쳐진다. (亢倉子曰, 我體合於心, 心合於氣, 氣合於神, 神合於無.) <仲尼篇>

7) 虛者心齋－텅 빔이 道가 존재하는 곳이다. 그러므로 '唯道集虛'라 말한다. 즉 이 '虛字'가 곧 '心齋'다. (虛者道之所在, 故曰唯道集虛, 卽此虛字便是心齋.)－林希逸 '心齋'의 齋. 굶다. 굶기다. 세속의 思惟세계 속에서 감성작용이나 이성작용에 의한 두뇌의 지식을 굶기는 것, 지적인 앎이 말라비틀어지

면 자신의 본래 성품이 살아나는 걸까? 공자와 안연은 마음 한편으로는 超
俗의 뜻이 있지 않았나 생각해 본다. <論語> 太伯편: 曾子曰, '유능하면서도
무능한 사람에게 묻고, 식견이 많으면서도 적은 사람에게 묻고, 도가 있는데
도 없는 듯하며, 덕이 찼는데도 없는 듯하고, 남에게 욕을 당해도 따지고 다
투지 않는다. 옛날 나의 벗들이 이 일을 잘 지키고 있었다.' (以能問於不能,
以多問於寡, 有若無, 實若虛, 犯而不交. 昔者吾友, 嘗從事於斯矣.) 위 글을
보면 儒家의 말인지 道家의 말인지 구분이 안 된다.

[앤솔러지 莊子: 146]

§VI-5. 공자(孔子)의 첨피결자(瞻彼闋者)

공자가 말했다.

"세속을 떠나 흔적을 남기지 않는 것은 쉽지만, 세속에 살면서도
그 행적行跡을 남기지 않는 것은 어렵다.

세상 사람들에게 부림을 당하면 거짓을 행하기 쉽고, 하늘의 부림
을 받으면 거짓을 행하기 어렵다.

날개가 있어서 난다는 이야기는 들었어도, 날개 없이 난다는 이야
기는 듣지 못했다.

지식이 있어서 안다는 이야기는 들었어도, 지식이 없어도 안다는
이야기는 듣지 못했다.

저 텅 빈 공간을 우러러 보라,

아무것도 없는 빈방에 하얀 빛이 비치나니 길상吉祥은 온갖 사념
이 멈춘 그곳에 모인다. 그런데도 멈추지 않는다면 이는 몸은 가
만히 앉아 있으나 마음은 한없이 달려 나가는 것이라 한다.

대저 귀와 눈을 자신의 내면으로 통하게 하고 마음이 안다하는

것을 바깥으로 쓸어내 버린다면

본래의 순수한 신령스러움도 다시 돌아와 깃들게 되는데, 하물며 세상사람 들이야 더 말할 것이 있겠느냐!

이것이 바로 만물이 변화에 응해 나가는 진정한 모습이다.

이것은 우와 순임금이 삶의 법도로 삼았던 것이며 복희伏戱, 궤거几蘧가 종신토록 실행한 것이었으니, 더구나 평범한 사람들이야 더욱 더 실행해야 할 것이 아니겠느냐!

夫子曰.　　　　　　　　　　부자왈.

"絶跡易, 無行地難.　　　　　"절적이, 무행지난.

[1]爲人使易以僞, 爲天使難以僞.　위인사이이위, 위천사난이위.

聞以有翼飛者矣,　　　　　　문이유익비자의,

未聞以無翼飛者也.　　　　　미문이무익비자야.

聞以有知知者矣,　　　　　　문이유지지자의,

未聞以無知知者也.　　　　　미문이무지지자야.

[2]瞻彼闋者,　　　　　　　　첨피결자,

[3]虛室生白, 吉祥止止.　　　　허실생백, 길상지지.

夫且不止, 是之謂[4]坐馳.　　부차부지, 시지위좌치.

[5]夫徇耳目內通, 而外於心知,　부순이목내통, 이외어심지,

鬼神將來舍, 而況人乎!　　　귀신장래사, 이황인호!

是萬物之化也.　　　　　　　시만물지화야.

禹舜之所紐也, [6]伏戱,　　　우순지소뉴야, 복희,

几蘧之所行終,　　　　　　　궤거지소행종,

而況散焉者乎!"　　　　　　이황산언자호!"

　　　　　－〔人間世〕－

[도움말]

1) 爲人使易以僞, 爲天使難以僞.－세상 사람들에게 부림을 당하면 거짓을 행하기 쉽고, 스스로 그러한 하늘의 부림을 받으면 거짓을 행하기 어렵다. 사람은 모든 것을 다 알 수 없어 속일 수 있지만 하늘, 자연은 모든 것을 알고 있으므로 속이기 어렵다고 함.

2) 瞻彼闋者－瞻(첨)은 보다. 闋(결)은 아무것도 없음, 텅 빔이다. <說文>: 闋, 事已閉門也 <毛詩傳>: 闋, 息也. 모시전에는 '결, 息이다.'－楊柳橋

3) 虛室生白, 吉祥止止－白(백)은 日光이 비치는 곳(白者, 日光所照也.)－崔譔. 길상은 행복, 至福. 앞의 止는 머물다. 모이다. 뒤의 止는 허실, 텅 빈곳이라 함. 여기서는 뒤의 止를 글자대로 그치다. 곧 사려 분별이 멈춘(사라진) 빈 공간으로 풀이해 보았다.

4) 坐馳－가만히 앉아 있으나 생각은 끝없이 전개되어 나가는 것.

5) 夫徇耳目內通, 而外於心知, 鬼神將來舍, 而況人乎!－徇(순)은 명을 내려 부리는 것. 使이다. (徇, 使也.)－李頤. 귀와 눈의 작용을 내면으로 통하게 하여, 마음의 알음알이를 버리면, 본래의 순수한 신령스러움도 다시 돌아와 깃들게 되는데, 하물며 세상 사람들이야 더 말할 것이 있겠느냐! 여기 '공자와 안연의 대화' 형식을 통하여 인류에게 보내는 장자의 이 메시지는 결코 범상한 일이 아닌 것이다. 이것은 대 사건이라 할 만한 것이었다. 인간의식의 진화는 오직 한 인간에서부터 시작 될 수 있다. 이 대화가 있었기에 인간의 의식은 또 한 차례의 도약이 가능했는지 모르는 일이다 장자의 <Butterfly－Effect>는 佛家의 禪宗과 명상, 양생기공에도 크게 영향을 미쳤으며 문학과 예술 철학과 정치 분야에서도 오늘날까지 그 파급효과는 끝나지 않고 있다. 이곳에서도 장자철학의 핵심개념의 하나를 공자와 안연을 등장시켜 진술하고 있다. 내편이 장자자신의 저작임을 미루어 생각해보면 장자 자신은 공자를 존경하고 있었던 것은 아닐까?

6) 伏戲, 几籧－고대의 전설적인 帝王, 궤거는 복희 이전의 제왕이라 함. 伏戲, 는 팔괘와 결승문자를 지었다고 함. 几籧는 人遂의 誤寫. 遂人은 불을 발명하였다고 한다. 상수(向秀)는 '几籧, 古之帝王也'라 했다.

§Ⅵ-6. 공자(孔子)의 승물이유심(乘物以遊心)

또 재주로 힘을 겨루는 자는, 처음에는 밝고 정당하게 나가지만
끝에 가서는 음모를 꾸미게 되고 심해지면 기교奇巧가 많게 된다.
예절을 갖추며 술을 마시는 자도, 처음에는 예절 바른 모습이지만
끝에 가서는 취해서 어지러워지고 심해지면 기락奇樂이 많게 된다.
무릇 세상일이란 이와 같이 처음과 끝이 다르게 된다.
진실에서 시작되어 언제나 거짓으로 끝나게 된다.
그 시작은 간소 간략하지만 그 끝은 반드시 복잡 거대해진다.
말이란 바람이나 물결과 같고 행위에는 득실이 있다.
바람과 물결은 흔들리기 쉽고 행위의 득실은 위험에 빠지기 쉽다.
따라서 분노가 일어나는 데는 별 다른 이유가 있는 것이 아니라
교묘하게 꾸민 말이나 한 쪽으로 치우친 말 잘 함에 기인한 것이다.
(그러니 世事에 잘 처신하는 道란) 무릇 세상 물사物事의 흐름을 타고 자
연의 추이에 따라 자신의 마음을 풀어놓고 유유히 노니는 것이다.
필연의 부득이함에 몸을 맡긴 채 자신의 내면으로는 부동의 허심
인 중中을 길러 나가는 것이다.
이것이야말로 최상의 도道이니, 무엇으로 더 이상 덧붙일 수 있으랴!

且以巧鬪力者, 始乎陽,　　　차이교투력자, 시호양,
常卒乎陰, [1]泰至則多奇巧.　상졸어음, 태지즉다기교.
以禮飮酒者, [2]始乎治,　　　이예음주자, 시호치,
常卒乎亂, 泰至則多奇樂.　　상졸호란, 태지즉다기락.
凡事亦然.　　　　　　　　　범사역연.

³⁾始乎諒, 常卒乎鄙.　　　　시호량, 상졸호비.

其作始也簡, 其將畢也必巨.　기작시야간, 기장필야필거.

言者, 風波也,　　　　　　　언자, 풍파야,

⁴⁾行者, 實喪也.　　　　　행자, 실상야.

夫風波易以動, 實喪易以危.　부풍파이이동, 실상이이위.

故⁵⁾忿設無由, ⁶⁾巧言偏辭.　고분설무유, 교언편사.

且夫⁷⁾乘物以遊心.　　　　차부승물이유심.

託不得已⁸⁾養中.　　　　탁부득이양중.

至矣, 何作爲報也!　　　　지의, 하작위보야!

　　　　　　-〔人間世〕-

[도움말]

1) 泰至則多奇樂-泰는 太(크다, 심히), 奇樂은 기괴한 쾌락

2) 始乎治-治는 理, 倫理. 예절바름이다.

3) 始乎諒, 常卒乎鄙-諒(생각하여줄 량, 참 량)은 信(誠實, 信實)이고 鄙(어리석을 비)는 詐(거짓 사)라 함. 진실에서 시작하나 늘 끝에 가서는 거짓이 되다. 兪樾은 諒을 諸의 잘못이라 하고 諸는 都(우아하다)와 통하여 都雅, 즉 '모습이나 거동이 우아함'으로 풀이했다. 곧 都는 점잖음, 鄙는 야비함이라 한다. 都는 都會, 鄙는 邊野, 시골. '처음에는 정성과 믿음으로 시작하지만 종국에는 야비하고 추악함으로 끝난다.'(始則誠信, 終則鄙惡)-成玄英. 춘추 시기의 사회구조는 제후가 거주하는 중심읍인 國이 있었고, 국 이외의 중요 읍인 都, 그리고 鄙(천할 비)라고 일컬어지는 일반 읍이 있었다. 춘추 중 ·후기에는 이를 國野制 혹은 都鄙制라는 식의 이중 체제로 규정하고 있었는데 오늘날의 단순한 도시와 농촌의 구분과는 類(유)를 달리하는 지배종속 관계, 신분 계급의 차별화가 따르는 엄격한 사회적 구분이었다.

4) 行者, 實喪也-實喪은 得失이다. '行(행위)은 實(내용)을 喪(잃음)이다. 대개 말이란 風波다. 이를 행하면 곧 實(내용)을 잃게 된다는 것이다.' -郭象. '風波인 말에 의해 기뻐하거나 노하는 것은 곧 實理를 잃은 것'이라 함. (因此風波之言, 而行喜怒者, 則喪於實理者也.)-成玄英. 혹은 行을 행동, 實喪을 과일의 떨어짐으로 보고, 일단 行한 것은 돌이키기 어렵기에 '행위를 實

喪한다.' 고 풀이하기도 함.

5) 忿設無由 — 無由는 별다른 이유가 없다, 분노가 일어나는 것은 별다른 이유가 있는 것이 아니다, 設은 作. 忿設은 화를 내는 것, 화가 생기는 것.

6) 巧言偏辭 — 巧言은 교묘하게 꾸미는 말, 偏辭는 치우친 말, 편벽된 말이다. 偏은 諞(편)으로 말 잘하는 것. 陸德明은 偏의 音을 辯(변)이라 함.

7) 乘物以遊心 — 乘物(승물)이란 物事의 자연스런 흐름을 타고 추이에 따르는 것. '遊'는 逍遙遊의 '遊'와 상통한다. 物事에 애착함이 없이 마음을 풀어놓고 노닌다는 것. 莊子 全篇을 통하여 장자의 本意를 잘 드러내 주고 있는 말은 아마도 이 한 字 '遊'에 있다 하여도 과언은 아닐 것이다.

8) 養中 — 양은 자연스럽게 기르다. 養生하다. 중은 衷, 속마음이고 어느 쪽으로 치우치지 않는 부동의 마음이다. 不動의 마음이란 다름 아닌 虛心이다. 정성을 다해 지켜보아야 할 우리 모두의 內面이다.

楚왕의 命에 의해 齊나라에 使者로서 가게 된 葉公子高(섭공자고)가 공자에게 그 처신법을 묻자, 공자가 이에 답변하는 말의 일부분이다. 이것은, 실은 공자의 언사를 통해 드러내고 있는 <장자> 本意中의 하나일 것이다.

[앤솔러지 莊子: 148]

§Ⅵ-7. 고지진인(古之眞人)의 식이종(息以踵)

옛날 진인眞人은
잠을 자도 꿈이 없었고
깨어 있어도 근심이 없었으며
먹을 때도 맛을 구하지 않았고
그 숨결은 깊고 고요하였다.
진인眞人은 발뒤꿈치로 숨을 쉬고
지인衆人은 목구멍으로 숨을 쉰다.

古之眞人,

其寢不夢, ¹⁾其覺無憂,

其食不甘, 其息深深.

眞人之²⁾息以踵,

衆人之息以喉.

－〔大宗師〕－

고지진인,

기침불몽, 기교무우,

기식불감, 기식심심.

진인지식이종,

중인지식이후.

[도움말]

1) 其覺無憂－覺(교)는 꿈에서 깨는 것이다. 깨어도 근심 걱정이 없다. (無憂)

2) 息以踵, 息以喉－踵(종)은 발뒤꿈치다. 喉(후)는 목구멍이다. 발뒤꿈치의 움푹 들어간 앞쪽에는 湧泉穴이 있다. 후대의 仙家에서는 두부 후면(督脈 正中線)의 최상층에 위치한 百會, 손바닥 가운데의 勞宮과 함께 주요 氣穴처로 삼고 있다고 한다. 氣라는 것은 인디아에서도 산스크리트語로 프라나(prana)라고 하여 우주와 인간, 혹은 몸과 마음을 잇는 생명고리(vital link)라하며 삶과 생명력의 근원으로 보고 있다. 호흡은 이 프라나를 운반하는 수레이기에 그토록 중요한 것이라 한다.

眞人은 용천혈을 통해 끊임없이 솟아오르는 샘물 같은 생명의 에너지를 실어 갈마들이고 있었던 것이다. 내뿜는 숨과 들여 마시는 숨, 양 끝점에는 일순의 정지상태(休止點)가 있다고 한다. 이 휴지 점을 대부분의 사람들은 감지하지 못하고 살아간다. 어쩌면 태어나서 죽을 때까지 단 한 번도 알아차리지 못하고 일생을 마칠 수도 있다.

이 시대의 覺者로서 추앙을 받고 있는 인도의 '스와미 묵타난다'는 들이쉬는 숨을 ham(함), 내쉬는 숨을 sa(사)라 하고 이 양 끝점을 '우주에너지', '참나'의 자리라고 했다. 깊고 유장한 호흡을 통하여서만이 그 休止점을 알아차리게 된다고 한다. 休止 점의 공간(虛)이 확장 될수록 각성의 가능성도 더욱 커지게 된다고 한다. 그러나 모든 노력은 무위의 노력이어야 하고, 때가 오면 저절로 그러한 自然성으로 돌아가야 한다. 무위는 억지가 아닌 행위, 꾸밈없고 거짓 없는 행위이지만 궁극적으로는 노력 아닌 노력인 것이다. '無爲'란 '不爲'가 아니다.

옛 진인의 호흡이 두뇌에서 가장 먼 발뒤꿈치에서 비롯되고 있는 의미는 무엇일까?

344

'호흡이 발꿈치에서 일어나서 몸에 두루 미치도록 깊게 함이다.'(起息於踵, 遍體而深.)ー王穆夜.

[앤솔러지 莊子: 149]

§VI-8. 여우(女偊)의 조철견독(朝徹見獨)

여우가 말했다.

"나는 한결같이 내 도道를 굳게 지켜 그를 깨우쳐 주었더니
삼 일이 되자 그는 세상을 잊게 되었고
이미 세상을 잊은 다음, 나는 다시 내 도道를 굳게 지켜 보이길
칠 일이 되자 그는 세상 물사物事를 모두 잊을 수 있었다.
세상 물사物事를 이미 잊은 다음, 나는 다시금 내 도道를 굳게 지
켜 보이길 구 일이 되자 그는 생을 잊을 수 있을 수 있었다.
이미 생을 잊었으니 그 다음은 '첫 새벽 의식'을 관통할 수 있었다.
'첫 새벽 의식'을 관통한 후에 그는 '절대 존재'를 만날 수 있었다.
'절대 존재'를 만난 다음, 그는 '고금古今'의 시간을 초월하게 되었다.
'고금古今'의 시간을 초월하게 되자, 그 후로는 불사불생의 경지에
들어가게 되었다."

[1)]女偊曰.   여우왈.

"[2)]吾猶守而告之,   "오유수이고지,
參日而後能外天下,   삼일이후능외천하,
已外天下矣, 吾又守之,   이외천하의, 오우수지,
七日而後能外物.   칠일이후능외물.

己外物矣, 吾又守之,　　　　　이외물의, 오우수지,

九日而後能外生.　　　　　　　구일이후능외생.

己外生矣, 而後能朝徹.　　　　이외생의, 이후능조철.

3)朝徹, 而後能見獨.　　　　　　조철, 이후능견독.

4)見獨, 而後能無古今.　　　　　견독, 이후능무고금.

無古今,　　　　　　　　　　　무고금,

而後能入於不死不生."　　　　이후능입어불사불생."

　　　　　－〔大宗師〕－

[도움말]

1) 女偊－成玄英은 옛적의 體道者라 했고, 혹은 홍수를 다스리고 대지를 굳게 지키는 땅의 神인 禹를 여성화하여 표현한 것이라 한다. 글자대로 풀이한다면 偊는 '삼가는 모양, 웅크리는 모습, 혼자 걷다' 등의 뜻이다. 주저주저하며 곧 잘 수줍어하여 몸을 웅크리는 습관을 지녔으나 내면으로는 이미, 그 무엇에도 의지하지 않고 홀로 獨行하는 大 자유에 이른 女人을 상상할 수 있다. 至人에게 무슨 남녀의 구별이 있을까? 여성이라는 說이 옳지 않을까?

2) 吾猶守而告之, 參日而後能外天下. －外는 '遺로 물건을 잃어버리듯 천하를 잊는 것이다. (外, 猶忘也.)－郭象. 나 오히려 더욱 도를 지켜서 (함께 실제 수행하면서 그 과정을 보여 주는 것) 그를 깨우쳐주었다. 告는 깨우쳐주다, 가르쳐주다. (教)의 뜻이다. 之는 '복량의'를 가리킨다. 한편, 參日而後能外天下를 吾猶守之參日, 而後能外天下. 의 뜻으로 풀고, 여우 자신이 도를 굳게 지켜 수행해 나가는 과정을 보여 주는 것. 이라는 說도 있다.

外天下하는 者를 여우로 보는 說이다. 남백자규가 여우에게 "道는 가히 배울 수 있는가?"하는 질문에 대한 대답으로 "그대는 道를 배울 인물이 아니다."하고 거절한 후 지난 날, 성인의 재질이 있는 卜梁倚에게 도를 가르친 경험을 남백자규에게 이야기하고 있는 것이다. 도를 깨우쳐 가는 주체가 누구이든 여기서는 도를 깨우쳐 가는 과정이 요체일 것이다.

3) 朝徹－朝는 아침. 시작의 순간, 빕다. 徹은 환히 뚫고 통하는 것. '達妙之道'라 했다. 첫 아침(새벽)의 투명한 의식. 보통 사람의 의식보다 백 배, 천 배 정도의 심신의 산뜻함으로나마 유추해 볼 수 있을 것이다. 붓다의 새벽 깨달음의 순간과 비견될 수 있을까?

4) 見獨－獨은 하나다. 상대적 대립자가 사라진 절대적 존재로서의 오롯한 경지.
   (獨, 卽 一也.)－宣穎. 佛家의 '天上天下 唯我獨尊'을 상기시켜 주고 있다.

[앤솔러지 莊子: 150]

§Ⅵ-9. 자여(子輿)의 안시이처순(安時而處順)

자여子輿가 말했다.
또한 인간이 삶을 얻은 것은 무한한 시간속의 한 때이고
인간이 삶을 잃는 것은 그 시간의 흐름에 따르는 것이다.
시간의 흘러가는 매 순간마다 편안하고 거스르지 않음에 머문다
면, 슬픔이나 즐거움이 마음에 끼어들 수가 없다.
이것이야말로 옛 사람이 말한 현해縣解이다.
그런데도 거꾸로 매달림에서 스스로 풀려나지 못하는 것은, 물物
에 대한 집착이 그를 꽁꽁 묶어 놓았기 때문이다.
대저 물物이란 것이 자연(天)을 이기지 못한다는 것은 오래 전부터
의 진실인데, 또한 꼽추로 변한 내 모습(物) 따위에 어찌 싫어하는
마음을 내겠는가 !

子輿曰.   자여왈.
1)且夫得者, 時也,   차부득자, 시야,
失者, 順也.   실자, 순야.
2)安時而處順,   안시이처순,
哀樂不能入也.   애락불능입야.
此古之所謂3)縣解也.   차고지소위현해야.

而不能自解者,　　　　　　　　이불능자해자,

4)物有結之.　　　　　　　　　물유결지.

且夫物不勝天久矣,　　　　　　차부물불승천구의,

吾又何惡焉!　　　　　　　　　오우하오언!

　　　　-〔大宗師〕-

[도움말]

1) 且夫得者, 時也, 失者, 順也.-得者, 生也 . 失者, 死也.(成玄英)

2) 安時而處順-時에 편안하고, 順은 그 흐름에 따르는 것, 거스르지 않음. 처는 머물다, 생명을 영위하고 있는 모든 순간을 받아들여 그 흐름에 맡기고 그 맡김에 편안히 쉬고 있다. 흐름에 맡기고 있는 그 시간상의 머무는 순간을 처소로 삼고 있다. 지금 이곳에서 편안함이다. 그 편안함이란 더 이상 바람이 없으며 조건과 환경에 기인한 것이 아닌, 도를 체득한 자의 경지이다. 이 구절의 상황을 다시 재현해 본다면, 子祀(자사), 子輿(자여), 子犁(자려), 子來(자래)는 서로 마음으로 사귀는 道友(길벗) 이였다. 어느 날 갑자기 자여가 꼽추병에 걸리게 되자, 자사가 문병을 갔다. 자여는 비틀거리며 우물물에 자신의 몸을 비추어보며 "아아, 저 조물자는 내 몸을 이렇게 꼽추로 만들려고 하는구나."하고 조용히 읊조릴 뿐, 그 마음은 싫어함이 없었다. 자사가 묻는다. "자네는 자네의 그런 모습이 싫지 않다는 건가?"이에 "아니 내가 어찌 싫어하겠느냐?"고 반문하며 이어지는 子輿의 말이 이 句節이다. 一身의 천지개벽이라 할 몹쓸 곱사등이로 변하였음에도, 지금 子輿는 평정심을 잃지 않고 오히려 '安時而處順'을 말하고 있는 것이다.

3) 縣解-縣(현)이란 懸과 통함, 매달리는 것, 解(해)는 고통스러운 縣을 푸는 것이다. '현해라는 건 그의 마음이 얽매인 것이 없다는 말이다.'(縣解者, 言其心無所繫也.)-林希逸.

4) 物有結之-物이란 外物이다. 그 物에 대한 집착에 의해 묶여 꼼짝하지 못하는 것이다. 有는 乃.

348

§VI-10. 안회(顔回)의 좌망(坐忘)

안회가 말하길 "저는 나아졌습니다."

중니仲尼가 묻길 "무슨 말이냐?"

"저는 인의를 잊었습니다."

"괜찮기는 하지만 아직 미흡하다."

다른 날, 다시 공자를 뵙고 말하길 "저는 나아졌습니다."

중니가 물었다. "무슨 말이냐?"

"저는 예악을 잊게 되었습니다."

"괜찮기는 하지만 아직 미흡하다."

다른 날, 다시 공자를 뵙고, 말하길 "저는 나아졌습니다."

중니가 물었다. "무슨 말이냐?"

안회가 대답했다.

"저는 이제 좌망坐忘을 할 수 있게 되었습니다."

중니는 놀란 듯 얼굴빛을 고치며 물었다.

"무엇을 좌망이라 하느냐?"

안회가 대답했다.

"손발과 신체의 긴장을 풀어 늘어뜨리고 듣고 본 바를 물리치며 형체를 떠나고 아는 것을 버려서 도道와 더불어 하나 됨을 일러 좌망이라 합니다."

공자가 말했다.

"도와 더불어 하나가 되면 좋고 싫은 것이 없어지고 도의 변화에 순응해 가면 머물고자 하는 집착이 사라진다. 너는 진실로 현인이로다! 나 역시 네 뒤를 따라야겠구나."

顔回曰, "回益矣."	안회왈, "회익의."
仲尼曰, "何爲也?"	중니왈, "하위야?"
曰, "回忘仁義矣."	왈, "회망예악의."
曰, "可矣, 猶未也."	왈, "가의, 유미야."
它日, 復見, 曰, "回1)益矣."	타일, 부견, 왈, "회익의."
曰, "何爲也?"	왈, "하위야?"
曰, "回, 忘禮樂矣."	왈, "회, 망예악의."
曰, "可矣, 猶未也."	왈, "가의, 유미야."
2)它日, 復見, 曰, "回益矣."	타일, 부견, 왈, "회익의."
曰, "何爲也?"	왈, "하위야?"
曰. "回坐忘矣."	왈. "회좌망의."
仲尼3)蹴然曰. "何謂4)坐忘?"	중니축연왈. "하위좌망?"
顔回曰.	안회왈.
"墮枝體, 黜聰明, 離形去知,	"타지체, 출총명, 이형거지,
5)同於大通, 此謂坐忘."	동어대통, 차위좌망."
仲尼曰.	중니왈.
"同則無好也, 化則無常也.	"동즉무호야, 화즉무상야.
6)而果其賢乎! 7)丘也請從而後也."	이과기현호! 구야청종이후야."

—〔大宗師〕—

[도움말]

1) 益矣—(益, 覺己進益.)—成玄英. 益은, 깨닫고 나아가 발전, 진보가 있다는 것. 덜어나가는 것을 일러 나아짐(진전)이라 한다(以損之謂益也.)—郭象.
안회가 "回忘仁義禮樂"이라 함은, 그동안 애써 열성을 다해 공부해 온 외형적인 학문적 성취를 잊어버리고 내면으로 '인의예악의 요체'를 체득하였다는 의미일 것이다. 서양철학이나 예술의 大家들, 최첨단의 과학자들까지도 말년에는 어린아이의 천진성과 단순함으로 회귀하는 경향을 보이는 것도 안회의 "忘仁義禮樂"과 전혀 무관하지는 않을 것이다. 그러나 그것은 자신의 세계에서 저마다 刻苦의 시간과 忍耐를 거친 노력의 결실이 있은 후의 '忘'이어야 할 것이다. 처음의 이것이 없는 '忘'은 때로는 '忘'이 아닌 '妄'일 수 있고, '無意味' 그것일 수도 있기 때문이다. <노자> 48장에는 '爲學日益, 爲道日損.'이란 말이 있다.

2) 它日－異日, 다른 날. 它는 他의 古字.

3) 蹵然(축연)－놀라는 모양, 변색하는 모습(變色貌)－成玄英.

4) 坐忘－'端坐而忘'이라 하고 또 '無故而忘, 曰坐忘' 지난 것들, 예전의 알던 모든 사념들이 씻겨져 나가고 모든 걸 잊어버리는 것을 좌망이라 함. 道家에서는 '禮樂'을 外(바깥) '人義'를 內(안)로 봄. 外内를 忘(잊음) 한 후에 坐忘에 이르게 된다. 심층 안에 있던 모든 부조리와 억압된 부정적 잔해를 제거함이다. 날로 새롭고 명쾌하게 깨어 있는 존재로의 전환을 말하며, 지금 한 인간의 존재의식은 지극히 고양되어 있는 상태에 들어 있음을 의미한다.

5) 同於大通－大通은 大道와 같다. 도는 만물을 생기게 하는데 능통함으로 道를 대통이라 일컫는다. (大通猶大道也. 道能通生萬物, 故謂道爲大通也.)－成玄英.

6) 而果其賢乎！－而는 汝(여), 너.

7) 丘也請從而後也－請從而의 '而'는 汝(여), 너. '나 역시 너를 좇아 뒤따라가겠다.'

[앤솔러지 莊子: 152]

§VI－11. 무명인(無名人)의 유심어담(遊心於淡)

무명인無名人이 말했다.

"그대는 마음을 욕망 없는 담백한 지경에 노닐게 하고
기를 다함없는 적막 고요함의 파장에 합일시키며
사물의 저절로 그러함을 따르고 사사로움을 용납하지 않는다면
천하天下는 곧 다스려질 것이다."

[1]無名人曰.

"[2]汝遊心於淡,

[3]合氣於漠,

[4]順物自然而無容私焉,

而天下治矣."

—〔應帝王〕—

무명인왈.

"여유심어담,

합기어막,

순물자연이무용사언,

이천하치의."

[도움말]

1) 無名人 − 이름 같은 것과 상관없이 살아가는 天德을 체득한 진인이리라. 이들에게 정치론을 묻는 것은 無名人 자신에게는 황당한 일이었지만 거듭 묻는 天根을 차마 물리치지 못하고 응답하고 있다.

2) 遊心於淡 − 淡은 아무런 맛이 없고 담백한 것. 욕망없는 마음. (遊汝心神於恬淡之域) − 成玄英.

3) 合氣於漠 − '네 마음을 고요하고 淡泊의 지경에서 노닐 수 있게 하여, 네 氣를 끝없이 넓고 아스라한 본향과 합일하게 하라.'(可遊汝心於恬淡之域, 合汝氣於寂寞之鄉.) − 成玄英. 氣는 생명의 원동력, 漠은 막막하고 고요한 경지다. 氣를 적막하고 고요한 경지와 일치되도록 하는 것. 氣는 텅 빈 마음에서 발생하는 생명의 파장이며 에너지. 그 에너지의 파장을 막막하고 고요한 그것과 합일하라는 것이다. 天根이 蓼水의 물가에서 無名人을 만나 천하를 다스리는 방법을 묻자, 가라, 그런 질문으로 내 마음을 움직이려 하느냐? 하고 거절했으나 천근이 재차 묻자, 무명인이 마지못해 답하고 있는 句節이다.

4) 順物自然而無容私焉 − 無容私焉, 나의 앎을 사용하지 않음이다.(不用我智) − 宣穎. 物事의 자연스러움에 따르고 私見(사견)을 끼워 넣지 말라는 것, 일을 자연스럽게 하고 사적인 이기심을 버리라는 것이다. 마음은 없다!

§VI-12. 호자(壺子)의 미시출오종(未始出吾宗)

다음날, 또 열자는 무당 계함과 함께 호자를 뵈었다.
계함은 그 앞에 채 서기도 전에, 넋을 잃고 달아났다.
호자가 말했다. "좇아라!"
열자는 좇아갔으나 잡지 못하고 되돌아와 호자에게 아뢰기를
"이미 사라져버렸고, 행방을 몰라, 저는 잡을 수가 없었습니다."
호자가 말하였다.

"조금 전에 나는 '근원에서 아직 나오기 전, 본래 그대로의 상'을
보여 주었다. 더불어 나(我)라는 걸 버리고 사물의 변화에 맡겨서,
내가 누구인지도 모른 채, 바람 부는 대로 쓰러지고, 물결치는 대
로 흘러갔던 것이다. 그래서 그는 달아나 버린 것이다."

그 후 열자는 스스로 배움이 아직 시작조차도 못하였음을 깨닫고
집으로 돌아가 삼 년 간 문밖출입을 금하였다. 아내를 위해 밥을
짓고, 돼지를 사람 대하듯 먹이고, 세상일에 친소親疎가 없었으며
허식을 버리고 소박함으로 돌아가, 흙덩이처럼 홀로 무심함의 형
상을 확고히 하여 온갖 세상사 산란함에도 전혀 얽히지 않았다.
열자는 이를 한결같이 하여 일생을 마쳤다.

明日, 又與之見壺子.	명일, 우여지현호자.
立未定, 自失而走.	입미정, 자실이주.
壺子曰. "追之!"	호자왈. "추지!"
列子追之不及, 反, 以報壺子曰,	열자추지불급, 반, 이보호자왈,
"¹⁾已滅矣, 已失矣, ²⁾吾弗及已."	"이멸의, 이실의, 오불급이."

壺子曰.

"³⁾鄕吾示之以 ‘未始出吾宗.’

吾與之⁴⁾虛而委蛇, 不知其誰何,

因以爲⁵⁾弟靡, 因以爲波流.

故逃也."

然後列子自以爲未始學而歸,

三年不出.

⁶⁾爲其妻㸑, ⁷⁾食豕如食人,

於事無與親, 彫琢復朴,

⁸⁾塊然獨以其形立,

⁹⁾紛而封哉. ¹⁰⁾一以是終.

－〔應帝王〕－

호자왈.

"향오시지이 ‘미시출오종.’

오여지허이위이, 부지기수하,

인이위제미, 인이위파류.

고도야."

연후열자자이위미시학이귀,

삼년불출.

위기처찬, 사시여사인,

어사무여친, 조탁복박,

괴연독이기형립.

분이봉재. 일이시종.

[도움말]

1) 已滅矣－滅(멸)은 보이지 않음이다. (滅, 不見也.)－崔譔.

2) 吾弗及已－已(이)는 矣, 也와 같다. 이미 사라져서간 곳을 모르기에 나는 따라가지 못했다는 것.

3) 鄕吾示之以未始出吾宗－鄕은 嚮(접때 향)이고 조금 전, 아까. 처음부터 내 근본인 宗은 나아가지 않았다. 그걸 나는 그에게 보여 주었다는 것이다. 태극이전의 無極인 말할 수 없는 근본 마루(宗). 이 걸림 없는 자유의 파장은 무당 季咸에게는 무서운 그 무엇으로 비쳐졌을 것이다. ‘未始出吾宗’ 비록 겉으로 변화 無常(무상) 해 보이지만 깊은 뿌리는 평안함이 지극하다. (雖變化無常, 深根寧極也.)－郭象. 호자는 壺丘子林이며 列子의 스승이다. 정나라에 신통한 무당 계함이 있었는데 열자가 이 무당에게 혹하여 그를 그의 스승 호자에게 데려가 호자의 관상을 보게 하였다. 첫날 호자는 杜德機(생기를 막아버린 조짐)를 보여 주었고, 다음날에는 善者機(생기를 발하는 조짐)를 보여 주었고, 그 다음 날에는 衡氣機(기를 발하거나 막음이 치우치지 않는 조짐)를 보여 주어 계함을 혼란에 빠뜨렸다. 이제 鄭나라의 神巫라 일컫는 계함은 열자의 안내를 받으며 마지막으로 壺子를 대면한 후에 일어난 장면이다.

4) 虛而委蛇－委蛇를 ‘자연의 도리를 따름에 지극한 모습’(委蛇, 至順之貌,)－

陸德明. 또는 마음을 비워 사물의 변화에 따르는 것(無心而隨物化)－成玄英.
委(위)는 맡기다. 蛇(이)는 구불구불 기어가는 것.

5) 弟靡－弟(제)는 따르다. 靡(미)는 쓰러지다, 順從의 뜻이라 함. 弟靡, 즉 몸을
낮추어 엎드리는 것과 같다. (弟靡, 猶遜伏也)－崔譔. 弟(제)는 頹(기울 퇴)의
借字라 하고, 放化(자연의 변화에 맡겨 자신을 들어 내 놓음)의 의미로 보는
이도 있다. <열자>에는 茅靡(모미), 즉 띠 풀이 바람에 쓰러지듯 자연의 波
流에 순종함이라 했다.

6) 爲其妻爨－爨(찬)은 炊(취)와 같다. 부엌 일. 밥 짓는 것.

7) 食豕如食人－豕(시)는 돼지, 食(사)는 먹이다. 친다.

8) 塊然獨以其形立－塊(괴)는 흙덩이, 흙덩이처럼 홀로 그 형체만 서있는 것.
무심한 모양이다.

9) 紛而封哉.－紛(분)은 어지러운 모양, (紛, 亂貌)－崔譔. 封이란 지킨다는 뜻이
다. (封, 守也)－成玄英. 어지러운 세상사 가운데 본래의 참됨을 지키다, 세
상사에 전혀 얽히지 않았다는 것.

10) 一以是終－한결같이 이렇게 하여 생을 마치었다. 죽을 때까지 道를 지켰다.

[앤솔러지 莊子: 154]

§VI－13. 광성자(廣成子)의 무시무청(無視無聽)

황제는 물러가 천하를 버리고 독실獨室을 짓고 하얀 띠 풀을 깔아
3개월 동안 한가롭게 머물다가 다시 광성자를 찾아뵈었다.
광성자는 머리를 남으로 향하고 누워 있었다.
황제는 아래쪽 발치에서부터 무릎걸음으로 나아가 재배하고 엎드
려 절을 올리고 물었다.
"제가 듣기로는 선생께서는 지극한 도道에 이르렀다고 들었습니다.
감히 여쭙고자 하오니, 어떻게 몸을 다스리면, 생명을 길이 보존
할 수 있겠습니까?"

광성자는 깜짝 놀란 듯이 일어나며 말했다.

"잘 물었소! 이리로 가까이! 내 그대에게 지도至道를 말하리다. 지도의 정수는 깊고 그윽하고, 지도의 극치는 어둡고 고요하오. 보려고도 들으려고도 하지 말고 정신을 안으로 품고 고요함을 지키면 육체는 저절로 바르게 될 것이오. 반드시 고요함을 지켜야 하고 반드시 평온함을 지켜야 하며, 당신의 몸을 지치지 않게 하고 당신의 정신이 흔들리지 않게 하면, 그대는 가히 장수를 누릴 수 있소. 눈은 호오好惡를 보는 바가 없고 귀는 시비是非를 듣는 바가 없고 마음에는 동이同異의 분별이 없으면 그대의 정신은 몸속에 깃들게 되어 몸은 가히 오래도록 생을 누리게 될 것이오."

그대 안을 잘 지키고, 바깥을 향한 욕망의 문門을 닫으시오.

안다는 것이 많아지면 곧 덕德은 무너지게 됩니다.

黃帝退, 捐天下, 築¹⁾特室	황제퇴, 연천하, 축특실
席白茅, 閒居三月, ²⁾復往邀之.	석백모, 한거삼월, 부왕요지.
³⁾廣成子南首而臥.	광성자남수이와.
黃帝順⁴⁾下風膝行而進,	황제순하풍슬행이진,
⁵⁾再拜稽首而問曰.	재배계수이문왈.
"聞吾子達於至道. 敢問,	"문오자달어지도. 감문,
治身⁶⁾奈何而可以長久?"	치신내하이가이장구?"
廣成子⁷⁾驚然而起曰.	광성자궐연이기왈.
"善哉問乎! 來! 吾語女至道.	"선재문호! 래! 오어여지도.
至道之精, ⁸⁾窈窈冥冥,	지도지정, 요요명명,
至道之極, ⁹⁾昏昏默默.	지도지극, 혼혼묵묵.
¹⁰⁾無視無聽, ¹¹⁾抱神以靜,	무시무청, 포신이정,
形將自正. 必靜必淸,	형장자정. 필정필청
無勞女形, 無搖女精,	무노여형, 무요여정,

乃可以長生. 目無所見,　　　　내가이장생. 목무소견,

耳無所聞, 心無所知,　　　　　이무소문, 심무소지,

女神將守形, 形乃長生."　　　여신장수형, 형내장생."

12)愼女內, 閉女外, 13)多知爲敗.　신여내, 폐여외, 다지위패.

　　　　－〔在　宥〕－

[도움말]

1) 特室－特은 獨이다. 淸靜居室이다.

2) 復往邀之－邀(요)는 要, 求, 구하다. 復(부), 다시.

3) 廣成子－만물을 생성하는 근원자, 혹은 老子의 別號라 함.

4) 下風－아래쪽, 下方이다.

5) 再拜稽首－拜(배)는 양손을 가슴 앞에서 맞잡고 머리를 가슴까지 숙이는 것. 稽首－頓首(돈수)와 같다. 稽首(계수), 머리를 땅에 닿게 절하다. (稽首, 拜頭 至地也.)－鄭玄.

6) 奈何－如何와 같다.

7) 蹶然－蹶然(궐연)은 疾其貌, 急起貌, 깜짝 놀라 급히 일어나는 것.

8) 窈窈冥冥－窈(고요할 요), 窈는 깊고 그윽함이다. 冥(어둘 명, 바다, 하늘, 지 식 없을 명) 노자 21장에도 '窈兮冥兮 其中有精'이란 구절이 있다. 물리학자 들이 말하고 있는 극미의 소립자들이 소용돌이치는 것과 같은 물질의 근원 으로서의 道(도)의 움직임을 표현하고 있는 것은 아닐까? '그 뜻이 너무 심 원하여 궁구할 수 없다.'(遠而不可窮也.)－林希逸.

9) 昏昏黙黙－어둡고 고요함. 혹은 보아도 볼 만한 것이 없고 들어도 들을 만한 것이 없는 뜻과 같다고 한다. 無極과 같은 아직 움직임의 기미가 나타나지 않는 도의 形象을 나타내고 있는 것은 아닐까? '너무 미세하여 볼 수 없 다.'(微而不加見也.)－林希逸.

10) 無視無聽－無爲를 人爲를 더하지 않은 행위라 한다면, 無視는 인위적인 작 위를 더하지 않은 無心한 봄이다. 無聽도 같은 뜻이다. 不視不聽과 같은 부정의 개념이 아니라 오히려 무심에 의한 긍정적인 개념이다. 外物로 인한 욕망의 흔들림 없는 무심의 시간, 무심의 공간을 지켜보며 확장시켜 나가라 는 의미인 것이다. 앞으로 달려 나가기만 하는, 視와 聽의 추구로 지친 심 신을 쉬게 하라는 존재 의식의 평온을 위한 수행법이다. '귀와 눈의 알음알 이를 모두 망각함이다.' (耳目俱忘也.)－林希逸. 無는 금지(勿)의 의미를 포

11) 抱神以靜 - 神이 마음에 존재함을 '고요함을 감싸 안음'이라 하고 형체인 몸
    에 애써 作爲함이 없음인즉 형체는 저절로 바르게 된다. (神存於心曰抱靜
    而無爲形則自正.) - 林希逸.
12) 愼女內, 閉女外 - 女는 汝(여), 너. 愼은 靜이다. 內는 안이고 받아들임. '愼
    女外', 그 마음이 움직이지 않는 것. '閉女外', 외물이 내 마음을 움직이지
    못하는 것이다.(愼女內, 不動其心. 閉女外, 不使外物得以動吾心.) - 林希逸
13) 多知爲敗 - 爲는 則과 같다.

[앤솔러지 莊子: 155]

§Ⅵ-14. 홍몽(鴻蒙)의 타이형체(墮爾形體)

운장雲將이 물었다.

"저로서는 하늘과 같은 분을 요행히 만나기란 어려우니, 부디 한
말씀 들려주십시오."

홍몽이 말하였다.

"아, 마음을 수양하시오. 그대는 다만 인위人爲를 버리고 무위無爲
에 살면, 만물은 저절로 본래의 모습으로 변화할 것이오. 몸이란
걸 잊어버리고, 머릿속에 든 총명이란 걸 토해버리며 알고자 하는
욕망과 세상 물사物事도 함께 잊어버리시오. 소용돌이치는 자연의
원기와 일체가 되어 응어리진 마음과 얽힌 정신을 풀어두고 무지無
知무심無心하면, 만물은 무성해져서 저마다 근원으로 돌아가게 될
것이오. 저마다 근원으로 돌아가지만 만물은 그러한 사실조차 모른
다오. 만물이 나누어지기 이전의 자연의 혼돈 상태와 하나가 되면
도道는 평생토록 그에게서 떠나지 않소. 만약 도道를 안다고 하면

그것은 곧 그를 떠날 것이오. 그 이름을 묻지 않으며 그 참 모습을 엿보지 않으니, 때문에 만물은 스스로 생육하게 되는 것이오."

운장이 말하였다.

"하늘같으신 분께서 제게 덕을 내려 주시고, 적묵寂黙하는 가르침을 보여 주셨습니다. 평생 애써 구하여 온 그것을, 이제야 얻게 되었습니다."

운장은 재배再拜하며 엎드려 절을 올리고, 일어나 작별을 고하고 길을 떠났다.

1)雲將曰.

"吾遇天難, 願聞一言."

2)鴻蒙曰.

"意, 心養. 3)汝徒處無爲,
而物自化. 4)墮爾形體,
吐爾聰明, 5)倫與物忘.
6)大同乎涬溟, 解心釋神,
7)莫然無魂, 8)萬物云云,
各復其根. 各復其根
而不知. 渾渾沌沌,
終身不離. 若彼知之,
乃是離之. 無問其名,
無闚其情, 9)物故自生."

雲將曰.

"天降朕以德, 示朕以10)黙.
11)躬身求之, 乃今也得."

再拜稽首, 起辭而行.

　　－〔在　宥〕－

운장왈.

"오우천난, 원문일언."

홍몽왈.

"의, 심양. 여도처무위,
이물자화. 타이형체,
토이총명, 윤여물망.
대동호행명, 해심석신,
막연무혼, 만물운운,
각복기근. 각복기근
이부지. 혼혼돈돈,
종신불리. 약피지지,
내시리지. 무문기명,
무규기정, 물고자생."

운장왈.

"천강짐이덕, 시짐이묵.
궁신구지, 내금야득."

재배계수, 기사이행.

[도움말]

1) 雲將－구름 장군이라 함(雲主帥也)－李頤. 主帥는 雲將軍이다. 有形, 有爲의 지배자. 風이다.

2) 鴻蒙－鴻(홍)은 大, 蒙은 濛(몽)의 假字라 함. 큰비, 흐릿하다. 어둡고 분명하지 않는 모양. 鴻蒙은 자연원기다(自然元氣也)－司馬彪. 혹은 海上의 氣, 또는 至道를 체득한 사람의 상징.

3) 汝徒處無爲, 而物自化－徒(도)는 다만, 但.－成玄英. 그대는 다만 인위를 버리고 자연에 맡겨 두면 만물은 저절로 본래의 모습으로 변화한다는 것.

4) 墮爾形體, 吐爾聰明－大宗師편의 墮枝體, 黜聰明과 흡사하다. '형체를 무너뜨리는 것은 몸을 잊는 것이다. 머리 속의 총명함을 토해내는 것은 마음을 잊는 것이다.' (墮形體, 忘身也. 吐聰明, 忘心也.)－成玄英. 몸의 긴장을 풀고 부드럽게 한 후에 머리 속의 그 총명함을 토해내듯이 밖으로 내뱉다. 소위 알음알이 '거짓(假) 자아'를 씻어내는 수행법일 것이다. 고대인들에게는 道를 체득한 스승이 道를 말하면, 듣는 자(제자)가 금방 알아채는 五感만이 아닌 어떤 특수한 송수신 채널이 있지 않았나 싶다. 그것은 인간의 몸과 정신을 동시에 감전시키는 강력한 파장을 지닌 듯 하다. 현대인들처럼 질문의 질문에 의한 질문이 꼬리를 무는 의심과 갈등이 고대의 스승과 제자 사이에는 존재하지 않았던 것 같다. 질문 자체를 사라지게 하는 그 힘의 원천은 어디에서 온 것인가?
墮는 廢. 혹은 杜(닫다, 막다) 吐는 棄(버리다), 咄(돌), 꾸짖다, 놀라다. 혹은 杜(닫다, 막다)의 뜻이다. 爾는 汝, 너. 彼(그), 是(이)의 뜻도 통한다.

5) 倫與物忘－倫(윤)은 理다. －成玄英. 侖(윤, 륜)과 통하며 생각하다. 조리를 세우다. 즉 사유(思惟)로 보고 '欲知'의 뜻. 또한 倫은 동아리, 무리(輩, 類)라 함. 여기서는 '欲知'의 뜻을 취했다.

6) 大同乎涬溟－涬溟(행명)은 소용돌이치는 自然의 氣. －司馬彪. 道를 가리킨다고 한다. 溟(명)은 어둡고 그윽함이다. 물리학에서 말하고 있는 입자(물질)이면서 파장(비물질)이기도한 극미의 소립자들이 소용돌이치며 생멸을 반복하고는 것과 같은, 물질의 근원으로서의 道(도)의 작용을 표현하고 있는 것은 아닐까?

7) 莫然無魂－虛寂無知貌라 함. 여기서의 魂은 知를 좋아하는 마음(생각)이라 한다.

8) 萬物云云－云云(운운)은 芸芸(운운)과 통하고 茂盛함이다.

9) 物故自生－故는 固와 통하고 굳게, 한결 같이. '情을 버리고 名을 잊은 채

만물의 自化에 一任함'이다.

10) 黙－黙은 寂黙이며 곧 '養心無爲'의 가르침.

11) 躬－몸, 몸소. '躬'은 冬의 借字이며 終과 通한다.

[앤솔러지 莊子: 156]

§VI－15. 노담(老聃)의 망기지인(忘己之人)

노담老聃이 말했다.

"구丘야, 나는 네가 들을 수도 말할 수도 없는 것을 너에게 일러주겠다. 대저 머리가 있고 발이 있어도 마음 없고 귀 없는 자는 많다. 형체를 가졌으면서도 형체 없고 모습 없는 것(道)과 함께 존재하는 자는 거의 없다. 그 움직이고 멈추는 것, 죽고 사는 것, 망하고 흥하는 것, 이것들 또한 그 형체 있는 것의 작용 때문만은 아니다. 그것을 다스리려는 것은 오직 사람의 짓이다. 만물을 잊고 하늘마저 잊는 것, 그것을 이름하여 이기적인 자아自我를 잊음이라 한다. 이기적인 자아를 잊은 사람이야말로, 하늘의 경지(自然)에 들어간 사람이라 부른다."

老聃曰.
"丘, ¹⁾予告若而所不能聞與
而所不能言. 凡有首有趾無心
無耳者衆. 有形者與無形無狀
而皆存者盡無. 其動止也,
其死生也, 其廢起也,

노담왈.
"구, 여고약이소불능문여
이소불능언. 범유수유지무심
무이자중. 유형자여무형무상
이개존자진무. 기동지야,
기사생야, 기폐기야,

此又非其所以也. 有治在人.
忘乎物, 忘乎天, 其名爲忘己.
²⁾忘己之人, 是之謂³⁾入於天."
　　　－〔天　地〕－

차우비기소이야. 유치재인.
망호물, 망호천, 기명위망기.
망기지인, 시지위입어천."

[도움말]

1) 予告若而所不能聞－予는 老聃. 若, 而는 모두 汝다. (若, 而, 皆汝也.)－成玄
英. 孔子를 지칭하고 있다. 나는 너에게 네가 들을 수 없는 것을 일러주겠다.

2) 忘己－忘我, 大宗師편의 坐忘과 같다. 좌망은 앉아서 自我, 스스로 '나'라고
하는 모든 이기적인 나(에고)를 잊는 것인데 비해, 妄己는 자세와는 상관없는
忘이다. '行住坐臥'를 막론하고 망아의 세계에 드는 것이다. 忘己의 조건으로
는 만물을 잊는 것이고, 하늘마저 잊는 것이다. 만물을 잊고 하늘을 잊음을
곧 나를 잊음이라 하는 것이다. 여기 이 구절은, 夫子(孔子)가 "도를 닦음에
있어서 '可不可 然不然'하는, 타인의 說을 반박하기만 하며 상식에 어긋나는
경향과 '離堅白'하는, 논리를 앞 세워 자신감에 넘쳐 궤변론으로 흐르는 경향
을 지닌 사람들을 명백히 성인이라 할 수 있겠습니까?" 하고 노담에게 물었
을 때 老子가 공자에게 답하는 마지막 구절이다. 노자는 이렇게 말하고 있다.
"그러한 자들은 지식만 앞서 달리고 자신의 재주에 얽매여 몸을 지치게 하고
마음을 불안하게 하는 자이다. 나는 들을 수도 없었고 말할 수도 없었던 것
을 가르쳐 주겠다." 여기 이 구절이 들을 수 없었고 말할 수 없었던 노자의
그 가르침인 것이다. 잘 살펴보아야 할 대목이다.

3) 入於天－하늘의 자연스러움에 들다. 자연과 덕이 합쳐짐을 말한다. 결국 하
늘조차 잊어야 하늘에 든다는 것이 된다. 다시 말하면 天이라고 표현되는 無
爲自然을 추구하는 그것마저 잊어야 무위자연에 들 수 있다는 것이다. 佛家
에서 말하는 空마저 버려야 空에 든다는 것과 흡사하다. '인식하지 못하고
알지 못하여 자연에 몰입함'이다. (不識不知, 而冥於自然)－郭象.

§VI - 16. 각의자(刻意子)의 양신지도(養神之道)

그러므로 말하기를,

"신체를 지치게 하여 쉬지 않으면 곧 쇠잔衰殘해지고
정신을 부려 쓰기만 하여 그치지 않으면 곧 지치게 되니
지치게 되면 곧 말라 없어지게 된다."

본래 수水의 성질이란

다른 것과 섞이지 않으면 맑고, 움직임을 그치면 평평해진다.
물길이 막히고 닫혀서 흐르지 못하면, 이 또한 맑을 수 없다.
이것이 천덕天德의 모습인 것이다.

그러므로 다시 말한다.

"순수하여 섞이지 않고, 고요함은 한결같아 변치 않으니
담담하여 작위가 없으며, 움직임은 절로 하늘 길 따른다."
이것이 바로 양신養神의 길이다.

故曰,	고왈,
"[1]形勞而不休則弊,	"형로이불휴즉폐,
精用而不已則勞,	정용이불이즉로,
勞則竭."	노즉갈."
水之性,	수지성,
不雜則淸, 莫動則平.	부잡즉청, 막동즉평.
[2]鬱閉而不流, [3]亦不能淸.	울폐이불류, 역불능청.
[4]天德之象也.	천덕지상야.
故曰.	고왈.
"[5]純粹而不雜, 靜一而不變,	"순수이부잡, 정일이불변,

淡而無爲, ⁶⁾動而以天行."   담이무위, 동이이천행."

此⁷⁾養神之道也.   차양신지도야.

-〔刻 意〕-

[도움말]

1) 形勞而不休則弊, 精用而不已則勞 - 몸을 괴롭히고 쉬지 않으면 곧 망가지고 정신을 과도하게 쓰고 그치지 않으면 곧 피로해진다. 이 말은 養生家의 절실한 말이다. (形勞則弊, 精用則勞, 此養生家切實之語.) - 林希逸.

2) 鬱閉 - 鬱閉(울폐)는 마음이 막히고 엉키고 닫혀 있는 것. (鬱結而閉塞.) - 歐陽超

3) 亦不能淸. - 亦은 則과 같다.

4) 天德之象 - 天德, 自然의 德. 象은 表象 저절로 그러한 덕의 드러난 표상.

5) 純粹 - 純이란 生帛, 粹란 잡티가 없는 精米, 정신이 투명하여 오롯한 것. 사려 분별이나, 자아의식으로 물들지 않은 인간 본래의 의식의 원판. 티 없는 푸른 하늘을 닮아 있을 지도 모르겠다.

6) 動而以天行 - 무릇 욕망을 쫓아서 움직인다면 人爲의 行이다. (若夫逐欲而動, 人行也.) - 郭象 天行은 자연에 맡겨서 움직임이다. (任自然而運動) - 郭象

7) 養神之道 - 양신의 길, 방법. 정신을 보양하는 길이다.

[앤솔러지 莊子: 158]

§VI-17. 달생자(達生子)의 정이우정(精而又精)

어찌하여 속俗된 일은 버려야 하고 속俗된 삶도 버려야 하는가?
자질구레한 속된 일을 버리면 형체는 애써 수고함이 없게 되고
생에 집착하는 속된 삶을 버리면 정신의 정묘함이 손상되지 않는다.
무릇 형체가 온전해지고 정신의 정묘함이 근원으로 복귀하면

하늘(天)과 더불어 일체가 된다.

천지는, 만물의 부모이니

합하여 만물의 체를 이루었고, 흩어져 만물의 시원始原이 된다.

형체와 정신의 정묘함이 조금도 이지러지지 않는 것을 일러

자연과 더불어 움직이는 능력이라 한다.

형체와 정신을 정묘하게 하고 더욱 정묘하게 하면

돌이켜 하늘(天: 自然)의 작용을 돕게 되는 것이다.

事奚足棄而¹⁾生奚足遺?	사해족기이생해족유?
棄事則形不勞,	기사즉형불로,
²⁾遺生則精不虧.	유생즉정불휴.
³⁾夫形全精復, 與天爲一.	부형전정복, 여천위일.
天地者, 萬物之父母也,	천지자, 만물지부모야,
合則成體, 散則成始.	합즉성체, 산즉성시.
形精不虧, 是謂⁴⁾能移.	형정불휴, 시위능이.
⁵⁾精而又精, 反以相天.	정이우정, 반이상천.
―〔達 生〕―	

[도움말]

1) 生奚足遺―어찌하여 세속의 번잡한 삶은 버려야 하는가? 足은 可와 같다. 遺, 버릴 유. 속된 일과 속된 삶을 버리는 까닭이라 함. (所以遺棄之)―郭象

2) 遺生則精不虧―생에 집착하는 속된 삶을 버리면 정신은 그 정묘함이 손상되지 않는다.

3) 夫形全精復, 與天爲一. ―全, 保全. 精, 精神. 復, 復原이다. ―歐陽超.

4) 能移―移(이)는 迻(이)의 假字로 다른 곳으로 옮아가는 것. 能移, 조화(造物者)와 함께하다.(能移, 與化俱也)―郭象.

5) 精而又精, 反以相天―<노자> 제1장의 '玄之又玄, 衆妙之門'과 같은 표현이라 한다. '還補其自然也'―郭象. 즉 精而又精은 자연으로 복귀하는 방법이며 그 어떤 능력인 것이다.

§VI - 18. 시남자(市南子)의 허기이유세(虛己以遊世)

시남자, 말하기를

"가령 배를 나란히 하여 강을 건널 때, 사람이 타고 있지 않은 빈 배가 다가와 내가 탄 배에 부딪혔다 하면 아무리 성미가 급한 사람이라 하여도 화를 내지는 않습니다. 그러나 그 배에 한 사람이라도 사람이 타고 있다면 곧 배의 간격을 벌려라, 좁혀라, 하고 소리칠 것입니다.

한 번 소리쳐서 듣지 않고, 다시 한 번 소리쳐 듣지 않으면, 급기야 세 번째에는 반드시 욕설을 퍼부으며 뒤쫓아 올 것입니다. 먼저는 성을 내지 않다가 이번에는 성을 내게 되는 것은 아까는 배가 비어 있었으나 지금은 배에 사람이 타고 있기 때문입니다. 사람도 자기라는 배를 텅 비워서 세상의 물결 따라 일렁이며 노닐 수 있다면, 또한 누가 그를 함부로 해칠 수 있으리오!"

<table>
<tr><td>1)市南子曰,</td><td>시남자왈,</td></tr>
<tr><td>"2)方舟而濟於河, 有虛船來觸舟,</td><td>"방주이제어하, 유허선래촉주,</td></tr>
<tr><td>雖有3)偏心之人不怒.</td><td>수유편심지인불노.</td></tr>
<tr><td>有一人在其上,</td><td>유일인재기상,</td></tr>
<tr><td>4)則呼張之歙之. 一呼而不聞,</td><td>즉호장지흡지. 일호이불문,</td></tr>
<tr><td>再呼而不聞, 於是三呼邪,</td><td>재호이불문, 어시삼호야,</td></tr>
<tr><td>則必以惡聲隨之.</td><td>즉필이악성수지.</td></tr>
<tr><td>向也不怒而今也怒,</td><td>향야불노이금야노,</td></tr>
<tr><td>向也虛而今也實.</td><td>향야허이금야실.</td></tr>
<tr><td>5)人能虛己以遊世,</td><td>인능허기이유세,</td></tr>
</table>

⁶⁾其孰能害之!"　　　　　　　　기숙능해지!"

－〔山　木〕－

[도움말]

1) 市南子曰－姓은 熊, 名은 宜僚라 한다. 市의 남쪽에 살았기에 市南이 號가
   되었다. －司馬彪. 楚나라 사람이라 한다. 근심에 차 있는 魯侯(哀公)에게
   번거로움과 근심을 떨쳐버리고 道와 함께 大莫의 나라에서 자유로이 노닐기
   를 권하는 말의 마지막 부분이다. 實話가 아니라고 한다.

2) 方舟－배를 붙여 나란히 늘어놓은 배, 배를 나란히 연결하는 것, '방'은 榜
   (배를 젓다)로 보는 이도 있다. 方, 제멋대로 떠다니게 놓아주는 것이다. (方,
   放也)－鄭玄.

3) 惼心之人－마음이 좁은 사람. 惼, 성미가 급한 것이다. (惼, 急也.)－陸德明.

4) 則呼張歙之－張(장)은 開, 밖으로 벌리라는 것, 歙(흡)은 斂(렴), 안으로 좁히
   라는 것. (張, 開也. 歙(흡), 斂(렴) 也.)－陸德明. 呼(호)는 소리치는 것이고,
   '호통 치다' 뜻이 있다.

5) 人能虛己以遊世－虛己, 무심(無心)이다.－成玄英. 사람도 나(자기라는 배)를
   비우고 무심으로써 세상에서 노닐 수 있다는 것이다.

6) 其孰能害之! －누가 능히 그를 해칠 수 있겠느냐!

[앤솔러지 莊子: 160]

§Ⅵ－19. 북궁사(北宮奢)의 일지간(一之間)

북궁사가 위 영공을 위하여 세금을 거두고 부역을 부과하여 편종
編鐘을 만들게 되었다.
성문 밖에 단을 쌓고 불과 석 달 만에 상하 이단二段의 편종을 완
성했다. 왕자 경기慶忌가 이것을 보고 물었다.

"그대는 무슨 비술이 있어서 이렇게 빨리 공사를 마쳤는가?"

북궁사가 대답했다.

"저는 마음의 순일純一한 상태를 지켰을 뿐, 감히 어떤 방법도 쓰지 않았습니다. 제가 듣기에 '옥은 모난 부분을 깎고 갈아 자연의 순박함으로 돌아간다.'고 합니다. 저의 방법이란 무지무식無識하여 근심걱정 없고 무심히 사람을 모은다는 것도 망연히 잊은 채, 그 가는 자를 보내고 오는 자를 맞이하되, 오는 자는 막지 않고 가는 자는 잡지 않았습니다. 강한 힘을 자랑하는 자는 방임하고 자신을 굽혀 아부하는 자는 관용하여, 각기 자기 힘을 다하도록 하였습니다. 때문에 아침저녁으로 부역을 하여도 백성들은 털 끝 만큼의 손상도 입지 않고 또 한 치의 오차도 없이 이 일이 끝난 것입니다. 저 같은 사람도 그러하니 하물며 자연의 대도大道를 체득한 분이야 더 말할 것이 있겠습니까?"

[1]北宮奢爲衛靈公[2]賦斂以爲鍾.
爲壇乎郭門之外,
三月而成上下之縣
[3]王子慶忌見而問焉,
曰. "子何術之設?"
奢曰. "[4]一之間, 無敢設也.
奢聞之, '旣彫旣琢,
復歸於朴.' [5]侗乎其無識,
[6]儻乎其怠疑, [7]萃乎芒乎,
其送往而迎來, 來者勿禁,
往者勿止. [8]從其彊梁
[9]隨其曲傅, 因其自窮.
故朝夕賦斂而[10]豪毛不挫.

북궁사위위영공부렴이위종.
위단호곽문지외,
삼월이성상하지현.
왕자경기견이문언,
왈. "자하술지설?"
사왈. "일지간, 무감설야.
사문지, '기조기탁,
복귀어박.' 동호기무식,
당호기이의, 췌호망호,
기송왕이영래, 래자물금,
왕자물지. 종기강량,
수기곡부, 인기자궁.
고조석부렴이호모부좌.

而況有¹¹⁾大塗者乎？"　　　　이황유대도자호？"

　　　－〔山　木〕－

[도움말]

1) 北宮奢－衛大夫, 姓이 북궁, 名은 奢(사). 북궁에 살아서 그것이 號가 되었다. －李頤.

2) 賦斂－<說文>: 賦, 斂也. 賦斂爲收聚也.라 함. 租稅를 거두는 것, 賦役을 과하는 것. 工人을 모아 취역시키는 것. 한편 '賦(부)'를 두드릴 박(撲), 斂(렴)을 '쇠를 불리다' －馬敍倫. 賦를 펼 포(布)로, 斂을 收縮이라 했다. (朴一峰) 鍾은 鐘의 假字다.

3) 王子慶忌－周의 왕자로 大夫라 한다.

4) 一之間, 無敢設也－'泊然하고 純一을 가슴에 안을 뿐이니, 거짓 술수를 써서 감히 일을 도모하지 않음'이다. (泊然抱一耳, 非敢假設以益事也.)－郭象. "一은 純一이다. 자연의 이치에 따르니, 始終 純一하다. 그 사이에 다른 것이 섞이지 않았으므로 '一之間' 이라 한다."(一, 純一也. 循自然之理而始終純一, 無所雜於其間, 故曰, 一之間.)－林希逸. 泊然(박연)은 마음이 고요하고 이욕에 미혹되지 않는 것. <老子>제10장에는 '載營魄抱一'이라는 句가 있다.

5) 侗乎其無識－侗(동)은 無知의 모양－陸德明. 侗, 大貌라고도 함. 이때는 클 '통'으로 읽는다. 其, 語氣副詞. 淳撲한 모습을 형용함－陳鼓應

6) 儻乎其怠疑－儻乎는 근심 걱정 등의 사려가 없다는 것 (儻乎당호, 無慮也.)－成玄英. '怠疑(태의)는 마음이 가는 바 없음, 뜻을 잃은 모양' (無所趣也.)－郭象. 별다른 취향점(목표)이 없다는 것. 無心한 모양이라 함－陳鼓應

7) 萃乎芒乎－萃(췌)는 聚(취)이고 芒(망)은 茫昧와 같다. 어둡고 어리석다. 사람들을 불러 모은다는 걸 망연히 잊고 있는 것이다.

8) 從其彊梁－從(종)은 縱(종)으로 관용, 放任의 뜻이다. 彊梁(강량)은 彊의 緩言으로 매우 강한 것. 뭇 사람들의 품성 그대로 따라주었기에 (공사를 추진하는 힘이) 그처럼 강하고 많아졌다. (順乎衆也, 彊梁多力也.)－郭象.

9) 隨其曲傅－曲傅(곡부)는 阿附(아부)와 같다. 傅는 附(부), 붙이다.

10) 豪毛不挫－豪(호)는 毫(가는 털 호)로 아주 작은 것. 挫(좌)는 剉(좌). '꺾을 좌, 모서리를 없애다, 상처 내다' 의 假字. 백성에 대한 것, 혹은 공사에 대한 성과로도 해석된다.

11) 大塗者－'大通之塗'라 했다－郭象. 자연의 道.

§VI – 20. 공자(孔子)의 입수불난군(入獸不亂羣)

태공임大公任이 말했다.

"예전에 내가 덕을 크게 이룬 사람에게 들으니, '스스로 자랑하는 자는 공이 없고, 공을 성취한 자는 무너지고 명성을 얻은 자는 떨어지게 된다.'고 했소. 어느 누가 자신의 공적과 명성을 버리고 모든 사람에게 돌려 줄 수 있으리오! 도道는 세상에 유행한다 해도 드러나지는 않고, 덕德이 천하에 유행한다 해도 명예에 매이지는 않는 것이오. 덕을 크게 이룬 자의 순일하고 무심한 모습은 광인狂人에 비할 만하오. 그는 자취를 없애고 권세를 버려서 공적이나 명성에 마음을 두지 않는다오. 그러므로 그는 타인들에게 책망을 받지 않고 타인들 또한 책망할 일이 없게 되는 것이요. 이처럼 지극한 덕에 이른 사람은 명예를 구하는 일이 없는데, 그대는 어찌하여 그처럼 명성을 좋아하고 있는 것이오?"

공자가 이 말을 듣고 말했다. "참으로 좋은 말씀입니다!"

그리고 공자는 사람들과의 사귐을 끊고 제자들을 돌려보내고 자신은 큰 호수 가에 숨어살면서, 허름한 짐승 가죽옷을 입고 밤이나 도토리를 주워 먹으면서 살았다. 이윽고 그는 짐승들의 무리 속으로 들어가도 짐승들이 놀라 그들의 행렬을 어지럽히는 일이 없었고 새들의 무리 속으로 들어가도 새떼들이 놀라서 그들의 행렬을 흩어지게 하는 일이 없게 되었다. 이와 같이 새들이나 짐승들도 그를 싫어하지 않았으니 하물며 사람이야 더 말할 것이 있겠는가?

¹⁾任曰.

"昔吾聞之²⁾大成之人曰,

³⁾自伐者無功,

⁴⁾功成者墮, 名成者虧.'

孰能去功與名而還與衆人！

⁵⁾道流而不明, 居得行而不名處.

⁶⁾純純常常, 乃比於狂.

⁷⁾削迹捐勢, 不爲功名.

是故無責於人, 人亦無責焉.

至人不聞, 子何喜哉？"

孔子曰. "善哉！"

辭其交遊, 去其弟子,

逃於大澤, ⁸⁾衣裘褐, 食杼栗.

入獸不亂羣, 入鳥不亂行.

鳥獸不惡, 而況人乎？

－〔山　木〕－

임왈.

"석오문지대성지인왈,

'자벌자무공,

공성자타, 명성자휴.'

숙능거공여명이환여중인！

도류이불명, 거득행이불명처.

순순상상, 내비어광.

삭적연세, 불위공명.

시고무책어인, 인역무책언.

지인불문, 자하희재？"

공자왈. "선재！"

사기교유, 거기제자,

도어대택, 의구갈, 식서률.

입수불난군, 입조불난행.

조수불오, 이황인호？

[도움말]

1) 任－大公任을 말함. 大公은 大夫의 稱이라 함. 大의 音은 泰(태)라 했다.

2) 大成之人－大成之人, 곧 老子라 함－成玄英.

3) 自伐者－伐(벌)은 矜(긍)으로 자랑.

4) 功成者墮－墮(타)는 敗(成玄英). 무너지다. 떨어지다. '휴'로도 읽는다.

5) 道流而不明, 居得行而不名處. －明은 名의 訛, 得은 德과 같다－王先謙.

6) 純純常常, 乃比於狂.－純은 純一, 純素. 또 純을 忳(돈)의 假字로 '어리석다.'로, 常을 倘(당)의 假字로 '멍할, 어정거리다.'로 새기기도 함. 比(비)는 '견주다, 동료가 되다.' 의 뜻. 무심히 움직이기 때문이라 했다.(無心而動故也.)－郭象. 마음 안에 好惡是非 등이 없는 것이다.

7) 削迹捐勢, 不爲功名－削(삭)은 깎는다는 것. 捐(연)은 버리다. 없애다. '功은 저곳에서부터 이루어 졌기에 勢는 나에게 있지 않으니, 명성이나 공적의 흔

적이 모두 떠나고 없다.' (功自彼成故勢不在我而名迹皆去.)—郭象

8) 衣裘褐, 食杼栗—裘(구)는 갓옷, 가죽 옷. 褐(갈)은 거친 털로 짠 천한 사람
이 입는 옷, 또는 베옷이라 함. 杼(서)는 도토리. 栗(율)은 밤. '서률'을 '도토
리'라 하는 이도 있다.

[앤솔러지 莊子: 162]

§Ⅵ-21. 동곽순자(東郭順子)의 허연이보진(虛緣而葆眞)

문후文侯가 물었다.

"그렇다면 그대에게는 스승이 없는가?"

"있습니다." 자방이 말했다.

"그대의 스승이 누구신가?" 문후가 물었다.

"동곽순자東郭順子입니다." 자방子方이 대답했다.

문후가 물었다.

"그렇다면 그대는 어찌하여 그를 여태껏 칭찬하는 일이 없는가?"

전자방이 대답했다.

"그 분의 사람됨은 참됨 그 자체이고, 모습은 보통사람과 같으나
마음은 자연 그대로가 된 사람입니다. 허심하게 사물에 순응하면
서도 안으로 그 참된 본성을 잃지 않으며, 자신은 청렴하지만 청
렴하지 못한 사람들을 너그럽게 받아들입니다. 다른 사람이 무도
한 일을 해도 스스로의 용모를 바르게 함으로써 잘못을 깨닫게
하여 그 의욕을 사라지게 합니다. 저 같은 자가 어찌 입으로 그
분을 칭찬할 수 있겠습니까!"

전자방이 나가자, 문후는 멍하니 그날 종일토록 말이 없었다.

文侯曰.

"然則子無師邪？"

¹⁾子方曰. "有."

曰. "子之師誰邪？"

子方曰. "²⁾東郭順子."

文侯曰.

"然則夫子何故未嘗稱之？"

子方曰.

"其爲人也眞, ³⁾人貌而天.

⁴⁾虛緣而葆眞, ⁵⁾淸而容物.

物無道, 正容以悟之,

⁶⁾使人之意也消.

無擇何足以稱之 !"

子方出, 文侯⁷⁾儻然, 終日不言.

－〔田子方〕－

문후왈.

"연즉자무사야 ? "

자방왈. "유."

왈. "자지사수야 ? "

자방왈. "동곽순자."

문후왈.

"연즉부자하고미상칭지 ? "

자방왈.

"기위인야진, 인모이천.

허연이보진, 청이용물.

물무도, 정용이오지,

사인지의야소.

무역하족이칭지 !"

자방출, 문후당연, 종일불언.

[도움말]

1) 子方－田子方이다. 衛나라 文侯의 스승, 이름은 無擇(무택)이고 字가 子方.
   －(李頤).

2) 東郭順子－東郭에 살고 있어서 東郭이 姓氏가 되고 順子가 名이다.－成玄英.

3) 人貌而天－비록 겉모습은 사람과 동일하지만 그는 홀로 하늘의 저절로 그러
   함에 자신을 맡기고 있다.－郭象 곧 자연 그대로가 된 사람이라는 것이다.

4) 虛緣而葆眞－緣은 順, 葆는 감출 보, 안으로 간직하여 쌓아두고 있음이다.
   '마음을 비워서 만물을 따름으로써 참됨을 잃지 않는다.'(虛而順物故眞不失)
   －郭象. '緣은 順이다. 마음을 비워 만물을 따르고 늘 참된 근본을 지키고
   있으니 움직여도 언제나 평온하다.'(緣, 順也. 虛心順物而恒守眞宗動而常寂.)
   －成玄英

5) 淸而容物－淸(청)은 淸廉이고 潔身自處를 가리킨다. 容物, 외물을 용납함이
   다. 여기서 物은 人이다. 자신은 청렴하면서도 청렴하지 못한 사람들을 포용

하는 것. '淸'에는 사념이 없다. 맑다. 선명하다의 뜻이 있다.

6) 儻然－儻然(당연)은 갑자기, 멍하니. 전혀 새로운 한 인간의 존재에 대한 경외감으로 이제 文侯의 의식에 불현듯 조명이 환히 밝혀 진 것이다. 儻然, 뜻을 잃은 모습(儻然, 失志貌)－司馬彪.

7) 儻然－儻然(당연)은 갑자기, 멍하니. 전혀 새로운 한 인간의 존재에 대한 경외감으로 文侯의 意識界에 문득 조명이 밝혀진 것이다. 儻然, 뜻을 잃은 모습(儻然, 失志貌)－司馬彪.

[앤솔러지 莊子: 163]

§Ⅵ-22. 노담(老聃)의 무위이재자연(無爲而才自然)

공자가 다시 말했다.

"선생의 덕은 천지에 짝하실 정도이면서도, 아직도 지언至言을 빌어 마음을 수련하고 계십니다. 옛 군자라 할지라도 누가 수심修心에서 벗어날 수 있겠습니까?"

노자가 말했다.

"그렇지 않다. 무릇 물이 솟아올라 만물을 적셔주는 것은 물이 작위함이 있어서가 아니고 물의 본성이 저절로 그런 것이다. 지인至人의 덕에 있어서도 마음을 수련하지 않아도 만물이 다가와 떠날 수 없게 되는 것이다. 마치 하늘이 저절로 높고, 땅이 저절로 두터우며 해와 달이 저절로 밝은 것 같으니, 새삼 무슨 마음의 수련이 필요하겠느냐!"

孔子曰.   공자왈.
"夫子德配天地,   "부자덕배천지,

而猶¹⁾假至言以修心.　　　　　이유가지언이수심.

古之君子²⁾孰能脫焉？”　　　고지군자숙능탈언？”

老聃曰.　　　　　　　　　　노담왈.

“不然. 夫³⁾水之於汋也,　　　“불연. 부수지어작야,

⁴⁾無爲而才自然矣.　　　　　무위이재자연의.

至人之於德也,　　　　　　지인지어덕야,

不修而物不能離焉.　　　　불수이물불능이언.

若天之自高, 地之自厚,　　약천지자고, 지지자후,

日月之自明, 夫何修焉！”　일월지자명, 부하수언！”

－〔田子方〕－

[도움말]

1) 假－假(가)는 借, 빌리다. 借에는 '가령, 돕다.' 의 의미가 있다.

2) 孰能說焉－<宋刊 남화진경, 예문인서관 影印본>과 <郭象注 世德堂본>에는 모두脫(탈)이다. 脫은 免, 벗다, 벗어나다. <林希逸 口解본>에는 '說'로 되어있다.

3) 水之於汋也－水之於汋이란 물(水)이 만물을 적셔줌을 말한다 汋(작)은 澤이다.

4) 無爲而才自然－才는 材와 통한다. '才는 그 바탕이 되는 性을 말한다(鄭玄: <禮記注> '材, 謂其質性也') 根本이란 뜻이다. <設文>: '才, 艸木之初也.' 謂本質也. 才는 艸木의 처음이다. 本質을 말한다. 억지로 작위 함이 없어도 물이 절로 솟아오르듯 그 본성(才)이 스스로 그러한 것이다.

[앤솔러지 莊子: 164]

§Ⅵ－23. 위무위(無爲謂)의 이기부지(以其不知)

지知가 황제에게 말했다.

"내가 무위위無爲謂에게 도道를 물었더니 무위위는 내게 답하지 않았소. 내게 답하지 않은 것이 아니라 내게 답하는 것 자체를 알지 못하고 있었소. 내가 광굴狂屈에게 물었더니 광굴은 중간에 내게 알려주고자 하더니 결국 내게 알려주지 않았소. 내게 알려주지 않은 것이 아니라 중간에 알려주고자 하다가 그것을 그만 잊어버렸소. 이제 나는 그대에게 묻노니, 그대는 알고 있다는데, 대체 무슨 까닭으로 나는 도道에 가깝지 않다는 것이오?"

황제가 말했다.

"무위위無爲謂가 참으로 도道를 깨닫고 있다고 한 것은, 그가 도에 대해 알지 못하기 때문이오. 또 광굴을 도에 가깝다고 한 것은, 그가 도를 잊었기 때문이오. 나와 그대는 끝내 도에 가깝지 못하다고 하는 것은, 그 지적知的인 이해로써 도道를 알았다고 여기기 때문이오."

광굴이 이 말을 듣고,

황제는 참으로 말을 잘 아는 자라고 생각했다.

1)知謂黃帝曰.

"吾問無爲謂, 無爲謂不應我.

非不我應, 不知應我也.

吾問狂屈, 狂屈中欲告我,

而不我告, 非不我告,

中欲告而忘之也. 今予問乎若,

若知之. 奚故不近?"

黃帝曰.

"2)彼其眞是也, 以其不知也.

3)此其似之也, 以其忘之也.

4)予與若終不近也, 以其知之也."

지위황제왈.

"오문무위위, 무위위불응아.

비불아응, 부지응아야.

오문광굴, 광굴중욕고아,

이불아고, 비불아고,

중욕고이망지야. 금여문호약,

약지지, 해고불근?"

황제왈.

"피기진시야, 이기부지야.

차기사지야, 이기망지야.

여여약종불근야, 이기지지야."

狂屈聞之, 以黃帝爲⁵⁾知言.　　　　광굴문지, 이황제위지언.

　　－〔知北遊〕－

[도움말]

1) 知謂黃帝曰－知, 뜻은 分別智를 가리킨다. －陳鼓應.
2) 彼其眞是也－'彼其眞是也.'는 前句節에서는 '彼無爲謂眞是也.'로 나왔다. 彼
　　는 無爲謂.
3) 此其似之也－此는 狂屈이다. 광굴을 도에 흡사하다(가깝다)고 하는 것.
4) 予與若終不近也－予(여)는 나, '黃帝.' 若(약)은 汝, 너. 나와 그대는 끝내 道
　　에서 가깝지 않다(멀리 떨어지다)고 하는 것.
5) 知言－궁극의 말을 알다. 또는 궁극의 말을 아는 이. <禮記>注에서 '知, 識
　　也.' 知言, 有識之言也. 라 함. －孔穎達.

[앤솔러지 莊子: 165]

§Ⅵ－24. 피의(被衣)의 정여형, 일여시(正汝形, 一汝視)

설결齧缺이 피의에게 도道를 묻자,

피의가 말한다.

"너는 네 몸을 바르게 하고, 네 보는 것을 한 곳에 모아라. 머지
않아 자연의 화기和氣가 찾아들 것이다. 너의 사려 분별을 거두고
투명한 의식을 한결같이 간직하면 신명도 장차 머물게 되리라.
이윽고 덕德은 너를 아름답게 할 것이고 도道는 너를 거처로 삼을
것이다. 너는 무지 무심하기가 이제 막 태어난 송아지만 같아서
세상 물사의 연고緣故를 더 이상 구함이 없게 된다!"

말을 다 마치기도 전에 설결은 잠이 들어 버렸다.

피의는 크게 기뻐하여 걸어가면서 노래를 부르며 사라졌다.

"몸은 마른 뼈와 같고, 마음은 불 꺼진 재와 같다. 내면의 앎은 참으로 진실한 것이지만 물사物事는 그의 마음속에 들지 못한다. 동틀 무렵의 정적의 한가운데 있는 듯 그저 흐릿하고, 그는 이미 무심하니 더불어 말이 소용없다. 그런 사람은 도대체 어떤 사람이겠느냐!"

[1]齧缺問道乎[2]被衣,	설결문도호피의,
被衣曰.	피의왈.
"若正汝形, 一汝視.	"약정여형, 일여시.
[3]天和將至.	천화장지.
[4]攝汝知, 一汝度,	섭여지, 일여탁,
[5]神將來舍.	신장래사.
德將爲汝美, 道將爲汝居.	덕장위여미, 도장위여거.
汝[6]瞳焉如新生之犢而無求其故!"	여동언여신생지독이무구기고!"
言未卒, 齧缺[7]睡寐.	언미졸, 설결수매.
被衣大說, [8]行歌而去之, 曰.	피의대열, 행가이거지, 왈.
"形若槁骸, 心若死灰.	"형약고해, 심약사회.
[9]實知, 不以故自持.	실지, 불이고자지.
[10]媒媒晦晦, 無心而不可與謀.	매매회회, 무심이불가여모.
彼何人哉!"	피하인재!"

－〔知北遊〕－

[도움말]
1) 齧缺－齧缺, 王倪의 弟子.－成玄英. 倪(예)는 어린이란 뜻.
2) 被衣－王倪의 스승, <응제왕>편의 蒲衣子가 '피의'라 함. 蒲(포)는 창포, 부들이다.

3) 天和將至 - 天(천)은 自然이다. 和(화), 和氣.

4) 攝汝知, 一汝度 - 攝(섭)은 收攝, 收斂 거둔다. - 成玄英. 知는 知慮, 思慮. 곧 思慮分別을 없앤다. 度는 여기서는 '탁'으로 읽고 사념, 생각으로 풀이한다. 그러나 생각은 생각인데 앞의 사려분별이 사라진 투명한 의식 상태의 念을 오로지 한결같이 하라는 말이다. 度를 '도'로 읽고 形, 즉 外形, 태도로 해석 하기도 함. 이때는 一은 正으로 해석함

5) 神將來舍 - 舍는 止, 쉰다. 神은 神明이다.

6) 瞳焉如新生之犢 - '瞳(동)'은 아직 인식하지 못하는 모양(未有知貌) - 李頤. 瞳(동)은 '어렴풋하다, 달이 뜨다.' 瞳으로 나온 판본도 있는데 瞳은 '어리석 은', '눈동자'의 의미가 있다. 모두가 '흐릿하고 어리석은'의 뜻으로 해석한 다. 犢(독)은 송아지.

7) 睡寐 - 졸다, 자는 것.

8) 行歌而去之 - 걸어가면서 노래 부르다. (且行且歌) 之, 他. 齧缺(설결)을 지칭 한다.

9) 眞其實知, 不以故自持 - 實은 내면의 충실이다. '사물은 그 마음속에 들지 못 함으로 '不以故自持.'라 한다. 故, 事이다. (事物不入其心, 故曰 '不以故自 持.' 故, 事也.) - 林希逸

10) 媒媒晦晦, 無心而不可與謀 - 媒媒(매매)는 晦貌, 媒는 昧(어둡다, 동틀무렵) 이다. 晦晦無知와 같다고 한다. 媒는 墨, 黙의 의미로 쓰였다. 淮南子에는 '墨墨恢恢無心可與謀'로 되어 있다. 매매회회는 홀연히 잊고 견해가 없음이 다. (媒媒晦晦, 忘忽無見也.) - 林希逸. 而, 則과 통용. 그(설결)는 이미 무심 이니 나는 말이 소용없다는 것이다. 그러므로 '無心而不可與謀'라 했다. (彼 旣無心, 而我有不容言者, 故曰, '無心而不可與謀') - 林希逸

[앤솔러지 莊子: 166]

§Ⅵ-25. 노담(老聃)의 논즉부지(論則不至)

노담이 중니仲尼에게 말했다.

"형체 없음이 형체 있음(生)으로 나타나고 형체 있음이 형체 없음
(死)으로 돌아가는 것, 이 생사의 변화는 사람들이 모두 한 가지로
알고 있는 일이나 도道에 이르려는 자者가 힘써 추구할 바는 아닌
것이다.

도의 작용에 대하여 많은 사람들이 모두 한 가지로 논論하려 들지
만, 도에 이른 자는 거론擧論하지 않는다. 논한다면 도에 이르지
못하게 된다. 도를 거론하여 밝히려 하면 도의 실체를 만날 수 없
는 것이니 말로 분명히 밝히려 함은 침묵을 지키고 있느니만 못
하다. 도란 귀로 들을 수 없으니, 귀를 막고 있느니만 못하다. 이
같이 행함을 일러 자연과 하나가 되는 대도大道를 깨달았다고 말
한다."

老聃曰.   노담왈.
"1)不形之形, 形之不形,   "불형지형, 형지불형,
是人之所同知也,   시인지소동지야,
非將至之所務也.   비장지지소무야.
此衆人之所同論也,   차중인지소동론야,
2)彼至則不論.   피지즉불론.
論則不至.   논즉부지.
3)明見無値, 辯不若黙.   명견무치, 변불약묵.
道不可聞, 聞不若塞.   도불가문, 문불약색.
4)此之謂大得."   차지위대득."

　　　　　－〔知北遊〕－

[도움말]

1) 不形之形, 形之不形－之는 往, 간다. 至, 도달하다. '사람이 아직 생기지 않
   았으니 본래 그 형체가 없다. 그러므로 무형에 따라 氣, 가 모여 그 형체가

있게 되고, 氣가 흩어져 無形에 복귀한다.'(人之未生也, 本不有其形, 故從無
形氣聚而有其形, 氣散而歸於無形也.) – 成玄英

2) 彼至則不論 – 彼, 得道한 사람을 가리킨다. – 陳鼓應

3) 明見無值 – 值(치)는 直의 借字이고 작은 正見이라 함. 利己的인 작은 편견
이 없는 것을 明見이라 한다는 것. 또한 明見은 道를 거론하여 밝히는 것.
值(치)는 실체를 만나는 것이다. 值(치), 會遇 – 成玄英. 여기서는 후자를 택
한다.

4) 此之謂大得 – 得을 德의 假字로 보고, 참된 덕이라 한다. 또 得은 '크게 도를
깨닫다'라고 풀기도 한다.

[앤솔러지 莊子: 167]

§VI – 26. 무시(無始)의 도무문, 문무응(道無問, 問無應)

무시無始가 말했다.

"도道에 대해서 질문을 받아 선뜻 응하는 자는 도道를 알지 못하
는 자다.

도를 묻는 사람 역시 도를 아직 들어 본 일이 없는 것이다.

도는 물을 수도 없고 그 물음에 응답할 수도 없다.

물을 수가 없는데 굳이 묻는다면 그 물음은 헛된 물음이다.

응답할 수가 없는데 굳이 응답한다면 그 응답은 대개 내면의 도道
가 없는 헛된 대답이다.

안으로 참된 도를 얻지 못한 채 헛된 물음에 응답하는 것도 헛된 일이다.

이와 같은 자는

밖으로 우주의 오묘한 이치를 관조할 수 없으며

안으로 태초의 현묘한 도리를 이해할 수 없는 것이다.

그래서 멀고도 높은 곤륜산을 넘을 수 없으며
절대적 자유경지인 태허에서 노닐지 못한다."

無始曰,	무시왈,
"有問道而應之者,	"유문도이응지자,
不知道也.	부지도야.
雖問道者, 1)亦未聞道.	수문도자, 역미문도.
道無問, 問無應.	도무문, 문무응.
無問問之, 2)是問窮也.	무문문지, 시문궁야.
無應應之, 3)是無內也.	무응응지, 시무내야.
以無內待問窮.	이무내대문궁.
若是者,	약시자,
外不觀乎宇宙,	외불관호우주,
內不知乎4)大初.	내부지호태초.
是以不過乎5)崐崘	시이불과호곤륜,
不遊乎6)大虛."	불유호태허."

－〔知北遊〕－

[도움말]

1) 亦未聞道－물음에 응답하는 자는 정녕 틀렸고, 묻는 자 또한 옳지 않다. (應者固非, 問者亦非是.)－王先謙

2) 是問窮也－窮(궁)은 空이다－成玄英. 물을 수 없는데 억지로 묻는 것은 헛된 일이라는 것. '궁'은 끝내 대답을 궁하게 함이다.

3) 是無內也.－無內, 대개 내심으로는 도를 얻은바가 없음으로 '無內'라 한다.

4) 大初－우주의 시작, 太極과 같다. 郭象註에는 大初의 '大' 音을 泰(태), 태초라 했다. 宇宙는 볼 수 있으므로 外. 太初는 보이지 않으므로 內라 한다. (宇宙, 可見者也, 故曰外. 太初, 不可見者也. 故曰內.)－林希逸

5) 崐崘－멀고 먼 서쪽에 있는 산. 至高, 至遠의 경지를 비유한 것. (宋刊 남화진경, 예문인서관 북송, 남송, 影印本에는 (崐곤 崘륜이다.) 다른 판본에는 崑

崙이다. 전설속의 산. 서왕모(西王母)가 살며 불사의 물이 흐르는 산이라 함.
6) 大虛(태허)－太虛와 같다. 태허는 太空이니 하늘이다. '逍遙遊'의 無何有之
鄕, 즉 절대의 자유로운 경지를 말한다. 崑崙은 높고 먼 산, 太虛는 깊고 그
윽한 道理다. (崑崙是高遠之山, 太虛是深玄之理.)－成玄英

[앤솔러지 莊子: 168]

§Ⅵ－27. 무유(無有)의 요연공연(窅然空然)

광요光耀가 무유에게 물었다.
"선생께서는 존재하고 있는 것입니까? 아니면 존재하지 않는 것
입니까?"
광요는 물음의 답을 듣지 못하자, 무유의 모습을 자세히 살펴보았다.
무유의 모습은 멍하니 그윽하여, 종일 바라보아도 그 실상은 보이
지 않았고, 귀 기울여도 그 소리는 들리지 않았으며 그 형체를 붙
잡아 보려고 하였으나 잡히는 것이 없었다.
이에 광요가 말했다.
"이것이야말로 지극한 경지로다! 어느 누가 이 같은 경지에 도달
할 수 있으랴! 나는 지금까지 무無라는 것이 있다는 걸 알 수는
있었지만 무無란 것조차 없는 경지가 있다는 것은 미처 알지 못하
고 있었다. 나처럼 무無와 유有에 구애되는 자者가 어떻게 무無도
없는 이런 경지를 따를 수 있겠는가!"

¹⁾光耀問乎無有曰.   광요문호무유왈.

"夫子有乎? ²⁾其無有乎?"   "부자유호? 기무유호?"

光曜不得問, 而³⁾孰視其狀貌.   광요부득문, 이숙시기상모.

⁴⁾窅然空然, 終日視之而不見,

聽之而不聞, 搏之而不得也.

光耀曰.

"至矣! 其孰能至此乎!

予能有無矣, 而未能⁵⁾無無也.

⁶⁾及爲無有矣, ⁷⁾何從至此哉!"

―〔知北遊〕―

요연공연, 종일시지이불현,

청지이불문, 박지이부득야.

광요왈.

"지의! 기숙능지차호!

여능유무의, 이미능무무야.

급위무유의, 하종지차재!"

[도움말]

1) 光耀 ― 빛나는 것. 형체는 없지만 눈에는 보인다. '光耀(광요)는 보는 것(추구함)이 지식(앎)이지만, 無有(무유)가 보는 것(추구함)은 物과 物의 경계다. 지식(앎)은 物을 세세히 비춰 줄 수 있으므로 임시로 光耀라 이름 붙인다. 物과 物의 경계의 본모습은 空寂이므로 임시로 無有라 이름 짓는다.'(光耀者, 是能視之智也, 無有者, 所觀之境也. 智能照察, 故假名光耀, 境體空寂, 故假名無有也.) ― 成玄英.

2) 其無有乎 ― 其는 抑과 같다, '아니면,' '물리치면'. 有無는 아직 상대적 無라고 한다. '其無有乎' 다음에 '無有不應也.'가 있는 판본도 있다. ― 陳鼓應

3) 孰視其狀貌 ― 孰視(숙시)의 孰은 熟(상세히 생각할 숙)과 동일하다. (孰同熟) ― 宣穎. 눈여겨 자세히 보다. 狀貌(상모)는 얼굴의 생김새, 형체.

4) 窅然 ― 窅然(요연), 깊고 어두운 모양, 멍한 모양. "窅, 借爲 '窈'(그윽할 요)." ― 王念孫.: <說文>: 窈, 深遠也.

5) 無無 ― 無도 없는 것, 절대 무이고 비존재는 아니라 함. 또는 단순히 無의 無로 해석하기도 한다.

6) 及爲無有矣 ― 爲無有는 무와 유에 집착하는 것. 그런 경지에 있는 사람에 이르러서. '及爲無無矣'로 고쳐 해석하는 이도 있다.

7) 何從至此哉 ― 어찌하면 이처럼 無도 없는 경지에 도달할 수 있겠느냐?

§Ⅵ-28. 중니(仲尼)의 신자선수지(神者先受之)

염구冉求가 공자에게 물었다.

"천지가 생기기 전의 일을 알 수가 있습니까?"

공자가 대답했다. "알 수 있다. 옛날도 지금과 같았느니라."

염구는 더 물을 말을 잊어버리고 물러 나왔다.

다음날 다시 뵙고, 묻기를

"어제 제가 '천지가 생기기 이전의 일을 알 수 있느냐?'고 물었을 때 선생님께서는 '알 수 있다. 옛날도 지금과 같았느니라.' 하셨습니다. 어제 저는 분명히 알았지만 지금은 흐릿해져서 알 수가 없어졌으니, 어찌해서 그런 것인지 감히 묻습니다."

공자가 대답했다.

"어제 자네가 분명히 안 것은 마음속에 아무런 사려분별 없이, 오직 신명에 의해 먼저 받아들였기 때문이다. 오늘은 흐릿해져서 알 수 없게 된 것은 아마도 신명이 아닌 것에 의해 그 뜻을 이해하려 했기 때문이 아닌가? 천지간의 작용은 옛날과 지금이 따로 없고 처음과 마지막 또한 없다. 아직 자손이 생기지도 않았는데 자손을 두었다고 하면, 가당키나 한 일이겠느냐?"

[1]冉求問於仲尼曰.　　　　　염구문어중니왈.

"未有天地可知邪?"　　　　　"미유천지가지야?"

仲尼曰.　　　　　　　　　　중니왈.

"可. 古猶今也."　　　　　　"가. 고유금야."

冉求[2]失問而退.　　　　　　염구실문이퇴.

明日復見, 曰,

"昔者吾問 '未有天地可知乎?'

夫子曰, '可. 古猶今也.'

昔日吾昭然, 今日吾昧然,

敢問何謂也?"

仲尼曰.

"昔之昭然也, 3)神者先受之.

今日之昧然也,

4)且又爲不神者求邪?

無古無今, 無始無終.

未有子孫而有子孫, 可乎?"

－〔知北遊〕－

명일부견, 왈,

"석자오문 '미유천지가지호?'

부자왈, '가. 고유금야.'

석일오조연, 금일오매연,

감문하위야?"

중니왈.

"석지조연야, 신자선수지.

금일지매연야,

차우위불신자구야?

무고무금, 무시무종.

미유자손이유자손, 가호?"

[도움말]

1) 冉求－공자의 제자. 姓, 冉. 名, 求. －陳鼓應 字는 子有, 有子. 孔門十哲의 한 사람으로 才藝와 政事에 뛰어났다고 함.

2) 失問而退,－<淮南子: 注>에서 '失, 不知와 같다'－高誘

3) 神者先受之－'神明黙契'라 함. 신명은 思惟 이전의 직관적 작용이다. 사유이전의 직관으로써 언어 이전에 계합 되는 것. '神者, 在我之知覺者也. 虛靈知覺者也, 故能受之.'－林希逸. '神'이란 부차적인 복잡한 사려 분별이 깨끗이 소제된 투명한 의식 상태(虛靈)에서의 신묘한 정신의 작용(知覺) 일 것이다. 정신이 투명하면 그것은 언제나 物事와의 첫 대면에서 즉각적으로 이루어지는 일이 아닐까?

4) 且又爲不神者求邪?－且는 殆(태) 거의, 近(가깝다.)

§VI - 29. 경상초(庚桑楚)의 평기순심(平氣順心)

부동의 고요함을 얻으려면 호흡의 기氣를 평온하게 하라.

밝고 맑은 신령한 경지에 이르려면 마음을 순일純一하게 하라.

유위有爲하면서도 마땅함을 얻고자 한다면 반드시 어쩔 수 없음에 의지하라.

어쩔 수 없는 마지못함에 따르는 무위無爲의 일(事)이, 성인의 도道인 것이다.

欲靜則平氣. 1)欲神則順心.　　　욕정즉평기. 욕신즉순심.

2)有爲也, 欲當3)則緣於不得已.　유위야, 욕당즉연어부득이.

4)不得已之類, 聖人之道.　　　　부득이지류, 성인지도.

　　　　　　－〔庚桑楚〕－

[도움말]

1) 欲神－'順物而動.'－郭象. 만사, 만물에 거스르지 않으면서 움직이다. 텅 빈 맑고 밝은 마음의 경지를 神''이라 함. 하늘, 조물자. 인격체로서의 神이 아니다.

2) 有爲也－楊柳橋는 <古書虛字集釋>을 인용하여 '也, 猶 而也.'라 함.

3) 則緣於不得已.－부득이함을 따름이 곧 모든 일이 온당하게 되는 원인이 된다.(緣於不得已, 則所爲皆當.)－郭象. 則, 必과 같다.

4) 不得已之類－類, 事也(楊柳橋)

§Ⅵ-30. 대공조(大公調)의 비언비묵(非言非黙)

대공조가 말했다.
"도道라는 것은 있다고 할 수 없고, 없다고 할 수도 없는 것.
도道라는 이름 지음도, 잠시 빌려와 사용하고 있는 것일 뿐이다.
도는 만물에 유위有爲한다거나 혹은 무위無爲한다고 하는 설說은
도의 근본이 아니라 사물의 한 일면에 대해 말하고 있는 것이니
그와 같이 하여 어찌 대도大道의 경지에 이를 수가 있겠는가?
말이 도를 표현하기에 족足한 것이라면, 하루 종일 말하여도 모두
도道일 것이다. 말이 도를 표현하기에 부족不足한 것이라면, 하루
종일 말하여도 모두 물物일 것이다. 도道와 물物의 궁극은, 말이나
침묵으로도 표현(記載)할 수 없다. 말도 아니고 침묵도 아닌 경지
가, 논의論議의 극치이며 지언至言이다."

1)大公調曰.
"道不可有, 有不可無.
道之爲名, 所假而行.
2)或使莫爲, 在物一曲,
夫胡爲於大方?
3)言而足, 則終日言而盡道.
言而不足, 則終日言而盡物.
4)道物之極, 言黙不足以載.
5)非言非黙, 議其有極."
　　　　　-〔則　陽〕-

대공조왈.
"도불가유, 유불가무.
도지위명, 소가이행.
혹사막위, 재물일곡,
부호위어대방?
언이족, 즉종일언이진도.
언이부족, 즉종일언이진물.
도물지극, 언묵부족이재.
비언비묵, 의기유극."

[도움말]

1) 大公調 – 공평하게 만물을 조화시킨다는 의미로 擬人化한 인물이다.
   少知, 즉 편협한 세속인을 대표하는 인물이 대공조에게 '季眞之莫爲, 接子之
   或使, 二家之議, 孰正於其情, 孰偏(偏) 於其理？'하며 거듭 물었을 때의 대
   공조가 답하는 말의 결론 부분이다. 少知(소지)의 질문의 뜻은 "'季眞(계진)
   이 말하는 '莫爲'는 無爲의 說이고 접자(接子)가 말하는 '或使'는 有爲의 說
   인데 이 二家중 누가 그 실재에 정확하고 누가 그 도리에 치우쳐 있는가？"
   이다. 계진, 접자는 제나라의 현인으로 稷下에서 놀았다고 한다. (季眞, 季
   眞. 二賢人) – 李頤

2) 或使莫爲, 在物一曲 – 或(혹)은 有, 使(사)는 爲. 或使(혹사)는 일정한 작용의
   주체를 고집하고 있음을 의미한다. 莫은 無, 莫爲는 無爲이나 아직 無에 집착
   하고 있음을 뜻한다. 또는 '或使'는 有爲이고, '莫爲'는 無爲라고도 한다. 만물
   을 작용케 한다. 혹은 그렇지 않다고 하는 것은 物의 한 일면에 속한다는 것.

3) 言而足, 則終日言而盡道 – 而, 果. 足, 充足이다. 盡道는 모두 道에 합치되고,
   盡物은 모두 物에서 떠나지 않음이다.(盡道, 盡合於道. 盡物, 盡不離物) – 歐
   陽超

4) 道物之極, 言黙不足以載. – 道는 物이 끝나는 곳이다. 道는 物의 극점에 있
   다는 것(道者物之極處) – 劉鳳苞. 깨닫고 깨닫지 못함은 말과 침묵에 있지
   않다. 그러므로 말과 침묵의 外에서 그것을 깨닫고자 하는 것이다.(悟與不悟,
   俱不在言黙之間, 故欲於言黙之外求之也.) – 宣穎. 載, 記載다.

5) 非言非黙, 議其有極 – '非言非黙의 가운데 자연히 지극한 論議가 있게 되며
   지극한 논의란 至言이다.'(非言非黙之中自有至極之議, 極議至言也.) – 林希
   逸. 其, 推測이고 大槪다. 極, 最好다.

[앤솔러지 莊子: 172]

§VI – 31. 노래자(老萊子)의 주저이흥사(躊躇以興事)

노래자가 말했다.

"요堯를 기리고 걸桀을 비난하기보다는

요와 걸, 둘 다 잊고 예찬하고 비난하는 마음의 작용을 닫는 것이

낫다. 자연의 본성에 반反하는 행위는 몸을 상하지 않음이 없다.

유위有爲에 의해 움직이는 행위는 이기적인 삿됨에 빠지지 않음이

없다.

성인은 무심하여 고요한 마음으로 사물에 응하여 돕기 때문에

언제나 응하는 일마다 자연스럽게 그 공을 이루어 준다.

그런데도 그대는 어찌하여 억지로 인위를 행하여, 결국 그대의 삶

을 끝내 자만自慢에 가득 찬 일생으로 마치게 하려는가?"

[1]老萊子曰.	노래자왈.
"[2]與其譽堯而非桀,	"여기예요이비걸,
不如兩忘而閉其所譽.	불여양망이폐기소예.
反無非傷也.	반무비상야.
[3]動無非邪也.	동무비사야.
聖人 [4]躊躇以興事,	성인주저이흥사,
以每成功.	이매성공.
[5]奈何哉其載焉終矜爾?"	내하재기재언종긍이?"

−〔外　物〕−

[도움말]

1) 老萊子 − 楚의 현인이며 隱者. 늘 蒙山에 숨어살았다. 이곳의 말은 인의를 세
  상에 펴고자하는 큰 포부를 지닌 공자에게 하는 말의 끝부분이다.

2) 與其譽堯而非桀 − 與는 여기서는 비교를 나타내는 말로, '보다는' 정도로 풀
  이하고 있다. 요를 기리고 걸을 비난하기보다는 (차라리……)

3) 動無非邪也. − 자연에 거스르지 않으면 온전해지고 고요함을 지키면 바르게
  된다고 한다.(順之則全. 靜之則正.)−郭象

4) 躊躇 − 從容也. −郭象. 무심히 조용한 것. 有爲를 버리면 虛가 된다고 한다.

390

5) 奈何哉其載焉終矜爾！ －其載의 載는 爲, 人爲를 행하는 것. 焉은 공자의
   행동을 가리킨다. 終은 終身의 終이다. 矜은 자랑, 驕矜, 교만하여 自負하는
   것. 爾는 矣와 같고 어세를 강하게 하는 助字.

[앤솔러지 莊子: 173]

§VI - 32. 장자(莊子)의 심유천유(心有天遊)

장자가 말했다.

"무릇 자연의 도道는 막히는 것을 바라지 않는 것이니, 도가 막히
면 이는 목이 메여있는 것과 같으며 목이 메여 있는데도 그치지
않으면 어긋나게 되니, 어긋나면 곧 많은 해로움이 생기게 된다.

만물 중에 지각을 갖춘 것들은 모두가 천지간의 한 호흡에 의지
하여 따르고 있다.

도가 막히고 천지간의 한 호흡에 의지하여 따름이 왕성하지 못한
것은 하늘의 허물이 아니다.

하늘은 만물에게 구멍을 뚫어서 기식氣息을 통하게 하여 밤낮으로
기식의 내림이 멈춤이 없게 하고 있지만 인간은 도리어 그 구멍
을 막아버리고 있는 것이다.

인간의 몸 안에는 기식氣息을 위한 겹겹의 빈 공간이 있고 마음속
에도 빈곳이 있어 도가 자유로이 노닐 수 있는 것이다.

방안에 빈 공간이 없으면 며느리와 시어머니가 서로 다투게 되고, 마
음속에 도가 놀 곳이 없으면 육정六情이 서로 다투게 되는 것이다.

큰 숲이나 높은 산, 언덕이 사람에게 그처럼 유쾌하여 좋다하는
것은 또한 사람의 심신心神이 세상살이에서 육정六情의 다툼을 이

기지 못하기 때문이다."

莊子曰,　　　　　　　　　장자왈,

"凡道不欲壅, ¹⁾壅則哽,　　"범도불욕옹, 옹즉경,

哽而不止則跈, ²⁾跈則衆害生.　경이부지즉전, 전즉중해생.

物之有知者³⁾恃息.　　　　물지유지자시식.

⁴⁾其不殷, 非天之罪.　　　기불은, 비천지죄.

⁵⁾天之穿之, 日夜無降,　　천지천지, 일야무강,

⁶⁾人則顧塞其竇.　　　　　인즉고색기두.

⁷⁾胞有重閬, 心有天遊.　　포유중랑, 심유천유.

室無空虛, 則⁸⁾婦姑勃豀,　실무공허, 즉부고발혜,

心無天遊, 則⁹⁾六鑿相攘.　심무천유, 즉육조상양.

大林丘山之善於人也,　　　대림구산지선어인야,

亦神者不勝."　　　　　　　역신자불승."

　　　　　　　－〔外　物〕－

[도움말]

1) 壅則哽－壅(옹)은 塞(색).－陸德明. 막힌다. 哽(경)은 哽塞, 목이매이다.

2) 跈則衆害生－跈(전)은 본래 蹍(밟을 전)이라 한다. 跈(전)은 抮(진)으로 읽고 戾(어긋날 려). 生은 起, 일어나다.

3) 恃息－(息, 氣息)－成玄英.

4) 其不殷－殷(은)이란 當,－郭象. 마땅하다. 혹은 盛, 왕성하다. 其는 천지간의 息이다. 또 不殷, 中和를 얻지 못함이다. (不殷, 不得中和也)－宣穎.

5) 天之穿之, 日夜無降－穿(천), 뚫는다, 통하다. 강은 氣가 내리는 것. '항'이라 고 읽고 '누른다.' '그치게 하다'로 해석하기도 함.

6) 人則顧塞其竇－顧(고)는 도리어. 竇(두)는 孔(공) 구멍이다.

7) 胞有重閬, 心有天遊－胞(포)는 腹中胎, 혹은 오장의 膜이라 함. 閬(랑)은 '空 曠也'－郭象 天遊(천유)는 자연의 道가 노니는 것이다.

8) 婦姑勃磎 — 勃은 爭이고 磎(혜)는 空이다. —陸德明
9) 六鑿相攘 — 鑿(착)은 音을 '조'라 함. 구멍. 육조는 耳. 目. 口. 鼻. 心. 知로
六情 즉 視. 聽. 味. 嗅. 觸. 意識. 의 작용을 일으킨다고 한다. 攘(양)은 逆
(역)으로 거스르다. 물리치다. 여섯 개의 문이 六情을 서로 다투는 것이다.
一說에는 喜. 怒. 哀. 樂. 愛. 惡(오)라 함.

[앤솔러지 莊子: 174]

§VI-33. 고지득도자(古之得道者)의 궁역락, 통역락(窮亦樂, 通亦樂)

옛 도를 체득한 자者는

곤궁하여도 즐겼고 통달하여도 즐겼다.

그가 즐기는 바는 곤궁이나 통달함에 있지 않았다.

도와 덕의 수행이 이에 이르면

곧 궁통은 추위와 더위, 바람과 비가 내리는 차서次序가 된다.

그런 까닭에 허유는 영수潁水의 북쪽, 기산箕山에서 평안해하였고,

공백은 공수산 아래서 소요자적逍遙自適하는 생활을 했던 것이다.

古之得道者,	고지득도자,
窮亦樂, 通亦樂.	궁역락, 통역락.
所樂非窮通也.	소락비궁통야.
1)道德於此,	도덕어차,
則窮通爲寒署風雨之序矣.	즉궁통위한서풍우지서의.
故2)許由虞於潁陽,	고허유우어영양,
而3)共伯得乎共首.	이공백득호공수.

—〔讓 王〕—

[도움말]

1) 道德於此, ─'德'은 마땅히 '得'이라고 해야 한다고 함─. 俞樾.
2) 許由虞於潁陽─허유는 堯시대의 隱士. 虞(우)는 安이다. ─陸德明. 虞가 '娛'로 나오는 판본도 있다. 娛는 樂, 즐긴다. 潁陽(영양)은 潁水(영수)의 陽, 북쪽으로 河南省 洛縣에 있는 箕山이다. 허유의 隱居地.
3) 共伯得乎共首─共伯(공백)은 名이 和, 共(공)은 封國의 이름이고 伯(백)은 爵位, 伯爵이라 함. 厲의 난리 때 왕으로 추대되어 왕위에 올랐으나 재위 14년, 천하가 크게 가물고 화재가 자주 일어나자, 왕위에서 물러나 共首山으로 들어가 소요자적하며 道를 닦았다고 한다.

[앤솔러지 莊子: 175]

§Ⅵ-34. 어보(漁父)의 진자, 정성지지야(眞者, 精誠之至也)

공자는 수심어린 얼굴로 물었다.
"청컨대 무엇을 참된 진眞이라 하는지요?"
어보漁父가 대답했다.
"참된 진眞이란 정성의 지극함이오. 천진天眞의 순수한 정精이 없고 천진天眞의 한결같은 성誠이 없다면 다른 사람을 감동시킬 수가 없소. 그러므로 억지로 우는 자는 비록 슬퍼할 지라도 진실로 애통해 보이지 않으며, 억지로 성내는 자는 비록 엄한 듯 하지만 진실로 두렵지 않으며, 억지로 친밀한 척하는 자는 비록 웃을지라도 진실로 화락和樂하지는 않소. 진정한 슬픔은 소리 내어 울지 않아도 사람을 슬프게 하고, 진정한 노여움은 그 노여움을 드러내지 않아도 사람을 두렵게 하며, 진정한 친밀함은 그 웃음을 보이지 않아도 사람을 친밀하게 하오.

천진의 지극함이 안에 있으면, 정신精神은 밖으로 움직이게 되는 것
이니, 그런 까닭으로 '참된 진眞'을 소중하고 귀하다 하는 것이오."

孔子[1]愀然曰. "請問何謂[2]眞?"
[3]客曰. "[4]眞者, 精誠之至也.
[5]不精不誠, 不能動人.
故强哭者雖悲不哀,
强怒者雖嚴不威,
强親者雖笑不和.
眞悲無聲而哀, 眞怒未發而威,
眞親未笑而和. 眞在內者,
神動於外, 是所以貴眞也."
－〔漁 父〕－

공자초연왈. "청문하위진?"
객왈. "진자, 정성지지야.
부정불성, 불능동인.
고강곡자수비불애,
강노자수엄불위,
강친자수소불화.
진비무성이애, 진노미발이위,
진친미소이화. 진재내자,
신동어외, 시소이귀진야."

[도움말]

1) 愀然－근심, 愁心에 잠겨 낮빛이 달라지는 것.
2) 眞－自然의 天眞, 참된 것.
3) 客曰－객은 漁父. 어부의 '父'는 甫(보), 남자의 美稱으로 '어보'로 읽는다.
   漁翁을 의미한다.
4) 眞者, 精誠之至也－자연의 天眞이란, 이란, 정성의 지극함이다. 精이란 순수
   하고 정밀한 기운이 자신에게서 떠나지 않음이고, 誠 이란 순수한 기운이 오
   랫동안 모이고 쌓여 그 지극함에 도달한 것이라 할 수 있다. 天眞의 극치를
   이룬 것이다. '대저 眞이란 僞가 아니고 精이란 離가 아니고 誠이란 矯가 아
   님'이라 했다. －成玄英.
5) 不精不誠－'精'이란 天眞의 순수 정밀한 기운, '誠'이란 天眞의 순수 정밀한
   기운을 한결같이 하는 功이라 할 수 있다. 道家的 內省에 의한 精神을 '精'
   이라 하고 儒家的 도덕실천의 반성을 '誠'이라 하는 이도 있다. 儒家와 道家
   의 절충을 기하고 있으나 본래의 뜻과는 다르다.

§VI-35. 관윤(關尹)의 기동약수, 기정약경(其動若水, 其靜若鏡)

관윤關尹이 말했다.

"자신을 있는 그대로 있게 하여 달리 주장하는 것이 없다면
만물은 본래의 형상을 따라 스스로의 모습을 드러내게 된다.
그 움직임은 흐르는 물과 같고, 그 고요함은 투명한 거울과 같다.
세상 물사物事에 응하는 모습은 메아리가 소리에 울리는 것과 같다.
홀연히 모든 것 버린 듯 하며, 고요히 모든 것 잊은 듯 하다.
이 같은 경지와 하나 되는 자는 화락和樂을 얻게 되지만
이 같은 경지를 억지로 얻고자 하는 자는 도리어 잃게 된다.
일찍이 남보다 앞서는 일이 없었고 언제나 남의 뒤를 따랐다."

[1]關尹曰.   관윤왈.
"[2]在己無居, 形物自著.   "재기무거, 형물자저.
其動若水, 其靜若鏡   기동약수, 기정약경.
其應若響. [3]芴乎若亡,   기응약향. 홀호약망,
[4]寂乎若淸. [5]同焉者和,   적호약청. 동언자화,
得焉者失. 未嘗先人而常隨人."   득언자실. 미상선인이상수인."
        -〔天 下〕-

[도움말]

1) 關尹-關令, 尹喜라 한다. 字는 公度. 老子가 관윤의 請에 의해 노자 <道德
   經>을 저술했다고 한다. <關尹子> 九篇을 지었다.

2) 在己無居, 形物自著. -在己無居는 無居於己와 같다. 在는 存이고 있는 그
   대로 있게 함이다. 居는 웅거하여 자기를 주장하는 것. 著는 분명히 드러나

다, 나타나다. <在宥>篇의 '汝徒處無爲, 而物自化'와 같은 의미다.

3) 笏乎若亡－笏(홀)은 忽, 亡은 無라 한다. －成玄英.

4) 寂乎若淸－寂(적)은 靜(정)은 고요함이고 평온함이다. 淸(청)은 맑고 純粹한 물이고 사념이 없음을 나타낸다.

5) 同焉者和, 得焉者失. －이 같은 경지와 하나가 되는 자는 화합하게 되지만, 이 같은 경지를 애써 얻으려고 하는 자는 잃게 된다.

[앤솔러지 莊子: 177]

§Ⅵ-36. 중니(仲尼)의 시립기중앙(柴立其中央)

중니仲尼가 말했다.
"안으로 정靜을 지킴에 무심하고,
밖으로 동動을 지킴에 무심하며,
마른 나뭇가지처럼 무심히 중도中道에 서라.
이 세 가지 것을 할 수 있다고 하면, 그런 사람은
그 명실名實, 반드시 지극함에 이르게 되리라."

仲尼曰.
"1)無入而藏, 2)無出而陽,
3)柴立其中央. 三者若得
4)其名必極."

－〔達　生〕－

중니왈.
"무입이장, 무출이양,
시립기중앙. 삼자약득
기명필극."

[도움말]

1) 無入而藏－이미 안으로 감추어 두었는데 또 안으로 들면, 이는 안으로 듦에

있어서 지나침(잘못)이다. (藏既内矣, 而又入之, 此過於入也.) - 郭象 이는 고
요함(靜)에 대한 지나친 집착을 경계한 말이다.
2) 無出而陽 - 이미 밖으로 드러내놓았는데 또 밖으로 나가면, 이는 밖으로 나감
에 있어서 지나침(잘못)이다. (陽既外矣, 而又出之, 是過於出矣.) - 郭象 이는
움직임(動)에 대한 지나친 치우침을 경계한 말이다.
3) 柴立其中央 - 마른 나무가 무심한 것처럼, 치우침 없이 道의 중심에 올바로
서있음이다. (若槁木之無心, 而中適是立也.) - 郭象 柴, 땔나무시, 울타리채
4) 其名必極 - 出, 나감에 무심하다. 入, 듦에 무심하다. 中, 또한 中道를 지킴에
무심하다. 이 三者를 모두 얻었으니, 名은 지극함에 도달하니 實이 짝하게
된다. (出, 無心於出. 入, 無心於入. 中, 亦無心於中, 三者具得, 則名極而實
當矣.) - 林雲銘 '可稱至人.' - 宣穎 極, 達到極至.

[앤솔러지 莊子: 178]

§VI-37. 장자(莊子)의 망전망언(忘筌忘言)

장자莊子가 말했다.

"통발은 물고기를 잡기 위한 도구이니 물고기를 잡고 나면 통발은
잊혀진다. 올가미는 토끼를 잡기 위한 도구이니 토끼를 잡고 나면
올가미는 잊혀진다. 마찬가지로 말이란 의미를 잡기 위한 도구이
니 의미를 잡고 나면 말은 잊혀진다. 아, 나는 어디서 저 말을 잊
은 사람을 만나 그와 더불어 이야기할 수 있으리오!"

莊子曰.   장자왈.
"1)筌者所以在魚, 得魚而忘筌.   "전자소이재어, 득어이망전.
2)蹄者所以在兎, 得兎而忘蹄.   제자소이재토, 득토이망제.
言者所以在意, 得意而忘言.   언자소이재의, 득의이망언.

吾³⁾安得夫忘言之人而與之言哉!"　　오안득부망언지인이여지언재!"

－〔外　物〕－

[도움말]

1) 筌者－통발, 다래끼, 물고기를 잡는 도구. 筌이라고도 하며 一說에는 香草로
   물고기의 먹이로 쓸수 있다. 고 함 '筌, 고기 잡는 통발이다. 대나무로 만든
   다.'(筌, 魚筍也, 以竹爲之.)－成玄英
2) 蹄者－'蹄(제)는 兎罥(토견) 也,' －陸德明. 罥은 '옭아맬 견'이다. 토끼 올가미.
3) 安得夫忘言之人－安, 何. 어디서 저 말을 잊은 사람을 얻겠는가.

第七章

인간 장자(人間莊子)

제7장: 「인간 장자(人間莊子)」

장자 전편에서 28단段에 이르는 장자의 언행을 추렸다. 장자의 삶은 성인으로 추앙 받는 노자나 공자와는 달랐다. 一國의 재상자리도 마다하며 가난 속에서도 누구에게도 속박 받지 않는 자유로운 삶을, 긍지로 여기는 그는 원초적 자유주의자였다. 언설은 종횡무진 거침이 없었고 가난을 부끄러워하지 않았으며 아내를 대신해 곡식을 꾸러 갈 줄도 알았다. 그에게는 독왕독래獨往獨來하는 자者의 쓸쓸한 인간냄새가 난다. 평생의 논적이었던 혜시惠施를 죽은 후에도 그리워하였다. 자신의 과오를 제자에게 드러내 보일만큼 소탈했으며, 몸은 비록 성 외곽의 달동네에서 짚신을 삼아 생계를 이어가는 신세였지만, 그의 정신은, 구만리 상공으로 높이 올라 푸른 하늘을 등에 싣고 남쪽바다로 날아가는 거대한 봉새 위에 앉아 있었다. 그는 세상 모든 일을 미세먼지 같은 일로 여겼다. 장자는 '진인眞人 이후에 진지眞知가 있다.'고 했다. 그는 진인眞人이었다.

그의 언행에는 연민憐憫에서 우러나온 해학이 숨겨져 있었으며, 죽음 앞에서는 생사를 초월한 진인의 진면목을 가감 없이 드러내보였다. 그는 공자처럼 제자들과 더불어 치세의 포부를 펴고자 천하를 주유하지 않았다.

70여 세의 천수를 누린 그는, 말년의 몇 년 동안 무명의 제자들과 함께 세상을 소요하며 그야말로 '유遊'하는 세월이 있었으리라 짐작할 뿐이다. 공자의 문하에는 72명의 유명 제자가 있었음에 비해, 장자의 경우에는 이름이 언급되고 있는 제자라고는 단 한 사람, <산목山木 편>에 나오는 인저藺且뿐이다. 그의 제자들은 대부분 전국戰國

중기 이후에 살았던 이름 없는 천민이나 노비 출신으로 추정된다. 소 잡이 포정, 외발이 우사, 곱사등이 지리소 등의 일화에서 유추해 본다면 그의 제자들은 사회에서 천대받는 불구의 몸이나 지배계층의 노예로 종사하는 일 자체가 이름이 되어버린 가련한 천인賤人들이 주류를 이루었을 것이다.

그는 전쟁이 가져다주는 인간의 참혹한 현실을 지켜보았고 소위 나라를 다스린다는 명분 아래 자행되는 위정자들의 위선을 목격한 한 시대의 증인이었다. 장자의 인위人爲의 부정은 당시의 지배계층의 독선과 작위성에 대한 부정이며, 자연에 반하는 행위에 대한 부정이었다. 그는 당시사회체제를 부정하는 시대의 이단아였고 기인이었지만 일찍이 인간 평등을 주장한 위대한 사상가였다. 좌망, 심재, 견독 혹은 '호접몽'과 같은 그가 남긴 철학적 범주와 개념들은 오늘날까지도 동서양을 막론하고 끊임없이 인간의 실존을 묻고 있는 화두話頭가 되고 있다.

第七章: 인간 장자(人間莊子)

[앤솔러지 莊子: 179]

§Ⅶ-1. 언젠가 장주(莊周)는 나비가 된 꿈을 꾸었다

☯ 莊子의 호접지몽(胡蝶之夢)

언젠가 장주는 나비가 된 꿈을 꾸었다.

팔랑 팔랑 기쁘기 그지없는 범나비로

그저 유쾌하여 마음 내키는 대로 날고만 있었지!

자신이 장주莊周임을 꿈속에선 알지 못하고 있었다.

문득 잠깨어 보니, 틀림없는 인간의 모습인 장주였다.

알 수 없구나, 장주가 나비가 된 꿈을 꾸었는가?

나비가 지금 장주가 된 꿈을 꾸고 있는 것인가?

장주와 나비에게는 반드시 둘을 구분하는 분별이 있을 것이다.

이 분별하는 인식을 끊임없이 물화物化하는 '만물萬物로의 변화'라

한다.

昔者莊周夢爲[1]胡蝶.	석자장주몽위호접.
[2]栩栩然胡蝶也,	허허연호접야,
[3]自喩適志與!	자유적지여!

404

不知周也.　　　　　　　　　부지주야.

4)俄然覺, 則5)蘧蘧然周也.　　아연교, 즉거거연주야.

不知周之夢爲胡蝶與?　　　부지주지몽위호접여?

胡蝶之夢爲周與?　　　　　호접지몽위주여?

周與胡蝶, 則必有分矣.　　주여호접, 즉필유분의.

此之爲6)物化.　　　　　　차지위물화.

　　　－〔齋物論〕－

[도움말]

1) 胡蝶－蝴蝶(호접), 蛺蝶(협접)으로도 쓴다. 호랑나비, 범나비, 들 나비.

2) 栩栩然－栩栩然(허허연)은 喜貌, 기쁜 모양, 기뻐하는 모습이다. (栩栩, 喜
　貌.)－陸德明. 翩翩然(편편연), 疾飛. 빨리 나는 모양이다. －崔譔.

3) 自喩適志與!－自는 마음 내키는 대로, 喩는 愉와 같고 快, 유쾌한 것. (喩,
　快也.)－李頤. 適은 빈틈없이 꼭 맞는 것, 與는 감탄 助字. (與, 哉.)－崔譔.

4) 俄然覺－俄然(아연)은 갑자기, 문득. 覺는 音이 '교'. 꿈에서 깨는 것이다.

5) 蘧蘧然－蘧蘧然(거거연)을 李頤는 有形貌, 형상이 있는 모양이라 했다. 깜짝
　놀라 당황하는 모양이라 하는 이도 있다. 形接하니 곧 周라는 것이다. (蘧蘧
　然, 形接則周也.)－王先謙

6) 物化－'物之化' '萬物之化'라 함. 존재하는 듯하지만 定함이 없는 사물의 끊
　임없는 변천이라 함. 궁구하되 王先謙은 <莊子集解>에서 이렇게 반문하고
　있다. '莊周가 나비 꿈을 꾸었는가, 나비가 莊周 꿈을 꾸었는가? 누가 꿈을
　꾸고 누가 깨어 있는가? 누가 저것이고 누가 이것인가?'(究之周夢蝶與, 蝶
　夢周與? 孰夢孰覺? 孰彼孰是?)

§Ⅶ-2. 그대는 큰 것을 쓰는 데는 정말 서툴기 짝이 없다

☻ 莊子의 고졸어용대(固拙於用大)

혜자惠子, 장자에게 말했다.

"위왕魏王이 내게 큰 박씨를 주었는데, 그걸 심어 길렀더니 다섯 섬이 담길 정도의 큰 박이 열렸다. 물이나 간장 따위를 담아 보았더니 너무 무거워 들어 올릴 수가 없었다. 쪼개어 표주박으로 만들었더니 너무 평평하고 얕아 물을 뜰 수도 없었다. 그 박은 텅 비어 터무니없이 크기는 하였지만, 내겐 쓸모가 없어 결국 깨뜨려 버렸네."

장자가 말했다.

"그대는 큰 것을 쓰는 데는 정말 서툴기 짝이 없다. 송나라에 손트지 않는 약을 잘 만드는 사람이 있었는데, 대대로 솜 빨래 일을 가업家業으로 이어 살아가고 있었다. 한 나그네가 소문을 듣고 그 비방을 백금을 주고 사겠다고 하자, 그는 가족을 모아 의논했다. '우리는 대대로 솜 빨래 일을 해왔지만, 벌이라곤 고작 몇 푼에 불과하다. 이제 하루아침에 이 기술을 팔면 백금이 생긴다. 그에게 팔도록 하자.' 나그네는 이 비방을 얻어 오왕吳王을 설득했다. 마침 월越나라가 전쟁을 일으키니, 오왕은 그를 장수로 삼았고 때는 겨울이라 월나라 군사들과 수전水戰으로 맞서 싸우니 월나라 군사들은 크게 패하고 말았다. 이에 오왕은 영지를 나누어주어 그를 제후로 삼았다. 손을 트지 않게 할 수 있다는 비방, 한 가지로 같았지만 어떤 사람은 영지를 나누어 받았고, 또 한 사람은 솜 빨래하는 일을 면하지 못하고 있었던 것이다. 이는 그 비방의 사용처가 달랐기 때문이다. 이제 그대가 다섯 섬 들이 박을 가지고 있다면, 어찌하여 통째로 큰 술통 배라도 만들어 양자강이나 동정

호에 띄워 즐길 생각은 하지 않고, 쪼갠 표주박이 너무 평평하고 얕아 물을 뜰 수 없다는 걱정만 하고 있는가? 그러고 보니 그대 야말로 아직 좁고 꽉 막힌 심보를 지니고 있는 것 같네!"

[1]惠子謂莊子曰.

"[2]魏王貽我大瓠之種, 我樹之成,
而實五石. 以盛水漿,
其堅不能自擧也. 剖之以爲瓢,
則[3]瓠落無所容. 非不[4]呺然大也,
吾爲其無用而[5]掊之."

莊子曰.

"夫子固拙於用大矣.
宋人有善爲[6]不龜手之藥者,
世世以[7]洴澼絖爲事.
客聞之, 請買其方百金,
聚族而謀曰. '我世世爲洴澼絖,
不過數金. 今一朝而[8]鬻技百金.
請與之.' 客得之, 以說吳王.
越有難, 吳王使之將,
冬與越人水戰, 大敗越人.
裂地而封之. 能不龜手, 一也,
或以封, 或不免於洴澼絖.
則所用之異也. 今子有五石之瓠,
何不慮以爲[9]大樽而浮乎江湖,
而憂其瓠落無所用?
則夫子猶有[10]蓬之心也夫!"

—〔逍遙遊〕—

혜자위장자왈.

"위왕이아대호지종, 아수지성,
이실오석. 이성수장,
기견불능자거야. 부지이위표,
즉호락무소용. 비불효연대야,
오위기무용이부지."

장자왈.

"부자고졸어용대의.
송인유선위불귀수지약자,
세세이병벽광위사.
객문지, 청매기방백금,
취족이모왈. '아세세위병벽광,
불과수금. 금일조이륙기백금.
청여지.' 객득지, 이세오왕.
월유난, 오왕사지장,
동여월인수전, 대패월인.
열지이봉지. 능불균수, 일야,
혹이봉, 혹불면어병벽광.
즉소용지이야. 금자유오석지호,
하불려이위대준이부호강호,
이우기호락무소용?
즉부자유유봉지심야부!"

[도움말]

1) 惠子-姓은 惠, 名은 施. 梁의 宰相이었다. (惠子, 名施, 謂梁相.)-司馬彪. 장자의 친구로 名家, 즉 論理學에 속하고 그의 이름은 <장자>에 자주 등장하고 있다.

2) 魏王貽我大瓠之種-魏王(위왕)은 梁의 惠王(B.C. 371-334)이라 함. 양은 처음에 나라를 安邑에 두고 국호를 魏라 했으나 후에 大梁으로 옮기고 국호를 梁으로 고쳤다. 貽(이)는 遺(유)로 주다. 준다. 大瓠는 큰 박, 조롱박, 호리병박의 종류로 목이 길고 잘록한 것을 瓠(호)라 하고 목이 짧고 배가 큰 것을 瓢(표)라 한다. 표는 壺(호)라고도 쓴다고 했다. 瓜는 오이 과.

3) 瓠落(호락)-廓落(곽락)과 같다. 곽은 空, 大의 뜻. 관대하고 뜻을 잃은 모양. (瓠落, 猶廓落)-簡文帝.

4) 呺然-효연은 虛大한 모양이다.

5) 掊之-掊(부)는 깨뜨리는 것. (掊, 擊破也.)-司馬彪

6) 不龜手-龜手(균수)는 손이 얼어 터지는 것. 龜은 音을 구, 귀, 균이다.

7) 洴澼絖-洴澼(병벽)은 물에 흔들어서 빨래하는 것. 絖(광)은 纊(광)과 같고 細絮(세서), 고운 솜이고 絮는 거친 솜, 헌 솜이라 함. (洴澼絖者, 漂絮於水上 纊, 絮也)-李頤.

8) 鬻-鬻(륙)은 賣, 판다. 技는 기술, 그 비방. (鬻, 賣也.)-司馬彪.

9) 大樽-樽(준)은 술통이다. 尊으로도 쓴다.

10) 蓬之心-봉은 蓬蒿(봉호), 다북쑥이다. 짧고 굽은 풀. 좁고 짧은 소견을 말한다.

[앤솔러지 莊子: 181]

§Ⅶ-3. 나의 스승이시여! 나의 스승이시여!

☯ 莊子의 오사호! 오사호!(吾師乎! 吾師乎!)

장자가 말하기를

"나의 스승이시여! 나의 스승이시여!

만물을 쇄락하게 하고도 난폭하다 하지 않으며

은택이 만세에 미쳐도 특별히 어질다 하지 않고

上古보다 오래되었지만 장수長壽라 여기지 않는다.

하늘은 덮어주고 땅은 실어주어

만물의 형상을 만들어 내고도 교묘하다 하지 않는다."

고 하였으니, 이것을 천락天樂이라 한다. 그러므로 이르되

"천락을 아는 자, 그 삶은 저절로 그러한 자연의 운행을 따르고

그 죽음은 무심히 만물의 변화를 따른다.

고요히 있을 때는 음기와 함께 적막으로 돌아가고

움직일 때는 양기와 함께 그 흐름의 파장에 따른다."고 한다.

그러므로 또한 천락을 아는 자는

하늘의 원한을 받지 않고, 사람의 비난을 듣지 않으며

외물에 의한 재난이 없고, 귀신의 책망도 없다는 것이다.

莊子曰,

"¹⁾吾師乎! 吾師乎!

²⁾鼇萬物而不爲戾,

澤及萬世而不爲仁,

長於上古而不爲壽.

³⁾覆載天地,

刻雕衆形而不爲巧."

此之謂天樂. 故曰,

"知天樂者, ⁴⁾其生也天行,

其死也物化.

靜而與陰同德,

動而與陽同波."

장자왈,

"오사호! 오사호!

제만물이불위려,

택급만세이불위인,

장어상고이불위수.

부재천지,

각조중형이불위교."

차지위천락. 고왈,

"지천락자, 기생야천행,

기사야물화.

정이여음동덕,

동이여양동파."

故知天樂者,　　　　　　　　고지천락자,

無天怨, 無人非, 無物累,　　무천원, 무인비, 무물루,

無鬼責.　　　　　　　　　　무귀책.

　　　　　－〔天　道〕－

[도움말]

1) 吾師乎！ －나의 스승이시여！ <장자>는 天, 우주만물의 運轉原理(道), 혹은
   그 주재자인 '眞宰'를 神이나 父, 母라 부르지 않고 "나의 스승(師)이시여！
   나의 스승(師)이시여！"라고 찬탄한 유일한 인간이다.

2) 鳌萬物而不爲戾 －제는 碎(쇄), 잘게 부수다. (鳌, 碎也) －成玄英. 혹은 늦가
   을 서리에 초목이 碎落, 凋落하는 것. 戾(려)는 사납다. 어그러질 乖(괴), 허
   물 罪. '변화하여 서로 뒤섞어 놓았으므로 '제'라 한다.'(郭象: 變而相雜, 故
   曰, 鳌) －郭象.

3) 覆載 －덮고 싣는 것. 覆은 돌이킬 '복'. 그러나 덮다(蓋), 싸다(包), 고루고루
   퍼질(布) 등의 의미로 쓰일 때는 '부'로 읽는다.

4) 其生也天行, 其死也物化 －그 삶은 저절로 그러한 자연의 운행을 따르고 그
   죽음은 무심히 만물의 변화를 따르다.

[앤솔러지 莊子: 182]

§Ⅶ－4. 장자는 마침 두 다리를 뻗고 앉아 동이를
##　　　두드리며 노래를 부르고 있었다

◉ 莊子의 기거고분이가(箕踞鼓盆而歌)

　　장자의 아내가 죽어서, 혜자惠子가 문상을 갔다.

　　장자는 마침 두 다리를 뻗고 앉아 동이를 두드리며 노래를 부르
　고 있었다. 이에 혜자가 말했다.

"그대는 부인과 함께 살아왔고 자식을 키우고 몸은 늙어 죽었으니 곡하지 않는 것은 그렇다 할지라도, 동이를 두드리며 노래를 부르는 것은 너무 심한 일이 아닌가?"

장자가 대답했다.

"그렇지 않다. 처음 아내가 죽었을 때 난들 어찌 슬픈 마음이 없었겠는가! 그러나 아내가 태어나기 이전을 살펴본다면 본래 생명이란 없었고 생명이 없었던 것만이 아니라 본래는 형상도 없었고 형상이 없었을 뿐만 아니라 본래는 기氣도 없었다. 아무 것도 없는 황홀함 속에 섞여 있다가 변하여 기氣가 생겨났고 기氣가 변하여 형체가 생겼고 형체가 변화하여 생명을 얻은 것이다. 이제 다시금 변화하여 죽음으로 돌아갔으니, 이는 춘하추동이 서로 번갈아 네 계절로 운행하는 것과 같다. 그 사람은 방금 천지라는 거대한 방에서 편안히 쉬며 자고 있는데, 내가 곁에서 곡하며 큰 소리로 운다면 나 스스로가 자연스런 생명의 변화에 통하지 못한 것이라는 생각이 들었다. 그래서 곡哭을 그만두었다."

莊子妻死, 惠子弔之.
莊子則方[1)]箕踞鼓盆而歌.
惠子曰.
"[2)]與人居, 長子老身,
死不哭亦足矣,
又鼓盆而歌, 不亦甚乎?"
莊子曰.
"不然. [3)]是其始死也,
我獨何能無[4)]槪然!
察其始而本無生,
非徒無生也而本無形,

장자처사, 혜자조지.
장자즉방기거고분이가.
혜자왈.
"여인거, 장자노신,
사불곡역족의,
우고분이가, 불역심호?"
장자왈.
"불연. 시기시사야,
아독하능무개연!
찰기시이본무생,
비도무생야이본무형,

非徒無形也而本無氣. 雜乎芒笏
之間, 變而有氣, 氣變而有形,
形變而有生. ⁵⁾今又變而之死,
是相與爲春秋冬夏四時行也.
人且⁶⁾偃然寢於⁷⁾巨室,
而我⁸⁾嗷嗷然隨而哭之,
自以爲不通乎命.
故止也."

비도무형야이본무기. 잡호망홀
지간, 변이유기, 기변이유형,
형변이유생. 금우변이지사,
시상여위춘추동하사시행야.
인차언연침어거실,
이아효효연수이곡지,
자이위불통호명.
고지야."

−〔至 樂〕−

[도움말]

1) 箕踞鼓盆而歌−箕踞(기거)는 箕坐, 까부르는 키 모양으로 두 다리를 뻗고 앉
는 것(箕踞, 垂兩脚如簸箕形也.)−成玄英. 簸 (까부를 파)
또 蹲坐(준좌), 방심하며 걸터앉는 것이다. 고분이란 동이를 두드리는 것,
鼓는 叩(두드릴 고)와 같다. 盆은 瓦缶로 장군, 동이 등의 질그릇.
2) 與人居, 長子老身−人은 아내. 長은 育. 使成長. 子, 子女. 老身이란 육신이
그와 함께 늙음이라 한다.
3) 是−夫와 같다.
4) 慨然−慨然(개연)은 哀傷의 모양, 혹은 感慨, 놀라고 슬퍼하는 것이다. (慨,
感也)−司馬彪:
5) 今又變而之死−之, 動詞, 往. 之死는 '走向死亡'과 같다.
6) 偃然−언연은 安息, 安寢이다. 편안히 쉬고, 편안히 자는 모양. (偃然, 安息
貌.)−成玄英:
7) 巨室−천지를 거처로 삼는 것이다. (以天地爲室也.)−成玄英
8) 嗷嗷−嗷(효)는 哭聲, 嗷嗷(효효), 큰소리로 통곡하는 모양이다.

§Ⅶ-5. 惠子(혜자), 그대까지 다섯 학파가 되는데,
과연 그 중에 누가 정말 옳다는 것인가?

☯ 莊子의 과숙시야?(果孰是邪?)

장자莊子가 말했다.

"활을 쏘는 자가 미리 맞출 목표를 정하지 않으면 아무데나 쏘아도 적중이라 할 터인데, 그걸 활 잘 쏘는 것이라고 한다면 천하의 사람들이 모두 활의 명수 예羿가 된 것이니, 그래도 괜찮은 것인가?"

혜자가 대답했다.

"상관없네."

장자가 다시 말했다.

"천하에는 누구에게 옳다고 하는 보편적 옳음이 없는데 저마다 자신이 옳다고 여기는 것을 옳다고 한다면 모두가 요와 같은 성인이 된 것이니 그래도 괜찮은 것인가?"

"상관없네."

장자가 다시 물었다.

"그렇다면 유가, 묵가, 양주, 송견 — 네 학파에다 그대까지 다섯 학파가 되는데, 과연 그 중에 누가 정말 옳다는 것인가?

어쩌면 저 '노거'란 사람의 이야기와 같은 것인가?

노거의 제자가 노거에게 말하기를 '나는 선생님의 도를 얻었습니다. 나는 겨울에도 솥에 불을 뗄 수가 있고, 여름이면 얼음을 만들 수가 있습니다.'라고 하자 노거가 말하기를 '그것은 다만 그 양의 기운으로 양을 부르는 것이고, 음의 기운으로 음을 부르는 것으로써 내가 말하는 도道는 아니다. 네게 내 도道를 보여 주리라.' 이에 노거는 슬瑟의 줄을 고른 후 하나는 당상堂上에 놓고 또 하나는 내실內室에 놓아두었다. 한 쪽의 슬瑟에서 노거가 궁음宮音을 타면 다른 쪽의 슬瑟에서도 궁음宮音이 울렸고, 한 슬에서 각음角音을 내면 다른 슬에서도 각음角音이 소리 났는데, 이것은 음률이 동조同調하고 있기 때문이다. 다시 한 현을 고쳐 가락을 조율하면 오음五音에는 맞는 것 없으나, 조율한 그 현을 울리면 25현 모두가 진동하였다. 이것은 처음부터 소리(聲)에는 차이가 없는 것이나 음音의 군君(主役)이 있어 다른 소리도 따라서 응한 것뿐이다. 그대도 이 노거의 슬瑟 이야기처럼 다만 주역主役을 맡고 있는 것 아닌가?"

그러자 혜자가 말했다.

"이제 저 유가, 묵가, 양주, 송견 등은 지금껏 나를 가운데 두고 논변을 펼치면서 언사로써 서로 공격하고 고성으로써 서로 굴복시키려 하였지만 애시 당초부터 나를 틀렸다고 부정하지 못하고 있다. 그대 같으면 어떻게 하겠는가?"

이에 장자가 대답했다.

"제齊나라 사람 중에 아들을 송宋나라에 팔아 버린 자가 있었다. 문지기가 되도록 명하고 그는 아들의 발을 잘라 일부러 불구자로 만든 것이다. 하지만 그는 자신이 마실 목이 긴 술병을 구해 왔을 때는 그것이 깨질까 봐 정성을 다해 묶고 감싸곤 하였다. 또 잃어버린 아들을 찾는다고 하면서도 문밖에는 나가지도 않았다고 한다. 이 세 가지 일의 간략한 요지는 상기上記한 혜자와 더불어 묵적의 무리들과도 같음이 있다는 것이다. 또 초楚나라 사람으로 남의 집에 얹혀서 사는 자가 문지기에게 화를 내며 책망하고는 한밤중에 아무도 없을 때 도망쳐서 나루터까지 와서 뱃사공과 옥신각신 다투게 되었다. 미처 배가 강기슭을 떠나기도 전에 뱃사공의 원한을 사게 되었다는 것이다." (齊, 楚, 二人의 소행과 마찬가지로, 이제 혜자를 포함한 五子가 서로 是라고 하는 것도 위의 齊, 楚, 二人이 정작 중요한 것은 망각한 채

414

하찮은 일에 애를 쓰며 스스로 是라고 생각하는 것과 다름이 없지 않는가?)

莊子曰.
"[1]射者非前期而中,
謂之善射, 天下皆[2]羿也,
可乎?"
惠子曰, "可."
莊子曰,
"天下非有[3]公是也, 而各是其所是,
天下皆堯也, 可乎?"
惠子曰, "可."
莊子曰,
"然則[4]儒墨楊秉四,
與夫子爲五, 果孰是邪?
或者若魯遽者邪?
其弟子曰,
'我得夫子之道矣,
吾能冬[5]爨鼎而夏造冰矣.'
[6]魯遽曰,
'是直以陽召陽, 以陰召陰,
非吾所謂道也.
吾示子乎吾道.' 於是乎爲之調瑟,
[7]廢一於堂, 廢一於室.
鼓宮宮動, 鼓角角動,
音律同矣. 夫或改調一弦,
於五音無當也, 鼓之二十五弦皆動.
未始異於聲,

장자왈.
"사자비전기이중,
위지선사, 천하개예야,
가호?"
혜자왈. "가."
장자왈.
"천하비유공시야, 이각시기소시,
천하개요야, 가호?"
혜자왈. "가."
장자왈.
"연즉유묵양병사,
여부자위오, 과숙시야?
혹자약노거자야?
기제자왈,
'아득부자지도의,
오능동찬정이하조빙의.'
노거왈,
'시직이양소양, 이음소음,
비오소위도야.
오시자호오도.' 어시호위지조슬,
폐일어당, 폐일어실.
고궁궁동, 고각각동,
음률동의. 부혹개조일현,
어오음무당야, 고지이십오현개동.
미시이어성,

而音之君己. 且若是者邪?" 이음지군이. 차약시자야?"

惠子曰. 혜자왈.

"今夫儒墨楊秉, "금부유묵양병,

8)且方與我以辯, 相拂以辭, 차방여아이변, 상불이사,

相鎭以聲, 而未始吾非也. 상진이성, 이미시오비야.

則奚若矣?" 즉해약의?"

莊子曰. 장자왈.

"齊人9)蹢子於宋者. "제인척자어송자.

10)其命閽也不以完, 기명흔야불이완.

11)其求鈃鍾也以束縛, 기구견종야이속박.

其求12)唐子也而未始出域. 기구당자야이미시출역.

13)有遺類矣. 유유류의.

14)夫楚人寄而蹢閽者, 부초인기이적흔자,

夜半於無人之時而與舟人鬪. 야반어무인지시이여주인투.

15)未始離於岑而足以造於怨也." 미시리어잠이족이조어원야."

 —〔徐無鬼〕—

[도움말]

1) 射者非前期而中—期는 準的, 照準이다. 먼저 맞출 목표도 정하지 않고 맞춘 것. 따라서 잘못 맞춘 것이다. (不期而中, 謂誤中者也.)—郭象

2) 羿—古代의 활을 잘 쏘았다는 제후, 后羿(후예)라 함.

3) 公是—공평한 是. 모두가 공인하는 절대 보편적 옳음(是)이다.

4) 儒墨楊秉—유는 儒家의 鄭緩, 묵은 墨家의 墨翟, 揚은 극단의 개인주의 者인 楊朱, 秉(병)은 公孫龍의 字라 한다. 馬叙倫은 秉(병), 宋鈃(송견)이라 했다. 명가인 公孫龍(공손룡)—네 학파에다 論理學派인 惠施(혜시)를 더하면 5家다

5) 爨鼎—爨(찬)은 불을 때는 것, 鼎(정)은 솥이다.

6) 魯邁—사람의 姓名이라 함. 周初의 인물이라 한다. (魯邁人姓名也.)—李頤.

7) 廢一於堂—폐는 置(치), 두다. 당은 바깥채, 堂上, 마루.

8) 且方與我以辯—且(차)는 其와 같고, 方은 한가운데를 나타낸다고 한다. 且方,

416

正在. 以, 목적어로 道로 풀이하는 이도 있다.

9) 蹢子 — 蹢(척)은 音을 적, 이라고도 하며 投(던지다), 팔아버림을 의미한다. (蹢, 投也.) — 陸德明

10) 其命閽也不以完 — 成玄英은 혼(閽)은 守門人. 고대에는 발이 잘린 刖刑을 받은 자의 職이라 함. 문지기가 되도록 명하고, '不以完'은 일부러 온전한 발을 자르는 것을 의미한다.

11) 其求鈃鍾也以束縛 — 鈃鍾 — 형종, 견종으로 읽는다. 小鐘을 닮은 목이 긴 술병. 求는 잘못 끼워 온 衍字(연자)라 하는 이도 있다. 郭象은 '鍾器를 아껴서 묶고 감싸다는데, 그것이 상하고 깨지는 것을 두려워하는 것'(愛鍾器, 束縛, 恐其傷破) — 郭象.

12) 唐子 — 唐(당)은 空으로 郭象 注에 '失也'라 함. 域은 類(閾(문지방 역)의 借字.

13) 有遺類矣! — 遺(유)는 그 외의 것이고, 대강의 要旨다. 類는 似. "上記의 이 세 가지 일은 모두 혜자와 더불어 楊墨의 무리들이 도모하는 要旨는 서로 같다는 것을 말한다."(遺, 餘也, 略也. 類, 似也. 言此三事皆與惠子楊墨之徒略相似也. 故曰, 有遺類矣) — 林希逸. 또한 遺類(유류)의 類는 上記의 사실에서 유추할 수 있는 道理 라 한다. (박일봉 역본)

14) 夫楚人寄而蹢閽者 — 楚人寄, 남의 식객으로 사는 楚人. 蹢閽, '<方言>: 蹢(적), 怒也.' — 楊雄. 閽, 守門人(문지기)다. 문지기에게 성내는 것.

15) 未始離於岑而足以造於怨也. — '岑(잠)은 '岸' 언덕이다. 한밤중에 배를 탔는데. 배가 강기슭을 떠나기도 전에 뱃사공과 싸운다.'는 것이다. (岑, 岸. 夜半獨上人船, 未離岸已共人鬪) — 成玄英. 그가 강을 건너야 한다는 것을 망각하였다는 것. 郭象은 '齊, 楚, 二人의 소행과 마찬가지로, 이제 혜자를 포함한 五子가 서로 是라고 하는 것도 위의 齊, 楚二人이 자기의 일을 스스로 非라고 생각지 않는 것과 다름이 없지 않는가?' 하고 반문했다. 五子의 是非는 道의 입장에서 보면 본질과 실상을 떠나있기 때문이다.

§Ⅶ-6. 스스로 그러한 자연(自然)에 따르며 부질없이
이 삶에 이것저것 덧붙이지 않는다

☯ 莊子의 상인자연이불익생(常因自然而不益生)

혜자가 장자에게 말했다.

"사람에겐 본래 정情이 없다는 것인가?"

장자가 대답했다.

"그렇다네."

혜자가 말했다.

"사람에게 정이 없다고 하면 어떻게 사람이라고 할 수가 있겠는가?"

장자가 말했다.

"도가 사람의 용모를 주었고 하늘은 사람의 형체를 주었으니, 어찌 사람이라 부르지 못하겠는가?"

혜자가 말했다.

"이미 사람이라 하면 어찌 정이 없다 할 수 있겠는가?"

장자가 말했다.

"시비가 내가 말하는 정情이라네. 내가 정이 없다하는 건 사람이 좋아하고 싫어하는 감정에 따라서 자기의 몸속을 상하게 하지 않으며 언제나 스스로 그러한 자연自然에 따르며 부질없이 이 삶에 이것저것 덧붙이지 않음을 말하는 것이라네."

혜자가 말했다.

"이 삶을 욕망에 따라 풍요롭게 하지 않는다면 어떻게 그 몸을 잘 지켜 나갈 수 있다는 건가?"

장자가 말했다.

"도가 용모를 주었고 하늘이 형체를 주었으니 부질없이 좋다, 싫다하는 등의 비교 분별의 감정으로 스스로 몸을 상하게 하는 일이 없게 한다는 것이네. 지금 그대는 그대의 신神을 바깥으로 돌리고 그대의 정精을 지치게 하면서, 서서는 나무에 기대어 신음하거나 앉아서는 오동나무 궤에 의지하여 꾸뻑꾸뻑 졸고 있다. 하늘이 그대에게 형체를 잘 갖추게 하였는데도, 그대는 이처럼 그것을 혹사시키면서 견백堅白의 궤변론을 천하에 퍼뜨리며 명성을 바라고 있네."

[1]惠子謂莊子曰.

혜자위장자왈.

"[2]人故無情乎?"

"인고무정호?"

莊子曰. "然."

장자왈. "연."

惠子曰.

혜자왈.

"人而無情, 何以謂之人?"

"인이무정, 하이위지인?"

莊子曰.

장자왈.

"道與之貌, 天與之形,
惡得不謂之人?"

"도여지모, 천여지형,
오득불위지인?"

惠子曰.

혜자왈.

"旣謂之人, 惡得無情?"

"기위지인, 오득무정?"

莊子曰.

장자왈.

"是非吾所謂情也.
吾所謂無情者,
言人之不以好惡內傷其身,
[3]常因自然而不益生也."

"시비오소위정야.
오소위무정자,
언인지불이호오내상기신,
상인자연불익생야."

惠子曰.

혜자왈.

"不益生, 何以有其身?"

"불익생, 하이유기신?"

莊子曰.

장자왈.

"道與之貌, 天與之形,

無以好惡內傷其身.

今子外乎子之神, 勞乎子之精,

倚樹而吟, 4)據槁梧而暝.

5)天選子之形, 6)子以堅白鳴."

　　　　－〔德充符〕－

"도여지모, 천여지형,

무이호오내상기신.

금자외호자지신, 노호자지정,

의수이음, 거고오이명.

천선자지형, 자이견백명."

[도움말]

1) 惠子－송나라 사람으로 위 혜왕의 재상, 名家의 대표적 인물로 장자와는 둘
   도 없는 친구였다. 성은 惠, 이름은 施.
2) 人故無情乎?－故는 固, 본래. 情은 是非, 好惡의 감정뿐만 아니라 욕망, 상
   대적 인식등도 포함된다.
3) 常因自然而不益生也－因, 隨順. 自然의 스스로 그러함에 따르다. 益은 더함
   이다. 益生은 받아 누리는 삶을 구하고 탐하는 것.(益, 滋. 益生, 貪求生活享
   受)－歐陽超 자연에 의거한 소박한 삶 그대로 온전히 하다. '益이 있으면 損
   도 있다. 늘 스스로 그러함에 따르면, 익 되는 것도 없고 또한 손 되는 것도
   없다.'(有益則有損, 常因自然, 則無所益, 亦無所損矣.)－林希逸. 즉 자연의
   변화에 맡기고 따를 뿐, 별다른 익생을 추구하지 않음이다. 혜시의 '익생'은
   인위적인 방법으로 생명의 연장을 추구하거나, 명예, 부귀의 추구 등으로 생
   을 풍요롭게 하는 것이다.
4) 據槁梧而暝－槁梧, 마른 오동나무 책상, 혹은 거문고라 함. 暝은 睡, 졸다.
   (暝, 睡也.)－郭象. 심신이 극도로 지쳐 오동나무 책상에 기대앉아 物事를 깊
   이 생각하며 졸게 되는 것.
5) 天選子之形－選, 주다. (選選, 授也)－成玄英 자연(天)이 그대의 형체를 주다.
6) 子以堅白鳴－子는 혜자다. 鳴은 言說이다. 堅白同異등의 궤변을 세간에 퍼
   뜨리는 것.

§Ⅶ-7. 혜자가 죽은 후로는, 나는 더불어 談論(담론)할 사람이 없게 되었다

☯ 莊子의 오무여언지(吾無與言之)

장자가 어느 장례식에 참석했다가, 혜자의 무덤을 지나게 되었다. 뒤에 따라오는 사람을 돌아보면서 장자가 말했다.

"초의 도읍지 영郢에 사는 사람이 백토를 자기 코끝에 파리 날개 처럼 얇게 바르고, 장석에게 그걸 깎아 내게 했다. 장석은 손도끼 를 힘차게 바람을 일으켜 휘두르는 손에 맡겼는데 어느새 코끝의 백토는 말끔히 깎이고 코는 말짱했다. 영郢 사람은 꿈쩍 않고 서 서 얼굴빛 하나 고치지 않았다. 송나라 원군이 이 이야기를 듣고 장석을 불러들여 말하기를,

'시험 삼아 과인을 위해 자네의 손도끼 술을 보여 주시게나.'

이에 장석은, '전에는 코끝의 백토를 깎아낼 수 있었습니다. 그렇 지만, 이제는 제 기술의 밑받침이었던 상대역 영郢사람이 죽은 지 도 오래 되었습니다.'

라고 말하며 사양하였다 한다.

이와 같이 지금 나에게도 혜자가 죽은 후로는 진정 상대할 벗이 없어져서, 나는 더불어 담론談論할 사람이 없게 되었다."

莊子送葬, 過惠子之墓. 雇謂
從者曰.
"1)郢人堊漫其鼻端若2)蠅翼,
使匠石斲之.

장자송장, 과혜자지묘. 고위
종자왈.
"영인악만기비단약승익,
사장석착지.

³⁾匠石運斤成風, ⁴⁾聽而斲之, 　　장석운근성풍, 청이착지,

盡堊而鼻不傷. 郢人立不失容. 　　진악이비불상. 영인립부실용.

宋元君聞之, 召匠石曰, 　　송원군문지, 소장석왈,

'嘗試爲寡人爲之.' 　　'상시위과인위지.'

匠石曰, 　　장석왈,

'臣則嘗能斲之. 　　'신즉상능착지.

雖然, ⁵⁾臣之質死久矣.' 　　수연, 신지질사구의.'

自夫子之死也, ⁶⁾吾無以爲質矣, 　　자부자지사야, 오무이위질의,

⁷⁾吾無與言之矣." 　　오무여언지의."

　　　　　－〔徐無鬼〕－

[도움말]

1) 郢人堊漫－郢(영)은 春秋時代 楚의 도읍지. 堊(악)은 白土, 李頤는 漫은 塗(도)
   와 같다고 함. 바른다. 堊의 俗音은 '아'. 郢人(영인)을 '미장이'라고도 한다.

2) 蠅翼－파리의 날개.

3) 匠石運斤成風－匠石의 匠은 木手. 石은 이름이다. 斤은 斧, 도끼. (指揮斧敏
   捷) 장석이 재빨리 도끼를 휘둘러 바람을 일으키다.

4) 聽而斲之－聽 손에 맡기다. 맡기다. (聽, 任手也)－宣穎. 斲은 깎는다. 之는
   파리 날개처럼 얇게 바른 白土를 뜻한다. 장석에게 맡겨서 코끝의 백토를 깎아
   내게 하는 것.

5) 臣之質死久矣－質(질)은 바탕으로 나무를 깎는 臺. '질은 묘기를 쓰는 바탕
   못이다.'(質是用巧之池也.)－林希逸 郢人이 '立不失容' 하게 하는 상대인 匠
   石(장석)이 죽은 지 오래 라는 것이다. 곧 장석을 '質'이라 표현하고 있다

6) 吾無以爲質矣－영인에게 장석이 없는 것처럼, 장자에게 혜자가 죽은 것은,
   서로 입장은 달랐지만 더불어 이야기할 만한 소중한 인생의 벗을 잃은 것과
   같다고 말하고 있는 것이다.

7) 吾無與言之矣－'之, 猶者也.' 之, 者와 같다.

§Ⅶ-8. 도(道)를 아는 것은 쉬우나 그것을 말하지 않는 것은 어렵다

☯ 莊子의 지도이, 물언난 (知道易, 勿言難)

장자가 말했다.

"도道를 아는 것은 쉬우나 그것을 말하지 않는 것은 어렵다.

알면서도 말하지 않는 것은, 천도天道-자연自然을 따르는 길이다.

알고 나서 그것을 말로 나타내는 것은, 인도人道-인위人爲를 따르는 길이다.

상고上古의 지인至人은, 하늘의 길을 따랐고 인간의 길을 따르지 않았다."

莊子曰.　　　　　　　　　　　장자왈.

"知道易, 勿言難.　　　　　　　"지도이, 물언난.

1)知而不言, 2)所以之天也.　　　지이불언, 소이지천야.

知而言之, 3)所以之人也.　　　　지이언지, 소이지인야.

古之至人, 天而不人."　　　　　고지지인, 천이불인."

　　　　　－〔列御寇〕－

[도움말]

1) 知而不言－노자 56 장: '知者不言, 言者不知.'와 비슷하지만 그 의미가 다른 표현이다. 知者不言 '아는 자는 말하지 않는다'와 知而不言 '알면서도 말하지 않는다'의 차이다. 전자는 강직하고 초월적이고, 후자는 보다 유연하고 인간적이다.

2) 所以之天也－天은 天然, 自然. 之는 往과 통한다. 天의 경지에 복귀하는 것을 의미한다. (成玄英: 之天, 諸於自然之境.) 所以는 방법, 까닭, 수단, '길'이다.

3) 所以之人也−人은 人爲, 世俗의 人이다. 세속 인간의 길을 따르는 것. 之人
   은 人倫에서 아직 떨어지지 못하고 있음이다. (之人, 未離於人倫.)−成玄英

   * 知道易, 勿言難. 의 풀이를 <詩經: 鄘風(용풍) 牆有茨(장유자)>의 句節을
     援用해 본다면 그 의미는 좀더 분명하게 된다. (물론 시경속의 이 風이
     의미하는 본래의 뜻은 논외로 둔다.).

   所可道也, 言之醜也! 만일 말할 수 있더라도, 말하면 추해질 것을!
   所可詳也, 言之長也! 만일 자세히 말할 수 있더라도, 말하면 길어질 것을!
   所可讀也, 言之辱也! 만일 소리 내어 읽을 수 있더라도, 말하면 욕될 것을!

   이 경우 '所'가 偏句의 첫 머리나 주어 뒤에 쓰이면 '만일……한다면'이다.
   莊子의 "知道易, 勿言難."을 현대인의 정신적 스승의 한 사람이라고 할 수
   있는 베트남 출신의 "칭하이 무상사"는 이렇게 말하고 있다.

   지혜에는 두세 종류가 있습니다.
   최고의 지혜를 지닌 사람은
   아무 말도 하고 싶어 하지 않습니다.
   그들은 사람들이 물을 때만 말합니다.

   There are two or three kinds of wisdom.
   Those with highest wisdom
   do not want to say anything:
   they talk only when people ask.

   <SUPREME MASTER CHING HAI>

§Ⅶ-9. 장자, 분연히 얼굴빛을 고치며 말하다

☯ 莊子의 분연작색왈(忿然作色曰)

장자, 집이 가난하여 감하후에게 곡식을 빌리러 갔다.

감하후가 말하기를

"그렇게 하겠소. 내가 장차 봉읍封邑의 부세賦稅를 받아들이려 하는데 거기서 삼백금三百金을 당신에게 빌려드리지요. 그러면 되겠소?"

장자는 분연忿然히 얼굴빛을 바꾸며 말했다.

"내가 어제 여기에 오는데, 중도에 나를 부르는 자가 있었소. 돌아보니 수레바퀴 자국의 고인 물속에 한 붕어가 있었지요. 이에 나는 그 붕어를 보고 '여보게! 그대는 여기서 무얼 하고 있느냐?'하고 물어 보았더니, 붕어가 말하길, '나는 동해 바다의 신하입니다. 선생은 그 두승斗升의 물을 길어다 나를 살려주실 수 없겠는지요?' 이에 나는 '그러면 좋다. 나는 장차 남쪽으로 오월吳越의 왕에게 유세하러 가게 되네. 그때가 되면 서강西江의 물을 끌어다가 그대를 흠뻑 적셔주도록 하겠네, 그만 하면 되겠는가?'하고 물어보았지요. 그러자 붕어는 분연忿然히 얼굴빛을 고치면서 '나는 언제나 함께 있던 물을 잃어 버렸소. 이제 살 곳이 없어졌소. 나는 두승斗升의 물만 얻으면 곧 살아날 수 있는데, 선생께서 이처럼 말씀 하신다면 차라리 내일 아침 일찍 건어물乾魚物 가게에서 나를 찾아보는 것만 못할 것이요!'라고 말하더군요."

莊周家貧, 故[1]往貸粟於監河侯.　　　　장자가빈, 고왕대속어감하후.

監河侯曰,　　　　　　　　　　　　　　감하후왈,

"諾. 我將得²⁾邑金,

將貸子三百金.

可乎？"

莊周³⁾忿然作色曰.

"周昨來, 有中道而呼者. 周顧視

⁴⁾車轍中, 有鮒魚焉. 周問之曰,

'⁵⁾鮒魚來！子何爲者邪？'

對曰,

'我, 東海之⁶⁾波臣也.

⁷⁾君豈有斗升之水而活我哉？'

周曰, '諾. 我且南遊吳越之王.

⁸⁾激西江之水而迎子. 可乎？'

鮒魚忿然作色曰,

'吾失我⁹⁾常與, 我無所處.

吾得¹⁰⁾斗升之水然活耳,

君乃言此,

¹¹⁾曾不如早索我於枯魚之肆！'"

－〔外　物〕－

"낙. 아장득읍금,	

"낙. 아장득읍금,

장대자삼백금.

가호？"

장주분연작색왈.

"주작래, 유중도이호아자. 주고시

거철중, 유부어언. 주문지왈,

'부어래！자하위자야？'

대왈,

'아, 동해지파신야.

군기유두승지수이활아재？'

주왈, '낙. 아차남유오월지왕.

격서강지수이영자. 가호？'

부어분연작색왈,

'오실아상여. 아무소처.

오득두승지수연활이,

군내언차,

증불여조색아어고어지사！'"

[도움말]

1) 往貸粟於監河侯－貸(대)는 音을 특(特)이라고도 함. 빌리다. 粟(속)은 곡식 혹은 조, 좁쌀이다. 감하후는 魏 文侯라 한다. 제후. 侯爵의 신분이다.

2) 邑金－城邑의 賦稅.

3) 忿然作色－忿然(분연)은 성을 내는 것. 作色(작색)은 變色, 얼굴빛이 변하는 것. 장자가 자신의 성냄을 감추지 않고 드러내었다는 것.

4) 車轍中, 有鮒魚焉－車轍(거철)은 수레바퀴 자국. 鮒魚(부어)는 붕어.

5) 鮒魚來！－來, 어조사. (鮒, 鯖(붕어 적) 也)－陸德明

6) 波臣－물결의 臣, 물고기라 한다. (波臣, 謂 波蕩之臣)－司馬彪

7) 君豈有斗升之水而活我哉? — 豈(기)는 여기서는 '어찌'가 아니라 '猶其也'라 했다. 其와 같다는 것. 斗升(두승)은 말이나 되. 약간의 물, 조금의 恩惠로 나를 살려주지 않겠는가? 여기가 '斗升活'이란 말의 出典이다.

8) 激西江之水 — 激(격)은 뒤으로 물을 끌어오는 것.

9) 常與 — '늘 함께 한다'는 의미로 물(水)이다.

10) 斗升之水然活耳 — 然, 則과 같다. (然, 猶則也.)

11) 曾不如早索我於枯魚之肆 — 曾은 不, 無 앞에 놓으면 강한 不定語氣를 나타 낸다. 索, 求. 구하다. 肆(사)는 장터, 가게. 마른 생선 가게.

[앤솔러지 莊子: 188]

§Ⅶ-10. 옷이 해지고 신발이 구멍 난 것은 가난이지 병(病)은 아니다

🌑 莊子의 비(憊)

장자가 누덕누덕 기운 거친 베옷을 입고, 삼끈으로 꿰진 짚신을 신고 허리띠를 단정히 묶고는 위魏나라 왕 곁을 지나가는데 위왕 이 물었다.

"선생은 어쩌다가 이토록 고달프고 병들어 보이는가?"

장자가 말했다.

"가난이지, 병病은 아닙니다. 사내가 도와 덕을 갖추고서도 행할 수 가 없으면 병病들었다 합니다. 옷이 해지고 신발이 구멍 난 것은 가난이지 병은 아닙니다. 이 가난은 이른바 때를 만나지 못했다는 것이지요. 왕께서는 저 나무를 타는 원숭이를 보지 못하셨소? 들 메나무, 가래나무, 예장나무 등 높고 우람한 나무에 오르게 되면 늘어진 가지를 붙잡고 매달려 그 사이에서 의기양양해 할 때에는 비록 활의 명인 예羿나 그의 제자, 봉몽이라 할지라도 조준하여 쏘아 맞출 수가 없지요. 그러나 석류나무, 가시나무, 탱자나무, 호깨나무 등 가시가 있는 나무에 오르게 되면 조심스레 걷고 곁눈질을 하면서 몸을 떨며 두려워하지요. 이것은 원숭이의 근골筋骨이 위급한 경우를 당하여 부드럽지 않아서 그런 것이 아니라 처해진 형편이 편안치 못해서 그 능력을 충분히 발휘할 수가 없기 때문입니다. 지금 시대는 어두운 임금과 어지러운 대신들 사이에 처해 있으니 고달프고 병들지 않고자 한들 어떻게 가능할 수가 있겠소? 저 왕자 비간比干의 심장이 갈기갈기 찢기어 밖으로 드러낸 그 일이야말로 분명한 증거가 될 것이요!"

莊子衣[1]大布而補之,	장자의대포이보지,
[2]正緳係履而過[3]魏王.	정혈계리이과위왕.
魏王曰.	위왕왈.
"何先生之[4]憊邪？"	"하선생지비야?"
莊子曰.	장자왈.
"貧也, 非憊也.	"빈야, 비비야.
士有道德不能行,	사유도덕불능행,
憊也. 衣弊履穿,	비야. 의폐리천,
貧也, 非憊也.	빈야, 비비야.
此所謂非遭時也.	차소위비조시야.
王獨不見夫騰猿乎？	왕독불견부등원호？
其得[5]枏梓豫樟也,	기득남자예장야,
[6]攬蔓其枝而王長其間,	남만기지이왕장기간,
雖[7]羿蓬蒙不能眄睨也.	수예봉몽불능면예야.
及其得[8]柘棘枳枸之間也,	급기득자극지구지간야,
危行側視, 振動[9]悼慄.	위행측시, 진동도률.

此筋骨非有加急而不柔也,　　　차근골비유가급이불유야,

處勢不便, 未足以[10]逞其能也.　　처세불편, 미족이정기능야.

今處昏上, 亂相之間,　　　　　금처혼상, 난상지간,

而欲無憊, 奚可得邪?　　　　이욕무비, 해가득야?

[11]此比干之見剖心徵也夫!"　　차비간지현부심징야부!"

－〔山　木〕－

[도움말]

1) 衣大布而補之－衣, 입다. 大布, 발이 굵고 거친 베. 粗布(남루한 천)라 함. (司馬彪: 大布(대포), 粗布也.) 補는 깁는다. 남루한 천 조각으로 기워 입은 것이다.

2) 正緳係履－緳(혈)은 帶, 띠. 또는 緳(혈)을 麻一崙, 삼 올 한 가닥 끝이라는 說이 있다. 곧 '띠를 단정하게 매다.' '삼 올 한 끝을 가지런히 하다.'의 두 가지 풀이가 있다. 여기서는 전자를 택한다. 혈의 音은 '결'로도 읽는다. 係는 李頤가 '履穿故係'라 했다. 신발(짚신)이 구멍이 나 다시 엮은 것이다. 누덕누덕 기운 베옷과 삼끈으로 엮은 짚신을 신고 있는 장자의 차림새인 것이다.

3) 魏王－魏王은 惠王. (司馬彪)

4) 憊－<莊子音義>에는 '憊'가 본래는 '病'이라 함. (憊, 本作病)－司馬彪. 고달프다. 지친 것, 病困이라 한다. 鄭玄은 <주역>注에서 '憊, 困也'라 함.

5) 枏梓豫樟－枏(남)은 楠(남)과 같고 들메나무. 梓(자)는 가래나무, 예장(豫樟)은 노나무. 모두 높고 큰 나무들이다. (宋刊 南華眞經, 예문인서관 影印本에는 豫章으로 되어있다. 豫樟으로 고친다.)

6) 攬蔓其枝而王長其間－攬(남)은 擥(람)과 같고 손으로 잡는 것. 蔓은 넌출. 그 큰 나무들의 늘어진 긴 넝쿨을 잡는 것. 王長은 自得貌. 혹은 王者와 君長이라 한다.

7) 羿. 蓬蒙不能眄睨也－羿(예)는 활의 名人. 蓬蒙(봉몽)은 羿(예)의 제자. (蓬蒙, 羿之弟子)－司馬彪. 眄睨(면예)는 斜視, 흘겨보는 것. (眄睨, 斜視也.)－李頤. 활을 쏠 때 한쪽 눈을 감으며 목표를 노려보는 모습이다.

8) 柘棘枳枸－枏梓豫章(남자예장)의 對가 되는 말. 모두 가시나무로서 柘(자)는 石榴(석류) 나무, 棘(극)은 가시나무, 枳(지)는 탱자, 枸(구)는 호깨 나무다.

9) 悼慄－悼慄(도률)은 두려워하며 겁내는 것.

10) 逞其能 - 逞(정)은 세력이 왕성함, 그 능력을 마음껏 발휘하는 것. 俗音은 '령'이다.
11) 比干之見剖心徵也夫! - 比干(비간), 殷 紂王을 忠諫했다가 가슴(心)이 째여 죽었다. 見은 音이 '현'이고 被動의 助動詞. 徵은 徵驗, 證據. 그 징험을 잘 증명하는 것이라 한다. 剖(부)는 쪼갠다.

[앤솔러지 莊子: 189]

§Ⅶ-11. 장자는 楚 나라에 가다가 속이 텅 빈 해골을 보았다

◉ 莊子의 견공촉루(見空髑髏)

장자는 초楚 나라에 가다가 속이 텅 빈 해골을 보았는데, 바싹 말라서 형체만 남아 있었다. 장자는 들고 있던 말채찍으로 두드리며 물었다.

"그대는 생生을 탐하다가 도리를 잃고 이런 모습이 되었는가? 아니면 나라를 망칠 반역의 일이라도 하고 부월斧鉞의 주살誅殺을 받아 이런 모습이 되었는가? 혹은 나쁜 일을 하여 부모처자에게 오명汚名을 남기게 되는 것을 부끄러워하여 스스로 목숨을 끊어 이렇게 되었는가? 또는 추위에 얼거나 굶주림으로 이렇게 되었는가? 그렇지 않으면 그대는 천수天壽를 다 누리고 이렇게 죽음을 맞이하게 되었는가?"

이렇게 말하고 장자는 그 해골을 끌어다가 베고 누워 잠이 들었다. 그날 밤, 장자의 꿈에 해골의 영靈이 나타나 말했다.

"그대의 말은 세상의 변사辯士의 말과 같다. 하지만 그대가 말하는 것들은 모두가 살아 있는 사람들의 괴로움이지 죽으면 그런 걱정

430

따위는 아무것도 없네. 그대는 죽은 자의 기쁨에 대하여 들어보고
싶지 않은가?"

장자가 대답했다.

"들어보겠네."

해골의 영靈이 말했다.

"죽음의 세계에는 위로 임금도 없고 아래로 신하도 없으며 사계절
의 변화도 없네. 오직 조용히 천지를 춘추로 삼아 수명壽命을 같이
할 뿐이네. 남면南面하는 제왕帝王의 즐거움이라 할지라도 사死의
세계의 즐거움을 넘어 설 수는 없다네."

장자는 그 말을 믿지 않고 다시 말했다.

"내가 생명을 관장하는 신神에게 청하여 그대의 형체를 재생시켜
그대의 뼈와 살, 피부를 되살리게 하여 그대의 부모처자父母妻子와
고향의 친척親戚, 붕우朋友에게로 돌아가게 한다면 그대는 그렇게
되기를 원하겠는가?"

그러자 해골의 영靈은 몹시 수심어린 기색으로 콧등을 찡그리며
말했다.

"내 어찌 남면南面하는 제왕과도 같은 즐거움을 버리고, 다시 나아
가 인간 세상의 노고勞苦를 되풀이한단 말인가?"

莊子之楚, 見空[1]髑髏,　　　　장자지초, 견공촉루,

髐然有形.　　　　　　　　　　효연유형.

[2]撽以馬捶因而問之曰.　　　　고이마추인이문지왈.

"夫子貪生失理, 而爲此乎?　　"부자탐생실리, 이위차호?

[3]將子有亡國之事,　　　　　　장자유망국지사,

[4]斧鉞之誅,　　　　　　　　　부월지주,

而爲此乎?　　　　　　　　　　이위차호?

將子有不善之行,　　　　　　　장자유불선지행,

⁵⁾愧遺父母妻子之醜,

而爲此乎?

將子有⁶⁾凍餒之患,

而爲此乎?

⁷⁾將子之春秋故及此乎?"

於是語卒, ⁸⁾援髑髏, 枕而臥. 夜半,

髑髏見夢曰.

"子之談者似⁹⁾辯士.

諸子所言, 皆生人之累也,

死則無此矣.

子欲聞死之說乎?"

莊子曰. "然."

髑髏曰.

"死, 無君於上, 無臣於下.

亦無四時之事.

¹⁰⁾從然以天地爲春秋.

雖南面王樂,

不能過也."

莊子不信, 曰.

"吾使¹¹⁾司命復生子形,

爲子骨肉肌膚,

反子父母妻子¹²⁾閭里知識,

子欲之乎?"

髑髏深¹³⁾矉蹙頞曰.

"吾安能棄南面王樂而復爲人間之

勞乎?"

—〔至 樂〕—

괴유부모처자지추,

이위차호?

장자유동뇌지환,

이위차호?

장자지춘추고급차호?"

어시어졸, 원촉루, 침이와. 야반,

촉루현몽왈.

"자지담자사변사.

제자소언, 개생인지누야,

사즉무차의.

자욕문사지열호?"

장자왈. "연."

촉루왈.

"사, 무군어상, 무신어하.

역무사시지사.

종연이천지위춘추.

수남면왕락,

불능과야."

장자불신, 왈.

"오사사명부생자형,

위자골육기부,

반자부모처자여리지식,

자욕지호?"

촉루심빈축알왈.

"오안능기남면왕락이부위인간지

노호?"

[도움말]

1) 髑髏, 髐然 — 髑髏(촉루)는 해골, 죽은 사람의 머리뼈(首骨). 髐(효)는 흰 뼈로 마른 모양이다. (髐, 白骨貌. 有枯形也) — 李頤

2) 撽以馬捶因而問之 — 撽(고)는 '旁擊也.' 곁에서 치는 것이다. 馬捶(마추)는 馬杖(마장) 말채찍. 捶는 箠(채찍 추)의 假字. 因은 乃, 곧 바로, 즉

3) 將 — 將(장), (猶抑也.) 抑과 같다. 그렇지 않으면. 아니면 或

4) 斧鉞之誅 — 부월은 머리를 자를 때 쓰는 도끼, 혹은 金斧와 黃鉞이라 함. 天子가 出征의 將帥에게 내려 軍中에서 罰을 행하게 했다. 誅(주)는 죽이는 것. 刑戮(형륙)의 罰이다.

5) 愧遺父母妻子之醜 — 愧(괴), 여기서는 '부끄러움으로 여기다' 추는 恥(치), 惡名이다.

6) 凍餒之患 — 凍餒(동뇌)는 凍餓(동아)와 같다. 얼고 굶주리는 것.

7) 將子之春秋故及此乎? — 春秋는 나이, 故는 而와 같다. 必然의 의미다.

8) 援髑髏, 枕而臥 — 援(원)은 끌어당기는 것. 枕(침)은 베개 삼는 것이다.

9) 辯士 — 遊說者(유세자)처럼 口舌(구설)을 業으로 삼는 사람. 多辯(다변)을 질책하는 것이다.

10) 從然以天地爲春秋 — 從然(종연)은 편안히 造化의 推移에 맡기는 것. 音을 총, 종은 방일이다.(陸德明: 從, 放逸也)

11) 司命復生 — 司命, 별이름. 생사를 알고 주관하고 하늘의 도리를 도와 惡을 죽이고 善을 보호함이다. (使命, 星名, 主知生死, 輔天經紀, 誅惡護善也.) 곧 인간의 運命(운명), 生命을 맡은 神이라 한다. 復生은 다시 生을 얻는 것, 復活과 같다. 復의 音은 복, 부

12) 閭里知識 — 鄕親과 故舊. 고향의 가까운 사람들과 옛 친구. (知識謂朋友) — 王先謙. 閭里(여리)는 마을.

13) 矉蹙頞(빈축알) — 矉은 찡그리다. 蹙은 축소시키다. 頞(알)은 콧대. 혹은 矉蹙(빈축)은 수심어린 모습이다. (矉蹙者, 愁貌.) — 李頤. 또 頞(알)은 잘못 끼어든 衍字(연자)로 보기도 함. — 吳汝綸.

§Ⅶ-12. 그만 돌아가시오! 나는 장차 진흙 속에
꼬리를 끌며 살겠소

☯ 莊子의 오장예미어도중(吾將曳尾於塗中)

장자가 복수濮水에서 낚시질을 하고 있을 때, 초楚나라 왕이 대부大
夫두 사람으로 하여금 먼저 가서 왕의 뜻을 전하게 했다. 말하기를
"원컨대 초나라의 정사를 맡아 수고해 주셨으면 합니다!"
장자는 낚싯대를 손에 잡은 채 돌아보지도 않으며 말했다.
"내가 들으니 초나라에는 신귀神龜가 있어, 죽은 지가 삼천 년이
지났으나, 초나라 왕은 그것을 건巾으로 싸고 상자에 넣어 묘당廟
堂의 위에 보관해 두었다고 했소. 그런데 이 거북은 죽어서 뼈를
남겨 사람들의 귀함을 받으려 하겠소? 아니면 차라리 살아서 차
라리 진흙 속에 꼬리를 끌기를 바라겠소?"
이에 두 대부가 말하였다.
"차라리 살아서 진흙 속에 꼬리를 끌겠지요."
장자가 말했다.
"그만 돌아가시오! 나는 장차 진흙 속에 꼬리를 끌며 살겠소."

莊子釣於[1]濮水,	장자조어복수,
[2]楚王使[3]大夫二人[4]往先焉. 曰,	초왕사대부이인왕선언. 왈,
"[5]願以竟內累矣!"	"원이경내누의!"
莊子持竿不顧, 曰.	장자지간불고, 왈.
"吾聞楚有[6]神龜,	"오문초유신귀,
死己三千歲矣,	사이삼천세의,

王⁷⁾巾笥而藏之廟堂之上.　　　　　왕건사이장지묘당지상.

此龜者,　　　　　　　　　　　　차귀자,

⁸⁾寧其死爲留骨而貴乎?　　　　　영기사위유골이귀호?

寧其生而曳尾於塗中乎?"　　　　영기생이예미어도중호?"

二大夫曰.　　　　　　　　　　　이대부왈.

"寧生而曳尾塗中."　　　　　　　"영생이예미도중."

莊子曰.　　　　　　　　　　　　장자왈.,

"往矣!⁹⁾吾將曳尾於塗中."　　　"왕의! 오장예미어도중."

　　　　－〔秋　水〕－

[도움말]

1) 釣於濮水－濮水(복수)는 오늘날의 河南省에서 발원하여 河北省에 이르는 水 名이라 한다. 釣(조)는 낚다. 낚시질하는 것. (濮水, 屬今濮州濮陽縣)－成玄 英. 오늘 날의 濮州 濮陽縣에 속한다.

2) 楚王－楚(초) 威王(위왕)이다. 在位 기간은 B.C. 339－329. (楚王 威王也.)－ 司馬彪.

3) 大夫－周代의 官名. 3公, 9卿, 27大夫, 81元士가 있었다.

4) 往先焉－先往焉과 같고 '謂宣其言也'라 한다.－成玄英. 先은 宣과 통하여 먼저 가서 뜻을 전달하는 것이다.

5) 願以境內累－竟內는 境內, 국내이며 國政이다. 累는 心勞.

6) 神龜－龜卜, 거북점을 위한 거북이다. 등 껍데기를 태워 나라의 길흉을 점친 다고 함.

7) 巾笥－巾(건)은 천이다. 笥(사)는 箱子. 천으로 싸서 상자에 보관하는 것.

8) 寧其死爲留骨而貴乎? －여기서의 寧(영)은 願望, 選擇의 뜻. 죽어 뼈가 되 어 귀하게 되는 것이다. 寧其A……寧其B……A하기보단 차라리 B를 선택, 희망 함이다. 후자를 택함이다.

9) 吾將曳尾於塗中－曳尾(예미)는 꼬리를 끌다. 塗(도), 진흙이다. (塗, 泥塗也.) －成玄英

§Ⅶ-13. 양 나라 재상 자리를 가지고 나에게 '꿱' 하고
으름장을 놓고자 하는 것인가?"

☯ 莊子의 혁아야?(嚇我邪?)

혜자가 양梁나라의 재상이 되니, 장자가 가서 그를 만나보려고 하였다. 장자가 온다는 소문을 들은 어떤 사람이 혜자에게 말했다.

"장자가 오면, 당신 대신 재상이 되려고 할 것입니다."

그러자 혜자는 두려워하여 삼일 밤낮으로 나라의 구석구석까지 뒤져 장자를 찾아내도록 했다. 이에 장자는 스스로 찾아가서 혜자를 만나, 이렇게 말했다.

"남쪽에 새가 있는데, 그 이름을 원추鵷鶵라 한다. 그대도 그 새를 알고 있겠지? 그 원추는 남쪽 바다를 떠나 북쪽 바다로 날아가는데, 오동나무가 아니면 쉬지 않고 대나무 열매가 아니면 먹지 않으며 달고 맑은 샘물이 아니면 마시지 않는다. 이때 마침 솔개가 썩은 쥐를 얻어 움켜쥐고 있었는데, 원추가 솔개 위를 지나 날아갔다. 솔개는 올려다보곤 그 썩은 쥐를 빼앗길까 원추를 노려보며 '꿱!'하고 으르며 소리를 질렀다. 지금 그대도 움켜쥐고 있는 양 나라 재상 자리를 가지고 나에게 '꿱'하고 으름장을 놓고자 하는 것인가?"

1)惠子相梁, 莊子往見之.　　　　혜자상양, 장자왕견지.

或謂惠子 曰.　　　　　　　　　혹위혜자 왈.

"莊子來, 欲代子相."　　　　　"장자래, 욕대자상."

於是惠子恐, 搜於國中三日三夜.　어시혜자공, 수어국중삼일삼야.

莊子往見之, 曰.　　　　　　　장자왕견지, 왈.

"南方有鳥, 其名爲²⁾鵷鶵.

子知之乎?

夫鵷鶵, ³⁾發於南海而飛於北海,

梧桐不止, 非⁴⁾練實不食,

非⁵⁾醴泉不飲.

於是⁶⁾鴟得腐鼠, ⁷⁾鵷鶵過之.

仰而視之曰.

⁸⁾'嚇!' 今子欲以子之梁

國而嚇我邪?"

─〔秋 水〕─

"남방유조, 기명위원추.

자지지호?

부원추, 발어남해이비어북해,

오동부지, 비연실불식,

비예천불음.

어시치득부서, 원추과지.

앙이시지왈.

'혁!' 금자욕이자지양

국이혁아야?"

[도움말]

1) 惠子相梁─惠子는 梁惠王의 宰相. (陸德明: 惠子相梁惠王) 梁(양)은 魏이다. 大梁(지금의 河南省 開封)에 도읍을 정한 후부터 魏(위)를 梁이라 했다. 혜자는 십 여 년 동안 위나라의 재상을 지냈다. 후일 連橫策을 주장하는 張儀(장의)에게 재상직을 빼앗긴다. 相은 여기서 동사적 용법으로 쓰인 명사.

2) 鵷鶵─鵷鶵(원추)는 鳳凰의 類라 했다. 高遠한 취미나 情操를 寓意하는 말이다. 莊子自喩.

3) 發於南海而飛於北海─於南海의 於(어), 從(따르다)이고 於北海의 於(어), 到(도달하다).

4) 練實─연실은 竹實, 대의 열매라 한다. (練實, 竹實也.)─成玄英. 대나무가 열매 맺는 일은 매우 드물고 상서로운 일로 여겨지고 있었다. 練을 楝의 假字로 보고 멀구슬 나무, 단향목(檀香木)이라고도 한다.

5) 醴泉─예천은 甘泉. 샘물이 단술처럼 달다. (泉甘如醴)─李頤

6) 鵷鶵過之─過之, 過於之. 之, 鴟. 원추, 솔개를 지나침이다.

7) 鴟得腐鼠─鴟(치)는 솔개 연(鳶)이다. (鴟, 鳶)─成玄英. 혹은 올빼미. 腐鼠는 썩은 쥐. 하찮고 천한 것의 比喩로 쓰인다.

8) 嚇─音이 '혁', 혹은 '하.' 怒하여 을러대는 소리, 威脅하는 소리다. '以口拒人曰嚇' 즉 입으로 타인을 거부함을 '嚇'이라 함. '嚇, 은 성난 소리를 내는 것인데, 썩은 쥐를 빼앗길까 두려워하는 것이다.'(嚇, 怒其聲, 恐其奪己也.)─司馬彪

§Ⅶ-14. 나는 호수의 다리 위에서 내 마음으로 그냥 물고기의 즐거움을 안 것이네

☯ 莊子의 아지지호상야(我知之濠上也)

장자는 혜자와 함께 호수濠水의 다리 위에서 노닐고 있었다.

장자가 말했다. "피라미가 자유롭게 헤엄치며 놀고 있네, 이것이 바로 물고기의 즐거움이네."

혜자가 말했다. "그대는 물고기가 아닌데, 어떻게 물고기의 즐거움을 아는가?"

장자가 말했다. "그대는 내가 아닌데, 내가 물고기의 즐거움을 알지 못한다는 것을 어떻게 아는가?"

혜자가 말했다. "나는 그대가 아니기에 본래 그대를 모른다. 그대도 본래 물고기가 아니기에 그대가 물고기의 즐거움을 모른다는 것은 온전하고 확실한 것이네."

장자가 말했다. "그러면 본래의 질문으로 돌아가 보세. 처음 그대가 나에게 '그대는 물고기가 아닌데 어떻게 물고기의 즐거움을 아는가?' 하고 물었다는 것은, 실은 이미 그대는 내가 아는 것을 알고 나에게 물은 것이다. 나는 호수의 다리 위에서 내 마음으로 그냥 물고기의 즐거움을 안 것이네."

莊子與惠子遊於[1]濠梁之上.	장자여혜자유어호량지상.
莊子曰.	장자왈.
"[2]儵魚出遊[3]從容, 是魚之樂也."	"유어출유종용, 시어지락야."
惠子曰.	혜자왈.

"子非魚, 安知魚之樂?"

莊子曰.

"子非我, 安知我不知魚之樂?"

惠子曰.

"我非子, 固不知子矣.

子固非魚也, 子之不知魚之樂,

全矣."

莊子曰.

"請4)循其本. 子曰,

'汝安知魚樂'

云者, 5)旣已知吾知之而問我.

6)我知之濠上也."

—〔秋 水〕—

"자비어, 안지어지락?"

장자왈.

"자비아, 안지아부지어지락?"

혜자왈.

"아비자, 고부지자의.

자고비어야, 자지부지어지락,

전의."

장자왈.

"청순기본. 자왈,

'여안지어락'

운자, 기이지오지지이문아.

아지지호상야."

[도움말]

1) 濠梁之上－濠(호)는 水名이다. 江의 이름. 梁은 돌다리, 징검다리. 혹은 나무
다리라 한다. 濠水는 淮南鐘離郡에 있다. 이곳에는 장자의 墓와 두 사람이
기다리며 놀았던 유적이 있다고 했다. (濠水在淮南鐘離郡, 今見有莊子之墓,
亦有莊惠邀遊之所.)－成玄英. 上은 '위' 외에도 곁, 부근의 뜻이 있다 淮南
鐘離郡은 지금의 安徽省 鳳陽縣 鐘離郡이라 함

2) 鯈魚－鯈魚를 李頤는 白魚, 즉 피라미. 또는 송사리. 鯈의 音은 '유'라 했다.
또한 '조', '주'의 音이 있다.

3) 從容－縱(종), 제멋대로 함. 무엇에도 구애받지 않는 자유로운 모습. (從容,
放縱之貌也.)－成玄英

4) 循其本－그 처음으로 돌아가서, 혹은 그 근본에 따르다. 만유의 根源, 物我
一體의 경지에서 논하고자 하는 것이다. 循(순)은 좇다, 돌다. 循은 尋, 찾다
와 같다. (循, 猶尋也.)－成玄英.

5) 旣己知吾知之而問我－그대는 이미 내가 아는 것을 알면서 나에게 묻다. 속
뜻은 '그대는 내가 아니면서도 이미 내 마음을 알아채고 묻지 않았느냐'고

장자는 혜자에게 반문하고 있는 것이다.

6) 我知之濠上也 - 나는 호수의 다리 위에서 그걸(물고기의 즐거움) 알았다. 논리적 설명이나 부연이 필요치 않는 내 마음을 통하여 그냥 안 것이다. 라고 말하고 있는 것이다.

이 구절은 일본 최초의 노벨 물리학 수상자이며 "문명의 회춘"이라는 말을 차음으로 제시하며 도가사상의 현대화를 주창한 유카와 히데끼(Yukawa Hideki, 湯川秀樹 : 1907-1981)가 1995년 교토 "기본입자국제회의 "에서 영문으로 번역하여 참석자 전원에게 돌림으로써 더욱 유명하게 되었다. 물리학자로서 그는 이 대화에서 영감을 얻고, 항상 이 구절을 음미하였다고 한다.

[앤솔러지 莊子: 193]

§Ⅶ-15. 나는 장차 쓸모 있는 것과 쓸모없는
        것의 중간에 있겠다

☯ 莊子의 장처호재여부재지간(將處乎材與不材之間)

장자가 산중山中을 가다가 큰 나무를 보았다. 가지와 잎이 무성하였지만, 벌목꾼은 그 곁에 멈춰 있으면서도 그 나무를 베려 하지 않았다. 장자가 그 까닭을 물었더니, 벌목꾼이 말했다. "이 나무는 쓸모가 없습니다."

장자가 말했다.

"이 나무는 쓸모없음을 얻었기 때문에 천수天壽를 다할 수 있구나."

장자가 산에서 내려와 옛 친구의 집에서 묵게 되었다. 친구는 기뻐하면서 더벅머리 동복僮僕을 시켜 거위를 잡아서 요리를 만들라고 했다. 그러자 동복이 물었다.

"한 마리는 잘 울고 또 한 마리는 잘 울지 못하는데, 어느 놈을 잡을까요?" 주인이 말했다. "잘 울지 못하는 놈을 잡아라."

이튿날 제자가 장자에게 물었다.

"어제 산중의 나무는 쓸모가 없어서 천수天壽를 다할 수 있었고, 오늘 집주인의 거위는 쓸모가 없어서 죽었으니, 선생님께서는 대체 어느 편에 서시겠습니까?"

장자가 웃으면서 말했다.

"나는 장차 저 쓸모 있는 것과 쓸모없는 것의 중간에 서 있겠다. 그러나 쓸모 있는 것과 쓸모없는 것의 중간이란 도道와 비슷하지만 참된 도는 아니다. 그런 까닭에 무릇 세상의 누累를 면할 수가 없는 것이다. 만약 저 도덕道德을 타고 떠돌아 노니는 사람이라면 세상의 누累를 면할 수 있다. 그에게는 명예도 없고 비방도 없으며, 한번은 용이 되어 나아가고, 한 번은 뱀이 되어 잠겨 숨고, 자연의 흐름과 더불어 변화하면서 세상 물사物事 중 어느 하나에만 애착愛着하는 일이 없다. 어느 때는 올라가고 어느 때는 내려오면서 화합하는 것으로써 도량度量을 삼는다. 마음을 만물이 나오기 이전의 도道의 세계에서 노닐게 하여 물건을 물건으로써 부리고 자신이 물건에 부림을 당하지 않으면, 어찌 물건에게 누累를 받겠는가! 이것이 곧 신농神農, 황제黃帝의 법칙인 것이다. 그러나 세상 만물의 실정이나 인사人事의 습속習俗은 그렇지 않다. 모이면 떠나가고 이루어지면 헐리고 지나치게 청렴하면 수치를 당하고 높아지면 훼손되고 애써 도모함이 있으면 비난을 받고 어질면 모해謀害를 받고 어리석으면 남에게 속는다. 그러니 쓸모가 있든 없든 세상의 누累에서 어찌 벗어 날 수가 있으랴! 아아, 슬프다! 제자들아 잊지 말아라! 우리에겐 오직 도道와 덕德의 고향故鄕이 있을 뿐이다!"

莊子行於¹⁾山中, 見大木.　　　　　장자행어산중, 견대목.

枝葉盛茂,　　　　　　　　　　　　지엽성무,

伐木者止其旁而不取也.　　　　　　벌목자지기방이불취야.

問其故,　　　　　　　　　　　　　문기고,

曰. "無所可用."　　　　　　　　　왈. "무소가용."

莊子曰.　　　　　　　　　　　　　장자왈.

"此木以不材得終其²⁾天年!"　"차목이부재득종기천년!"

夫子出於山, ³⁾舍於故人之家.　부자출어산, 사어고인지가.

故人喜,　　　　　　　　　　　　　고인희,

命豎子殺鴈而⁴⁾烹之.　　　　　명수자살안이팽지.

⁵⁾豎子請 曰.　　　　　　　　　수자청 왈.

"其一能鳴, 其一不能鳴,　　　　　"기일능명, 기일불능명,

請奚殺?"　　　　　　　　　　　　청해살?"

主人曰. "殺不能鳴者."　　　　　　주인왈. "살불능명자."

明日, 弟子問於莊子曰.　　　　　　명일, 제자문어장자왈.

"昨日山中之木,　　　　　　　　　"작일산중지목,

以不材得終其天年,　　　　　　　　이부재득종기천년,

今⁶⁾主人之鴈, 以不材死,　　　　금주인지안, 이부재사,

先生將何處?"　　　　　　　　　　선생장하처?"

莊子笑曰.　　　　　　　　　　　　장자소왈.

"周將處夫材與不材之間.　　　　　"주장처부재여부재지간.

材與不材之間,　　　　　　　　　　재여부재지간,

似之而非也.　　　　　　　　　　　사지이비야.

⁷⁾故未免乎累.　　　　　　　　　고미면호루.

若夫乘道德而浮遊, 則不然.　　　　약부승도덕이부유, 즉불연.

無譽⁸⁾無訾,　　　　　　　　　　무예무자,

⁹⁾一龍一蛇, ¹⁰⁾與時俱化,　　일용일사, 여시구화,

而無肯專爲.	이무긍전위.
一上一下, ¹¹⁾以和爲量.	일상일하, 이화위량.
浮遊乎萬物之祖,	부유호만물지조,
¹²⁾物物而不物於物,	물물이불물어물,
則胡可得而累邪!	즉호가득이루야!
此神農黃帝之法則也.	차신농황제지법칙야.
若夫萬物之情, 人倫之傳則不然.	약부만물지정, 인륜지전즉불연.
合則離, 成則毁.	합즉리, 성즉훼.
¹³⁾廉則挫, ¹⁴⁾尊則議,	염즉좌, 존즉의,
有爲則虧, 賢則謀,	유위즉휴, 현즉모,
不肖則欺. 胡可得而必哉!	불초즉기. 호가득이필재!
悲夫! ¹⁵⁾弟子志之!	비부! 제자지지!
其唯道德之鄕乎!"	기유도덕지향호!"

－〔山　木〕－

[도움말]

1) 山中, 大木－산 속, 큰 나무. 許愼(허신) 의<說文: 山, 宣也, 謂能宣散氣, 生萬物也.>곧 산은 宣(베풀 선)이고, 氣를 밖으로 능히 뿜어주어, 만물을 생동하게 함을 말한다고 함. '釋名'에 大木은 冒(덮을 모), 地而産也라 함. '山中, 大木'에서 '山木'이란 篇名이 지어졌다고 한다.

2) 天年－자연이 준 壽命, 天壽.

3) 舍於故人之家－舍는 쉰다. 故人은 故舊, 옛 친구.

4) 烹－팽은 삶다, 지지다.

5) 豎子－豎子(수자)는 더벅머리 종, 童僕(동복)이다. (豎(수), 童僕也.)－成玄英

6) 主人之鴈－鴈(기러기 안)은 雁(안)으로도 쓰고 鵝(거위 아)와 같다. <說文: 鵝, 雁也. 雁, 鵝也.>

7) 故未免乎累－故, 猶亦也.

8) 無疵－疵(자)는 헐뜯는 것, 毁(훼). 훼손, 상처를 입히다와 같다.

9) 一龍一蛇－한번은 나가고 한번은 쉰다. 머문다. (龍, 出也. 蛇, 處也.)－成玄英.

10) 與時俱化, 而無肯專爲-자연의 時의 흐름에 따라 함께 더불어 변화하며, 오로지 세상 物事의 하나에만 愛着하는 일이 없다는 것이다.

11) 以和爲量-和는 和光同塵의 和라 한다. 量은 度量이다. 척도이고 준칙이다. 和는 깊음과 넓음을 갖춘 무한한 마음의 포용성을 근저로 하고 있다.

12) 物物而不物於物-물건을 물건으로써 부리고 물건에게 자신이 물로서 부림을 당하지 않는 것.

13) 廉則挫-廉(렴)은 圭甬, 날카로움. 모서리(청렴 등의 미덕이)가 드러나다. 挫(좌), 꺾다. 창피를 주다.

14) 尊則議, 有爲則虧-議와 虧의 두 글자가 바뀌었다고 한다. 淮南子(회남자) 說林訓'에는 '有爲則議'로 呂氏春秋 必己篇에는 '尊則虧'로 되어 있음을 근거로 함. (王叔岷)

15) 弟子志之-志(지)는 誌와 같고 記錄, 記憶, 마음에 새겨 두라는 것.

[앤솔러지 莊子: 194]

§Ⅶ-16. 아아! 만물은 본래 서로 얽혀서 이익을 탐하여 物이 物을 유인하고 있구나!"

☯ 莊子의 물고상루, 이류상소야(物固相累, 二類相김也)

장주莊周가 어느 날 조릉雕陵의 울타리 주변에서 놀다가, 이상한 까치 한 마리가 남쪽에서 날아오는 것을 보았다. 날개폭이 일곱 자, 눈동자의 직경은 한 치나 되었다. 그 까치는 장주의 이마를 스치고 날아가서 밤나무 숲에 앉았다. 장주는 홀로 중얼거렸다.

"이게 무슨 새인가? 저렇게 큰 날개로도 잘 날지 못하고, 저렇게 큰 눈을 가지고도 사람도 보지 못 하는가?"

장주는 옷자락을 걷어붙이고 급히 달려가 탄궁彈弓을 잡고 쏘아 맞추려고 노려보고 있었다. 그런데 보니 매미 한 마리가, 이제 막

무성한 나무 그늘에 앉아서 자신을 잊고 있었다. 그 곁에는 한 마리의 버마재비가 나뭇잎에 숨어서 매미를 노리고 있었는데 잡는 것에 정신이 팔려, 그 역시 자신의 형체를 잊고 있었다. 방금 날아온 이상한 까치는 바로 이 버마재비를 뒤쫓아 잡으려고 하는 것인데, 버마재비에 눈독을 들이느라 그 몸을 잊고 있었다. 장주는 이러한 모습을 보고 놀라 탄식하였다.

"아아! 만물은 본래 서로 얽혀서 이익을 탐하여 物이 物을 유인하고 있구나!"

장주는 탄궁을 버리고 돌아서서 달려 나갔다. 밤나무를 지키는 사람은 장주가 밤을 훔치려는 도둑인 줄 알고 뒤쫓아 오면서 욕을 했다. 그 길로 집에 돌아온 장주는 3개월 동안 불쾌한 모습으로 지냈다. 어느 날 제자 인저(藺且)가 장주를 따라가며 물었다.

"선생님께서는 어찌하여 요즈음 심히 불쾌한 모습을 하고 계십니까?" 장자가 대답했다.

"나는 그동안 외물外物의 형체를 따르다가 내 자신自身을 잊고 있었다. 흐린 물을 보는데 빠져 맑은 연못을 잊고 있었던 것이다. 또한 나는 나의 선생님으로부터 '세상 사람들 속에 들어가면 세상 사람들의 풍습을 따르라'는 말씀을 들었는데도 마음대로 조릉雕陵의 울타리 주변에서 놀다가 내 자신自身을 잊었고, 이상한 까치가 내 이마를 스치고 지나가자, 뒤따라 밤나무 숲에 들어가 놀다가 '眞얼'을 잃어버리고, 밤 나무지키는 자者는 나를 밤도둑으로 여겨 욕설을 퍼부었다. 그래서 이렇게 불쾌해 하는 것이다."

莊周遊於¹⁾雕陵之樊,　　　장주유어조릉지번,
觀一異鵲自南方來者.　　　도일이작자남방래자.
²⁾翼廣七尺, 目大運寸,　　　익광칠척, 목대운촌.
感周之額而集於栗林.　　　감주지상이집어율림.

莊周曰.

"此何鳥哉?, 3)翼殷不逝,

目大不覩?"

4)蹇裳躩步, 5)執彈而留之.

覩一蟬, 方得6)美蔭而忘其身.

7)螳螂執翳而搏之,

見得而忘其形. 異鵲從而利之,

見利而忘其眞.

莊周8)怵然曰.

"9)噫! 物固相累, 10)二類相召也!"

損彈而反走, 11)虞人逐而誶之.

莊周反入, 三月不庭.

12)藺且從而問之.

13)夫子何爲頃間甚不庭乎?"

莊周曰.

"吾守形而忘身,

觀於濁水而迷於淸淵.

且吾聞諸夫子曰,

14)'入其俗, 從其俗.'

今吾遊於雕陵而忘吾身,

15)異鵲感吾顙, 遊於栗林而忘眞,

栗林虞人16)以吾爲戮.

吾所以不庭也."

－〔山　木〕－

장주왈.

"차하조재?, 익은불서,

목대불도?"

건상각보, 집탄이류지.

도일선, 방득미음이망기신.

당랑집예이박지,

견득이망기형. 이작종이리지,

견리이망기진.

장주출연왈.

"희! 물고상루, 이류상소야!"

손탄이반주. 우인축이수지.

장주반입, 삼월부정.

인저종이문지.

"부자하위경간심부정호?"

장자왈.

"오수형이망신,

관어탁수이미어청연.

차오문저부자왈,

'입기속, 종기속.'

금오유어조릉이망오신,

이작감오상, 유어율림이망진,

율림우인이오위륙.

오소이부정야."

[도움말]

1) 雕陵之樊－雕陵(조릉)은 地名, 陵名이라 함. 樊(번)은 넓은 지역을 나무 따위

446

로 둘러싼 것. 울타리. 아마 君主의 사냥터이거나 지방 토호의 育林地 같은 일반 백성의 접근금지 구역이었을 것이다.

2) 翼廣七尺, 目大運寸 – 翼廣(익광)은 날개의 가로 길이. 一尺은 22.5㎝, 一尺은 十寸. 運은 縱으로 세로, 直徑이다. 運, 둥글다. 원형이다. (運, 員也.) – 司馬彪

3) 翼殷不逝 – 殷(은)은 큰 것, 넓은 것. 逝(서)는 간다. 날개는 커도 잘 날아오르지 못하는 것.

4) 蹇裳躩步 – 蹇裳(건상)은 옷자락을 걷는 것이다. 躩步(각보)는 疾行, 빨리 가는 것. (躩, 疾行也.) – 司馬彪. 빨리 걸을 곽, 각이다.

5) 執彈而留之 – 탄은 彈弓, 留(류)는 살펴 엿보며 기회를 노리는 것이다.

6) 美蔭 – 시원한 그늘

7) 螳螂執翳而搏之 – 당랑은 사마귀, 버마재비. 翳(예)는 蔽(폐)로 숨다, 가리다. (執草以自翳也.) – 司馬彪. 나뭇잎에 의지하여 자신을 숨기고 매미를 잡으려고 하는 것이다. 之는 매미를 가리킨다. 或者는 翳(예)를 '螳螂之斧也.'라 했다. 搏(박)은 잡다, 치다.

8) 怵然 – 출연은 놀라고 두려워하는 모양. 驚懼貌.

9) 噫 – 희는 唉(애)와 같고 탄식하는 소리. 固, 本來. 原來다. 相累, 서로 해를 끼치다

10) 二類相召也！ – 二類는 蟬(매미)와 螳螂(버마재비), 螳螂과 異鵲이다. 또한 異鵲과 莊周 자신도 포함하는 自省의 한숨이리라. 召는 招, 招引. 부르고 끌어당기는 것이다. 物欲인 利를 사이에 두고 前後의 物이 서로 誘引하고 誘引당하는 모습을 보고 탄식하는 것이다. <齊物論>의 '與物相刃相靡, 其行盡如馳, 而莫之能止.' 즉 '만물은 서로 붙좇고 좇아 그 行을 말달리듯 하여 멈출 수가 없다.'와 같은 한탄일 것이다.

11) 虞人逐而誶之 – 虞人(우인)은 栗林을 지키는 사람, 山林, 沼澤을 맡아 지키는 官吏. 또는 誶又作訊이라 했다. 誶(수)는 罵(매) 질책하여 꾸짖는 것. 誶의 音은 '신'이라고도 한다.

12) 藺且 – 藺且(인저)는 장자의 弟子다. 姓이 藺(燈心草, 꽃창포, 조약돌, 인)이고 名이 且이다. 且의 音은 疽(저)라 한다. <莊子音義>에도 '且'의 音을 '子餘反'이라 했다 <莊子> 全篇을 통하여 제자의 이름이 기록된 유일한 경우이다.

13) 夫子何爲頃間甚不庭乎？ – 夫子는 莊子. 頃間(경간)은 짧은 기간, 요사이. 不庭(부정)은 不逞(부정)으로 不快의 뜻이다. (廷當讀爲 '逞'. 不庭, 不快也.) – 王念孫. "不庭을 '뜰에 나가지 않다'로 해석하기도 한다. – 司馬彪

14) 入其俗, 從其俗 - 앞의 俗은 세상 사람들, 뒤의 俗은 세상 풍속이다. 장자의 夫子(스승)의 말이다. 成玄英은 이곳에서 다음과 같이 疏(소)를 달았다. '莊周師老聃, 故稱老子爲夫子也.' 장자의 스승은 노담이다. 그래서 노자를 夫子라고 불렀다는 것이다. 그런데 성현영 자신이 쓴 <남화진경疏>의 머리글에는 '장자는 長桑公子를 스승으로 南華仙人이란 호를 받았고 당시는 戰國初라 했다.' '疏序의 말'과 '본문의 疏'의 말이 다른 것이다. 장자의 스승이 두 분이었거나 이 구절의 疏는 성현영 자신이 쓰지 않았을지도 모른다.

15) 異鵲感吾顙, 遊於栗林而忘眞 - 異鵲(이작)은 기이한 까치, 장주를 惑하게 한 구체적 物이다. 感은 接觸, 顙(상)은 이마. 忘眞이란 <大宗師>篇의 自身을 잃어 진얼(참된 정신)을 이룩하지 못했다면 남을 부리는 자(참된 스승)가 아니다. - '亡身不眞, 非役人也.'의 '眞'과 <在宥>篇의 그러므로 自身을 천하를 도모하는 것보다 귀히 여긴다면, 곧 천하를 맡길만하다. - '故貴以身於爲天下, 則可以託天下'의 '身'을 함께 생각해보면 이해하기 쉽다. 자기 자신을 귀히 여겨 外物에서 자유로울 때 비로소 참 '자아'며 '진 얼'인 眞을 잃지 않는다는 것. 身을 귀히한다는 것은 자신의 眞을 참으로 잃지 않는 길이기 때문이다.

16) 以吾爲戮 - 戮은 辱이다. 욕보이다. (戮, 辱.) - 成玄英. '륙'은 여기서는 辱으로 責辱, 장자를 욕보이는 것이다. 혹은 밤을 훔친 죄를 꾸짖는 것이다.

[앤솔러지 莊子: 195]

§Ⅶ-17. 그 정신의 신묘(神妙)함까지 잃게 되는 것은 많은 일을 제멋대로 인위(人爲)를 행하기 때문이다

☯ 莊子의 이중위(以衆爲)

장오의 국경지기가 자뢰에게 말했다.

"그대가 정사를 맡게 되면 조잡하게 하면 안 되고, 백성을 다스림에도 경박하게 해서는 안 되오. 전에 내가 벼농사를 지었는데 밭을 듬성듬성 조잡하게 갈았더니 그 결실도 듬성듬성 거두게 하여 나에게 보답해 주었소. 김을 매는 것을 아무렇게나 하였더니 그 결실도 아무렇게나 거두게 하여 나에게 보답해 주었소. 그 다음 해에는 농사 방법을 바꾸어 땅을 깊이 갈고 공을 들여 김을 매었 더니 벼가 잘 되어 그 결실도 풍성하여 일 년 내내 싫도록 먹을 수 있었소.”

장자가 이 이야기를 듣고 말했다.

“지금 사람들이 몸을 닦고, 정신을 수련하는 방법도 이 국경지기의 말과 비슷한 점이 많다. 사람들이 자연自然의 도리에서 도망치고, 본성本性을 떠나며, 타고난 참 모습을 없애고, 그 정신의 신묘神妙함까지 잃게 되는 것은, 많은 일을 제멋대로 인위人爲를 행하기 때문이다. 그러므로 자기 자신의 본성을 조잡하게 하는 자는, 욕망이나 호오好惡의 곁가지를 자신의 성품으로 삼는다. 처음에는 욕망이나 호오의 모진 갈대 같은 그 싹은 형체를 기르는데 도움이 되는 듯하지만, 점차 자라나 마침내는 자신의 본성을 뽑아 버리게 된다. 아울러 정기精氣는 흩어져 위로 무너지고 아래로 새어도, 그 나오는 곳을 가리지 못하게 된다. 이리하여 몸에는 표저漂疽나 개옹疥癰같은 종기나 옴, 내열內熱과 수고漊膏같은 허로虛勞, 소갈消渴 등의 온갖 병이 생기게 된다.”

長梧[1]封人問[2]子牢曰.
“君[3]爲政焉勿鹵莽,
治民焉勿滅裂. 昔予爲禾,
耕而鹵莽之,
則其實亦鹵莽而報予.
[4]芸而滅裂之,
其實亦滅裂而報予.

장오봉인문자뢰왈.
“군위정언물노무,
치민언물멸렬. 석여위화,
경이노무지,
즉기실역노무이보여.
운이멸렬지,
기실역멸렬이보여.

予來年變齊, 深其耕而⁵⁾熟耰之,　　여래년변제, 심기경이숙우지,

其禾⁶⁾繁以滋, 予終年⁷⁾厭飧."　　기화번이자, 여종년염손."

莊子聞之曰.　　장자문지왈.

"今人之治其形,　　"금인지치기형,

理其心, 多有似封人之所謂.　　이기심, 다유사봉인지소위.

遁其天, 離其性, 滅其情,　　둔기천, 이기성, 멸기정,

亡其神, ⁸⁾以衆爲.　　망기신, 이중위.

故鹵莽其性者,　　고노무기성자,

⁹⁾欲惡之孽, 爲性.　　욕악지얼, 위성.

¹⁰⁾萑葦蒹葭, 始萌以扶吾形,　　환위겸가, 시맹이부오형,

¹¹⁾尋擢吾性.　　심탁오성.

¹²⁾竝潰漏發, 不擇所出.　　병궤루발, 불택소출.

¹³⁾漂疽疥癰, 內熱溲膏是也."　　표저개옹, 내열수고시야."

－〔則　陽〕－

[도움말]

1) 封人－長梧는 지명. 封人은 국경을 굳게 지키는 사람. (長梧, 地名. 封人, 守封彊之人)－陸德明.

2) 子牢－공자의 제자, 琴牢(금뢰), 琴이 姓이다. 問은 여기서는 謂, 또는 告하다.

3) 爲政焉勿鹵莽, 治民焉勿滅裂－焉(언)은 卽과 같다, 鹵莽(노무)는 淺耕, 稀種이니 곧 얕게 갈고 드물게 씨를 뿌리는 거친 營農法이다.(淺耕粗種)－司馬彪. '鹵莽'의 音을 <莊子音義>에서는 '노모'다. '莽'의 자전(字典)의 풀이는 ① 추솔할(粗率) '무.' ② 풀 우거질 '망.' ③ 묵은 풀(宿草) '모'다. '滅裂, 경박(輕薄)이다.'－成玄英.

4) 芸而滅裂－운은 제초로 김매는 것, 耘과 통함. 경작으로서의 멸렬(滅裂)은 '蔑'의 緩言으로 되는 대로 아무렇게나 하는 것이라 함.

5) 熟耰－熟(숙)은 공을 들임, 耰(우)는 鋤(김맬 서)라 했다.

6) 厭飧－厭飧(염손)은 싫증나도록 먹음. (厭, 足.)－成玄英.

7) 繁以滋－繁(번)은 蕃(늘 번, 우거질 번)의 假字, 滋(자)는 兹의 假字라 한다.

무성하다는 뜻.

8) 以衆爲 - 많은 일을 (제멋대로) 人爲로 행하다.

9) 欲惡之孽, 爲性 - 爲性欲惡之孽의 도치(倒置). 얼(孽)은 '재앙, 서자. 곁가지' 새긴다. 욕망과 호오(好惡)의 곁가지를 본성으로 여긴다.

10) 崔葦兼葭 - 崔葦(환위), 兼葭(겸가), 둘 다 갈대라 함. 모질고 거친 잡초를 말한다. 崔는 풀 우거질 '추'로 읽기도 함. '환, 위, 곡식을 해롭게 함이다.' (崔, 葦, 害黍稷.) - 郭象.

11) 尋擢吾性 - 尋(심)은 끝에 이르러. 擢(탁)은 뽑는다. 갈대와 같은 모진 욕망과 호오(好惡)의 정(情)이 인간의 본성(本性)을 없애버린다는 것.

12) 竝潰漏發, 不擇所出. - '정기가 흩어지고 새는 것을 말함이니, 위로 허물어지고 아래로 새는 것이다.' (謂精氣散泄, 上潰下漏) - 李頤 불택소출(不擇所出)은 여기저기 가리지 않고 무너지고 새어 나오는 것이다.

13) 漂疽疥癰, 內熱溲膏 - 漂疽(표저)는 종기에 고름이 나오는 것, 疥癰(개옹)은 옴과 종기라 함. 내열은 열병, 허로(虛勞)에 의한 병, 수고(溲膏)의 溲는 오줌이고, 膏는 과로로 보얗게 짙은 오줌. 소갈(消渴) 병이라 한다. 현대의 당뇨병과 흡사한 병(病)이다.

[앤솔러지 莊子: 196]

§Ⅶ-18. 그대는 이만 돌아가시오!

☯ 莊子의 자행의!(子行矣!)

송宋나라 사람 중에 조상曹商이란 자者가 있었는데, 그는 송왕宋王의 명을 받아 사신으로 진秦나라에 가게 되었다. 떠날 때는 겨우 수레 몇 대를 얻었다. 진왕秦王은 매우 흡족해하며 그에게 수레 백 대를 더 주었다. 그는 송나라로 돌아오는 길에 장자莊子를 찾아와 말했다.

"외딴 벽지의 누추한 마을에 거처하며, 곤궁하여 짚신을 삼고, 여

원 목에 얼굴이 누렇게 뜨는 이런 삶을 나는 차마 견딜 수가 없
소. 그러나 단 한 번 만승萬乘의 군주를 깨우치게 하여, 수레 백
대가 내 뒤를 따르게 되는 신분으로 변하는 것이, 나의 장기長技이
지요."

장자가 말했다.

"진秦나라 임금이 병이 나서 의원을 불렀을 때, 등에 난 종기를
째고 고름을 짜낸 자者는 수레 한 대를, 항문肛門에 난 치질痔疾을
핥아 고친 자者는 수레 다섯 대를 얻었는데, 치료하는 환부患部가
아래로 내려가면 내려 갈수록, 얻는 수레도 더욱 많아졌던 것이오.
그대는 혹시 진왕의 치질이라도 고쳐준 것은 아닌가, 아니면 어찌
하여 그 많은 수레를 얻었단 말이오? 그대는 이만 돌아가시오!"

宋人有曹商者, [1]爲宋王使秦.　　　송인유조상자, 위송왕사진.
其往也, 得車數乘.　　　　　　　　기왕야, 득거수승.
王說之, 益車百乘.　　　　　　　　왕열지, 익거백승.
反於宋, 見莊子曰.　　　　　　　　반어송, 견장자왈.
"夫[2]處窮閭阨巷,　　　　　　　　"부처궁려액항,
[3]困窘織屨, [4]槁項黃馘者,　　　　곤군직구, 고항황괵자,
商之所短也.　　　　　　　　　　　상지소단야.
一悟萬乘之主而從車百乘者,　　　　일오만승지주이종거백승자,
商之所長也."　　　　　　　　　　　상지소장야."
莊子曰.　　　　　　　　　　　　　장자왈.
"[5]秦王有病召醫,　　　　　　　　"진왕유병소의,
[6]破癰潰痤者得車一乘,　　　　　　파옹궤좌자득거일승,
[7]舐痔者得車五乘,　　　　　　　　지치자득거오승,
所治愈下, 得車愈多.　　　　　　　소치유하, 득거유다.
[8]子豈治其痔邪,　　　　　　　　　자기치기치야,

何得車之多也? 子行矣!"   하득거지다야? 자행의!"

　　　－〔列御寇〕－

[도움말]

1) 爲宋王使秦－宋王은 송나라 제32대 마지막 왕인 偃王. 兄 척성(剔成)을 치고 자립하여 王을 참칭했다. 재위기간(B.C. 337－286.)

2) 處窮閭阨巷－窮阨(궁액) 閭巷(여항)이다. 막히고 좁은 옹색한 마을에 갇혀 사는 것.

3) 困窘織屨－困窘(곤군)은 困窮(곤궁)과 같다. 織屨(직구)는 신을 엮는 것, 짚신 따위를 삼는 것이다.

4) 槁項黃馘者－槁項(고항)은 파리한 목, 야위어서 목뼈가 튀어나온 모양. 황괵(黃馘)은 영양실조(營養失調)로 얼굴이 누렇게 뜬 모양이다. 馘(괵)은 머리, 또는 얼굴. '혁'이라고 읽기도 한다.

5) 秦王－秦(진)의 惠文王(혜문왕)이라 함.

6) 破癰潰痤者－癰(옹)은 癰(옹)과 같고 등창, 악성 종기. 痤(좌)는 癰(옹)의 일종으로 작은 종기, 뾰루지다. 등에 난 종기를 째고 고름을 짜내는 자(者)를 말한다. '癰痤는 위에 있고 痔疾은 아래에 있다. 의원은 아래를 낮게 할수록 賞은 더욱 두터워진다.'(癰痤在上, 痔疾在下. 醫愈下而賞愈厚也)－林希逸.

7) 舐痔者－舐(지)는 핥다, 빨다. 痔(치)는 항문(肛門) 근처에 생기는 치질(痔疾)이다.

8) 子豈治其痔邪－'豈'는 '혹시 ~한 것이 아닌가?'하는 가벼운 의문이다. 未詳人은 예나 지금이나 남의 치질을 핥아서 부귀를 얻은 자들의 부류를 道 있는 자들이 부끄럽게 여기는 바라 했다. (古今舐痔而得富貴者類爲有道者之所恥也.)

§Ⅶ-19. 그대는 제사 때 희생(犧牲)으로 쓰이는 소를 보았는가?

☯ 莊子의 희우(犧牛)

어떤 사람이 예물을 보내어 장자를 초빙하였다. 장자는 그 사자使者에게 말했다.

"그대는 제사 때 희생犧牲으로 쓰이는 소를 보았는가? 아름다운 문양紋樣의 자수刺繡옷을 입고 늘 맛있는 건초와 콩 여물로 길러지지만 마침내 끌려가서 조상의 사당으로 들어갈 때는, 비록 예전의 평범한 송아지로 돌아가고자 한들, 그게 그렇게 될 수가 있겠는가!"

¹⁾或聘於莊子. 莊子應其使曰.	혹빙어장자. 장자응기사왈.
"子見夫²⁾犧牛乎? 衣以文繡,	"자견부희우호? 의이문수,
³⁾食以芻叔, 及其牽而入於大廟,	사이추숙, 급기견이입어대묘,
⁴⁾雖欲爲孤犢, 其可得乎!"	수욕위고독, 기가득호!"

－〔列御寇〕－

[도움말]

1) 或聘於莊子－혹은 혹자(或者), 어떤 사람. 빙(聘)은 예물(禮物)을 보내어 사람을 청하는 것, 초빙(招聘). 혹(或)은 사기(史記)에는 楚威王이라 했다.

2) 犧牛－犧牛(희우)는 제(祭宗廟)에 쓰는 소. '왕이 3개월 전에 미리 소를 잘 길러 종묘에 제사 지내는데, 일러 犧라 함.' (君王豫前三月養牛, 祭宗廟, 曰犧也.)－成玄英.

3) 食以芻叔－芻(추)는 꼴, 叔(숙)은 菽(숙), 콩. 대두(大豆)이다. 추숙은 둘 다 上等의 사료를 의미한다. 食은 음(音)이 사, 먹인다. 養牛馬曰'芻.' 大豕曰'豢.'

4) 雖欲爲孤犢－즉 좋은 사료로 길러짐이 없을지라도 몸이 온전하게 되길 바란다는 것이다. (則雖無豢養而尙可全身也.)－成玄英. 비록 원래의 犢(독), 송아

지(小牛)로 돌아가고자 하여도 갈 수 없다,

[앤솔러지 莊子: 198]

§Ⅶ-20. 무릇 천금의 구슬은 반드시 아홉 길 깊은 물속에
사는 흑룡의 턱 밑에 있는 것인데

● 莊子의 천금지주(千金之珠)

송나라 왕을 만난 사람이 있었다. 송宋왕은 그에게 수레 열 대를 하사下賜하였는데, 그는 열 대의 수레를 보이며 장자에게 거드름을 피웠다.

장자가 말했다.

"황하黃河가에 집이 가난하여 쑥대를 엮어 삼태기를 만들어 팔아 겨우 입에 풀칠하며 살아가는 사람이 있었는데, 어느 날 그의 아들이 황하의 깊은 물속으로 들어가 천금千金의 값이 나가는 구슬을 얻었소. 그런데 아버지는 아들에게 말했소.

'돌을 가져 와서 그걸 깨뜨려 버려라! 무릇 천금의 구슬은, 반드시 아홉 길 깊은 물속에 사는 흑룡의 턱 밑에 있는 것인데, 내 아들이 그 구슬을 얻을 수 있었다는 것은 단지 운 좋게도 그 용이 깊이 잠든 때를 만났기 때문이다. 만약 흑룡이 깨어나 있었다면 네 몸은 어찌 부스러기나마 남아 있을 수 있었겠느냐!'

그런데 지금 송나라의 깊음은 아홉 길 깊이의 못에 비할 바가 아니오. 게다가 송나라 왕의 사나움은 비단 그 흑룡의 사나움에 비할 바가 아니오. 그럼에도 그대가 수레를 얻을 수 있었던 것은, 필시 송나라 왕이 잠들어 있던 때를 만났기 때문이오. 만약 송나라 왕이 깨어 있었다고 하면 그대는 벌써 가루가 되어 있었을 것이오!"

$^{1)}$人有見宋王者. $^{2)}$錫車十乘,
以其十乘$^{3)}$驕穉莊子.
莊子曰.
"河上有家貧$^{4)}$恃緯蕭而食者,
其子沒於淵, 得千金之珠.
其父謂其子曰.
$^{5)}$取石來鍛之!夫千金之珠,
必在九重之淵而$^{6)}$驪龍頷下,
子能得珠者, 必遭其睡也.
使驪龍而寤,
子尚奚微之有哉!'
今宋國之深, 非直九重之淵也.
宋王之猛, 非直驪龍也.
子能得車者, 必遭其睡也.
使宋王而寤, 子爲$^{7)}$鳖粉夫!"

－〔列御寇〕－

인유현송왕자. 석거십승,
이기십승교치장자.
장자왈.
"하상유가빈시위소이식자,
기자몰어연, 득천금지주.
기부위기자왈.
'취석래단지!부천금지주,
필재구중지연이이룡함하,
자능득주자, 필조기수야.
사이룡이오,
자상해미지유재!'
금송국지심, 비직구중지연야.
송왕지맹, 비직이룡야.
자능득거자, 필조기수야.
사송왕이오, 자위제분부!"

[도움말]

1) 人有見宋王者－見은 謁見(알현)이다.
2) 錫車十乘－석은 사(賜)로 내린다. 준다.
3) 驕穉莊子－교치(驕穉)는 교만, 자랑하는 것. 치(穉) 또한 교(驕)의 뜻. 스스로 교만하여 장자를 무시하는 것이다.
4) 恃緯蕭而食者－시(恃)는 의지하다. 위(緯)는 직(織), 짜다. 소(蕭)는 荻蒿(적호)라 하고, 적호는 갈대와 봉(蓬), 쑥이다. 쑥의 줄기나 갈대로 삼태기를 엮어 파는 일로 겨우 糊口(호구)하는 것이다. 緯(위)를 葦(갈대 위)로 풀이하는 이도 있다. 食, 供食.

5) 取石來鍛之 - 鍛(단)은 搥破(추파), 쳐서 깨뜨리는 것이다. 돌을 가져와 그 구슬을 깨뜨려 버려라!(鍛之, 謂搥破之.) - 陸德明.

6) 驪龍頷下 - 驪龍(이룡)은 검은 룡, 頷下(함하)는 턱 밑이다. 驪(이)는 본디 검은 말이다. 검다는 뜻. 寤, 잠깰 오. (驪龍, 黑龍也.) - 陸德明.

7) 韲粉夫! - 韲(제)는 양념으로 찧어 바수는 것. 혹은 생선회나 무, 당근 따위를 잘게 썬 생채를 의미한다. 찧어 가루로 만들다. 夫, 句末語氣詞. 감탄을 나타낸다.

[앤솔러지 莊子: 199]

§Ⅶ-21. "이른바 도(道)라는 것은 어디에 있습니까?" 장자가 말했다. "어디고 없는 곳이 없소."

☯ 莊子의 무소부재(無所不在)

동곽자東郭子가 장자에게 물었다.

"이른바 도道라는 것은 어디에 있습니까?"

장자가 말했다.

"어디고 없는 곳이 없소."

동곽자가 말했다.

"있는 곳을 지적해 주시면 알 수 있겠소."

장자가 말했다.

"땅강아지와 개미에게 있지요."

"어찌하여 그렇게 내려가 있소?" "강아지풀과 돌피에 있소."

"어찌하여 그렇게 더 내려가 있소?" "기와나 벽돌에도 있소."

"어째서 그처럼 더욱 더 심하오?" "똥오줌에도 있소."

동곽자는 더 이상 질문하지 않았다. 이에 장자가 말했다.

"선생의 물음은 처음부터 도道의 본질에는 미치지 못했소. 시장을 관장管掌하는 관리가 우두머리 도수장이에게 돼지를 밟아 살찐 정도를 알아내는 방법을 물어보았을 때도, 아래로 내려가면 내려갈수록 더욱 더 살찐 정도를 확실히 알 수 있다고 했소. 그러니 당신도 도道가 어떤 고귀한 특정한 곳에만 있다고 판단해서는 안 되오. 천지만물 중의 어떠한 것도 도道에서 떨어져 나간 것은 없소. 지극한 도는 이와 같이 모든 것 속에 있으며, 위대한 말도 또한 이와 마찬가지요. 주周, 편徧, 함咸이라는 세 글자는 이름은 다르지만 가리키는 건 동일同一한 것이오. 이제 잠시 그대와 더불어 아무것도 없는 무하유無何有의 궁전에서 노닐며, 피아彼我의 차별 없는 경지에서 무궁하고 다함없는 지도至道에 대해 말하리라. 시험 삼아 세상일을 잊고 그대와 함께 무위無爲의 경지에 들리라. 마음은 담담하고 고요하리니! 마음은 적막하고 청정하리니! 마침내 조화롭고 한일閒逸함에 이르리라! 오직 내 뜻을 고요하게 할 뿐이니, 마음은 가는 것 없으니 그 이르는 곳을 알지 못하며, 가서 돌아와도 그 멈추는 곳을 알지 못하오. 나는 이같이 자연을 따라 오고 감을 거듭할 뿐 그 끝나는 바를 알지 못하오. 끝없이 넓고 큰 세계에서 유유히 노닐다가, 이윽고 참된 앎이 내 안에 스며들어 언제까지나 그 끝남을 알지 못하게 되오. 물物을 물物로서 있게 하는 도道는 물物과 더불어 구별이 없으나, 물物에는 서로 구별이 있으니, 이른바 물제物際, 곧 상대적 구별이라는 것이오. 절대적인 구별에서 상대적 구별로 변하고, 또 상대적인 구별로부터 절대적 구별로 돌아가는 것이오. 곧 가득 찼다가 비워지고 늘었다가 감소하는 현상계의 모습을 두고 말하더라도, 저 도는 가득 찼다가 비웠다가 하는 작용을 하지만 도 자체는 가득 차거나 비워지는 일이 없고, 근본과 말단을 만들어 내지만 도 자체는 근본과 말단이 없고, 도는 모았다가 흩어지게 하지만 도 자체는 모았다가 흩어지는 일이 없는 것이오."

1) 東郭子問於莊子曰.

"所謂道, 惡乎在?"

莊子曰. "無所不在."

東郭子曰. 2)期而後可."

莊子曰. "在3)螻蟻."

曰, "何其下邪?"

曰, "在4)稊稗."

曰, "何其愈下邪?"

曰, "在5)瓦甓."

曰, "何其愈甚邪?"

曰, "在6)屎溺."

東郭子不應. 莊子曰.

"夫子之問也, 7)固不及質.

8)正獲之問於監市履狶也,

9)每下愈況. 汝唯莫必,

無乎逃物. 至道若是,

大言亦然. 10)周遍咸三者,

異名同實, 其指一也.

嘗相與游乎無何有之宮,

11)同合而論無所終窮乎.

嘗相與無爲乎.

澹而靜乎. 漠而淸乎!

12)調而閒乎! 13)寥已吾志,

無往焉而不知其所至,

去而來不知其所止.

동곽자문어장자왈.

"소위도, 오호재?"

장자왈. "무소부재."

동곽자왈. "기이후가."

장자왈. "재누의."

왈, "하기하야?"

왈, "재제패."

왈, "하기유하야?"

왈, "재와벽."

왈, "하기유심야?"

왈, "재시뇨."

동곽자불응. 장자왈.

"부자지문야, 고불급질.

정획지문어감시리희야,

매하유황. 여유막필,

무호도물. 지도약시,

대언역연. 주편함삼자,

이명동실, 기지일야.

상상여유호무하유지궁,

동합이론무소종궁호.

상상여무위호.

담이정호. 막이청호!

조이한호! 요이오지,

무왕언이부지기소지,

거이래부지기소지.

吾已往來焉而不知其所終.　　　　　　오이왕래언이부지기소종.

14)彷徨乎馮閎,　　　　　　　　　　　방황호빙굉,

大知入焉而不知其所窮.　　　　　　　대지입언이부지기소궁.

物物者與物15)無際,　　　　　　　　　물물자여물무제,

而物有際者, 所謂物際者也.　　　　　이물유제자, 소위물제자야.

不際之際, 際之不際者也.　　　　　　부제지제, 제지부제자야.

謂16)盈虛衰殺,　　　　　　　　　　　위영허쇠쇄,

彼爲盈虛非盈虛,　　　　　　　　　　피위영허비영허,

彼爲衰殺非衰殺,　　　　　　　　　　피위쇠쇄비쇠쇄,

彼爲本末非本末,　　　　　　　　　　피위본말비본말,

彼爲積散非積散也.”　　　　　　　　　피위적산비적산야.”

－〔知北遊〕－

[도움말]

1) 東郭子－東郭(동곽)에 살았다고 동곽자라 함. (東郭子, 居東郭也.)－李頤. 無擇(田子方)의 스승이다.

2) 期而後可－期는 정(定)하다. 구체적으로 지적하여 주면 이해하겠다는 것. 가(可)는 가지(可知)를 생략한 것. 동곽자는 '장자가 직접 도가 있는 곳의 명칭을 지적해 달라고 요구하고 있는 것.'이다. (慾令莊子指名所在.)－郭象.

3) 螻蟻－螻(루)는 땅강아지, 하늘 밥도둑. 蟻(의)는 개미. 蟻(의)와 같다. 微小(미소)한 物의 예라 한다.

4) 稊稗－稊(제)는 가라지, 강아지풀이다. 稗(패)는 돌피, 피다. 쓸모없는 것이다.

5) 瓦甓－瓦(와)는 기와이고 甓(벽)은 벽돌이다.

6) 屎溺－屎(시)는 糞(분)이고 大便(대변). 溺(뇨)는 小便(소변), 오줌이다.

7) 固不及質－質(질)은 바탕이고 본질이다. (質. 實也.)－成玄英. 아래 '異名同實'의 實과 같다. 螻蟻(의루), 稊稗(재패) 같은 이름은 실질이 아님을 가리킨다고 한다. 또 質이란 활의 과녁, 質的, 射的이다. 본질적 목표, 궁극적 質的에 미치지 못한다는 것이다.

8) 正獲之問於監市履狶也－정(正)은 시장의 상거래를 감시하며 세금을 징수하는 관명(官名), 획(獲)은 그 者의 이름이며 '監市는 장터의 우두머리. 狶는

큰 돼지다.' (監市, 市魁也. 豨, 大豕也.)—李頤. 감시가 돼지의 살찐 정도를 판정하기 위해 돼지를 밟아 보는 것을 履豨(리희)라 함. 豨(희)는 大豕, 큰 돼지이고 履(리)는 밟다.

9) 每下愈況—況(황)은 비유(比喩), 상황이고 정확한 상태가 나타난다고 하는 것. 살이 찐 것을 알기 위해 매양 하체인 다리 쪽으로 내려가며 밟을수록 더욱 더 잘 알 수 있다고 하는 것 같이 도(道)도 아래로 천한 것으로 내려 갈수록 더욱 더 잘 안다고 하는 것이다.

10) 周遍咸—周(주)는 두루, 遍(편)은 널리 미치다. 咸(함)은 모두, 다. 道의 속성을 나타내는 말로 결국 모두 같은 뜻이다.

11) 同合而論無所終窮乎！—同合은 만물과 하나가 된 경지에서, (또는 장자와 동곽자가 함께) 다함 없는 至道에 대해 논하다. 무소종궁(無所終窮)은 至道를 말한다.

12) 調而間—調和하며 閒逸함. 間은 閑(한)과 통한다. 間은 閑의 俗字.

13) 寥已吾志—寥(요)는 텅 비다. 마음이 외물에 의해 움직이지 않아 고요한 것.

14) 彷徨乎馮閎—방황은 고상(翺翔)과 같다. 馮閎(빙굉)은 성 외곽의 넓고 텅 빈 곳. (馮閎者, 虛廓之謂也.)—郭象. 넓고 텅 빈곳에 서 자유롭게 노니는 것이다.

15) 物際—사물과 사물의 상대적 차별이다. '제(際)'는 한계(限界).

16) 盈虛衰殺—衰(쇠)는 裒(부)의 訛(와)다. 곧 衰는 裒(부)의 와전이면 聚(취)의 뜻이 된다. 따라서 '衰殺(쇠쇄)는 損益과 같은 말이다.'

[앤솔러지 莊子: 200]

§Ⅶ-22. 쓸모없음을 알아야 비로소 쓸모 있음에 대하여 말 할 수 있다

◉ 莊子의 무용지용(無用之用)

혜자가 장자에게 말했다. "그대의 말은 쓸모가 없다."

장자가 말했다.

"쓸모없음을 알아야 비로소 쓸모 있음에 대하여 말 할 수 있다. 저 대지大地는 넓고도 또 큰 것이지만, 사람이 필요로 하는 것은 다만 발을 들여놓을 만한 땅이면 그것으로 족하다. 그렇다고 해서 발을 재어 밟고 있는 땅 이외의 땅은 황천黃泉에 이르기까지 깊이 파 내려가 없애버리면 사람들은 그래도 밟고 있는 그것만으로 쓸모가 있다고 할 수 있겠는가?"

혜자가 말했다. "쓸모가 없다."

장자가 말했다.

"그렇다면 쓸모없는 무용無用이 곧 유용有用이 되는 것은 역시 분명한 일이 아닌가."

惠子謂莊子曰.	혜자위장자왈.
"子言無用."	"자언무용."
莊子曰.	장자왈.
"知無用而始可與言用矣.	"지무용이시가여언용의.
夫地非不廣且大也,	부지비불광차대야,
人之所用容足耳.	인지소용용족이.
然則¹⁾厠足而²⁾墊之致黃泉,	연즉측족이점지치황천,
人尚有用乎?"	인상유용호?"
惠子曰. "無用."	혜자왈. "무용."
莊子曰.	장자왈.
"³⁾然則無用之爲用也亦明矣."	"연즉무용지위용야역명의."

－〔外 物〕－

[도움말]

1) 厠足－厠(측)은 測(측)의 假字라 한다. 測(측)은 잰다, 헤아리다, 알다. 또 音

462

을 置(치)로 읽고 置足(치족), 즉 발을 두다, 놓는다, 남기다. 라고 해석하기
도 한다. (厠, 音 '側' 又音 測.)－陸德明:

2) 墊之致黃泉－墊(점)은 '下也' 즉 파서 내려가는 것. (墊, 下也)－崔選. 致(치)
   는 至(지) 이르다. 墊(점)은 원래 塹 (참)이라 한다. 참은 掘(굴), 판다. 黃泉
   이란 大地의 가장 밑바닥이다. 발이 놓인 땅을 有用(유용)으로, 그 외의 땅
   을 無用(무용)으로 설명하고 있는 것이다.

3) 然則無用之爲用也 亦明矣－그렇다면 무용(無用)이 유용(有用)이 된다는 것
   은 역시 분명한 일이다. <人間世> 篇의 '人皆知有用之用, 而莫知無用之用
   也.'와 같은 맥락의 의미이다. 사람들은 모두 유용의 쓰임은 알아도, 무용의
   쓰임은 알지 못한다.

[앤솔러지 莊子: 201]

§Ⅶ－23. 사람의 마음속에도 텅 빈 곳이 있어
도(道)가 놀 수 있는 것이다

◑ 莊子의 심유천유(心有天遊)

장자가 말했다.

"사람이면서 자연에 따라 노닐 줄 아는 사람이라면 어찌 노닐지
않으랴? 자연을 따라 노닐 줄 모르는 사람이라면, 그가 어찌 자
연을 따라 노닐 수 있겠는가?

무릇 세상을 떠돌며 은둔隱遁한다는 뜻이나, 세상의 습속을 과감히
끊는다는 행위(行)는, 아아, 자연을 따르는 자가 할 일이 아니다!
그들은 외물外物에 빠져 거꾸로 추락하여도 본성으로 돌아오지 못
하며 불같이 외물外物로 달려 나가도 참된 자기를 돌아보지 않는
다. 비록 서로가 더불어 임금이 되고 신하가 된다 할지라도 그것

은 일시적인 한 때를 만났다는 것일 뿐이다. 세상이 바뀌면 서로의 귀천貴賤, 존비尊卑가 없게 된다. 그러기에 '지극한 도道에 이른 사람(至人)은 행적을 남기지 않는다.'고 한다. 대개 옛 시대를 존중하고 지금의 시대를 비하하는 것은 학자의 잘못이다.

가령 태고의 희위씨狶韋氏 같은 사람들이 지금의 시대풍속을 바라본다고 하면 어느 누가 한쪽으로 치우친 세태가 아니라 할 수 있을 것인가?

오직 지인만은 세속에 유유히 자적하며 노닐면서도 치우치지 아니하고, 세속 사람들과 함께 순응하여 살면서도 본래의 자기를 잃지 않는다.

세속에 유유히 자적하는 지인至人은 불학不學을 가르치지만, 그 불학不學의 가르침을 이어 받아들이면 피아彼我의 구별이 없게 된다. 눈이 잘 보이는 것을 명明이라 하고, 귀가 잘 들리는 것을 총聰이라하며, 코가 냄새를 잘 맡는 것을 전顫이라 하고, 입이 맛을 잘 보는 것을 감甘이라 하며, 마음이 잘 통하는 것을 지知라고 하며, 지知가 잘 통달하는 것을 덕德이라 한다. 무릇 도道는 막히는 것을 바라지 않는 것이니, 막히면 목 메인 것과 같으며, 목 메인 채로 있으면 어긋나게 되고, 어긋나게 되면 온갖 해로움이 생기게 된다. 만물 중 지각知覺과 생명을 가진 자者들은 기식氣息으로 살지만, 그 기식氣息이 원활하지 못함은 하늘의 허물이 아니다. 하늘이 구멍을 뚫어주어, 밤낮으로 쉬지 않고 기氣를 통하게 하고 있으나, 사람은 하늘(天: 自然)을 따르지 않고 오히려 그 구멍을 막아 버린다.

사람의 복중태복中胎에는 텅 빈곳이 있고, 마음속에도 텅 빈곳이 있어 도道가 놀 수 있는 것이다. 방안에 빈곳이 없으면 시어머니와 며느리가 반목하여 빈자리를 다투게 되듯이, 마음속에 도가 놀곳이 없으면 육조六鑿가 서로 거역하여 다투게 된다. 큰 산림山林이나 산 언덕(丘山)이 사람에게 그토록 유쾌한 것은 그 정신이 이러한 육조六鑿의 번거로움을 이길 수 없기 때문이다."

莊子曰.
"1)人有能遊, 且得不遊乎?
人而不能遊, 且得遊乎?
夫2)流遁之志, 決絶之行, 3)噫,
其非至知厚德之任與!
4)覆墜而不反,
火馳而不顧. 雖相與爲君臣,
時也. 易世而無以相賤.
故曰5) '至人不留行焉.'
夫尊古而卑今, 6)學者之流也.
7)且以狶韋氏之流
觀今之世, 夫8)孰能不波?
唯至人乃能遊於世而9)不僻,
順人而不失己.
10)彼敎不學, 承意不彼.
目徹爲明, 耳徹爲聰,11)
鼻徹爲顫, 口徹爲甘,
心徹爲知, 知徹爲德.
凡道不欲壅,12)壅則哽,
哽而不止則13)跈, 跈則衆害生.
14)物之有知者恃息,
15)其不殷, 非天之罪.
天之穿之, 日夜無降,16)
人則顧塞其竇.
17)胞有重閬, 心有天遊.

장자왈.
"인유능유, 차득불유호?
인이불능유, 차득유호?
부유둔지지, 결절지행, 희,
기비지지후덕지임여!
복추이불반,
화치이불고. 수상여위군신,
시야. 역세이무이상천.
고왈 '지인불류행언.'
부존고이비금, 학자지류야.
차이희위씨지류,
관금지세, 부숙능불파?
유지인내능유어세이불벽,
순인이불실기.
피교불학, 승의불피.
목철위명, 이철위총,
비철위전, 구철위감,
심철위지, 지철위덕.
범도불욕옹, 옹즉경,
경이부지즉진, 진즉중해생.
물지유지자시식,
기불은, 비천지죄.
천지천지, 일야무강,
인즉고색기두.
포유중랑, 심유천유.

室無空虛, 則¹⁸⁾婦姑勃豀,   실무공허, 즉부고발혜,

¹⁹⁾心無天遊,   심무천유,

則²⁰⁾六鑿相攘.   즉육조상양.

²¹⁾大林丘山之善於人也,   대림구산지선어인야,

亦神者不勝."   역신자불승."

－〔外 物〕－

[도움말]

1) 人有能遊, 且得不遊乎?－有는 而. 且는 何와 같다. 遊(유)는 자유의 경지에서 노니는 것, 자연 혹은 본성에 순종하여 노니는 것이라 함. '사람이 무엇에도 속박됨이 없이 제 마음 내키는 대로 즐길 수 있다면 어디서든지 自適하지 못할 것인가? 사람이면서 속박됨이 없이 제 마음 내키는 대로 즐길 수 없다면 어디서선들 自適 할 수 있을 것인가?(人有能自適者, 何所不自適乎? 人而不能自適, 何所得自適乎?)－王先謙. 세상에는 '達者'와 '不達者'가 있다고. 遊하지 못하는 者는 그것으로 끝남이라 했다.

2) 流遁之志, 決絶之行－流遁(유둔)이란 '浮流, 隱遁(은둔).'이라 함. －王先謙. 決絶 (결절)은 '決絶棄世'로 決然히 세상을 버리는 것. －王先謙.

3) 噫, 其非至知厚德之任與!－噫(희)는 '아아' 하는 悲歎의 소리. 至知厚德, 자연을 따르는 사람(遁自然之人)－王先謙. 遁, 따를 순, 달아날 둔, 숨을 둔. 任, 爲이다.

4) 覆墜, 火馳－覆墜(복추), 천지가 顚覆하고 산이 무너져 내리는 것, 본성이 뒤집히고 허물어짐을 말한다. 轉하여 큰 일이 일어나는 것을 가리킨다. 火馳(화치)는 野火(들불)가 옮겨 붙는 것처럼 外物(외물)의 추구를 위해 급히 내달리는 것.

5) 至人不留行－留行(유행)이란 일정한 주의, 주장을 고집하는 것, 머무르는 것. 至人은 세속의 상대적 편견에 머물지 않는다는 것이다.

6) 學者之流也－流는 過, 失이다

7) 且以狶韋氏之流－차(且)는 若, '만약, 가령'의 뜻. 희위씨는 上古의 帝王.

8) 孰能不波?－파(波)를 파(頗)의 가차자(假借字) 보고 편파(偏頗). 혹자는 파(波)는 逐波流라 한다. 누가 파도의 흐름을 따르지 않을 수 있겠는가?

9) 不僻－僻(벽)은 편벽(偏僻)이다.

10) 彼教不學, 承意不彼 – 이설(異說)이 많고 난해한 구절(句節) 중의 하나이다. 앞의 彼教의 彼는 '至人', 뒤의 不彼는 '彼我의 구별이 없음'이다. 그러나 彼教不學의 彼를 至人으로 보는 說과 학자들로 보는 說설이 있다. 또 다른 견해로는 彼教의 '彼'는 上文의 '世': 世俗을 받고 不彼의 '彼'는 上文의 '人'은 世人을 받는다고 함. – 楊柳橋.

11) 鼻徹爲顫 – 徹(철)은 通(통)이다. 顫(전)은 癉(전)의 假字로 여기서는 냄새를 잘 구별하는 것.

12) 壅則哽 – 壅(옹)은 塞(색)과 같고 막히다, 막는다. 哽(경)은 한 곳에 고이는 것, 哽塞(경색)이고 목 메이는 것이다.

13) 跈 – 跈을 '진'으로 읽고 戾(려)로 풀이 함. – 王念孫. 어그러지다. 跈(전)은 밟는다(履), 그치다(止). 본래 躔(전)으로 쓴다고 한다. 왕선겸을 따른다.

14) 物之有知者恃息 – 息(식)은 氣, 氣息이다. 숨에 의지하다. (息, 所以通一身之 氣. 知, 知覺, 指生命) – 宣穎. 息은 또한 '한 호흡 間'이란 의미가 있다.

15) 其不殷 – 그 息이 왕성하지 않다. (其息之不盛.) – 林雲銘. 殷(은)이란 盛(성) 하다. 當(마땅하다.)

16) 人則顧塞其竇 – 顧(고)는 도리어, 塞(색)은 막는다. 竇(두)는 구멍이다.

17) 胞有重閬 – 胞(포)는 腹中胎라 한다. 閬(랑)은 空曠(공광), 휑하니 넓고 공허 한 것.

18) 婦姑勃磎 – 婦姑(부고), 며느리와 시어머니. 勃(발)은 爭이고 磎(혜)는 空, 빈 자리를 다투다. 勃磎(발혜)를 反戾(반려), 곧 反目하여 서로 다투다. 磎(혜) 는 音을 奚(해)로 읽기도 한다.

19) 心無天遊 – 天遊(천유)는 자연의 '悠悠自適'이다. 遊, 어디에도 얽매이지 않 음이다. '遊不係也.' – 郭象

20) 六鑿相攘 – 鑿의 音은 <莊子音義>에는 '조'라 했다. 조는 구멍, (鑿, 뚫을 착, 뚫은 구멍 조) 六鑿(육조)는 六根인 目, 耳, 口, 鼻, 心, 知로 六情인 視, 聽, 嗅(후), 味(미), 觸(촉), 意識(의식)을 말한다고 한다. 혹은 喜, 怒, 哀, 樂, 愛, 惡(오)이라 하는 이도 있다. 攘(양)은 逆(역), 거스르다. 물리친다.

21) 大林丘山之善於人也亦神者不勝 – '大林丘山은 그 주변이 텅 비어 있다. 정 신은 육조의 번거로움을 이기지 못한다. 그러므로 푸르고 광막한 숲을 보게 되면 기쁘게 된다.' – 馬其昶

§Ⅶ-24. 어째서 그것을 아무것도 없는 마을, 드넓은 들판에 심지 않는가?

☯ 莊子의 무하유지향(無何有之鄉)

혜자가 장자에게 말했다.

"내가 사는 곳에 큰 나무가 하나 있는데, 사람들은 그것을 누리장 나무라고 한다. 굵은 줄기는 혹으로 울퉁불퉁하여 먹줄을 칠 수도 없고 작은 가지는 비비 꼬여서 그림쇠와 곡척을 댈 수조차 없기에 길가에 서 있지만, 목수는 돌아보지 않는다. 지금 그대의 말도 크기만 하고 쓸모가 없어 사람들이 모두 한가지로 돌아보지 않고 가버리는 것이네."

장자가 말했다.

"그대는 삵괭이나 족제비를 보지 못했는가? 몸을 낮게 엎드리고 돌아다니는 작은 짐승을 엿보며 기다리고 있다가 잡을만한 게 나타나면 이리 뛰고 저리 뛰고 높고 낮은 데를 가리지 않다가 결국 덫에 걸리거나 그물에 걸리어 죽고 만다. 그런데 '이우'라는 들소는 그 크기가 하늘에 드리운 구름과 같이, 정말 큰 것이라 할 수 있다. 하지만 정작 쥐는 잡을 수 없다네. 지금 그대는 큰 나무가 있음에도 쓸모가 없다고 걱정하고 있는데, 어째서 그것을 아무 것도 없는 마을, 드넓은 들판에 심어 놓고 하염없이 그 나무 곁을 유유히 거닐거나 아득히 세상사를 잊고 노닐다가 나무아래 잠들지 않는가. 그 나무는 도끼에 찍혀 일찍 잘리지도 않을 것이고, 어떤 사물도 그것을 해치지 않을 것이니, 아무런 쓸모가 없다는 것이 어째서 괴로움이 된다는 것인가?"

惠子謂莊子曰.

"吾有大樹, 人謂之¹⁾樗.

其大本²⁾擁腫而不中繩墨,

其小枝卷曲而不中³⁾規矩,

立之⁴⁾塗, ⁵⁾匠者不顧.

今子之言, 大而無用,

衆所同去也."

莊子曰.

"⁶⁾子獨不見狸狌乎? 卑身而伏,

以⁷⁾候敖者. 東西跳梁,

不避高下, 中於⁸⁾機辟,

死於罔罟. 今夫⁹⁾斄牛,

其大若垂天之雲, 此能爲大矣.

而不能執鼠. 今子有大樹,

患其無用,

何不樹之於¹⁰⁾無何有之鄕,

廣莫之野, ¹¹⁾彷徨乎無爲其側,

¹²⁾逍遙乎寢臥其下.

不夭斤斧, 物無害者,

無所可用, 安所困苦哉?"

　　　　　－〔逍遙遊〕－

혜자위장자왈.

"오유대수, 인위지저.

기대본옹종이부중승묵,

기소지권곡이부중규구,

입지도, 장자불고.

금자지언, 대이무용,

중소동거야."

장자왈.

"자독불견이성호? 비신이복,

이후오자, 동서도량,

불피고하, 중어기벽,

사어망고. 금부이우,

기대약수천지운, 차능위대의.

이불능집서. 금자유대수,

환기무용,

하불수지어무하유지향,

광막지야, 방황호무위기측,

소요호침와기하.

불요근부, 물무해자,

무소가용, 안소곤고재?"

[도움말]

1) 樗－개똥나무, 누리장나무. '옻나무의 일종으로 고약한 냄새가 나는 좋지 않는 나무'라 함 (樗, 漆之類, 嗅之甚臭, 惡木也). －成玄英. 櫟社(역사)의 나무와 함께 無用의 人物을 樗櫟(저력)이라고 한다.

2) 擁腫－옹종은 서려서 얽힌 것, 울퉁불퉁 혹이 생긴 것이다.

3) 規矩－규는 그림쇠, 正圓器. 구는 曲尺, 正方器. 圓과 方을 만드는 器具다.

여기서 規矩(규구)는 法則, 標準의 의미가 되었다.

4) 立之塗 – 塗, 途(도)와 같다. 길. 之, 於와 같다. 在. (立, 植也.) – 宣穎

5) 獨不見狸狌乎? – 狸狌(이성): 삵괭이와 족제비. 獨은 豈와 같다.

6) 匠者不顧 – 匠者(장자)는 木手. 顧는 돌아보다. 마음에 새기다.

7) 候敖者 – 候(후)는 等候, 等待. 기다리는 것. 敖(오)는 遨(즐겁게 놀 오)와 통한다. '以伺敖者'를 빙빙 돌아다니는 작은 짐승을 엿보다가 잡아먹는 것을 말하고, 닭이나 쥐와 같은 종류'라 했다. (以伺敖者, 謂伺遨翔之物而食之, 鷄鼠之屬也) – 司馬彪.

8) 機辟, 罔罟 – 機辟(기벽)은 짐승을 잡는 덫. 罔罟(망고)란 짐승을 잡는 그물.

9) 犛牛 – 犛牛(이우)는 긴 털이 있는 소, 旄牛(모우)와 같다.

10) 無何有之鄕 – 그 어떤 것도 없는 마을, 아무 것도 없는 理想鄕. 人間事의 갈등, 번뇌가 존재하지 않는 자연 그대로의 居所. 여기서는 한 眞人이 마음만 먹으면 갈 수 있는 정신적 공간이다.

11) 彷徨乎 – '彷徨, 翱翔과 같다.' – 成玄英. 방황이란 아무런 생각 없이 이리저리 거니는 것. 본디 茫然의 '茫'의 緩言이라 한다. 茫이란 아득하여 아무 것도 생각하지 않는다는 뜻. 乎는 부사형으로 쓰임

12) 逍遙乎 – 소요란 아무런 번뇌도 없이 유유히 노니는 것이다. 古代에는 '逍遙'는 한 음절인 '遙'이었다고 한다. 趙(조): 멀리 빠져나가다. 超(초): 밟고 넘다. 迢(초): 멀고 아득하다 와 거의 同音(동음) 이었고, 또 같은 뜻이었다고 한다. (朴一峰)

[앤솔러지 莊子: 203]

§Ⅶ – 25. 지인(至仁)은 친함이 없다

☯ 莊子의 지인무친(至仁無親)

상商의 태재太宰인 탕蕩이 인仁에 관해 장자莊子에게 물었다. 장자가 말했다. "범이나 이리가 인仁이다."

태재 탕蕩이 다시 물었다. "그게 무슨 뜻입니까?"

장자가 말했다.

"범이나 이리는 어미와 새끼가 서로 친하다. 어찌 불인不仁이라 하겠는가?"

태재 탕蕩이 말했다. "제가 묻는 것은 지인至仁입니다."

장자는 말했다. "지인至仁에는 친함이 없다."

태재 탕이 다시 물었다.

"제가 듣건대, 친함이 없으면 사랑이 없고 사랑이 없으면 불효입니다. 이제 지인至仁이 불효라 말씀해도 괜찮다는 것입니까?"

장자가 말했다.

"그렇지 않다. 대저 지인至仁이란 참으로 존귀한 것이지만, 세간世間의 효孝로는 진실로 지인을 말하기에 부족하다. 이 같은 말은 효를 넘어 서는 말도 아니고, 오히려 효孝에도 미치지 못하는 말이다. 가령 남南으로 여행하는 자가 초楚의 수도 영郢에 도착하면, 북쪽을 돌아보아도 북쪽의 명산冥山은 보이지 않는다. 이것은 무슨 까닭인가? 이미 명산으로부터 멀리 떠나 왔기 때문이다. 그래서 이르기를, '공경恭敬으로 효행孝行을 다하기는 쉬우나, 사랑으로 효행을 하기는 어렵다. 사랑으로 효행을 하기는 쉬우나, 어버이를 잊기는 어렵다. 어버이를 잊기는 쉬우나 어버이로 하여금 나를 잊게 하기는 어렵다. 어버이로 하여금 나를 잊게 하기는 쉬우나 더불어 천하를 함께 잊는 것은 어렵다. 더불어 천하를 함께 잊기는 쉬우나 천하로 하여금 더불어 나를 잊게 하는 것은 어렵다.'고 했다.

이러한 지인至仁의 경지에 도달하면 요순堯舜은 잊어버리고 성인의 덕행 같은 행위도 애써 하려고 하지 않는다. 그 이익과 은택이 만대에 미쳐도 천하 사람들은 그것이 누구의 은혜인지를 알지 못한다. 그런데도 어찌 공公은 다만 크게 탄식하며 인仁이니 효孝를 말씀하시는가! 대저 효제孝悌, 인의仁義, 충신忠信, 정렴貞廉 따위는

스스로 애써 덕德을 혹사酷使시키는 것이며 실로 좋다고 하기에는 부족한 것이다. 그래서 말하길,
'무위無爲의 도道를 체득한 존귀한 자는 나라의 작위爵位같은 것은 버린다. 무위의 도를 체득한 부유한 자는 나라의 봉록俸祿같은 것을 버린다. 무위의 도를 체득한 지락至樂을 즐기는 자는 세상의 명예名譽같은 것도 버린다.' 이 때문에 무위無爲의 도道는 영원히 변하지 않는 것이다."

¹⁾商大宰蕩問仁於莊子.　　　상태재문인어장자.

莊子曰. "虎狼, 仁也."　　　　장자왈. "호랑, 인야."

曰.²⁾ "何謂也 ? "　　　　　왈. "하위야 ? "

莊子曰.　　　　　　　　　장자왈.

"父子相親. 何爲不仁 ? "　　　"부자유친. 하위불인 ? "

曰. "請問至仁."　　　　　　왈. "청문지인."

莊子曰. "至仁無親."　　　　장자왈. "지인무친."

大宰曰.　　　　　　　　　태재왈.

"蕩聞之, 無親則不愛,　　　　"탕문지, 무친즉불애,

不愛則不孝, 謂至仁不孝,　　　불애즉불효, 위지인불효,

可乎 ? "　　　　　　　　가효 ? "

莊子曰.　　　　　　　　　장자왈.

"不然. 夫至仁尙矣,　　　　"불연. 부지인상의,

孝固不足以言之.　　　　　효고부족이언지.

此非過孝之言也,　　　　　차비과효지언야,

不及孝之言也.　　　　　　불급효지언야.

夫南行者至於³⁾郢,　　　부남행자지어영,

北面而不見⁴⁾冥山. 是何也 ?　북면이불견명산. 시하야 ?

則去之遠也. 故曰,　　　　즉거지원야. 고왈,

'以敬孝易, 以愛孝難.

以愛孝易, 而忘親難.

忘親易, 使親忘我難.

使親忘我易, 兼忘天下難.

兼忘天下易,

使天下兼忘我難.'

夫德遺堯舜而不爲也.

利澤施於萬世,

天下莫知也.

5)豈直太息而言仁孝乎哉!

夫6)孝悌仁義, 忠信貞廉,

此皆自勉以7)役其德者也,

8)不足多也. 故曰,

'9)至貴, 10)國爵幷焉.

至富, 國財幷焉.

11)至願, 名譽幷焉.'

是以道12)不渝."

　　　　　　—〔天　運〕—

'이경효이, 이애효난.

이애효이, 이망친난.

망친이, 사친망아난.

사친망아이, 겸망천하난.

겸망천하이,

사천하겸망아난.'

부덕유요순이불위야.

이택시어만세,

천하막지야.

기직태식이언인효호재!

부효제인의, 충신정렴,

차개자면이역기덕자야,

부족다야. 고왈,

'지귀, 국작병언.

지부, 국재병언.

지원, 명예병언.'

시이도불유."

[도움말]

1) 商大宰蕩 − 殷나라의 처음 國名이 商이다. 湯王이 夏의 桀王을 멸망시키고 나라를 商丘(지금의 河南省)에 정했다. 여기선 그 子孫의 나라인 宋나라를 말한다(商, 宋也.) − 司馬彪. 大宰(태재)는 官名으로 宰相이다. 蕩(탕)은 그의 字이고 名은 盈이다. 宋은 莊子의 고향이다.

2) 何謂也? − 也, 同邪. 의문을 나타낸다.

3) 郢(영) − 戰國時代, 楚의 國都. 강릉의 북쪽(지금의 湖北省 江陵縣)에 있다.

4) 冥山 − 郢(영)의 북쪽, 지금의 河南省 信陽縣에 있는 山名.' − 曹礎基. '北海의 山名'이라 한다. − 司馬彪.

5) 豈直太息－直, 特. 太息, 嗟歎 탄식하며 숨을 내뿜는 것.

6) 孝悌仁義, 忠信貞廉－悌(제)는 兄에게 恭順한 것. 忠信은 誠實. 貞廉은 바르고 潔白한 것.

7) 役其德－役, 勞. 마음에 갖추어진 덕(德)을 사역함, 其는 於와 같으며 모두 덕을 닦는다는 名目에 의해 부려지는 것. 德에 의해 使役당함이다.

8) 不足多－多, 讚揚, 肯定이다. 또는 아름답게 여김, 많은 것이 좋은 것이고 귀중하게 여기는 것.

9) 至貴, 國爵幷焉－至貴, 至貴人. 焉, 於之. 於는 피동을 나타내고, 之는 至貴人이다. 幷(병)은 棄(기)의 古字, 버리다. 나라의 爵位같은 것은 지극히 존귀한 자에 의해 버려진다는 것이다. 幷(병)을 '除弃之謂也.'라 했다. －郭象.

10) 至願－至樂(지락), 願은 慕이며 사람들의 흠모(欽慕)를 받는 것이라 함. '顯 (현)의 誤寫' －奚侗.

11) 不渝－渝(유)는 變한다. 俗音은 '투'.

[앤솔러지 莊子: 204]

§Ⅶ-26. 노나라를 통틀어 유자(儒者)는 한 사람 뿐입니다

☯ 莊子의 이노국이유자일인의(以魯國而儒者一人矣)

장자가 노魯 나라 애공哀公을 만나 보았다.

애공哀公이 말했다.

"우리 노魯 나라에는 유사儒士가 많으나, 선생의 도道를 닦는 사람은 별로 없소."

장자가 말했다.

"노魯 나라에는 유자儒者가 적습니다."

애공이 말했다.

"온 노 나라 사람이 유복儒服을 입고 있는데 어째서 적다고 하오?"

장자가 말했다.

"내가 듣기로는, 유자儒者가 둥근 관을 쓰는 것은 천시天時를 안다는 것이고, 모난 신을 신는 것은 지형地形을 안다는 것이고 오색의 인印 끈으로 옥결玉玦을 꿰어 허리에 차는 것은 일에 당하여 결단력이 있음을 나타내는 것이라 합니다. 그런데 군자君子로서 그 도道를 체득한 자者가 반드시 그런 옷차림을 하는 것은 아니며, 그런 옷차림을 갖춘 자者가 반드시 그 도道를 알고 있는 것도 아닙니다. 공公께서 진실로 그렇지 않다고 생각하신다면, 어찌 온 나라에 영令을 내려 '이제 유儒의 도道를 터득하지 못하였는데도 이 같은 유儒의 복장服裝을 갖추어 입는 자者는 죄를 물어 사형에 처하겠노라!' 하지 않으십니까?"

이에 애공이 온 나라에 영令을 내리니, 닷새가 지나자 노국에는 감히 유자儒者의 복장을 하는 자가 없게 되었다.

오직 한 사나이만이 유복儒服을 갖추고 대궐 문 앞에 서 있었다. 애공은 즉시 그를 불러들여 국사國事를 물어보았더니, 그의 답변은 천변만화千變萬化로 자유자재하여 막힘이 없었다.

장자가 말했다.

"노 나라를 통틀어 유자儒者는 겨우 한 사람뿐입니다. 그래도 유자儒者가 많다고 하겠습니까?"

莊子見[1]魯哀公. 哀公曰.
"魯多儒士, 少[2]爲先生方者."
莊子曰.
"魯少儒."
哀公曰.
"[3]擧魯國而儒服, 何謂少乎?"
莊子曰.

장자현노애공. 애공왈.
"노다유사, 소위선생방자."
장자왈.
"노소유."
애공왈.
"거노국이유복, 하위소호?"
장자왈.

"周聞之, 儒者⁴⁾冠圜冠者,

知天時,⁵⁾履句屨者, 知地形.

⁶⁾緩佩玦者, 事至而斷.

君子有其道者, 未必爲其服也,

爲其服者, 未必知其道也.

公固以爲不然,

何不號於國中曰,

'無此道而爲此服者,

其罪死!"

於是⁷⁾哀公號之,

五日而魯國無敢儒服者.

獨有一丈夫儒服而立乎公門.

公卽召而問以國事,

千轉萬變而不窮.

莊子曰.

"以魯國而⁸⁾儒者一人耳.

可謂多乎?"

―〔田子方〕―

"주문지, 유자관원관자,

지천시, 리구구자, 지지형.

완패결자, 사지이단.

군자유기도자, 미필위기복야,

위기복자, 미필지기도야.

공고이위불연,

하불호어국중왈,

'무차도이위차복자,

기죄사!"

어시애공호지,

오일이노국무감유복자.

독유일장부유복이립호공문.

공즉소이문이국사,

천전만변이불궁.

장자왈.

"이노국이유자일인이.

가위다호?"

[도움말]

1) 魯哀公―春秋 말기의 임금. 在位기간은 B.C. 494―468年. 魯나라는 山東省 曲阜縣에 있었다. 孔子의 祖國이다. 哀公 10年에 공자가 죽었다고 한다. 魯 哀公과 莊子의 生存年代는 120年의 差가 있다. '노 애공을 만나다'와 같은 이곳의 글은 莊子의 寓言에 속할 뿐이다. 했다. (如此言 '見魯哀公'者 蓋寓 言耳)―成玄英.

2) 爲先生方者―爲는 修, 治의 뜻이다. 方은 道, 方法.

3) 擧魯國而儒服―擧, 全. 儒服, 동사로 쓰임. 魯國 전체가 儒服을 입다.

4) 冠圜冠―圜冠(원관)은 둥근 관이다. 圜을 환으로 발음할 때는 環의 의미로

고리, 돌다, 돌리다. 앞의 冠은 動詞로 쓰다, 머리에 쓰다.

5) 履句屨者－句屨(구구)의 屨는 麻鞋(마혜)로 삼 신이고, 句는 '方也'라 했다. 四角의 모난, 삼으로 엮은 신이다. 履는 신다. 古代 中國에선 하늘은 圓形, 땅은 方形으로 생각했다.

6) 緩佩玦者－'緩(완)은 綬(수).'－司馬彪. 綬(수)는 印끈으로 오색의 끈을 꼬아 만든다. 玦(결)이란 노리개 모양의 반쪽 玉佩. 佩(패)는 차는 것. 玦이란 決과도 통하고 決斷의 뜻으로 쓰임.

7) 哀公號之－號(호)는 令이고 命令이다. 널리 명령을 내리다.

8) 儒者一人－한 사람은 공자를 말한다(一人, 謂孔子.)－成玄英

[앤솔러지 莊子: 205]

§Ⅶ－27. 사람들로 하여금 심복(心腹)하게 하여
감히 거스르지 않게 하면

☯ 莊子의 심복(心腹)

장자가 혜자에게 말했다.

"공자는 나이 60에 이르기까지 육십 번 심경心境의 변화가 있었다. 처음 그 당시에는 옳다고 한 것이 끝에 가선 틀렸던 것이다. 공자 가 지금 옳다고 말하는 것은 실은 지난 59년 동안 아니라고 부정 해 온 것이 아닌지 모른다."

혜자가 말했다.

"그것은 공자는 다지多智를 사용하여 심력을 수고시키고 있었기 때문인가?"

장자가 말했다.

"아니 공자는 이미 다지多智를 쓰지 않고 버렸다. 게다가 그가 일찍이 그런 말을 한 적이 없지 않는가? 공자는 말하기를 '대저 재지才知를 천지의 근원인 도道로부터 받아 정기精氣를 안으로 품고 영성靈性으로 돌아가 산다면 소리를 내면 저절로 음률音律에 맞고, 말을 하면 스스로 법도法度에 맞는다. 이익과 의리를 눈앞에 늘어 놓고 호오시비好惡是非를 분명히 하는 것은 다만 사람들의 입을 이겨 복종하게 하는 것일 뿐이다. 사람들로 하여금 심복心腹하게 하여 감히 거스르지 않게 하면 비로소 천하의 안정을 정할 수 있게 되는 것이다.' 논변은 그만 두세나! 게다가 나는 거의 도의체득자인 저 공자에게는 근처에도 미치지 못하고 있다네!"

莊子謂惠子曰.
"孔子行年六十而六十化.
始時所是, 卒而非之.
未知今之所謂是之非五十九非也."
惠子曰 "孔子[1]勤志服知也?"
莊子曰.
"孔子[2]謝之矣.
而其未之嘗言? 孔子云,
'夫[3]受才乎大本,
[4]復靈以生, [5]鳴而當律,
言而當法. 利義陳乎前, 而好惡,
是非直服人之口而已矣.
[6]使人乃以心服, 而[7]不敢蘁立,
定天下之定.' [8]已乎已乎!
[9]吾且不得及彼乎!"

장자위혜자왈.
"공자행년육십이육십화.
시시소시, 졸이비지.
미지금지소위시지비오십구비야."
혜자왈. "공자근지복지야?"
장자왈.
"공자사지의.
이기미지상언? 공자운,
'부수재호대본,
복령이생, 명이당율,
언이당법. 이의진호전, 이호오,
시비직복인지구이이의.
사인내이심복, 이불감오립,
정천하지정.' 이호이호!
오차부득급피호!"

－〔寓 言〕－

[도움말]

1) 勤志服知也? − 勤志, 마음으로 애씀(심력을 다하는 것이다.) 服知, 服(복)은 用, 知는 多智. 也는 邪. 疑問詞.다. '공자는 뜻을 수고시켜 多智를 얻는데 심력을 다하였지만 아직 자신의 진정한 변화는 얻지 못하고 있지 않는가? 하는 의문을 나타내고 있다.'고 했다. − 宣潁.

2) 謝之而其未之嘗言? − 謝(사)는 버리는 것(去). 사절(謝絶)이다. 不受. 앞의 勤志服知를 버렸다는 것이다. "其, '豈'로 읽는다." − 馬其昶
   '孔子는 이미 勤心하며 배우는 일을 버리고 道로 나아갔으나 단지 사람들과 더불어 일찍이 말하지 않았을 뿐이라는 것이다.'(孔子已謝去博學之事, 而進於道但未嘗與人言爾.) − 林希逸

3) 受才乎大本 − 대본은 태초(太初)이며 도(道)를 가리킨다. 재지(才知)를 도(道)로부터 받는 것.

4) 復靈以生 − 復은 돌아가는 것, 혹은 복(腹: 품다)의 暇字라 한다. 靈은 精氣이고 靈氣. 본래의 靈性으로 돌아가서 사는 것. 혹은 精氣를 굳게 품고 살아가는 것이다.

5) 鳴而當律 − 鳴(명)은 音聲(음성)이고 當(당)은 中이다. 소리를 내면 音律(음율)인 律(율)에 맞는다는 것.

6) 使人乃以心服 − 乃(내)는 여기서는 是(시)와 거의 같고, 앞의 말을 강하게 제시하는 것이라 한다. 以心服은 心服이다. 타인으로 하여금 마음으로 복종하게 하다.

7) 不敢蘁立 − 蘁(오)는 逆(역), 迕(오), 거스르는 것. 곧 對立(대립)이다. 蘁立(오립)은 好惡, 是非 중 어느 한쪽에 집착함으로써 적대적 입장에 서게 되는 것이다. (蘁立, 逆立) − 郭象.

8) 已乎已乎! − 已(이)는 止(지), 그치다. 그만 두다.

9) 吾且不得及彼乎! − 吾(오)는 장자 자칭, 且는 殆(거의, 가까이)와 같고, 彼(피)는 '受才乎大本, 復靈以生' 하는 도의 체득자. 장자는 도의 체득자에게는 거의 미치지 못한다는 겸양의 말로 자신을 낮추고 있다. 이 구절에서도 장자는 공자를 폄하(貶下)한다는 세인(世人)들의 비평과는 사뭇 다르다.

§Ⅶ-28. 이것으로 내 장례를 위한 도구는 모두 갖춘 것이 아니겠느냐?

☯ 莊子의 오장구불비야?(吾葬具豈不備邪?)

장자가 곧 죽음에 임박臨迫하게 되자, 제자들이 성대하게 장사葬事 지내고자 했다. 장자가 말했다.

"나는 하늘과 땅을 나의 관곽棺槨으로 두고, 해와 달을 한 쌍의 옥玉으로 삼으며, 허공의 별들은 장식하는 구슬이 되고, 이 세상 만물이 부장품副葬品이 될 것이다. 이것으로 내 장례를 위한 도구는 모두 갖춘 것이 아니겠느냐? 여기에서 또 무엇을 더, 더할 것이 있겠느냐!"

이에 제자가 말했다.

"저희는 까마귀와 솔개가 스승의 시신을 갉아 댈 것을 걱정하고 있습니다."

장자가 말했다.

"지상地上에서는 까마귀나 솔개의 밥이 되고, 지하地下에서는 땅강아지나 개미의 밥이 된다. 저쪽에서 빼앗아 이쪽에게 주는 것이니, 어찌 편벽偏僻한 것이 아니겠느냐?"

莊子將死, 弟子欲厚葬之.   장자장사, 제자욕후장지.

莊子曰.   장자왈.

"吾以天地爲[1]棺槨,   "오이천지위관곽,

[2]以日月爲連璧,   이일월위연벽,

[3]星辰爲珠璣, [4]萬物爲齎送.   성신위주기, 만물위재송.

吾葬具豈不備邪?

何以加此!"

弟子曰.

"吾恐 5)烏鳶之食夫子也."

莊子曰.

"在上爲烏鳶食,

在下爲6)螻蟻食. 奪彼與此,

何其偏也?"

ー〔列御寇〕ー

오장구기불비야?

하이가차!"

제자왈.

"오공오연지식부자야."

장자왈.

"재상위오연식,

재하위루의식. 탈피여차,

하기편야?"

[도움말]

1) 棺槨 ー棺(관)은 속 널이고, 槨(곽)은 겉 널이다.

2) 以日月爲連璧 ー璧(벽)은 瑞玉의 고리이다. 연벽은 한 쌍의 둥근 玉고리인데 서로 이어져 있다고 한다. <說文>: '璧, 瑞玉環也. 連璧, 謂兩環相連.' 해와 달을 연벽으로 삼는다는 것. 장례행렬의 선두에 사용되는 장식이라 한다.

3) 星辰爲珠璣 ー珠璣(주기)의 珠(주)는 구슬, 璣(기)는 잔 구슬, 眞珠. 하늘의 별 들을 장식구슬로 삼는 것이다.

4) 萬物爲齎送 ー齎送(재송)의 齎(재)는 가져오는 것이고 送(송)은 보내는 것이 다. 곧 死者의 영혼을 위하여 딸려 보내는 부장품. 천하 萬物이 副葬品이 되는 것이다. 과연 성대하고 아름다운 장례식이라 할 만하지 않는가? 齎는 俗音이 '재', '제'로도 발음한다고 한다. 古音이 '자.'

5) 烏鳶 ー까마귀와 솔개. 鳶(연)은 鴟(솔개, 올빼미 치)라 함. (鳶, 鴟也.) ー成玄英

6) 螻蟻 ー땅 강아지와 개미. 螻(누, 루)는 땅강아지, 농작물을 해치는 곤충의 일 종. 하늘 밥도둑이라고도 한다.

第八章

莊子의 이상향(理想鄉)

제8장: 「장자의 이상향」

상고上古에는 소국과민小國寡民의 태평성대가 있었다. 장자는 부조리가 존재하지 않는 '절대무絶對無'의 이상향을 꿈꾸었다. 나라와 나라, 이웃과 이웃, 나와 너 사이에 그 어떤 갈등이나 불화도 없는 '절대무'의 이상향을 장자는 무하유지향無何有之鄕이라고 표현하고 있다. 그곳은 경제적, 사회적 평등이 도의 체득과 깨달음으로 연결되는 곳이었다.

마제편에 보이는 지덕지세至德之世, 혁서씨지시赫胥氏之時, 석자제국昔者齊國을 살펴보고, 거협편, 천지편에 나타나는 석자용성씨昔者容成氏, 대정씨大庭氏 …… 이하와, 현고지군천하玄古之君天下, 요치천하堯治天下 등을 찾아보았다.

莊子의 이상향은 또 산목편에는 건덕지국建德之國, 대막지국大莫之國으로 표현되고 있다. 그리고 내편의 소요유편에 나오는 "무하유지향 광막지야無何有之鄕 廣莫之野"라는 구절은 그의 이상향을 가늠할 수 있는 중요한 대목이다.

그 옛날 장자가 설파한 태평성대' 혹은 '무하유지향'은 오늘날 어떤 사조思潮에서 그 모범을 찾을 수 있을 것인가? 공산주의는 무너졌고 자본주의는 자원의 고갈과 환경파괴라는 덫에 걸려 비틀거리고 있다.

장자의 이상향은 현실에는 존재하지 않으나 무릉도원, 청학동, 남가일몽속 괴안국槐安國 등의 이름으로 남아 지금까지 전해온다. 중국 운남성 티베트 접경의 샹 그릴라 혹은 서양의 유토피아가 장자의 이상향과 닮아 있는지도 모를 일이다. 인도의 1)오로빌(Auroville)과 같은 새로운 공동체에서나 혹 그가 꿈꾸었던 이상향의 모범을 찾을 수 있지 않을까?

---

1) 인도의 데칸고원 남동쪽에 오로빌(Auroville)이란 마을이 있다. 1968년, 124개국의 사람들이 한데 모여 건설한 영적 공동체 마을, UN과 EU, OECD로부터 매년 400만 불을 지원 받는 세계적인 실험도시다. 이곳에는 지금도 세계 36개국 1,683명의 사람들이 모여 인간이 인간답게 살 수 있는 지상의 유토피아를 꿈꾸고 있다.

오로빌 사람들은 살아가는 방법이 다르다. 현금은 쓰지 않고 함께 밥을 먹으며 유기농 채소를 가꾸고 자급자족을 한다. 모든 에너지는 태양력과 풍력 등 자연 친화적인 에너지로 충당되고 있다.

이곳의 학교, 공장, 농장 어디에도 대표(長)가 없다. 모두 동등한 자격으로 마을 안의 문제를 풀어나간다. 성(姓)도 모른다. 여기서는 이름만 쓴다. 이곳에서는 일주일에 한번 꼴로 수준 높은 연주회가 열리고 세계 건축가들이 맘껏 상상력을 발휘한 아름다운 건축물들이 곳곳에 세워지고 있다. 종교와 사상, 인종과 국가, 풍습과 문화의 차별을 뛰어넘어 새로운 형태의 소국과민(小國寡民)을 지향하는 현대적 공동체라 할 수 있을 것이다.

자료 참고: http://blog.daum.net/juholic/7230756

第八章: 莊子의 理想鄕

[앤솔러지 莊子: 207]

§Ⅷ-1. 지극한 덕德이 행해졌던 평화로운 세상

그러므로 지극한 덕德이 행해졌던 평화로운 세상에선 사람들의 거동은 조용하고 유유자적하며 무심히 한 곳을 응시하는 눈매는 맑고 환하다.

그 무렵 산에는 산허리를 자른 지름길도 오솔길도 없고, 못에는 건너갈 배도 다리도 없었다. 온갖 생물이 더불어 살았고 마을은 연이어져 있었다. 새와 짐승은 떼를 이루어 번성하였고 초목草木은 무성하였다. 새와 짐승과 함께 굴레를 걸고 더불어 놀 수 있었고, 나무에 올라가선 가지를 끌어당겨 새와 까치둥지도 들여다 볼 수 있었다.

대저 지극한 덕德이 이루어진 세상에선 사람들은 새와 짐승과 더불어 살았고 만물과 함께 어우러져 무리 지어 살았던 것이다. 그러니 어찌 군자니 소인이니 하는 차별을 알았겠느냐! 다 같이 무지無知하고 그 타고난 덕德은 자연自然에서 분리됨이 없었다. 다 같이 무욕無慾하니 이를 소박素樸이라 말한다. 소박하여서 곧 백성의 본성이 온전하였던 것이다. 그러나 성인聖人이 나타나 애써 인仁을 행하고 무리하게 의義를 행하게 되자, 천하 사람들은 비로소 의혹을 품게 되었다.

그리고 제멋대로 음악을 연주하고 시시콜콜 번거로운 예의를 만들자 천하 사람들은 비로소 제각각 갈라지게 되었다. 그러니 자연 그대로의 통나무를 손상하지 않고서야 누가 제례에 사용하는 희준犧樽을 만들 수 있겠는가? 자연 그대로의 백옥을 훼손하지 않고서야 누가 의식에 사용하는 규장珪璋을 만들겠는가? 참된 도덕道德이 무너지지 않았는데 어찌 인의仁義를 취할 필요가 있겠는가? 자연 그대로의 본성과 진정眞情이 떠나지 않았는데 어찌 예악禮樂을 쓸 필요가 있겠는가? 오색五色이 문란해지지 않았다면 누가 문채文采를 쓰겠는가? 오성五聲이 어지러워지지 않았다면 누가 육율六律에 맞추겠는가? 대저 자연 그대로의 통나무를 손상하여 그릇을 만든 것은 목수의 죄이다. 자연의 그대로의 순박한 도덕을 훼손하여 인의를 만든 것은 성인의 허물이다.

故至德之世, [1)]其行塡塡,
[2)]其視顚顚. 當是時也,
山無[3)]蹊隧, 澤無[4)]舟梁.
萬物群生, [5)]連屬其鄕.
禽獸成群, 草木[6)]遂長.
是故禽獸可[7)]係羈而遊,
[8)]鳥鵲之巢可[9)]攀援而闚.
夫至德之世, 同與禽獸居,
[10)]族與萬物竝.
惡乎知君子小人哉!
同乎無知, 其德不離.
同乎無欲, [11)]是謂素樸.
素樸而民性得矣. 及至聖人,
[12)]蹩躠爲仁, 踶跂爲義,

고지덕지세, 기행전전,
기시전전. 당시시야,
산무혜수, 택무주량.
만물군생, 연속기향.
금수성군, 초목수장.
시고금수가계기이유,
조작지소가반원이규.
부지덕지세, 동여금수거,
족여만물병.
오호지군자소인재!
동호무지, 기덕불리.
동호무욕, 시위소박.
소박이민성득의. 급지성인,
별설위인, 제기위의,

而天下始疑矣. 　　　이천하시의의.

13)澶漫爲樂, 14)摘僻爲禮, 　　단만위악, 적벽위례,

而天下始分矣. 　　　이천하시분의.

故純樸不殘, 孰爲15)犧樽? 　고순박부잔, 숙위희준?

白玉不毀, 孰爲16)珪璋? 　백옥불훼, 숙위규장?

道德不廢, 安取仁義? 　도덕불폐, 안취인의?

性情不離, 安用禮樂? 　성정불리, 안용예악?

17)五色不亂, 孰爲文采? 　오색불란, 숙위문채?

18)五聲不亂, 孰應19)六律? 　오성불란, 숙응육률?

夫殘樸以爲器, 工匠之罪也. 　부잔박이위기, 공장지죄야.

毀道德以爲仁義, 　훼도덕이위인의,

20)聖人之過也. 　성인지과야.

－〔馬　蹄〕－

[도움말]

1) 其行塡塡－塡塡(전전)은 느릿느릿 마음 내키는 대로 걷는 것, 조용하고 거동이 유유자적 (悠悠自適)한 모양이다. 塡: 채울 전, 북소리 전. 느리게 움직이는 것. (塡塡, 遲動也.)－崔譔.

2) 其視顚顚－顚顚(전전)은 무심히 눈을 크게 뜨고 한 곳으로 뜻을 모으는 모양. 미간(眉間)의 그곳이 열려 눈매가 맑고 환한 것. 顚(전)은 瞋: 눈 부릅뜰 '진'의 假借라 한다.

3) 蹊隧－蹊(혜)는 경(徑), 지름길이다. (蹊, 徑也.)－李頤. 隧(수)는 산을 헐거나 나무를 베어 만든 길이다.

4) 舟梁－배와 다리.

5) 連屬其鄕－자기의 사는 곳과 남이 사는 곳이 이어져 있는 것. 울타리나 경계선을 두지 않는 것이다. 스스로 족하여 남을 병탄(倂吞)하거나 이멸(夷滅) 할 생각이 없다는 것.

6) 遂長－遂(수)는 從志, 마음대로, 遂長은 마음껏 자라나는 것이다.

7) 係羈而遊－羈(기)는 재갈, 고삐. 사람이 금수와 함께 얽혀 놀 수도 있었다는

것. 또는 새와 짐승도 사람에게 익숙하여 굴레에 매여 있어도 두려움 없이 노닐 수 있었다는 것.

8) 鳥鵲之巢 – 鳥鵲(조작)은 새와 까치, 巢(소)는 둥지다.

9) 攀援而闚 – 攀(반)은 높은 곳으로 오르려고 끌어 잡는 것이고, 援(원) 끌어당기는 것, 闚(규)는 엿보는 것이다. (闚, 闚望.) – 成玄英.

10) 族 – 취(聚), 모여들다.

11) 是謂素樸 – 시(是)는 무지(無知), 무욕(無慾)을 가리킨다. 素는 생백(生帛), 흰 바탕의 비단. 박(樸)은 가공하지 않은 원목(原木)의 나뭇등걸. 모두 人工이 가해지지 않은 自然 그대로의 상태를 말한다.

12) 蹩躠爲仁, 踶跂爲義 – 蹩躠(별설)은 蹩(별: 절뚝거리며 발을 끌며 걷다.)의 緩言(완언)이라 함. 躠(둘러 갈 설, 에도는 모양 설) 억지로 인(仁)을 행하는 것이다. 踶跂(제기)는 발돋움하여 서는 것. 踶(애쓸 제, 발굽 제), 跂(발돋움할 기, 육 발 기). 모두 마음으로 애써 인의를 행하는 모양이다. (皆用心爲仁義之貌.) – 李頤.

13) 澶漫 – 澶漫(단만)은 放縱(방종), 멋대로 하는 것.

14) 摘僻 – 摘僻(적벽)은 摘擗이라 한다. 摘(적)은 摘取(적취), 손으로 집어 따는 것이고, 擗(벽)은 擘(쪼갤 벽)으로 分析이다. 결국 煩碎(번쇄), 시시콜콜 번잡스러운 것이다. 一說에는 몸을 굽혀 절하는 행위(曲拳之行)라 한다.

15) 犧樽 – 犧樽(희준)은 酒器, 술그릇이다. 牛首나 鳳凰을 새겨 넣었다고 한다. 宗廟의 제사 때 쓴다. 犧의 音은 '사'라고도 하고, 준(樽)은 尊(술 단지 준)으로도 새긴다고 한다.

16) 珪璋 – 珪(규)는 圭(홀 규)와 같고 위가 뾰족하고 아래가 모난 것이라 한다. 珪(규)를 반으로 자른 것을 璋(장)이라 함(銳上方下曰珪, 半珪曰璋.) – 李頤. 당시 天子가 諸侯에게 하사하는 것으로, 의식 때는 자신의 신분의 상징으로 지니고 있던 玉製의 笏(홀)이라 한다.

17) 五色 – 靑. 黃. 赤. 白. 黑

18) 五聲 – 宮. 商. 角. 徵. 羽. 5음계의 聲

19) 六律 – 陽聲에 속한 六律과 陰聲에 속하는 六呂를 합하여 十二律이라 했다. 大呂(대려)는 十二律중의 陰聲에 속하는 六呂중의 하나라고 함.
또한 六律은 黃鐘(황종). 太簇(태주). 高洗(고선). 蕤賓(유빈). 夷則(이칙). 無射(무역)이고, 六呂란 林鐘(임종). 南呂(남려). 應鐘(응종). 大呂(대려). 夾鐘(협종). 中呂(중려)라 한다.

20) 聖人 – 儒家에서 말하는 聖人 堯, 舜을 말한다. 堯, 舜을 앞세워 그 本意와

는 달리 지나친 形式과 儀禮 위주로 흘러가 인간의 본성과 자연성을 무시하고 억압함에 대한 반발이었고, 자성(自省)을 통한 '人間意識 進化'의 한 과정이었을 것이다.

[앤솔러지 莊子: 208]

§Ⅷ-2. 백성들은 먹을 것을 입에 넣고는 즐거워하며

대저 상고上古의 제왕帝王, 혁서씨赫胥氏의 시대에는 백성들은 저마다 자족하여 굳이 해야 할 바를 모르고 살았고, 필히 가야 할 곳을 모르고 다녔으며, 먹을 것을 입에 넣고는 즐거워하며 배를 두드리고 놀았으니 백성들은 그저 이처럼 자족하여 즐겁기만 하였던 것이다. 그런데 성인이 나타나 세상을 다스리는 시대에 이르자 예의나 음악에 따라 몸을 굽혀서 그것으로 세상 사람들의 외양적인 행위를 바로잡으려 하고 인의仁義를 높이 내걸고는 그것으로 천하 사람들의 마음을 달래려고 하였다. 이후부터 백성들은 저마다 힘을 다하여 교지巧智를 좋아하기 시작했고, 서로 다투어 이록利祿으로 달려 나가, 이제는 그칠 수도 없게 되었다. 이 역시 성인의 잘못인 것이다.

夫[1]赫胥氏之時, 民居不知所爲,　　부혁서씨지시, 민거부지소위,
[2]行不知所之, [3]舍哺而熙,　　　행부지소지, 함포이희,
鼓腹而遊, [4]民能以此矣.　　　　고복이유, 민능이차의.
及至聖人,　　　　　　　　　　　급지성인,
屈折禮樂以匡天下之形,　　　　　굴절예악이광천하지형,

5)懸跂仁義以慰天下之心.　　　현기인의이위천하지심.

而民乃始6)踶跂好知,　　　　이민내시제기호지,

爭歸於利, 不可止也.　　　　　쟁귀어리, 불가지야.

此亦聖人之過也.　　　　　　차역성인지과야.

　　　-〔馬　蹄〕-

[도움말]

1) 赫胥氏 - 上古(상고)의 帝王(제왕)이다. (赫胥氏, 上古之帝王也.) - 司馬彪. 一說에는 炎帝, 神農氏라 함. 혹은 華胥氏로 추측하는 이도 있다. - 兪樾. 赫胥는 虛의 緩言(완언)으로 허무의 도(道)가 행해지던 시대의 제왕(帝王)이라 한다.

2) 行不知所之 - 之는 往, 가다. 所之는 가는 곳이다. 가야 할 목적지를 가리킨다.

3) 含哺而熙鼓腹而遊 - 含哺(함포), 먹을 것을 입에 문 것. 哺(먹다, 먹이다). 희(熙)는 유(遊), 희(嬉: 즐거워하다.)와 동일하다. (熙與嬉同) - 王先謙. 고복은 배를 쓰다듬고 두드리는 것이다. 上古의 太平世의 형용이다.

4) 民能以此矣 - 以는 已로 '만다.' 백성들이 본래 할 수 있는 일이란 이뿐이다. (以卽 '已'字.) - 馬叙倫.

5) 縣跂 - 縣은 현(懸)과 같고 跂(기)는 企及(기급), 높이 매달아 뜻을 이루게 하는 것. 또 跂는 繫(멜 계)의 借字라 한다.

6) 踶跂 - 踶跂(제기)는 발뒤꿈치를 들며 발돋움하여 서는 것. 踶(애쓸 제, 발굽 제), 跂(발돋움할 기, 육발 기)

[앤솔러지 莊子: 209]

§Ⅷ - 3. 옛날 齊나라는 이웃 마을이 서로 바라보이고

옛날 제齊나라는 이웃 마을이 서로 바라보이고 닭과 개의 소리가 서로 들렸으며 새그물과 물고기 그물이 쳐지는 곳, 쟁기와 호미로

갈고 일구는 땅이 사방 이 천리나 되었다. 나라 안 곳곳에 종실宗室의 조상을 모시는 종묘宗廟와 토지신土地神과 곡신穀神을 모시는 사직社稷을 세우고, 읍邑, 옥屋, 주州, 려閭, 향鄕, 곡曲 같은 행정 구역을 다스림에 있어, 어찌 무엇 하나 성인이 정한 법을 따르지 않는 것이 있었겠는가!

그런데 전성자田成子가 나타나 하루아침에 제나라 군주를 죽이고 그 나라를 훔쳤으니 훔친 것이 어찌 그 나라뿐이었겠는가? 성인聖人과 지자知者가 이루어 놓은 법法까지 아울러 도둑질하였던 것이다. 그러므로 전성자는 도둑이란 이름을 얻게 되었지만, 그 몸은 요堯, 순舜과 같이 안락했다. 당시의 작은 나라는 감히 비난하지 못했고 큰 나라는 주벌誅伐하려들지 못하였다. 그리하여 12대에 걸쳐 제나라를 차지하니 이야말로 제나라와 아울러 성인聖人과 지자知者가 이루어 놓은 법까지 훔쳐 그것으로 그 도둑의 몸을 지킨 것이 아니겠는가?

昔者[1]齊國隣邑相望,　　　　　　석자제국인읍상망,

鷄狗之音相聞,[2]罔罟之所布,　계구지음상문, 망고지소포,

[3]耒耨之所刺, 方二千餘里.　　뇌누지소자, 방이천여리.

[4]闔四竟之內,　　　　　　　　합사경지내,

所以立[5]宗廟社稷,　　　　　　소이립종묘사직,

治,[6]邑, 屋, 州, 閭, 鄕,[7]曲者,　치, 읍, 옥, 주, 려. 향, 곡자,

[8]曷嘗不法聖人哉!　　　　　　갈상불법성인재!

然而田成子一旦殺齊君而盜其國,　연이전성자일단시제군이도기국,

所盜者豈獨其國邪?　　　　　　소도자기독기국야?

[9]竝與其聖知之法而盜之.　　　병여기성지지법이도지.

故[10]田成子有乎盜賊之名,　　　고전성자유호도적지명,

而身處堯舜之安. 小國不敢非,　이신처요순지안. 소국불감비,

492

大國不敢誅, [11]十二世有齊國,　　　대국불감주. 십이세유제국,

則是不乃竊齊國,　　　　　　　즉시불내절제국,

竝與其聖知之法　　　　　　　병여기성지지법

以守其盜賊之身乎?　　　　　　이수기도적지신호?

　　　-〔胠　篋〕-

[도움말]

1) 齊國-周의 武王이 太公望 呂尙에게 封했던 나라로 임치(臨淄: 지금의 山東省)에 수도를 두고 산동성 동부와 河北省 일부를 거느리고 28대까지 지속되었으나 25대 簡公이 田氏(常: 成子)에게 죽임을 당한다. 全盛期는 14대 桓公. 春秋五霸의 首領이었다고 함. 田成子 이후 10대(建)까지 田氏의 齊나라가 이어졌다고 한다.

2) 岡罟之所布-岡(망)은 새그물(羅網), 罟(고)는 물고기 그물(魚網). 소포의 布는 그물을 치다.

3) 耒耨之所刺-耒(뇌, 뢰)는 쟁기, 耨(누)는 괭이 혹은 호미 鋤(서). 所刺(소자)는 곧 경작하는 곳이다.

4) 闔四竟之內-闔(합)은 合.-成玄英. 皆(개), 모두. 竟(경)은 境이다. 사방 국경 안 모두.

5) 宗廟社稷-종묘는 宗室, 임금, 제후의 조상을 모신 祠堂. 廟(묘)는 貌(모), 조상의 容貌를 보는 것과 같다는 뜻이다. 사직은 土地神과 穀神(곡신)이다. 종묘사직은 곧 國家(국가)를 뜻하게 되었다.

6) 邑屋州閭鄕曲-古代의 행정 조직의 단위이다. 成玄英은 기술하길 "司馬法에 의하면 周代에는 四方 六尺(一尺은 약22. 5㎝)을 步, 百步를 畝(묘): 약30평이다. 百畝는 夫, 三夫는 屋, 三屋이 井, 四井을 邑이라고 했다. 1里는 1800尺이었다. 면적으로 보면, 三百畝가 屋이고 12屋이 邑이다." 가구 수로는 "五家를 比, 五比를 閭, 五閭가 族, 五族이 黨, 五黨을 州, 五州를 鄕"이라 한다."(五家爲比, 五比, (二十五家) 爲閭, 二千五百家爲州, 萬二千五百家爲鄕.) -鄭玄. 한편 왕부지(王夫之: 1619-92)는 다음과 같이 말했다.
'하, 은, 주 삼대의 나라들은 국토면적이 좁아 지금의 한 현 정도였다. 벼슬살이가 100리를 벗어나지 않았으며 항상 경대부의 자제들이 가신(士: 家臣)이 되었기에 봉록을 세습하는 자는 토지를 세습했는데 그것이 대대로 경영한 업이었다. 이름은 경대부였으나 실제로는 지금의 지방 호족에 불과했다. 그들은 대대로 그 경

계 안에서 살면서 저수지 등을 수리하고 대대로 그들의 조경지맹(助耕之氓: 農奴)을 다스렸다. <풍우란, 박성규 옮김, ≪중국철학사≫上, 까치글방, 2004>

7) 曲은 一隅(일우), 鄕曲이라함은 鄕中의 한 모퉁이, 부락이라는 의미라 한다.

8) 曷嘗不法聖人哉－갈은 何(하)와 같다. 어찌 아니 하리요. 일찍이(언제나) 성인의 방법을 따르지 않음이 없었다는 것. 여기서 聖人이란 齊나라의 法制를 최초로 정한 太公望을 뜻하며, 그것을 정비한 자는 제14대 桓公을 보좌했던 管仲(관중) 이었다.

9) 竝與其聖知之法而盜之－성인과 知者가 완성하여 놓은 法과 制度까지도 아울러 훔쳐 냄. 與는 於와 같다.

10) 田成子一旦殺齊君－田成子는 齊의 大夫 진항(陳恒: 田恒이라고도 함). 史記에는 常으로 나온다. 陳完(敬仲)의 七世孫. 원래 陳氏 이였던 전경중이 제나라에 도망쳐 온 뒤 '田'이란 곳에 食采(식채)하고 있어 田氏로 姓을 고쳤다. 齊君은 25대 簡公이다. 殺은 여기서 音이 '시(弑)'다. 일단(一旦)은 일조(一朝), 얼마 되지 않는 기간이라고도 한다.

11) 十二世有齊國－陳完(敬仲)이 田氏로 姓을 고친 때부터 田恒까지 七世, 田恒에서 威王의 田齊까지가 五世, 모두 12世라 한다. 史記에 의하면 莊子는 위왕의 다음 임금인 宣王과 同時代의 사람이라 한다.

[앤솔러지 莊子: 210]

§VIII－4. 그대는 지극한 덕이 베풀어졌던 시대를 모르는가?

그대는 지극한 덕이 베풀어졌던 시대를 모르는가? 옛날 용성씨, 대정씨, 백황씨, 중앙씨, 율륙씨, 이축씨, 헌원씨, 혁서씨, 존노씨, 축융씨, 복희씨, 신농씨의 시대가 있었다. 그 때 백성들은 글자대신 노끈에 매듭을 지어 일을 기록하였으며 소박한 음식을 달게 여겼고 간소한 옷을 아름답다 생각했고 순박한 풍속을 즐거워하였고 초라한 거처를 안락하게 여겼다. 이웃 나라가 서로 바라보였고 닭과 개의 소리가 서로 들릴 정도였지만 백성들은 늙어 죽을 때까지 서로 왕래往來하지 않았다. 이와 같은 시대야말로 지극히 태평한 시대라고 할 수 있었다.

지금은 마침내 백성들로 하여금 목을 길게 늘이고 발돋움하도록 하여 '모처某處에 현자賢者가 있다'고 하면 양식을 짊어지고 찾아가도록 만들기에 이르렀다. 곧 안으로는 그 어버이를 버리고 밖으로는 임금을 섬기는 일을 내던진 채, 발자취는 제후들의 땅에까지 이르고 수레바퀴 자국은 천리 밖에까지 이리저리 얽혀 지게 된 것이다. 이것은 군주君主가 지략智略을 좋아한 데서 생긴 잘못이다. 군주가 참으로 지략을 좋아하고 염담무위恬談無爲의 대도大道를 모른다면 곧 천하는 크게 혼란해질 것이다. 어째서 그런 줄 아는가? 대저 석궁石弓, 새그물, 주살, 쇠뇌의 연발장치, 돌화살촉 등의 새 잡는 도구, 이에 따른 기지機智가 많아지자 새들이 하늘에서 어지러워졌다. 낚시 바늘과 미끼, 그물, 반두, 통발 등의 물고기 잡는 도구의 기지機智가 많아지자 물고기는 물속에서 어지러워졌다.

짐승몰이 울짱, 올가미, 짐승 그물, 토끼그물 등의 짐승 잡는 도구의 지략이 많아지자 짐승들은 못 가에서 어지러워졌다. 교지巧智와 속임수, 비방, 거짓말, 견백堅白의 큰 차이가 나는 말, 동이同異의 궤변 등 말 잘하는 논변論辯의 지략이 많아지자 세상 사람들은 그 구변口辯에 미혹하게 되었다. 그래서 세상은 더욱 어두워지고 큰 혼란에 빠지게 되니, 그 죄는 지智를 좋아한 데에 있는 것이다. 세상 사람들은 모두 자신의 분수 밖에 있는 일(外物 追求)을 구하는 것은 알고 있으나, 자신의 분수 안에 있는 일(內面의 德)을 구하는 것은 알지 못한다. 모두들 걸과 도척의 행위를 비방誹謗하는 것은 알고 있으나, 성인聖人의 행위 규범을 틀렸다고 부정하는 것은 알지 못한다. 이리하여 세상은 크게 혼란에 빠지게 되니, 위로는 해와 달의 빛을 가리고, 아래로는 산과 강의 정기精氣를 소멸시키고,

가운데로는 사철의 변화를 무너뜨린다. 꿈틀거리는 여린 벌레에서 부터 위로 하늘을 빙빙 도는 새에 이르기까지 그 자연스런 본성을 잃지 않은 것이 없다.

심하다. 대저 지智를 좋아한다는 것이 온 세상을 이렇듯 혼란스럽게 함이여! 하, 은, 주 3대부터 이후는 모두 이와 같았다. 저 순박 우직한 백성을 버리고 경박하고 말 잘하는 자들을 반기며 염담무위恬淡無爲의 도道를 내버리고 지智를 사용하여 인의仁義 등의 도리를 늘어놓는 변설의 뜻을 즐기게 되자, 세상은 이미 장황한 언설로 혼란 속에 어지러워졌다.

[1]子獨不知至德之世乎?	자독부지지덕지세호?
昔者[2]容 成氏, 大庭氏,	석자용 성씨, 대정씨,
伯黃氏, 中央氏, 栗陸氏,	백황씨, 중앙씨, 율륙씨,
驪畜氏, 軒轅氏, 赫胥氏,	이축씨, 헌원씨, 혁서씨,
尊盧氏, 祝融氏, 伏羲氏,	존노씨, 축융씨, 복희씨,
神農氏. 當是時也,	신농씨. 당시시야,
民[3]結繩而用之,	민결승이용지,
甘其食, 美其服, 樂其俗,	감기식, 미기복, 락기속,
安其居. 隣國相望,	안기거. 인국상망,
鷄狗之音相聞,	계구지음상문,
民至老死而不相往來.	민지노사이불상왕래.
若此之時, 則至治已.	약차지시, 즉지치이.
今遂至使民[4]延頸擧踵曰,	금수지사민연경거종,
'某所有賢者' [5]贏糧而趣之.	'모소유현자' 영량이취지.
則內棄其親而外去,	즉내기기친이외거,
其主之事, 足跡接乎諸侯之境,	기주지사, 족적접호제후지경,
[6]車軌結乎千里之外.	거궤결호천리지외.

則是上好知之過也.

7)上誠好知而無道,
則天下大亂矣. 何以知其然邪?

夫8)弓弩畢弋機變之知多,
則鳥亂於上矣.

9)鈎餌網罟罾笱之知多,
則魚亂於水矣.

10)削格羅落罝罘之知多,
則獸亂於澤矣.

11)知詐漸毒頡滑12)堅白解垢同異
之變多, 則俗惑於辯矣.

故13)天下每每大亂,
罪在於好知. 14)故天下皆知求
其所不知而莫知求其所已知者.
皆知非其所不善而莫知非
其所已善者.

是以大亂, 故上15)悖日月之明,
下16)爍山川之精,
中17)墮四時之施. 18)惴耎之蟲,
19)肖翹之物, 莫不失其性.
甚矣夫好知之亂天下也!
自20)三代以下者是已.
舍夫21)種種之民而悅夫22)役役之佞,
釋夫23)恬淡無爲而悅夫24)嘑嘑之意,
嘑嘑已亂天下矣.

—〔胠 篋〕—

즉시상호지지과야.

상성호지이무도,
즉천하대란의. 하이지기연야?
부궁노필익기변지다,
즉조란어상의.
구이망고증구지지다,
즉어란어수의.
삭각나락저부지지다,
즉수란어택의.
지사점독힐골견백애구동이
지변다, 즉속혹어변의.
고천하매매대란,
죄재어호지. 고천하개지구
기소부지이막지구기소이지자.
개지비기소불선이막지비
기소이선자.
시이대란, 고상패일월지명,
하삭산천지정,
중타사시지시. 췌연지충,
소교지물, 막부실기성.
심의부호지지난천하야!
자삼대이하자시이.
사부종종지민이열부역역지영,
석부염담무위이열부준준지의,
준준이난천하의.

[도움말]

1) 子獨不知至德之世乎? ー'獨 ～乎?' 설마(혹) ～하는 것은 아닌가? '그대는 설마 저 지덕의 세상에 대해 모를 리 없겠지?'하고 묻는 반어법이다.

2) 容成氏ー용성씨 이하 신농씨에 이르는 12씨는 모두 고대의 帝王이라고 한다. 용성씨는 黃帝의 史官으로 처음으로 律曆을 만들고 長生의 술법을 터득하였다고 한다.

3) 結繩ー繩은 새끼 줄, 노끈. 文字 이전의 시대에는 밧줄에 매듭을 지어 그것으로 일(事)을 기록하였다고 함.

4) 延頸擧踵ー목을 길게 늘이고 뒤꿈치를 들어 발돋움 함. 지금의 처지에 만족하지 않고 다른 고장으로 가 출세를 꾀하는 모양이라 한다. 頸(경)은 목, 踵(종)은 발꿈치.

5) 贏糧而趣之ー贏(영)은 裹(과), 싸다. (贏, 負也.)ー陸德明. 혹은 儋(담), 매다의 뜻. 趣(취)는 향하다. 糧 곡식량.

6) 車軌結ー車軌(거궤)는 수레바퀴 자국, 結(결)은 締(체), 맺다. 凝(응), 엉기다. 수레바퀴 자국이 이리저리 얽혀 있는 것.

7) 上誠好知而無道ー上, 君主다. 知, 智(지략, 꾀). 道, 恬談無爲의 大道를 가리킨다. 지략을 좋아함은 만물을 혼란하게하고, 恬談無爲의 大道가 없으면서도 만물을 다스리는 것이다. (好智以擾物, 無道而靖之)ー王先謙

8) 弓弩畢弋機變ー弩(노)는 쇠뇌 혹은 石弓(석궁). 여러 개의 화살이나 돌을 날려 보내는 활. 畢(필)은 새 잡는 작은 그물, 오리를 잡는 그물. 익은 밧줄을 연결하여 쏘는 것을 弋(익)이라한다. (弋, 以繩繫而射, 謂之弋)ー成玄英. 곧 주살弋(익)은 오늬(화살 머리를 시위에 끼도록 에어 낸 부분)에 끈을 매고 쏘아 새를 잡는 사냥 기구다. 機(기)는 쇠뇌의 화살을 쏘아 보내는 장치, 일종의 방아쇠. 變은 磻(파)의 假借字로 주살에 쓰는 돌살촉. 혹자는 수레 위에 치는 새그물이라 한다. '機變'은 臨機應變의 機智나 策略이다.

9) 鉤餌網罟罾笱ー鉤餌(구이)는 낚시 바늘과 미끼. 網罟(망고)는 그물과 어망. 罾笱(증구)의 罾(증)은 삼태그물(반두), 笱(구)는 통발, 모두 물고기를 잡는 도구다.

10) 削格羅落罝罘ー削格(삭각)은 짐승을 몰아 잡는 울짱, 木柵. 羅落(나락)은 羅網, 사냥 그물. 罝罘(저부)의 罝(저)는 짐승 그물(獸罝), 罘(부)는 토끼그물(兎罘)이라 한다. ー成玄英. 혹은 모두 토끼그물이라 함,

11) 知詐漸毒頡滑ー知詐(지사)는 狡智, 혹은 巧智(기교에 치우친 지혜)와 속임수, 漸毒(점독)의 漸(점)은 讒(참)의 假字로 남을 헐뜯는 것, 毒(독)은 원망,

498

비방이며 痛怨之言이라 한다. 頡滑(힐골)의 頡(힐)은 새가 날아오르는 것, 滑(골)은 어지러울 골. 합하여 이리 저리 뒤섞여 어지러운 모양, 혹은 올바르지 못한 말(不正之言)이라 함. (頡滑, 滑稽也)－李頤. '점독'을 '참독'으로 '힐골'을 '힐활'로 읽기도 있다.

12) 堅白解垢同異之變－堅白(견백)은 전국시대의 堅白論을 지칭한다. 돌에 대한 논쟁인데 '사람이 흰 돌을 보면 흰 돌인 줄 알지만 그것이 굳은지는 알 수 없다. 돌을 만져 보면 굳은 것은 알지만 흰 것은 알 수 없다. 그러므로 堅石과 白石은 둘이고 하나가 아니다.'라는 公孫龍子의 詭辯(궤변)이다. '解垢(애구)는 큰 차이가 나는 것이다. 혹자는 속이고 왜곡하는 말이라 한다.' (解垢, 隔角也. 或云 詭曲之辭)－司馬彪. <莊子音義>: '解'의 音(음)은 '若懈反'이라 함. 또는 解垢, 譿詬(혜후)와 같으며 꾸짖어서 창피를 주는 것. 同異는 論의 일치와 불일치, 같다거나 다르다고 하는 구분, 또는 그것에 집착하는 것이다. 變은 辯(말 잘할, 말다툼 잘 할 변) 古에는 '變과 辯' 通했다.

13) 天下每每－每每(매매)는 昏昏과 같다. －李頤. 昧昧(매매: 매우 어둡다)의 借字라 한다.

14) 故天下皆知求其所不知而莫知求其所已知者－'所不知는 분수 밖의 일을 가리킨다. 所已知, 분수안의 일이다. 所不善은 桀, 盜跖의 행위다. 所已善이란 聖人의 法則을 가리킨다.'(所不知, 指分外之事. 所已知, 指分内之事. 所不善, 指桀, 跖的行爲. 所已善者, 指聖人的法則)－戚法仁. 故, 發語詞. 해석하지 않는다. 已, 曾이다.

15) 悖日月之明－悖(패)는 가릴 蔽(폐: 막다, 숨기다)와 같다. 일월 즉 천지 자연의 빛을 가리다.

16) 爍－爍(삭)은 태워서 녹이는 것, 鑠(삭)과 같다. 혹은 빛나는 모양, 光貌다.

17) 墮四時之施－墮(타)는 무너뜨리는 것, 施(시)는 자연의 보시(布施), 작용. 施를 '이'로 읽고 옮길 移(이)로 풀기도 한다.

18) 惴耎－惴(췌)는 두려워하는 것, 耎(연)은 꿈틀거리는 것이고 연약한 것.

19) 肖翹－肖翹(소교)는 翹(교)는 새의 꼬리, 날개. (肖翹, 翔飛之屬也)－李頤. 또는 梢喬(초교)의 假借라 한다. 梢(초)는 나무 가지 끝이고 喬(교)는 큰 나무.

20) 三代－夏(하), 殷(은), 周(주)의 시대를 말한다.

21) 種種之民－種(종)은 僮(우둔할 종), 童(아이 동: 愚)의 借字. 機(기)는 틀. 民(민)으로 나온 版本도 있다고 함.

22) 役役之佞－役役(역역)은 수고하고 애쓰는 모양, 佞(영)은 간교하고 말 잘하는 자.

23) 恬淡無爲－恬淡은 마음이 고요하며 맑음. 無爲는 無慾과 같다.

24) 啍啍－啍啍(준준)은 諄諄(순순)과 같으며 말이 많은 모양. 啍, 곧 諄의 借字(啍, 卽 諄之借字.) 이때의 諄은 '거듭 이를 순'이다. 知(지)를 사용하여 仁義 등의 도리를 장황하게 설명하는 모양. 啍의 音은 '톤'이 있다. 이때는 더디다. 느리다. 의 뜻. 郭音은 '돈'이라 했다.

[앤솔러지 莊子: 211]

§Ⅷ－5. 태고의 시대에 천하를 다스리던 임금

그러므로 옛말에 이르길

"태고의 시대에 천하를 다스리던 임금은, 다만 무위無爲하여 자연의 천덕天德을 따랐을 뿐이다."

따라서 천지에 통하는 것이 덕德이고, 만물에 두루 행하여지는 것이 도道다. 그러므로 옛말에 이르기를,

"태고의 그 다음 시대에 천하를 잘 양육하던 사람은 무욕無慾이었기에 천하가 족하였고, 무위無爲이었기에 만물이 교화되었으며, 연못처럼 담담하고 고요히 있었기에 백성은 안정되었다."

옛 기록에도, "하나인 도道에 통하면 만사가 이루어지고 얻고자 하는 마음이 없으면 신령도 심복心腹한다."고 했다.

故曰,
"1)玄古之君天下, 無爲也,
2)天德而已矣."
故通於天地者, 德也,

고왈,
"현고지군천하, 무위야,
천덕이이의."
고통어천지자, 덕야,

行於萬物者, 道也.

故曰,

"古之[3]畜天下者, 無慾而天下足,

無爲而萬物化, [4]淵靜而百姓定."

[5]記曰,

"通於一而萬事畢,

[6]無心得而鬼神[7]服."

　　-〔天　地〕-

행어만물자, 도야.

고왈,

"고지휵천하자, 무욕이천하족,

무위이만물화, 연정이백성정."

기왈,

"통어일이만사필,

무심득이귀신복."

[도움말]

1) 玄古－太古를 말한다. 玄(현)은 元의 假字로 처음, 근본. 또한 遠, 멀다(玄, 遠也)－成玄英.

2) 天德－自然 본래의 德(성품). 天德은 玄德이라 함. 天은 自然, 필연의 道, 유일 절대의 권위, 등으로 쓰인다고 한다. 자연의 운동에 맡김이라 했다. (任自然之運動)－郭象,

3) 畜天下－畜(휵)은 기를 養, 용납할 容, 자유롭게 벌판에 놓아서 기르는 것(牧養)이라 한다.

4) 淵靜－연못 같은 고요함, 그러한 상태에 있는 것.

5) 記－옛 기록. 책이름으로 老子가 지은 것이라고도 한다.

6) 無心得－得無心, 無心을 강조한 것, 무심을 체득하면, 혹은 無心而得이다.

7) 服－服(복)은 歎服이고 心服이다.

[앤솔러지 莊子: 212]

§VIII-6. 옛날, 요임금이 천하를 다스렸을 때

요堯임금이 천하를 다스렸을 때 백성자고伯成子高는 제후의 자리에 있었다. 요임금이 순舜에게 왕위를 물려주고, 순임금이 우禹에게 왕위를 물려주자 백성자고는 제후 자리를 사퇴하고 농사를 지었다. 우임금이 가서 보니, 들에서 밭을 갈고 있었다. 우임금이 총총걸음으로 밭치에 나아가 서서 물었다.

"옛날, 요임금이 천하를 다스렸을 때 선생께서는 나서서 제후가 되셨습니다. 요임금이 왕위를 순에게 주고 순임금이 저에게 왕위를 물려주자, 선생께서는 제후 자리를 사퇴하고 농사를 짓고 계십니다. 감히 여쭙고자 하오니, 그 까닭이 무엇입니까?"

백성자고伯成子高가 말했다

"옛날, 요임금이 천하를 다스렸을 때는 상賞을 내리지 않아도 백성들은 착한 일을 좋아하였고, 벌罰을 내리지 않아도 백성들은 악한 일을 두려워했습니다. 지금 당신은 상벌을 내려도 백성들은 어질지 않게 되었으며, 덕은 이로부터 쇠하여지고 형벌이 이로부터 세워지게 되었으니 후세의 혼란도 여기서 비롯될 것입니다. 당신은 어찌하여 가지 않는가요? 내 일을 방해하지 마시오!"

그리고는 서둘러 가서 밭을 갈며 돌아보지도 않았다.

堯治天下, [1)]伯成子高立爲諸侯.
堯授舜, 舜授禹,
伯成子高辭爲諸侯而耕.
禹往見之, 則[2)]耕在野.
禹[3)]趨就下風, 立而問焉, 曰.
"昔堯治天下, [4)]吾子立爲諸侯.
堯授舜, 舜授予,
而吾子辭爲諸侯而耕.
敢問, 其故何也?"
子高曰.

요치천하, 백성자고입위제후.
요수순, 순수우,
백성자고사위제후이경.
우왕견지, 즉경재야.
우추취하풍, 입이문언, 왈.
"석요치천하, 오자립위제후.
요수순, 순수여,
이오자사위제후이경.
감문, 기고하야?"
자고왈.

"昔堯治天下, ⁵⁾不賞而民勸,
⁶⁾不罰而民畏.

今子賞罰而民且不仁,

德自此衰, 刑自此立,

後世之亂自此始矣.

夫子⁷⁾闔行邪? ⁸⁾無落吾事!"

⁹⁾俋俋乎耕而不顧.

－〔天　地〕－

"석요치천하, 불상이민권,

불벌이민외.

금자상벌이민차불인,

덕자차쇠, 형자차립,

후세지란자차시의.

부자합행야? 무락오사!"

읍읍호경이불고.

[도움말]

1) 伯成子高－<莊子音義>: '노자는 천지개벽 이래 그 몸이 千 二 百 번 변했다. 그 후세에 도를 얻은 자는 백성자고 이다.'라 함. 노자와 관련된 전설일 것이다.

2) 耕在野－在(재)는 於(우)와 같다.

3) 趨就下風－禹의 恭虔(공건)한 태도를 표현한 것이라 함. 趨(추)는 어른 앞에 공손히 종종 걸음으로 걷는 것. 就(취), 나아가다. 下風(하풍), 자신을 낮추어 아래쪽으로 향하는 것.

4) 吾子立爲諸侯－立은 位(위), 자리하다. 立은 位(위)로 읽어야 하며 古字에는 서로 통한다고 함

5) 不賞而民勸－勸善(권선), 勸(권)에는 '서로 권장하다'는 의미와 함께 '즐기다, 좋아하다'의 의미가 있다. 저절로 善(선)을 서로 권했고 좋아했다는 것이다.

6) 不罰而民畏－畏惡(외악), 畏는 악을 두려워하다, 惡은 불길하고 추한 것

7) 闔行邪? －闔(합)은 盍(합)과 같다. 盍은 何不이다. 어찌하여 가지 않는가?

8) 無落吾事! －락은 廢, 와 같다. (落, 猶廢也)－成玄英. 혹은 絡(락: 잡아매다, 거추장스럽다)의 借字라 한다.

9) 俋俋乎－俋俋(읍읍)은 바쁜 모양, 읍은 伋(급: 급히 갈)의 借字. <說文>:伋, 急行也. '耕貌'는 고개 숙인 모습(底首貌)이다. 또 俋을 用力貌, '俋俋(읍읍) 을 耕人行貌.'라 했다. －林希逸.

[앤솔러지 莊子: 213]

§Ⅷ-7. 현자라고 우러러 받들지 않았고

적장만계赤張滿稽가 말했다.

"지극한 덕德이 이루어진 세상에서는 현자賢者라고 우러러 받들지
않았고 재능 많은 자를 특별히 천거하여 쓰지도 않았다. 임금은
높이 솟은 나무의 나뭇가지와 같이 무심무위無心無爲하였고 백성들
은 들판에 뛰노는 사슴들처럼 마냥 자유롭고 즐거웠다. 행실은 단
정端正하였지만 그것이 의義인 줄은 몰랐고 서로 사랑하였지만 그
것이 인仁의 실천이라는 것도 몰랐다. 모두가 성실誠實하였지만 그
것이 충忠인 줄 몰랐고 일마다 언행言行이 꼭 들어맞아도 그것이
신信인 줄 몰랐고 저마다 자연의 흐름에 따라 꼼지락거리며 움직
여 서로를 위하여 일하였지만 그것이 은혜恩惠인줄은 몰랐다. 그러
기에 지극한 행行함이 있어도 그 형적形迹은 없고, 지극한 일들이
있어도 전해 내려옴은 없었다."

1)赤張滿稽曰.　　　　　　　　　　적장만계왈.

"至德之世, 不尙賢, 不使能.　　　　"지덕지세, 불상현, 불사능.

2)上如標枝, 民如野鹿.　　　　　　상여표지, 민여야록.

端正而不知以爲義,　　　　　　　단정이부지이위인,

相愛而不知以爲仁.　　　　　　　상애이부지이위인.

實而不知以爲忠,　　　　　　　　실이부지이위충,

當而不知以爲信,　　　　　　　　당이부지이위신,

3)蠢動而相使, 不以爲4)賜.　　　　준동이상사, 불이위사.

是故行而無迹, 事而無傳."　　　　시고행이무적, 사이무전."

　　　　　－〔天　地〕－

1) 赤張滿稽－李頤는 赤張(적장)은 姓氏이고 滿稽(만계)는 이름이라 했다. 武王이 紂를 토벌하기 위해 군대가 孟津 나루터를 지날 때 門無鬼와 함께 지켜 보았다고 한다. 이곳의 적장만계의 말은 '천하가 잘 다스려지고 있는데 有虞氏(舜)가 다스렸는가? 어지러워진 후에 그가 다스렸는가?' 하고 묻는 門無鬼의 질문에 대한 적장만계의 답변 중에 나타나고 있는 '至德之世'의 모습이다.

2) 上如標枝－標(표)는 높다는 뜻이다. 나무의 높은 가지는 무심히 위에 있다는 것을 말한다. (標枝, 言樹杪之枝無心在上也.)－陸德明

3) 蠢動而相使－蠢(준)은 벌레가 꿈틀거리며 움직이는 것(虫動也), 요란하지 않게 자연스럽게 움직이는 것이다. 相使는 서로 남을 위해 돕는 것.

4) 賜－賜(사)는 惠와 같다. 은혜. '태고의 시대, 그 당시에는 아직 시비와 명예의 추구나 훼손의 일 따위가 없었다.'(太古之世, 當時未有是非毀譽之事也.)－林希逸

[앤솔러지 莊子: 214]

§Ⅷ－8. 월(越) 남쪽의 한 읍성(邑城)

시남市南 선생이 노후魯侯를 뵙고 말했다.

"월越의 남쪽에 한 읍성邑城이 있는데 '건덕建德의 나라'라고 부릅니다. 그곳 백성들은 우직하고 소박하고 이기심이 적고 욕심이 거의 없습니다. 경작할 줄은 알아도 저장함을 모르며 남에게 베풀어 주고도 그 보답을 바라지 않습니다. 의에 합당한 행위가 무엇인지 모르고 예에 따르는 행위가 무엇인지 모릅니다. 무심히 마음 내키는 대로 행동하는 데도 그것이 저절로 대도大道에 적합하게 됩니다. 그들은 살아서는 즐겁게 지내고 죽어서는 편안히 땅에 묻힙니다. 저는 주군主君께서 이 나라에 대한 애착을 훌훌 털고 세속의 잡다한 일도 버리시고 도道와 함께 서로 손잡고 건덕국建德國으로 떠나시기 바랍니다."

[1]市南子見魯侯, 曰.

시남자현노후, 왈.

"[2]南越有邑焉, 名爲[3]建德之國.

"남월유읍언, 명위건덕지국.

其民愚而朴, 少私而寡欲.

기민우이박, 소사이과욕.

知作而不知藏, 與而不求其報.

지작이부지장, 여이불구기보.

不知義之所適, [4]不知禮之所將.

부지의지소적, 부지예지소장.

[5]猖狂妄行, [6]乃蹈乎大方.

창광망행, 내도호대방.

其生可樂, 其死可葬.

기생가락, 기사가장.

吾願君去國捐俗,

오원거국연속,

與道相補而行."

여도상보이행."

－〔山 木〕－

[도움말]

1) 市南子－市南宜僚인데 姓은 熊, 名이 宜僚(의료)라 한다. 市南에 살았기에 號를 시남이라 했다. －司馬彪. 子는 존칭이다. 시남 선생. 시남자가 근심 많은 魯侯(哀公이라는 說이 있음)에게 나라를 떠나 속된 일을 버리고 建德의 나라로 들어가길 권유하는 말이다.

2) 南越有邑焉－월나라의 남쪽, 지금의 廣東, 廣西지방에 있는 邑, 國이다. <說文: 邑, 國也.> 戰國時代에는 아직 남월은 중국과 통하지 않았다고 함. －林希逸

3) 建德之國－無爲의 理想國. 지금의 인도라 하기도 한다.

4) 不知禮之所將－將(장)은 行이다. (將, 行也.)－成玄英.

5) 猖狂妄行－猖狂(창광)은 無心이고 無作意. 妄行은 행위의 자취를 남기지 않는 것이다. (猖狂, 無心也. 妄行, 泯跡也.)－成玄英. '마음이 하고자 하는 대로 따라도 모두 道에 적합함' (從心所欲皆合乎道)－林希逸.

6) 乃蹈乎大方－탄탄한 길을 밟고 가서 大道에 이르는 것. (方, 道也)－成玄英. 大方은 大道.

506

§Ⅷ-9. 도(道)와 더불어 적막한 허무(虛無)의 나라에서

노魯 나라 군주君主가 물었다.

"그 나라로 가는 길은 멀고 험하며 도중에는 강과 산이 막혀 있을 터인데, 내게는 배도 없고 수레도 없으니 어떻게 하면 좋겠소?"

시남市南 선생이 대답했다.

"임금께선 외형을 꾸미는 거만함을 버리고 나라에 집착함이 없는 그것을 군주君主의 수레로 삼으십시오."

노나라 군주가 다시 물었다.

"그 나라는 길이 아득히 멀고 사람도 없다는데, 나는 누구와 길동무를 해야 되겠소? 또 내겐 식량도 없어 먹지 못할 터이니 어찌 거기까지 갈 수 있겠소?"

시남 선생이 말했다.

"군주의 비용을 줄이고 욕망을 적게 하면 비록 비축된 식량이 없어도 능히 족足할 것입니다. 임금께서 장강長江을 건너 바다에 떠 있게 되면 바라보아도 해안은 보이지 않고, 가면 갈수록 그 끝을 알 수가 없을 것입니다. 임금을 전송하는 사람들이 모두 해안에서 각자 돌아갈 곳으로 가버리면 임금께선 이때부터 속세와는 초연히 떨어져 나와, 무위無爲의 경지에 이르게 되는 것입니다. 남을 지배하는 것은 번거로움이고, 남에게 부림을 당하는 것은 괴로움입니다. 그래서 요堯임금은 백성을 지배하지 않았고 백성에게 부림을 받지도 않았습니다. 저는 임금님께서도 군주君主의 번거로움과 괴로움을 떨쳐버리고 다만 도道와 더불어 적막한 허무虛無의 나라에서 노니시기 바랍니다."

¹⁾君曰.

"彼其道遠而險, 又有江山,

我無舟車, 奈何?"

市南子曰.

"君²⁾無形倨, 無留居,

³⁾以爲君車."

君曰.

"彼其道幽遠而無人,

⁴⁾吾誰與爲鄰? 吾無糧,

我無食, ⁵⁾安得而至焉?"

市南子曰.

"⁶⁾少君之費, 寡君之欲,

⁷⁾雖無糧而乃足.

君其涉於江而浮於海,

望之而不見其崖,

⁸⁾愈往而不知其所窮.

⁹⁾送君者皆自崖而反,

¹⁰⁾君自此遠矣.

¹¹⁾故有人者累, 見有於人者憂.

故堯非有人, 非見有於人也.

吾願去君之累, 除君之憂,

而獨與道遊於¹²⁾大莫之國."

－〔山　木〕－

군왈.

"피기도원이험, 우유강산,

아무주거, 내하?"

시남자왈.

"군무형거, 무유거,

이위군거."

군왈.

"피기도유원이무인,

오수여위린? 오무량,

아무식, 안득이지언?"

시남자왈.

"소군지비, 과군지욕,

수무량이내족.

군기섭어강이부어해,

망지이불견기애,

유왕이부지기소궁.

송군자개자애이반,

군자차원의.

고유인자누, 견유어인자우.

고요비유인, 비견유어인야.

오원거군지누, 제군지우,

이독여도유어대막지국."

[도움말]

1) 君－魯侯. 上段의 市南宜僚와의 계속되는 대화이다.
2) 無形倨, 無有居－形倨는 國君으로서 外形(몸)을 거만하게 함이다. 有居는 나

508

라에 집착함이다. 또한 물욕에 사로잡힘이다. '그 몸이 없으면, 그 나라도 없다.'(不有其身也, 不有其國也.)고 함. ―林希逸.

3) 以爲君車 ― '以' 다음에 목적어 '之'가 생략됨. '之'는 곧 '無形倨, 無有居'다. '無形倨, 無有居'로써 임금의 수레로 삼다.

4) 吾誰與爲鄰? ― 與誰爲鄰?이다. 누구와 더불어 이웃할 것인가? '論語' <微子>篇의 '내가 이 사람들과 더불어 살지 않으면, 대체 누구와 함께 살겠느냐?(吾非斯人之徒與, 而誰與?)와 같은 표현이라 한다.

5) 安得而至焉? ― 焉, 於是. 어찌 거기에 도착 할 수 있겠는가?"

6) 少君之費, 寡君之欲 ― 少, 寡, 使動用法으로 쓰인 형용사. 君主의 비용을 줄이고, 君主의 욕망을 적게 하다.

7) 雖無糧而乃足 ― 乃는 仍(인할 잉), 乃를 能으로 읽는다. ('乃' 讀爲 '能')―馬叙倫. '마음에 구함이 없으면 부족함이 없게 된다. 따라서 비용을 줄이고 욕심을 적게 하면 비록 쌓아둔 양식이 없어도 족하게 된다.' ―林希逸.

8) 愈往而不知其所窮 ― 愈(유)는 '逾'라 한다. 더욱 더, 건널 유. 窮, 終.

9) 送君者皆自崖而反 ― '君이 욕심을 버리면 백성들은 모두 자신의 본분으로 돌아가 그것을 지킨다.' ―郭象. 崖는 涯(물가, 끝, 애)의 假字.

10) 君自此遠矣 ― 만물 위에 초연히 獨立함이다. (超然獨立於萬物之上也.)―郭象. 사람들을 멀리 떠나 無爲에 이른 것을 寓意로 포현한 것.

11) 故有人者累, 見有於人者憂 ― '見', '於' 는 被動을 나타냄. 有人者는 자기를 위해 사람들을 私有(支配) 함이며, 見有於人者는 사람들을 위해 사역당하여 쓰이게 됨이라 한다(有人者, 有之以爲己私也. 見有於人者, 爲人所役用也.) ―郭象. 백성을 지배하는 사람은 번거롭고 부림을 받는 백성들은 괴롭다는 것이다.

12) 大莫之國 ― 莫(막)은 無. 無人之野, 無何有之鄕, 建德之國과 함께 道가 실현된 理想鄕이다. 寂寞한 虛無의 나라. 오직 인간의 꿈속에만 존재하는 것일까?

§Ⅷ-10. 이 시기(時期)야말로 지극히 덕이 융성했던 시대였다

옛날에는 금수禽獸는 많고 인간은 적었다.
이때는 백성들이 모두 나무 위에 집을 지어 짐승을 피했으며
낮에는 상수리나무 열매를 주워 먹고 저녁에는 나무 위에서 잠을
잤기에 유소씨有巢氏의 백성이라 했다.
옛날에는 백성들이 의복을 입는 것을 알지 못하고
여름에 땔감을 많이 모아 두었다가 겨울에는 그것으로 군불을 지
폈다.
그런 까닭에 생을 즐길 줄 아는 백성이라고 했다.
신농씨神農氏의 세상에는 누워 자면 편안하고 일어나면 흐뭇한 모
습을 했는데
백성들은 그 어미는 알아도 아비를 알지 못했으며
고라니, 사슴과 함께 살고 밭갈이하여 먹고 베 짜서 옷 해 입고
누구도 서로 헤칠 마음이 없었다.
이 시기時期야말로 지극히 덕德이 융성했던 시대였다.

古者禽獸多而人少.　　　　　고자금수다이인소.
於是民皆巢居以避之,　　　　어시민개소거이피지,
晝拾[1]橡栗, [2]暮栖木上,　　주습상률, 모서목상,
故命之曰有巢氏之民.　　　　고명지왈유소씨지민.
古者民不知衣服,　　　　　　고자민부지의복,
夏多積薪, [3]冬則煬之.　　　하다적신, 동즉양지.
故命之曰知生之民.　　　　　고명지왈지생지민.
神農之世, 臥則[4]居居,　　　신농지세, 와즉거거,

起則于于, 民知其母,　　　　　기즉우우, 민지기모,

不知其父, 與⁵⁾麋鹿共處,　　부지기부, 여미록공처,

耕而食, 織而衣,　　　　　　　경이식, 직이의,

無有相害之心. 此至德之隆也.　무유상해지심. 차지덕지융야.

　　　　ー〔盜　跖〕ー

[도움말]

1) 橡栗 — 橡栗(상율), 橡子. 櫟樹의 열매. 도토리.
2) 暮栖木上 — 저녁에는 나무 위에서 자다. 栖는 깃들 서.
3) 冬則煬之 — 겨울에는 그것(薪: 땔나무)으로 불을 쬔다는 것. 煬(양)은 불을 쬐다. 불을 때다.
4) 居居, 于于 — 居居(거거)는 편안한 모습, 于于(우우)는 흡족 자득한 모습이라 함. (居居, 安靜之貌. 于于, 自得之貌.) — 成玄英. 成玄英은 <應帝王>편을 인용하여 '于于는 아는 바가 없는 모습이다.'(無所知貌.)이라 함.
5) 與麋鹿共處 — 麋鹿(미록)은 麋는 고라니, 고라니와 사슴과 더불어 같이 살았다는 것이다.

[앤솔러지 莊子: 217]

§VIII - 11. 천하를 유위(有爲)로 다스린다는 말은 듣지 못했다

천하를 있는 그대로 자재관유自在寬宥한다는 말은 들었지만
천하를 유위有爲로 다스린다는 말은 듣지 못했다.
천하를 무위자재無爲自在하게 하는 것은 천하 사람들이 그 본성本性을 잊을 것을 두려워하기 때문이다.
천하를 무위관유無爲寬宥하게 하는 것은, 천하 사람들이 그 본덕本

德을 잃을 것을 두려워하기 때문이다.

천하 사람들이 그 본성本性을 잊지 않고 그 본덕本德을 잃지 않았는데 군이 천하를 다스리는 일이 필요하겠는가!

옛날 요堯임금이 천하를 다스릴 때는 천하 사람들로 하여금 기쁘게 하여 저마다 그 본성에 따라 즐기게 했으나 이것은 천하를 고요하게 함은 아닌 것이다.

폭군 걸桀왕이 천하를 다스릴 때는 천하 사람들로 하여금 아주 우울하게 하여 저마다 그 본성에 반反하여 고통스럽게 했으나 이것은 천하를 편안하게 함은 아닌 것이다.

무릇 고요하지 않고 편안하지 않음은 덕德이 아니다. 덕德이 아니면서 장구長久한 것은 천하에 아무것도 없는 것이다.

¹⁾聞在宥天下, ²⁾不聞治天下也.　　문재유천하, 불문치천하야.

在之也者, 恐天下之³⁾淫其性也.　　재지야자, 공천하지음기성야.

宥之也者, 恐天下之⁴⁾遷其德也.　　유지야자, 공천하지천기덕야.

天下不淫其性, 不遷其德,　　천하불음기성, 불천기덕,

有治天下者哉!　　유치천하자재!

昔堯之治天下也,　　석요지치천하야,

使天下⁵⁾欣欣焉人樂其性,　　사천하흔흔언인락기성,

⁶⁾是不恬也. 桀之治天下也,　　시불염야. 걸지치천하야,

使天下⁷⁾瘁瘁焉人苦其性,　　사천하췌췌언인고기성,

⁸⁾是不愉也. 夫不恬不愉,　　시불유야. 부염담불유,

非德也. 非德也　　비덕야. 비덕야

而可長久者, 天下無之.　　이가장구자, 천하무지.

－〔在 宥〕－

512

[도움말]

1) 聞在宥天下 – 在宥라는 것은, 스스로 존재하도록 하며 너그럽게 받아들임, 혹은 그러한 모습. (在宥, 自在寬容) – 陳鼓應. 在, 自在也. – 成玄英
   '在'란 유유 自在하는 뜻이다. '宥'이란, 관용 自得하는 뜻이다.'(在者, 優游自在之意. 宥者, 寬容自得之意) – 林希逸.
   '全文을 살펴보건대 在宥, 二字는 任宥, 二字의 잘못이다. 任이란 백성을 放任 (그대로 놓아 둠) 함이다.' – 李勉. 백성을 있는 그대로 두고 간섭하지 않는다는 것이다.

2) 不聞治天下也. – 天下를 다스린다는 말은 듣지 못했다. 천하를 다스리지 않으니, 천하는 어지럽게 변하여 그릇되지 않는다. (無治乃不遷淫.) – 郭象.

3) 淫其性也 – 淫, 어지러워짐이다. (淫, 淆亂) – 楊柳橋. 곧 그 타고난 本性을 잊는 것이다. <우현민 역본>: 淫은 잊다. 遷은 잃다. 이에 따른다.

4) 遷其德也. – 遷. 변하여 바꾸어짐이다. (遷, 變改.) – 楊柳橋, 곧 그 타고난 本德을 잃는 것이다.

5) 欣欣焉 – 欣欣然과 같다. 기쁜 모양.

6) 恬 – 靜(고요함)이다.

7) 瘁悴焉 – 瘁悴然과 같다. (瘁悴, 病.) – 郭象. 廣雅: 瘁悴, 憂.

8) 愉 – 기쁘다. 恬愉, 편안한(고요한) 기쁨이다.

[앤솔러지 莊子: 218]

§Ⅷ–12. 아무것도 없는 본래의 고향, 끝없이 텅 빈 광야

그대는 지금 큰 나무를 가지고 있으면서도
그것이 쓰임이 없음을 염려하고 있다.
어찌하여 아무것도 없는 산골 마을,
끝없이 텅 빈 광야에 그것을 심어 놓고
하염없이 그 나무 곁을 유유히 거닐며

아득히 세상사를 잊고 노닐다, 나무아래 잠들지 않는가.

1)今子有大樹,	금자유대수,
患其無用.	환기무용.
何不樹之於2)無何有之鄉,	하불수지어무하유지향,
廣莫之野,	광막지야,
3)彷徨乎無爲其側,	방황호무위기측,
4)逍遙乎寢臥其下.	소요호침와기하.

−〔逍遙遊〕−

[도움말]

1) 今子有大樹, 患其無用−子는 惠子. 혜자가 장자에게 자신에게는 가죽나무
(樗: 저)라고 부르는 大樹가 있는데 옹이가 울퉁불퉁한 쓸모없는 나무라 모
두가 거들떠보지도 않는다. 당신의 말(道), 또한 크기만 했지 쓸모가 없어 모
든 사람들이 외면할 것이라는 혜자의 말에 장자가 응답하고 있다.

2) 無何有之鄉, 廣莫之野−(莫, 大也)−簡文帝. 조화 자연이 道의 중심에 이르
러 스스로 즐거워하는 곳을 말한다. (言之造化自然至道之中, 自有可樂之地
也.)−林希逸.
   춘추 시대에는 제후의 공읍(公邑)이 도시를 국(國), 경대부가 주재하고 있는
도시를 도(都), 일반 읍은 비(鄙)라고 했는데 전국시대에 이르러 國은 국가를
의미하고, 都는 군주가 거주하는 도성, 즉 정치, 군사의 중심지였고 鄙는 일
반 도시를 의미하게 되었다. 國의 구조는 內城과 外郭:外城이 있고 이 성곽
을 경계로 하여 그 바깥에 펼쳐지는 광대한 原野가 바로 野로 통칭되는 지
역이다. 내성과 외곽사이의 상당히 넓은 지역에는 일반인이 거주하는 취락
(鄕)이 존재했다. 흔히 鄙라고 일컬어지는 여기저기 점점이 존재하는 소취락
이 비읍鄙邑이다.
   동서양을 불문하고 인간은 이상향을 꿈꾸어 왔다. 여기 장자의 길이 있다.
한 순간의 飛上으로 지금 이곳을 '無何有之鄕, 廣莫之野'로 변화시킬 수 있
는 내면의 능력에 대해 장자는 말하고 있는 것이다. 인간의식 안에 문제 삼
을 그 무엇도 없는 '無何有之鄕' 즉 인간 본래의 고향에서 무심히 놀고 있
는 영원한 어린이를 그는 꿈꾸고 있었는지 모른다.

3) 彷徨－縱任之名, 마음 내키는 대로하는 것. 긴장을 풀고 자연의 흐름에 맡겨 둠.
4) 逍遙－自得之稱, 悠悠自適 하는 것. 소요 방황의 자세한 도움말은 <Ⅶ－24>
   에 나왔다.

◆ 그대 장주의 벗이여 아니 장주의 길이여 !

최 돈 선(시 인)

조 소나무
흔들리는 조기 조 소나무 위에
흐느적흐느적 앉은 이 누군가
모르겠다
눈 비비고 보아도 모르겠다
위태롭다
하지만 그 얼굴 안온하다 평화롭다
희균인가? 조용히 불러보지만 아무 대답 없다

스무 살 남짓 무렵
피리 하나 달랑 들고 가을 들녘 쏘다니던 그 희균이 !
이제 知命으로 그 뜻 하늘에 닿으니
그가 누구인지 모르겠다 참 모르겠다
스산해라 저쪽 언덕 위 억새 흔들려 그게 바람인줄 알듯이
보여도 보이지 않고 보이지 않아도 눈에 환히 밝히는
그대 장주의 벗이여 아니 장주의 길이여 !

이 땅의 초야에 莊周의 무위한 삶을 산 이 그 몇 이리

장주의 헛 불알을 잡고 무덤으로 간 이 또 몇 이리

장주의 발에 입 맞추어 道士然의 토굴에 갇힌 이 또 그 몇 몇이
리

하지만 세속에 오래이 곱게 물들어 세속의 냄새에 절은 희균이

장주를 말하지 않았고 장주를 섬기지 않았고

장주를 욕하지 않았고 장주를 흠모하지도 않았으니

장주는 그대로 장주요 저절로 이니

장주의 흐름 그대로 벗이 되고 길이 되니

장주는 장주, 희균은 희균 아닌가

억매임 없는 표연함, 그 장주의 미소를 그는 배웠지 않은가

그는 세속을 살되 늘 깨어 있고

깨어 있으되 어느새 바람 옷 입고 바람이 되니

저리 조 소나무에 앉아 흔들린다고

어찌 무심의 무위, 무위의 무심이 깨어진다 하리

위태롭다 하지 말라

위태롭다는 생각 그대 마음이니

그대 마음이 위태롭다 그냥 흔들리도록 내버려두어라

모르겠다면 모르는 대로 그만 !

지나온 날도 없고

내일도 없고

지금조차 없으니

내가 어디 있는지 모른다고 그를 흔들지 말라

희균은 지금

바로 허상의 이름을 지운 오롯함 하나로 거기 있으니

그를 보면
문득 내가 느껴지지 않겠는가
안 그런가?

－ 모르겠다고? 그럼, 알지 말라

2006. 9. 9. 午時

◆ 후기

　약관弱冠을 갓 넘긴 대학시절, 우연히 <莊子>를 접한 후 동양 사상에 심취하여 노장老莊과 선불교禪佛敎, 명상과 기공 등을 연구했다. 특히 <인간 장자>에 매료되어 <莊子> 書物 속에 숨겨진 참 의미를 체득하기 위해 오랜 시간 심혈을 기울여 왔다. 얻은 것은 없고 아직 깨달음은 저 멀리 있다.

　슬프고도 아름다운 시절, 창문 틈새로 눈이 시리도록 파란 겨울 하늘 한 조각을 기억한다. 곤궁과 추위 속에 이불을 뒤집어쓰고 경이와 감탄으로 마음 설레며 한 줄 한 줄씩 아껴가며 읽어내려 갔던 '장자의 말'들을 이제 추억 속에 그리움으로 떠올린다. 그 말들은 내 마음속 괄호括弧안에서 오랫동안 잠자고 있었다. '더 늦기 전에 <장자>의 말들을 정리해 두어야 한다.'는 열망이 일어났다. <莊子>의 입김에서 나온 '작은 불씨'일지도 모른다.

　먼 훗날 이 책의 토막글이 '작은 불씨' 되어 누군가의 가슴속 오랜 울혈鬱穴을 풀어내는, 한 가닥 지푸라기 같은 인연, 있으리라 믿는다. 홍대표님과 노과장님, 그리고 편집부님들께 감사드린다. 또한 늘 내 곁자리를 지켜주고 있는 아내에게도 고마움을 전한다.

◈ 저자 약력

- ◆ 춘천교육대학 졸업 [1972년]
- ◆ 전직 초등교사
- ◆ 한국 방송 통신 대학교 졸업 [교육과]
- ◆ 원광대학교 동양학 대학원 석사과정 수료 [氣功學科]
- ◆ <莊子의 뼈> 편역
- ◆ <莊子의 길> 개정판

📖 참고서적

◆ 번역본

李元燮, 《莊子》, 대양서적. 1972

金東成, 《莊子》, 을유문화사, 1974

禹玄民, 《莊子》 1-4, 박영사, 1976

안동림, 《莊子》, 현암사, 1993

朴一峯, 《莊子》 1-3, 육문사, 1990

金達鎭, 《莊子》, 고려원, 1987

李民樹, 《莊子》 1-3, 혜원출판사, 1994

朴永浩, 《莊子》, 두레, 1998

憨山大師 / 송찬우 역, 《莊子禪解》, 세계사, 1988

오강남, 《장자》, 현암사, 1999

한용득, 《장자내편》, 弘新新書, 1993

◆ 주석서 및 기타

林希逸, 《南華眞經》 上下, 驪江出版社 1986

郭象 註, 《南華眞經》, 藝文印書館宋刊 影印本

成玄英撰, 《南華眞經注疏》, 藝文印書館宋刊 影印本

王先謙撰, 《莊子集解》, 思賢書局刻影印本, (續修四庫全書)

郭慶藩, 《莊子集釋》 1-5, 黃山書社, 1997

楊柳橋, 《莊子譯詁》, 上海古籍出版社, 1998

歐陽超, 《莊子釋譯》 上下, 里仁書局, 중화민국90

陸德明, ≪莊子音義≫, 上海古籍出版社, 1996

陣鼓應, ≪莊子今註今譯≫上冊, 臺灣商務印書館, 중화민국81

JAMES LEGGE' ≪The Writings of Chuang Tzu≫, Dover P. I, 1962

王世舜, 韓慕君編著, ≪老莊詞典≫, 山東教育出版社, 1995

許 愼, ≪說文解字注≫, 大成文化史, 1992

김원중 ≪虛詞辭典≫, 玄岩社, 1989

육종달著 김근譯, ≪說文解字通論≫, 계명대학교 출판부, 1994

리우샤오간, ≪莊子哲學≫, 소나무(최진석옮김), 1990

가노나오키, ≪중국철학사≫, 을유문화사, 1986

풍우란, 박성규 옮김, ≪중국철학사≫上, 까치글방, 2004

황병국편저, ≪장자와 선사상≫, 문조사, 1988

서울대학교 동양사학연구실편, ≪강좌중국사 1≫, 지식산업사, 1989

동광벽 저 /이석명 옮김, ≪도가를 찾아가는 과학자들≫, 예문서원,1994

이춘식, ≪중국사서설≫, 교보문고, 2000

김택민, ≪중국역사의 어두운 그림자≫, 신서원, 2006

양방웅집해, ≪楚簡노자≫, 예경, 2003

朴元熇 編, ≪중국의 역사와 문화≫,고려대학교 출판부, 1992.

개정 장자의 길

ⓒ 조희균, 2016

1판 1쇄 인쇄__2016년 03월 20일
1판 1쇄 발행__2016년 03월 30일

편역자__조희균
펴낸이__홍정표
펴낸곳__글로벌콘텐츠
　　　　　등록__제25100-2088-24호

공급처__(주)글로벌콘텐츠출판그룹
　　　　　대표__홍정표
　　　　　이사__양정섭
　　　　　편집__노경민 송은주　**디자인**__김미미　**기획·마케팅**__노경민　**경영지원**__안선영
　　　　　주소__서울특별시 강동구 천중로 196 정일빌딩 401호
　　　　　전화__02) 488-3280　**팩스**__02) 488-3281
　　　　　홈페이지__http://www.gcbook.co.kr
　　　　　이메일__edit@gcbook.co.kr

값 20,000원
ISBN 979-11-5852-091-5 03140